正德維馨　淯濟蒼生

诗意华章

管华诗院士八十寿诞

纪念文集

『诗意华章』编委会 ◎ 编

A Life Well Lived

Festschrift in Honor of Professor Huashi Guan,
Academician of the Chinese Academy of Engineering,
on His Eightieth Birthday

中国海洋大学出版社
CHINA OCEAN UNIVERSITY PRESS

编委会

李建平 | 陈 鹭 | 魏世江 | 王宣民

于广利 | 薛长湖 | 王曙光

PREFACE

管华诗先生是共和国老一辈教育家,是中国现代海洋药物研究的开拓者和奠基人,是中国海洋大学90多年发展史上做出了突出贡献的校长。

管校长是一位杰出的教育家。从1993年到2005年,在担任中国海洋大学校长期间,他励精图治、开拓创新,使学校的发展进入了一个新的黄金时期。20世纪90年代,在办学面临许多困难的情况下,他带领学校首批进入国家"211工程"重点建设行列。世纪之交,正值国家高等教育大改革、大发展时期,他带领学校制定了"重特色,求质量,先做强,再做大"的整体发展策略,率先举起了建设高水平特色大学的旗帜。这一高瞻远瞩的战略抉择不仅完全符合学校当时的实际情况和长远发展定位,将一个充满生机和活力的中国海洋大学带入21世纪,首批进入国家"985工程"重点建设行列,而且也为我国高等教育的改革发展,特别是对一批特色高校的发展提供了可资借鉴的经验。这一时期,他凝聚全校智慧形成的"强化发展特色,协调发展综合,以特色带动综合,以综合强化特色"的发展思路使得学校的学科发展日新月异,为2017年学校入选"世界一流大学建设高校(A类)"奠定了坚实的基础。他的教育情怀、人格魅力感动了一批名家、大师来校讲学,光大"德赛";吸引来一批青年才俊投身学校,成就事业;更激励着他的同事们,无私奉献,砥砺前行。2017年,他和竺可桢等14位先生一起光荣入选《共和国老一辈教育家传略(第三辑)》,这是对他杰出办学成就的充分肯定。

管院士是一位卓越的科学家。从1980年创立海洋药物研究室、1982年研制成功我国第一个现代海洋药物藻酸双酯钠(PSS),到1999年建成我国第一个海洋药物工程化基地——国家海洋药物工程技术研究中心,再到2009年"海洋特征寡糖的制备技术(糖库构建)与应用开发"获得海洋、水产领域第一个国家技术发明一等奖、领衔编纂出版九卷本《中华海洋本草》巨著,他辛勤耕耘,殚精竭虑,为我国现代海洋药物研究做出了开拓性和奠基性的贡献。他所率领的研究团队,理论创新和技术创新同步推进,新药、新专利不断涌现,在海洋药物特别是海洋糖类药物研究领域独领风骚。他始终活跃在科研一线,躬耕不辍,坚韧执着。年近八旬,还豪情满怀地筹建起青岛海洋生物医药研究院,致力于为海洋药物科研成果的转化搭建完整的链式平台,打造我国海洋药物研究发展的新引擎。他是一位战略科学家,很早就意识到国家必须集中力量开拓海洋、海洋科技必须率先行动。正是基于此,他牵头筹建青岛海洋科学与技术国家实验室,开展各种课题研究和咨询服务,为我国的海洋科技事业的迅猛发展做出突出贡献。

管教授是一位令人尊敬的好老师。从1964年留校任教至今,半个多世纪过去了,从本科教学到研究生培养,他都倾注了大量的心血,为我国海洋药学的发展培养了大批急需人才。从1994年创办我国第一个以海洋药物为特色的药学本科专业,到2005年创办医药学院、2011年建成具有鲜明海洋特色的药学一级学科博士学位授权点,他大力推进学科交叉,勇于在"无人区"进行卓有成效的探索,既为国家、为学校创建了一个新的学科,也为其他新兴交叉学科的发展提供了一个成功的范例。他资助家庭经济困难学生读书，出资设立华实海洋药物奖励基金，鼓励学生努力学习，大胆探索，勇于担当，在实践的磨炼中健康成长。在他的辛勤培育和无私提携下，一批受教于他的中青年人才成长为我国海洋药学研究和生产领域的栋梁之才，若干世界水平的海洋创新药物正在陆续问世造福人类。

"海济苍生"是管院士孜孜以求的美好理想，"诗意华章"是管院士光辉人生的真实写照。欣逢先生八十华诞，管院士的学生、同事、校友和朋友们相约撰文，各抒情怀，形成了这本《诗意华章》。作为管院士在中国海洋大学的同事和后学者，得以以作序的方式表达感情，感到十分荣幸。此时，我想到管院士曾经赠与我的一句话："共同事业，铸就了我们的深厚友谊。"是的，正是在"为海大发展服务"的共同事业中，让我得以和管院士朝夕相处，领略了管院士的战略思维、人格魅力、教育情怀、仁爱之心，也成了我为学校发展殚精竭虑的动力。藉此机会，向管院士献上无限敬意和深深祝福，相信这也是本书各位作者和海大师生、朋友们的共同心声。

中国海洋大学校长

2018 年 6 月

目 次
CONTENTS

5 媒体篇 / 誉满
MEDIA ARTICLES

6

成果篇 / 录硕
MAJOR ACHIEVEMENTS

7

年表
CHRONOLOGY

8

编后记
AFTERWORD

华年光影
PHOTOS

科教报国

1997 年，与文圣常院士合影

1997 年，与德国特利尔大学校长在一起

2005 年，聘任丁肇中为
名誉教授

2016 年，在 Stark 院士受聘仪式上

2002 年,与诺贝尔奖获得者合影

2002 年,在驻校作家聘任会上

1995 年，与刘鸿亮院士座谈

1997 年，与卢良恕院士在香港

2007 年，与五位院士参观抗日战争纪念馆

2015 年，海洋国家实验室吴立新院士等考察青岛海洋生物医药研究院

1978 年，与科研小组成员在一起

1983 年，考察日本

1989 年，与山东工业大学校长刘玉柱
（左一）、山东大学鹿玉礼副校长（中）
在美国

1992年2月,与校长施正铿(右二)视察麦岛校区建设

1993年,青岛华海制药厂初建

2001 年,巡视考场

2003 年,听课

2004 年, 参加新生阅兵式

2003 年, 参加学校毕业典礼

1996 年，在海上指导学生实习

1996 年，与学生共进午餐

1997 年,干部外语强化班开班仪式上

1998 年,在运动会上当裁判

2011 年,参加博士论文答辩会

2012 年,参加博士论文答辩会

2005 年，与学校党委书记冯瑞龙

2005 年，与学校校长吴德星

2005 年，与学校副校长于志刚（右一）、副校长于宜法（左一）

1997 年，与学校党委副书记王元忠

2005 年，与学校党委副书记张静

2015 年，学校老领导到青岛海洋生物医药研
究院考察

1996 年，为老院长侯连三祝寿

2014 年，为老师李爱杰祝寿

1996 年,"211 工程"预审,在调查船前

2001 年,"211 工程""九五"建设项目验收

1998 年，在国际高等教育年会上

1999 年，与国家海洋局局长王曙光（左四）在共建研究生院协议签字仪式上

2001 年, 参加四家共建协议签字仪式

2001 年, 与青岛市崂山区签署新校建设协议

1999 年，青岛海洋大学第七届党代会

2003 年，中国海洋大学第八届党代会

2004 年，在中国海洋大学八十周年校庆上讲话

2004 年，逢中国海洋大学八十周年校庆，各位领导参观画展

2004 年，在首届"科学·人文·未来"论坛开幕式上

2011 年，在第二届"科学·人文·未来"开幕式上

2009 年，在《中华海洋本草》首发仪式上

2010 年，在国家 908 专项项目验收会上

2006 年，参加试点国家实验室交流会

2008 年，参加青岛海洋科学与技术国家实验室基建方案论证会

2004 年，参加庆祝教师节大会

2004 年，参加中国海洋大学附属中学挂牌仪式

2002 年，参加人文社会科学研究院揭牌仪式

2005 年，日本海洋医药共同研究室成立

2005 年,为食品科学与工程学院揭牌

2006 年,为医药学院揭牌

2007 年,参加作家楼揭牌仪式

2014 年，青岛海洋生物医药研究院举行揭牌仪式，正式运营

2015 年，青岛海洋生物医药研究院建立了院士工作站，与欧阳平凯院士为科学技术协会揭牌

2015 年,建立了福建博广天兴院士工作站

2016 年,建立了云南金明药业院士工作站

2017 年,建立了山东潍坊奥友院士工作站

2009 年，获得国家技术发明一等奖

2010 年，获得"何梁何利"基金奖

2017 年，获得中国药学会突出贡献奖

2018 年，入选共和国老一辈教育家

社会活动

2010 年，总书记胡锦涛接见国家技术发明奖获得者

1997 年,山东省省委书记吴官正(左二)、青岛市市委书记俞正声(左一)视察学校

1986 年,副总理万里(右二)、青岛市亍委书记刘鹏(右一)视察学校

1997年，副总理李岚清（左三）、山东省省长李春亭（左二）来校视察

1993年，山东省省委书记姜春云来校视察

2002 年,看望人大常委会副委员长吴阶平(左一)

1992 年,国家科委主任宋健(左一)、青岛市市委书记俞正声(右一)访问学校

2002 年，与人大常委会副委员长周光召参加国际分子学术研讨会开幕式

2012 年，与人大常委会副委员长桑国卫在一起

2000 年，教育部部长陈至立（右二）、青岛市市长王家瑞（左一）考察学校

2008 年，国务委员刘延东（前排右四）、山东省省委书记姜异康（前排右三）、山东省省长姜大明（前排左三）、教育部副部长李卫红（前非右二）、青岛市市委书记阎启俊（前排左二）等来校

2006 年，人大常委会副委员长韩启德来校

1989 年，青岛市市长王家瑞来校

2004 年，国家基金委主任陈宜豫来校

1996 年，教育部部长朱开轩（右二）、山东省副省长张瑞风（右四）参观东方红 2 号考察船

2002 年，教育部部长周济（右二）视察药物所

2001 年，与科技部副部长邓楠（前排中）一起参观科研成果展

2002 年，聘请原文化部长王蒙为学校顾问、教授、文学院院长

1994 年，山东省省委书记赵志浩来校视察

2015 年，山东原省长李春亭到研究院视察

2004 年，山东省省长韩寓群（右一）考察学校

2009 年，山东省省委书记姜异康到家中看望管院士

2007 年，与山东省省长姜大明在一起

2018 年，山东省省委书记刘家义（前排中）考察青岛海洋生物医药研究院

2018 年，山东省省长龚正（右一）考察青岛海洋生物医药研究院

2009 年，与国家海洋局原局长王曙光参加《中华海洋本草》首发仪式

2004 年，教育部副部长陈文博（中）来交视察

2004 年，教育部副部长吴启迪（左一）来校考察

2006 年，教育部副部长李卫红（左四）、山东省教育厅厅长齐涛（左三）视察学校

2005 年，与教育部副部长张保庆在学校领导班子换届大会上

2005 年，与山东省副省长王军民在学校领导班子换届大会上

2008 年,与山东省副省长邵桂芳在一起

2013 年,与山东省科协名誉主席陆懋增在一起

2002 年，与山东省委副书记王修志（左二）、青岛市委副书记张旭升（左一）在学校水产学院

2004 年，与山东省政协副主席李殿魁（右三）在一起

2016 年，山东省政法委书记李法泉到访

2009 年，山东省科协副主席徐素海看望管院士

2004 年,与山东省教育厅厅长齐涛在一起

2002 年,与山东省海洋渔业厅厅长宋修武在一起

2005 年，与青岛市市委书记张惠来在一起

2002 年，与青岛市人大主任孙秉岳在一起

2010 年,与青岛市市委书记阎启俊在一起

2004 年,与青岛市市长夏耕在教师节庆祝大会上

2011 年，青岛市市委书记李群考察海藻苏打水研究情况

2014 年，青岛市市长张新起（左一）到青岛海洋生物医药研究院视察

生活掠影

1955 年，全家福，右一为少年管华诗

1995 年的父母亲

1988 年，与父亲在青岛家中

1999 年，在老家与母亲合影

2005 年，在老家与弟妹等合影

2012 年，与兄弟姐妹在老家

1972 年，全家福

1975 年，全家福

1972 年，与长子在海边

1996 年，全家福

2008 年，全家福

1990 年，与夫人在家中

2009 年，与夫人在家中

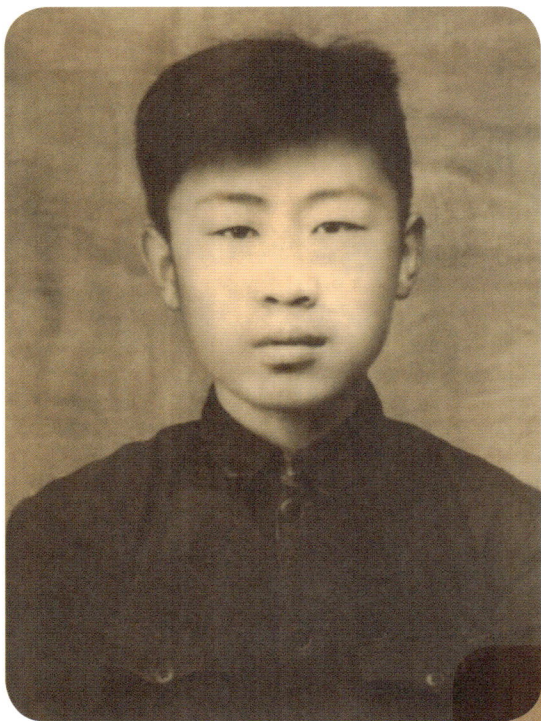

1956 年，初中

1959 年，高中

1964 年，大学

1985 年，工作时

1980 年，伏案读书

1983 年，在日本

1989 年，在苏联广场上

劳模光荣

青岛市人民政府

1990 年, 获 "全国劳模" 称号

1995 年，当选中国工程院院士

1996 年，接受采访

1998 年，伏案工作

2007 年，在医药学院

1990 年，在药物所工作

1997 年，参观台湾食品企业

1998 年，参加"两会"

2004 年，在北京中南海

1999 年,在学校

2003 年,在办公室

2004 年,在"科学·人文·未来"论坛上

2004 年，在青岛仰口

2005 年，在鱼山校区办公室

2005 年，在内蒙古阿拉善

2005 年，在日本阿苏火山

2003 年, 在山东威海乳山海边

2003 年, 在山东烟台南山

1999 年，在北京圆明园

2006 年，在井冈山五指山

2006 年，在南京紫金山

2007 年，在长白山天池

2007 年,观看校史展

2007 年,在中国海洋大学崂山校区

2007 年，在北京卢沟桥

2008 年，参观陕西西安兵马俑

2015 年，在樱花树下

传略篇 / 行笃

A SHORT BIOGRAPHY

管华诗传略

管华诗院士是我国著名科学家、教育家,中国现代海洋药物学科的开拓者和奠基人,我国"高水平特色大学"建设的首倡者和实践者。在世纪之交的我国高等教育改革发展中,他殚精竭虑、孜孜以求,带领中国海洋大学成功实现了跨越式发展,为我国高等教育内涵发展路径的探索、为国家海洋事业的协同创新发展做出了里程碑式贡献。

生平

在广袤无垠的太空中,地球是一颗因为水而呈现出蓝色的美丽星球。在中西方古代先哲的朴素意识里,水即万物之源。[1]水,孕育了生命;水,延续了文明;水,还滋养了一位名为管华诗的学人。他由运水河畔到黄海之滨,从懵懂少年到海洋药物学家,再到一位著名的教育家,其人生轨迹就这样一路逐水。

运河少年

夏津,山东西北接壤河北的一个县,此地依水而兴、因水而名。公元前602年,古黄河改道,河水自宿胥口夺河而走,至此掉头北上,奔流入海。由于弯角的缓冲使水势转慢,此地遂成黄河东西过往的渡口。[2]据《夏津县志》所记,"夏津"之"津"概因

---

[1] 西方第一个哲学家泰勒斯(Thales)认为:水是万物的本源。《管子·水地》则说:"是故具者何也? 水是也。万物莫不以生,唯知其托者能为之正。具者,水是也。故曰:水者何也? 万物之本原也,诸生之宗室也,美恶、贤不肖、愚俊之所产也。何以知其然也?"

[2] 《周谱》云:"定王五年河徙。"(清)胡渭在《禹贡锥指》又进一步指出:"周定王五年,河徙,自宿胥口东行漯川,右经滑台城,又东北经黎阳县南,又东北经凉城县,又东北为长寿津,河至此与深川别行而东北入海,水经谓之大河故渎。"

"齐晋会盟要津"而得:春秋时期的"诸侯会盟"亦称"夏盟",故得名曰"夏津"。

彼时的黄河,河水清且涟漪层层。河洲雎鸠,其鸣关关;近岸葭菼,郁郁葱葱;河边劳者,伐檀坎坎。"河水洋洋,北流活活。"[①]浩浩汤汤的黄河就这么行水于斯 613 年,直至公元 11 年再次改道。

现今的夏津西有卫运河,从临清县二十里口子入夏津境,经师堤、白庄等村,至渡口驿乡管辛庄出境,滔滔北去,流向京华。

1939 年 8 月 23 日,管辛庄管氏家族的一名男婴降生了。自明永乐十年(公元 1412 年),管士程从山东青州府临淄县迁此,家族已繁衍生息 21 世。父亲管躬立请来族里的一位老秀才为儿子起名,因为按最近四世管氏族谱"鸿、范、躬、诗"排行,此婴应为"诗"字辈,而"华"既有中国、中华、华夏之义,又有精华、英华、才华、华彩之说,故起名"管华诗"。

童年的管华诗适逢国难,抗日战争渐入相持阶段。1943 年,日伪军对冀鲁边区抗日军民发动大扫荡,偏僻的管辛庄也响起了枪声。在一次"跑鬼子"的途中,不满五岁的管华诗落在了后边,幸好被族里的一位老人发现。老人抱着他跑了一段后累极了,便拣了一个被人丢下的大笸箩,把他抱进去,放到运河里,用纤绳拉着沿河而下才得以求生。与国难并行的还有天灾,据《夏津县志》记载:1940 年,"大旱、大饥,逃荒者甚多";1941 年,"大旱、大饥,人以树皮草根为食";1942 年,"大旱,收成无几,外逃和冻饿者不计其数";1943 年,"7 月 6 日 9 时许,天气炎热,午后加剧,饥暑交加,死亡多人;秋涝,收成甚微"。

国家衰微,其民维艰。幼小的管华诗从获得生命的那一刻,便同父辈们一起与这多舛的命运抗争

[①] 在《诗经》中,一般的河不称河,只有黄河才称河。较为脍炙人口的对黄河风情的描写,有如开篇的《关雎》:"关关雎鸠,在河之洲。窈窕淑女,君子好逑。参差荇菜,左右流之。窈窕淑女,寤寐求之。"如《魏风·伐檀》中:"坎坎伐檀兮,寘之河之干兮。河水清且涟猗。不稼不穑,胡取禾三百廛兮?不狩不猎,胡瞻尔庭有县貆兮?彼君子兮,不素餐兮!"如《卫风·硕人》中:"河水洋洋,北流活活。施罛濊濊,鳣鲔发发。葭菼揭揭,庶姜孽孽,庶士有朅。"如《秦风·蒹葭》中:"蒹葭苍苍,白露为霜。所谓伊人,在水一方,溯洄从之,道阻且长。溯游从之,宛在水中央。"另有《齐风》中的《敝笱》和《小雅》中的《菁菁者莪》《沔水》《汎汎扬舟》等。

着。不过幸好，他们还有运河。父亲站在船头娴熟地撒网，管华诗一直记忆犹新。

管华诗曾尝试养一条鲶鱼，但不久鱼儿便死掉了。父亲给他的解释是"鱼有鱼路，虾有虾路，各有各的活法儿。你改变了鲶鱼的活法儿，它就死了"。这使他对运河里的小生命越发充满了好奇，于是就用十几个勉强还能盛水的破旧瓷盆瓦罐，养上了鱼、虾、螃蟹、鳖、蝌蚪等。那几年，光积攒下的能治病的鱼鳔、鳖盖等就在房檐下挂了一长串。

回想童年，管华诗深有感触："我带着这些童年的好奇心，做着幼稚甚至是顽皮可笑的事儿，渐渐长大成人。或许，正是因为对生命的好奇、对江河湖海的敬畏和崇拜，成就了我后来从事海洋药物开发研究的事业。"

1951年8月，管华诗在本村初小毕业后来到太平庄念高小，寄宿在姨母家。1953年7月，考入武城县十二里庄运河中学念初中[①]。1956年8月，考入距家70千米之外的省重点中学——德州二中高中部[②]。求学的艰辛使管华诗格外珍惜这来之不易的学习机会，他的数理化才华得到任课老师的赏识、鼓励和不失时机的开发，历史、地理、生物等老师也都非常喜欢他。他的班主任、教授历史的夏春江老师，教代数的李清泉老师，教物理的康寿之老师，教化学的李文媛老师等，高明而热忱，对管华诗的成才倾注了大量心血。至今，管华诗仍感念不已。

在这些老师中，夏春江老师以敏捷的思维、渊博的知识、风趣的谈吐和学者的气质，给管华诗留下深刻的印象。就是这样一位优秀的老师，1957年"反右"后期竟被"靠边"站了。新来的班主任让班干部和同学们揭发他的"右派"言行。管华诗和同学们

[①] 根据抗日战争的需要，中国共产党于1944年10月创办了以培养革命干部为目的的运河中学。为迷惑敌人，初创时对外公开用名"乡村简易师范"，学生随时抽调补充地方政府或编入部队，余下学生同新招学生再编为新班继续学习。学生除学习文化知识和军事技能外，主要接受爱祖国、爱人民、反侵略、反内战和抗战必胜的教育，树立为中国人民革命事业而献身的坚定信念。学生经常配合党的中心工作，参加各种社会活动，如宣传、拥军优属、站岗放哨、生产自救、减租减息、发动土改、动员参军参战等。1948年始，学校逐渐正规，正式开设初中全部课程。中华人民共和国成立后，运河中学成为一所全日制中学。学校面积达1.5万平方千米，建有物理、化学实验室，图书馆和阅览室，图书馆藏书1万余册。运河中学自1944年10月创办到1949年中华人民共和国成立，共为革命和建设事业培养了600余名毕业生，其中任省军级干部和市、县领导的近200人，真可谓培养革命干部的红色摇篮。

[②] 山东省德州第二中学创建于1952年夏，历经速成师范、市初级中学、山东省德州第二中学、德州东风中学、德州市第二中学等阶段，师资力量较强，教育质量较高。1956年高考升学率达95%，列全省第四名，为全省重点中学之一。

不但没揭发——本来就没有什么可揭发的——而且还同情他，为此还被划为"保皇派"。

1959年初秋，管华诗高中毕业。在报考大学的志愿表中，基于对国防大业的向往，他毫不犹豫地填报了哈尔滨军事工程学院，虽然成绩不错，却因政审未通过，后被录取为第二志愿山东海洋学院。

大学时代

山东海洋学院坐落在风景秀丽、气候宜人的滨海城市青岛，前身是创建于1924年的私立青岛大学[①]，后历经国立青岛大学、国立山东大学、山东大学等办学时期。1959年3月，山东大学主体迁到济南后，留下海洋系、水产系和其他系涉海的专业，组建成山东海洋学院，1960年10月被中共中央确定为全国13所重点综合性大学之一，1988年更名为青岛海洋大学，2002年10月更名为中国海洋大学。

历史上，梁启超、蔡元培、张伯苓、黄炎培、闻一多、梁实秋、王统照、童第周、汤腾汉等学界名流都曾出任学校名誉董事或教授，早期革命活动家罗荣桓、著名诗人臧克家、中科院院士庄孝僡等均系其学员，尤值一提的是其在国内独一无二的海洋、水产学科优势，荟萃了一大批海洋科教精英甚至先驱，令人顿生高山仰止之感。

1959年9月1日，管华诗和全校1300多名师生一起，参加了在校园内八关山新礼堂举行的隆重的山东海洋学院成立暨开学典礼。学校领导和专家教授关于校史和学科发展的介绍以及苏联海洋学专家列昂诺夫关于海洋科学的发言，给管华诗的内心带来了深深的震撼，这其中既有使命的庄严感，也有对未来的期盼。他知道，从这一天起，自己便与海洋

① 康有为早有办大学的想法，他在给友人的信中写道："吾拟开一所大学于此，就近收到万年兵营（即俾斯麦兵营）为之，亦相距数百步耳。扶仗看云之暇，与天下英才讲学而教之，实为乐事。"1923年3月，教育部特派李贻燕赴青岛调查教育。李贻燕在调查后呈报的《调查青岛教育报告书》中，建议"（青岛）山明水秀，诚理想的文化都会惟一候补地……即中央政府应予青岛设一国立大学，不特可为收回青岛之一大纪念，而齐鲁于中国历史上为圣人邦，阐扬文化，昌明教育，亦国家应负之责任也……青岛大学：青岛为天然文化中心点，德国前此办理大学，其发达成绩即可预知。应予此地设立大学一所，以便各省子弟入学，离政治中心较远者可得安心讲学，而学子亦可得安心求学。俾斯麦兵营若能拨充甚为适宜，若从新建筑，则湛山临海一带山麓平地亦觉宽扩。"1924年10月，在首任校长高恩洪的努力下，私立青岛大学成立并举办开学典礼。

结下了不解之缘。

管华诗所学的专业是水产品加工与贮藏。作为学校的拳头专业，其课程跨理、工两个学科，学业繁重。而他却非常喜欢甚至庆幸来到这个专业学习，因为自此可以涉猎多学科的知识。因为成绩优异，许多同学和老先生至今还对他的天资聪颖赞不绝口。对此，管华诗未敢苟同。他说，勤奋可以弥补天资的不足，而天资却永远也弥补不了懒惰的缺陷。有天资而不勤奋，天资将被懒惰吞没；能勤奋虽天资稍差，天资会不断得到开发。

1959年深秋，本是收获的季节，齐鲁大地却是一片萧然。这是三年自然灾害的第一年，也是管华诗入读大学的第一年，生活困难成了当时最大的学习障碍，仅水产品加工与贮藏专业就有五名同学因此退学。为了坚持学习，管华诗和同学们就摘取槐树叶、地瓜叶，聊以充饥。槐树叶和地瓜叶在中国的历史上曾多次成为国人的"食品"，而其苦涩难咽，是不经历那种光景的人所无法想象的。与之相比，鲁迅笔下的那碗"难以下咽的芋梗汤"①，应该算是一种想象中的美味。

1960年暑假，管华诗和几个农村同学没车费回家，于是来到学校的海水养殖场帮学校晒海带，这样一方面可以以海带充饥，另一方面可以得到一点报酬，积攒一点学费。同年，学校开展了大规模的生产救灾运动。繁重的劳动和艰苦的生活，终于把他给累倒了。他高烧不退，又查出患有肺结核病，只能无奈地躺在八关山下校保健科的病床上，休息了两个多月。之后，每年假期他都回家，一是看望父母，二是参加田间劳动，赚取上学所需费用。

---

① 鲁迅先生回忆性散文集《朝花夕拾》收录的《藤野先生》文中提及，他在日本仙台求学时"搬到别一家，离监狱也很远，可惜每天总要喝难以下咽的芋梗汤"。

这是一段饿病交加的岁月，而这段磨难的意义，却随着管华诗在科研和教育上的卓越成就而日渐凸现。成长的经历，铸造了他在困难面前的那种从容与沉稳的品性；大学里系统的学习和视野的开阔，又造就了他作为科学家和教育家最为基本的素质。也是，不经历心志之苦、筋骨之劳、体肤之饿，又怎能得"动心忍性，曾益其所不能"之乐呢？①

为现代海洋药物奠基

1964 年 9 月，管华诗以优异成绩毕业留校，担任老科学家李爱杰②先生的助教，教本科生生化实验课。就在这一年的 10 月，我国第一颗原子弹爆炸成功，科技界为之沸腾。这给刚刚从教的管华诗带来极大的震撼，也更加坚定了他科学报国的决心。工作的第二年，他光荣地加入了中国共产党。

20 世纪 60 年代中期，由于国际国内形势的变化，我国的碘极度缺乏，甚至医药用碘也十分紧缺。解决"碘危机"成为当时国家之需，也成为广大科技工作者的重要任务。1969 年 8 月，管华诗与学生们一起组成教改小分队，来到海洋化工厂，全程参与海带提碘产业化研究。这成为他进入海洋药物研究领域的一个重要起点。

1971 年 3 月，管华诗所在的山东海洋学院水产系迁到烟台，并入烟台水产学校，他也跟着到了烟台。1972 年，管华诗第一次主持了化工部课题——"海带提碘联产品褐藻酸、甘露醇再利用研究"。他与课题组老师们一起，对褐藻胶、甘露醇利用开展了系统研究，先后研制出农业乳化剂、石油破乳剂、食用乳化增稠剂、褐藻酸钠代血浆等多项成果。

① 《孟子·告子下》："故天将降大任于斯人也，必先苦其心志，劳其筋骨，饿其体肤，空乏其身，行拂乱其所为，所以动心忍性，曾益其所不能。"
② 李爱杰，男，1921 年 12 月生，山东省历城县人。1950 年毕业于山东大学水产系。获国务院政府特殊津贴。中国海洋大学水产学院食品工程系教授。他长期从事水产动物营养与饲料的教学和研究工作。兼任中国水产学会水产动物营养与饲料研究会理事长，中国粮油学会理事及饲料分会常务理事。主要从事"水产动物营养与饲料学"的教学与研究工作，培养硕、博士研究生。要求学生打牢基础，注意创新，多做实验，多出成果。

1977年8月和1978年4月,科学和教育座谈会、第一次全国教育工作会议相继在北京召开,科技界、教育界如沐春风。恰在此时,原山东海洋学院水产系从烟台迁回了青岛,管华诗也随之回到母校。面对新的机遇,面对更广阔的舞台,管华诗以更高的热情投入教学和科学研究之中。

1978年10月,藻酸丙二酯和农业乳化剂双双获得全国科技大会奖。这在一个相当长的时期内,是中国科技界的最高奖励。这项成果不但是管华诗和他的课题组写在纸上、记在档案中的成就,还是一颗颗对祖国赤诚之心的显露,是中国知识分子用心血铸就的丰碑。

1979年的一天,管华诗正在做制剂工艺实验。为了降低硫酸钡制剂的黏稠度,他尝试添加了一点从海藻中提取的分散剂,随后黏结现象瞬间消失。这个化学现象极大地触动了管华诗:能解决硫酸钡的黏结现象,是否也可以解决心脑血管疾病中的血液黏稠问题?能不能把这种高效能的、来自海洋的生物活性物质研制成防治心脑血管病的新药?

意外的发现和设想使管华诗兴奋不已。这一灵感的闪现,看似无意,实则有心,是管华诗几十年如一日孜孜以求的结晶。这是他科学研究最为重要的分水岭,是管华诗所从事的事业在基础科学与应用科学研究方面的一个重大突破。"从此,我就以海洋药物为研究方向进入了学术界,开始了海洋药物的研究。"①

在进一步明确研究方向后,为了集中研究力量,管华诗向学校申请成立海洋药物研究室。该研究室于1980年4月正式成立。他们的科研设计是以褐藻胶为原料,根据分散剂研究的启示,对这种多糖类

① 管华诗在2014年9月12日的《从教五十周年感言》中指出:"在我执教五十年内,此十几年(即1978年10月～1993年7月)是我老老实实在实验室工作的十几年,也是精力集中、潜心研究的十几年,是我自我完善的关键十几年。在此期间,我为三届本科生开设了两门专业课;并于1980年在山东海洋学院成立了我国高校第一个海洋药物研究室。从此,我就以海洋药物为研究方向进入了学术界,开始了海洋药物的研究。"

溶质的分子结构进行修饰,并在药学研究的基础上进行毒理和药效学试验研究,达到毒性最低、药效最大的目标。1982年,PSS(藻酸双酯钠)获准立项,管华诗积极奔走,跨单位、跨行业组建了一个由海洋药物研究室和青岛第三制药厂、青医附院相关研究人员组成的六人课题组,构建了一个集基础研究、应用研究及产业化生产为一体的完整技术体系。

1985年8月,PSS(藻酸双酯钠)通过了山东省科委和卫生厅组织的专家鉴定,并作为省重点科支推广项目迅速投产。在PSS投产7年后,课题组曾对其临床上治疗1195列脑梗死病例进行统计,总有效率达93%,治疗高原地区高凝性疾病显效率78%,并未发现毒副作用,和临床预实验观察时的研究结果相一致。

1986年,时任国务院副总理的万里同志来青岛与海洋科学家共商开发海洋大计时,专门来到管华诗的海洋药物研究室,关切地询问PSS的研制情况和疗效,并鼓励科研人员要向大海要宝、为人类造福。

PSS是我国第一个现代海洋药物,它的研制成功也将人们的关注点由陆地生物延伸到海洋生物,使海洋生物高值化利用受到了极大重视。在此基础上,管华诗和同行向国家有关部门建议,将海洋药物的研究列入国家科技计划,被国家主管部委接受。最终,海洋药物的研究被列入"八五"国家科技攻关计划;"九五"期间,又被列入国家高新技术发展计划(国家海洋863)。

为了让海洋药物的研究成果产业化,真正为人类的健康服务,1994年,管华诗开始设计并筹建了青岛华海制药厂,这是青岛市第二家专门生产海洋药物的企业。它起初主要生产国家级首创海洋药物PSS,后来还生产了管华诗团队研制的国家专利产品甘糖酯等,目前已经有4种海洋药物和5种生物工程制品投放市场。2001年,华海制药厂又与内蒙古兰太实业有限公司合作组建了海大兰太药业有限公司。

将科学研究成果转化为产品服务于社会,是一个十分艰辛的过程。1996年1月,管华诗以海洋药物研究所及华海制药厂为技术依托,组建了山东省海洋药物工程技术研究中心。在该工程技术中心的基础上,1999年建成了我国第一个海洋药物工程化、产业化的中试基地——国家海洋药物工程技术研究中心,并于2000年8月正式通过了科技部的验收。这是我国唯

——一个国家级的海洋药物工程中心。2005年,中国海洋大学医药学院成立。2013年,管华诗又注册成立了青岛海洋生物医药研究院,为更多的科研工作者在工程技术与企业和市场之间搭起孵化和转化的桥梁。

海洋药物研究进一步发展,管华诗团队逐步揭开了海洋多糖这一领域的面纱。他们发现了海洋多糖的化学本质、结构和活性规律,对其分子进行修饰,形成了不同分子结构、不同的生物活性分子群。例如褐藻胶多糖,经过不同修饰后显示出抗病毒、抗炎、抗凝、降脂、抗氧化等多种生理活性的结构各异的寡糖。

海洋多糖的这种特性促使管华诗团队产生了构建海洋生物糖库的新想法。这个课题在1989年9月启动,2000年被列入国家重大基础研究前期研究专项"海洋生物多糖的化学与生物学研究——生物细胞膜'天线分子'的模拟"研究计划,并成为其重要组成部分。经过不懈努力,2005年9月,管华诗团队终于成功构建了我国第一个海洋糖库。该糖库主要以海洋四大多糖(褐藻胶、卡拉胶、琼胶、壳聚糖)为基础原料,采用生物和化学降解等方法,制备出纯度高、结构清楚的海洋寡糖单体化合物,并以此糖类化合物为基础原料获得糖缀合物,解决了海洋多糖降解、寡糖分离等研究中的一些关键技术问题,在国内外首次建立了海洋多糖降解、分离、纯化、修饰、分析、鉴定为一体的技术体系。糖库中有21个结构系列、300多个(到2013年底,已有500个)海洋寡糖的化合物,以及它们的基本信息、结构信息和生物学功能信息,其中至少有100多种具备开发成药物的潜质。

糖库的构建将为现代海洋糖类药物的筛选和发现、现代海洋中药研制,以及生命科学相关基础研究提供物质基础和信息资料;可为抗肿瘤、病毒感染、心脑血管疾病、神经退行性疾病等方面生物学的系统研究提供物质支持,为海洋糖工程创新药物的开发奠定了药学基础。制备的海洋寡糖还可为功能制品提供物质基础,目前已经为食品、化妆品、军工及农业等行业提供了活性寡糖原料,为新产业的形成提供坚强的技术支持。这些技术的开发应用又延长了海水养殖产业链,并带动其健康发展。寡糖系列制品质量稳定,单体纯度高,主要技术参数和质量标准达到国际同类制品的水平,技术水平达到国际先进水平,部分制品填补了国内外同类制品的空白。

除已经生产上市的PSS的二代新型高效降脂抗栓药"甘糖酯"、新药口服强力免疫调节剂"海力特""四海回春""降糖宁散""海利心藻维微胶囊""高效海参活素"等保健品外,管华诗团队又开发了抗艾滋病的"泼力沙滋"、抗脑缺血的"D-聚甘酯"、抗老年痴呆的 HS971、抗动脉粥样硬化的"几丁糖酯"四个国家一类海洋新药。其中抗老年痴呆的 HS971,在国内做完一期临床试验后,2009 年与美国一家公司成功实现技术转让。这是我国转让给国外的第一个海洋药物,8 100 万美元的转让费也创下了我国药物转让的最高纪录。

2010 年 1 月 11 日,由管华诗领衔完成的"海洋特征寡糖的制备技术(糖库构建)与应用开发"项目,获得 2009 年度国家技术发明奖一等奖。在国家科学技术奖励体系中,"国家技术发明奖一等奖"奖励的是具有国际领先水平和巨大市场价值的原始性创新成果,体现了国家原始创新能力,设奖以来曾出现过多年空缺,而且获奖的前六位科学家均是在航天航空领域做出贡献。对于管华诗的这一成果,专家的评价是"为我国海洋制药业的兴起与发展奠定了坚实的基础"。

校长任上

翻开管华诗的履历:1991 年 7 月担任青岛海洋大学副校长,1993 年 7 月到 2005 年 7 月担任青岛海洋大学、中国海洋大学校长,其中 1994 年 6 月至 1999 年 9 月还是党委书记、校长"一肩挑"。

十余年的行政生涯中,管华诗十分珍视"校长"这份职责。一次,有人问他如何处理好教学、科研和管理的关系。他毫不犹豫地回答:"校长是我现在的首要身份和职责,因为它关系到整个学校的发展,所以我把主要精力都用在学校管理上。其次是教学,要保证不误人子弟。再次是科研,要在业余时间,特别是晚上挤时间去实验室。"

管华诗担任校长的这十余年,也恰逢国家高等教育大改革、大发展。国家相继推出"211 工程""985 工程"。海大的发展既面临大的机遇,也面对巨大的挑战。一所有着七十余年发展历史、学科特色显著的教育部直属重点综合性大学,却又是一所规模较小、整体实力与其他名牌大学存在明显差距的学校,如何在改革发展的大潮中把好方向,赢得机遇,而不被时代所抛下,这是历代海大人的期待和重托,也是国家教育主管部门的期望。

管华诗以他敏锐的洞察力、勇于担当和坚忍执着的精神,影响了这所学校,带领它踏上了十余年跨越发展的征程。

上任伊始,管华诗就面临着如何跻身"211工程"重点建设行列的问题。

当时,经过七十年建设发展的积淀,加上与山东省政府的共建,海大已经成为中国唯一的以海洋和水产学科为特色,包括理、工、农(水产)、医(药)、文、经济、管理和法学等学科的教育部直属重点综合性大学。管华诗上任校长后,首要抓的大事就是学校规划和学科建设。他说:"学科建设是学校发展的龙头,没有优势学科,就没有学校的地位。"

结合"九五"建设,学校制定了总体建设目标,即:经过十年左右建设,到21世纪初,使海洋和水产类学科力争达到或接近世界先进水平,其他学科达到或接近国内先进水平;建成海洋和水产学科特色鲜明,其他学科结构合理、协调发展,师资力量雄厚,办学效益显著,整体办学水平继续居于国内高校前列,在国际上有影响的社会主义综合大学。

管华诗还想到,为了保证能够顺利进入"211工程"建设计划,一定不能缺少地方政府的支持。他首先找到时任山东大学校长的潘承洞院士,与他一起向当时山东省的省长赵志浩汇报并提出希望省政府支持山东大学与海大首批进入"211工程"建设。在管华诗的努力下,山东省政府最终同意了两校的建议,支持两校进入"211工程"建设。为此,每年支持海大1000万元建设经费。管华诗这才松了一口气,事后他说:"山东省大概是全国第一个省政府支持高校进入'211工程'的省份。"

1996年1月份,青岛海洋大学首批通过"211工程"的部门预审。根据专家的建议,制订了"强化整体办学条件、公共服务体系和重点学科建设"的计划。1997年通过了"211工程"可行性研究及立项审核的专家论证。从此海大开始了"上水平、创一流"建设的新时期。"211工程"连续进行了三期。

经过持续不断的努力,2001年5月,海大顺利通过了国家"211工程""九五"期间建设项目验收。专家组一致认为,青岛海洋大学"211工程""九五"期间建设项目"按计划、高效益地圆满完成,是中央部门与学校所在地方政府共建的一个成功典范,是国家'211工程'建设中的一个特色范例"。①

2002 年，经国务院批准，国家计委、教育部、财政部发布《关于"十五"期间加强"211 工程"项目建设的若干意见》。"211 工程"纳入国民经济和社会发展第十个五年计划，从 2002 年起实施。中国海洋大学"211 工程""十五"建设项目可行性研究报告顺利通过了教育部专家组论证，"十五"项目建设随之启动。

"我当校长这些年很有'福气'，因为这期间国家对教育的需求带来了高等教育的大发展。"管华诗说，"1995 年，国家启动'211 工程'，海大成为首批'211 工程'高校，也成为国家首所与地方共建的高校。"

如果说带领海大进入国家"211 工程"建设，是管华诗校长任上的一个精彩的序曲，那么引领学校进入国家"985 工程"建设，则是他作为一位校长最为辉煌的篇章，也是海大八十年发展历程中又一个值得骄傲的里程碑。关于这一段精彩故事，我们将在管华诗教育思想与实践中为您讲述。因为这时的管华诗已经成为一位知名校长，一位大有影响的教育家。

十余年校长生涯，管华诗以他的精神气质影响了一所学校。他曾说："人最想得到、却也'怕'得到的东西是什么？那就是被别人信任！"这是管华诗校长为人处事所秉持的理念。他说："因为一旦你背负着别人的信任，那么你的失败就不仅是个人的失败，也包含了信任你的人的失败，那是一种双重的、甚至是多重的失败。所以被人信任的人，没有退路，只能成功。我们进入'211 工程'和'985 工程'，上级寄予了厚望，我们感到高兴，更应该感到压力和责

---

① 李耀臻.中国海洋大学大事记 [M].青岛：中国海洋大学出版社,2004:373.

任,海大未来的发展,只能成功,不能失败。"①

"只能成功,不能失败。"管华诗和他深爱的海洋大学,就这样跨过世纪之交,跨过千年之交,一路拼搏,跨越发展,在中国当代高等教育改革发展历史中书写了值得骄傲的一笔。

2002年10月,教育部批准,青岛海洋大学正式更名为"中国海洋大学"。

2004年,教育部、财政部联合下发了《关于同意中国海洋大学"985工程"二期建设项目可行性研究报告的通知》,标志着学校"985工程"二期正式获得国家批准立项建设。

2006年,教育部、山东省人民政府、国家海洋局、青岛市人民政府四家签署继续重点共建中国海洋大学协议。同年,学校完满完成"十五""211工程"建设项目的验收工作,验收意见中称"全面完成了国家下达的'十五'期间'211工程'重点学科建设、公共服务体系建设和师资队伍建设等任务,全面实现了'十五'期间'211工程'的建设目标,为创建以海洋和水产为显著特色的国内外有影响的高水平大学奠定了更加坚实的基础"。

2005年7月6日,管华诗从校长岗位退下来,时任教育部副部长的张保庆在换届大会上致辞说:"十五年来,管校长为学校的改革和发展倾注了大量的心血,在学校前途的把握上,管校长坚持了教育家和政治家的标准;在敬业奉献方面,也是有口皆碑的;另外,他敏锐的洞察力和善抓机遇的能力更是令人钦佩的;再就是他超前的办学思想、坚定的改革勇气,以及爱惜人才、平易近人、求真务实和崇高的学术风范,不仅在我们海洋大学,在我国的高教界都享有很高的声誉。应该说,管华诗同志是一个德高望

---

① 李建平,魏世江,陈鹭.管华诗教育文集——高水平特色大学的探索与实践[M].青岛:中国海洋大学出版社,2007:427.

重的老师、校长,他不仅为中国海洋大学的改革发展做出了贡献,也为中国高等教育的发展做出了贡献,同时,也为我们海洋大学留下了一笔很宝贵的精神财富。"[1]

教育思想和教育实践

管华诗的办学思想和人格魅力深深地影响着中国海洋大学的气质和内涵,决定着学校的前途和命运。他为中国海洋大学的改革和发展倾注了大量的心血和精力,在国家高等教育改革与发展中充分体现出社会主义教育家的大家风范。

建设"高水平特色大学",为高教改革另辟蹊径

1999 年的冬天,素以"无寒无暑"著称,历来降雪量极少的青岛,却下了一场大雪。神奇的海上第一仙山——崂山也披上了银装,平添了严冬的气息。就在这银装素裹的崂山之麓,校长管华诗带领着学校的决策层封闭三日,召开了一个关乎海大命运,也影响了中国海洋高等教育发展的崂山会议[2]。

这次会议的议题是极其严肃的——海大何去何从?是与当时众多兄弟高校一样,走合并扩招、迅速扩展规模的外延发展道路,还是坚守海洋学科特色,走内涵发展之路?这在当时的海大是一个必须从速做出明确回答的问题。"搞好了,可能出现'好风凭借力,送我上青云'的大好前景;如果搞不好呢?就可能落得'矮子观场,跟人起哄'的结局。"[3]

这次会议的背景,是世纪之交我国教育思想正发生重大变革,高等教育进入大改革、大发展的关键时期,国家"985 工程"应运而生。合并,建设世界一流大学,成为一时高校改革主流。为此,一年多来,

① 李建平,魏世江,陈鹭.管华诗教育文集——高水平特色大学的探索与实践 [M].青岛:中国海洋大学出版社,2007:791-792.
② 崂山会议,是中国海洋大学在探索民主治校过程中形成的一种制度化的治理模式。即在学校寒暑假期召开党政联席(扩大)会议,会议以"启迪智慧、谋划未来"为宗旨,就关乎学校发展的若干重大问题进行研讨和决策。因为会议地点一般选择在崂山,所以名为崂山会议。
③ 李建平,魏世江,陈鹭.管华诗教育文集——高水平特色大学的探索与实践 [M].青岛:中国海洋大学出版社,2007:426.

山东省政府积极主导将山东大学和青岛海洋大学合并,以加入一流大学建设行列,海大和山东大学紧密热烈地商议着合并事宜。两校颇有渊源,合并也是共同的愿望。方案几经修改才最终定稿。然而,当时任山东省副省长的邵桂芳同志向李岚清副总理汇报"新山东大学"建设方案时,李副总理一针见血地指出:"异地办学没有成功的先例,青岛海洋大学是特色学校,要保留和发展它的特色。可以由教育部与山东省、青岛市共建,有些事还要和国家海洋局沟通。"无论是副总理的权威,还是副总理的道理,都无可辩驳地否决了山东省将海大与山东大学合并,建设一流大学的方案。于是山东省另起炉灶,就在济南以山东大学为核心,合并几所高校,实施本省的世界一流大学建设计划。

那么海大怎么办? 一时间,海大就掉入了"夹缝中求生存"的局面。如果赶不上国家"985工程"这趟快车,海大这所有着近八十年办学历史、学科特色鲜明的国家重点综合性大学,就有可能失去历史性的发展机遇。这既是学校的损失,也是中国海洋事业的损失。

新千年即将来临的这个冬季,作为校长的管华诗陷入了沉思。有近一个月的时间,他神情凝重地思考着副总理的指示,思考着海大的现实基础与未来选择。渐渐地,他从副总理的话语中品出了味道,一个独辟蹊径的设想在他头脑中萌芽了。但他要广泛听取同事们的意见,要在讨论中发现真理,取得共识。于是,这年冬天的崂山会议,就是围绕着"海大何去何从""启迪智慧、谋划未来"的"诸葛亮"会。

管华诗体会到,副总理的话富有远见、实事求是。他实际上为海洋大学的发展指明了方向,也提供了一个千载难逢的好机遇。是的,发展就应该着落在"特色"二字上!

会议的气氛是热烈的,争论也是激烈的。拓展规模、外延发展是一时主流,给学校带来的好处是显而易见的。而固守特色,极有可能束缚了学校的发展。这是一派意见,不能不说也有着极其现实的道理,而另一方面,拓展规模也有可能稀释了学校的特色和优势,整体拉低了学校的水平,长期看有可能丧失特色、地位和影响力。这时,管华诗充分展示了他作为会议主持人的能力,他看到了各种观点中的合理性。会上千差万别的见解和意见,最终都没有跑题,都被关照到,大家不同的见解都在这位主持人那里得到了集中概括和令人茅塞顿开的提升。经过三天的认真讨论和研究,最终就"办什么样的大学,怎样办大学"问题统一了认识,即:重特色、求质量,先做强、再做大;提出了新的奋斗目标,即落实李岚清副总理的指示,通过争取教育部、山东省、国家海洋局、青岛市"四家共建",把海大建设成为高水平特色大学。

这次对学校发展起到了至关重要作用的崂山会议,给同事们留下了深刻而美好的回忆。因为有管华诗校长,学校有了主心骨。

"所谓'高水平特色大学',管华诗给出了这样的定义:是指像海大这样一类的学校,虽然在总体规模和实力上比不上名牌大学,但具有较长发展的历史,形成了深厚的文化底蕴,学科设置较为齐全,规模适中,办学质量与水平受社会广泛认可,并且在此基础上,有特色鲜明、优势突出的学科群和学科方向,相对集中了一批该学科领域造诣深、贡献大的知名学者和人物,有优化合理的人才梯队,具有国内先进的具有学科特色的教学科研支撑体系。对于青岛海洋大学而言,建设高水平特色大学,就是建设以海洋和水产为显著特色的高水平综合性大学。"[①]

主意一定,管校长即带队向青岛市领导汇报,得到了青岛市领导的充分肯定。崂山会议之后,经过进一步的充分调查、认真分析、集思广益、严肃论证,学校制订了《关于把青岛海洋大学建设成高水平特色大学的初步方案》,其基本思路为:教育部、山东省、国家海洋局、青岛市四家共建,经过五年的重点建设,将海大建设成为一所整体办学水平居于国内高校前列,在国际上有一定影响的高水平特色大学。

学校的发展定位是:以海洋和水产学科为显著特色的综合性研究型大学。总体发展策略是:重特

---

① 管华诗.适应时代要求,建设高水平特色大学 [J]. 中国高等教育,2001(3-4):17.

色，求质量，先做强，再做大。学科发展思路是：强化发展特色（学科），协调发展综合（学科），以特色带动综合，以综合强化特色。通过建设，使海洋和水产等优势学科的主要研究方向达到世界先进水平，某些方向达到国际领先水平；其他学科达到国内先进水平，某些方向达到国内领先水平。成为我国和山东省、青岛市现代化建设事业高层次人才培养的重要基地和精神文明建设的坚强阵地；成为海洋和水产学科专门人才培养的中心；成为海洋科学和水产科学基础性研究、高技术研究以及国内外学术交流的中心之一。

方案还对实现建设目标的基本措施、建设投入概算与经费安排等进行了详尽规划。管华诗全身心投入建设高水平特色大学的工作中，他积极地向各级领导汇报关于高水平特色大学的建设方案，成了教育部长、国家海洋局长、山东省长、青岛市长等办公室的常客。功夫不负有心人。方案终于得到了教育部、山东省、国家海洋局和青岛市有关领导的肯定和支持。管华诗说："历史赋予我们这一代海大人一个不可推卸的责任——那就是把一个充满生机和活力的海大带入 21 世纪。这代海大人，正是具备了这样强烈的责任意识，所以在面对困难、面对挑战时才不懈怠、不畏缩、不讲条件，舍小局顾大局，战胜了重重困难，为今天的特色大学的建设奠定了坚实的基础。"①

海大建设高水平特色大学，受到高教界和各级教育主管部门的高度评价，誉之"为高校改革发展闯出了一条新路"。使"特色""高水平"成为我国高等教育改革发展的又一种强势之音。

2000 年 7 月 24 日，时任教育部长的陈至立考察青岛海洋大学时说，如果将高水平综合性的大学

① 李建平,魏世江,陈鹭.管华诗教育文集——高水平特色大学的探索与实践 [M].青岛:中国海洋大学出版社,2007:298.

比作高原的话,青岛海洋大学就要在自己的优势领域形成高峰。她进一步指示:"青岛海洋大学要在海洋特色方面'异峰突起',有所突破,要能够代表国家,站到世界海洋领域教学科研的前沿。"①

2001年2月,教育部、国家海洋局、山东省、青岛市签署协议,共建青岛海洋大学。青岛海洋大学"985工程"一期建设由此拉开帷幕,备受关注的建设"高水平特色大学"的征程也从此开始。

在四家共建签字仪式上,管华诗的致辞饱含深情:"青岛海洋大学在世纪之交所以有这么一个历史性发展机遇,走上我国高水平特色大学的建设之路,完全是天时、地利、人和使然。所谓'天时',是指和平与发展成为当今世界的主题;中国欣逢太平盛世,国泰民安,科教兴国战略的实施力度加大,高等教育的宏观环境从来没有这样好过,海洋和海洋科学也从来没有像现在这样引起人们的广泛关注。说起'地利',这不难理解:山东,是经济大省、海洋大省,建设'海上山东',开发'黄河三角洲'是山东省21世纪初两大发展战略;青岛,风光秀美、气候宜人,是闻名于世的海洋科技城市,海洋科教资源丰富、名家云集,是建设高水平海洋大学得天独厚的、无可比拟的外部基础条件。讲到'人和',更令人感到欣慰,我们既有国务院领导的亲切关怀,更有教育部、山东省、国家海洋局、青岛市各级领导多方的关爱及一以贯之的鼎力支持,又有海大人锲而不舍,一心致力于学校事业发展的良好风气。我们有理由相信,上述天时、地利、人和,还将在我们高水平特色大学建设的实践中不断得以加强和壮大,发挥出更大的作用。"②

当时面对李岚清副总理的那段批示,大家都感到虽是机遇但具有很大的困难和挑战,因为海大在

---

① 陈鹜.教育部部长陈至立来校考察[N].青岛海洋大学报,2000-9-7(2).

② 李建平,魏世江,陈鹜.管华诗教育文集——高水平特色大学的探索与实践[M].青岛:中国海洋大学出版社,2007:328.

教育部高校中只是个"小"学校。而让海大高水平特色大学建设成真，成就海大的发展，得益于管华诗对海大的热爱和执着的坚持，得益于他凝聚全校智慧抢抓机遇不辱使命的领导力和果敢担当。正是他的努力和坚持，赢得了各级各方面领导的认可，为海大提供了偌大的发展空间，也为国内高校改革提供了可供借鉴的方式。

从后期学校发展的实践来看，恰恰是管华诗校长带领学校领导班子准确理解了党和国家对海大的期望，才给学校发展带来生机，也为国家高等教育改革独闯了一条特色大学发展的路径，为国家海洋事业的蓬勃发展提供了强力的教育支撑。2003 年 12 月，教育部公布"985 工程"重点建设高校名单，中国海洋大学排在第一批第十八位公布出来。看到这个名单，管华诗校长和同事们既兴奋又忐忑。兴奋的是经过海大人的努力，海洋大学终于进入国家重点建设的行列；忐忑的是同列其中的高校无不是实力雄厚的"老大哥"，甚至还有很多老大哥学校未能入围。在国家重点大学的行列中，海大本是一所规模和整体实力相对较小的学校。能排在这样的位置公布，本身就说明了党和国家对海大的肯定和期许。

此后，李岚清、陈至立等党和国家领导人都多次来海大视察，为海大题词，肯定和勉励学校。

"高水平特色大学"这个定位让海大人理清了思路，找到了自信，统一了认识，凝聚了力量，得到了上级政府和社会的肯定与支持，为海大的发展赢得了机遇与平台，其价值更被此后海大十余年跨越发展的实绩所证实。同时，这个定位对整个高教界也有启发的意义，为高教改革开启了一条新的思路，成为一批正在向大而全发展的行业特色高校转而争相借鉴的对象①。

① 2001 年 1 月 9 日，教育部直属高校工作咨询委员会第 11 次会议在北京人民大会堂举行，教育部 71 所直属高校党委书记、校长参加。管华诗进行大会发言，介绍了海洋大学高水平特色大学建设的情况，引起了高教界的高度重视。

重特色，求质量，先做强，再做大
高水平特色大学建设的探索与实践

建设高水平特色大学，这个目标是确定了。但如何脚踏实地地实现这个目标呢？这也是一个前无古人的创举。

管华诗说："海大必须先做强，而不是先做大；追求的是质量，而不是数量，逐步找到质量和数量的结合点。"学校由此确定了"重特色，求质量，先做强，再做大"的总体发展策略，并在此策略的总体指导之下，开始了高水平特色大学的探索与实践。

特色是大学可持续发展的关键。首先需要认清，什么是大学的特色。管华诗认识到，大学的特色有两方面。一是学科特色，二是办学特色。学科特色就是学校有明显的特色学科，在众多高校中具有显著优势；办学特色就是学校有其独特的文化价值追求和与之相应的办学模式与管理运行模式。这两者相辅相成，都是长期历史积淀的结果。其中有主动地、有意识地选择积累的结果，也有社会发展需求、地域特点等客观因素促进的结果。而只有当这种特色被广泛认同，且达到其他大学短时期内难以企及的水平时，才能构成一所大学的特色。

具体而言，大学的特色应该包括以下几个要素：一是相对集中了一批该领域学术造诣深厚、国内外知名的专家学者，且人才梯队优化合理；二是有该领域国家各重大科技计划的主要承担者，且具有与之相适应的科技平台；三是在该领域中有一个完整的人才培养体系，且是高层次人才培养基地；四是成为该领域代表国家进行国际学术交流的基地之一，且在国际上具有相当的影响力；五是成为推动该领域行业发展的中坚力量；六是必须有雄厚的综合学科基础作为支撑。创建高水平特色大学，就是要在学科相对齐全的综合性基础上，强化建设，追求特色，努力使自己的优势学科、特色学科提升到国际一流水平。

到 20 世纪末期，中国海洋大学业已形成了自己的海洋学科特色。这是国家长期重视和支持的必然结果，是几代海大人不懈努力的必然结果，也是青岛独特的地域优势支撑下的必然结果。但是已经形成的特色和要办出特色不是一个概念。办出特色，是在已有的基础上，形成明确的理念指导，自觉地、持续地强化特色。是让特色学科的优势越来越鲜明，是让学校的办学模式和管理运行模式能够更好地服务于这个发展的理念。

要想在较短时间内建成高水平特色大学，关键是在科学分析、科学定位的基础上，集中力量建设高水平特色优势学科，大力扶持新兴交叉学科，找准切入点和突破口，以特色带动综合，以综合促进特色，实现跨越式发展。

在管华诗的倡导下，学校首先采取"横向拓展，纵向提升"的思路调整学科结构，强化学科特色。主动开展顶层设计，构筑一个立体的综合性海洋学科构架，形成一个从无生命到有生命，从自然科学到工程技术，再到人文社科，全覆盖海洋的学科（专业）体系。已有的优势学科进一步强化建设，没有的做战略布点，积极培育，并鼓励交叉。让原有的物理海洋、水产等学科优势得以保持和巩固，而一批围绕海洋的新兴学科、交叉学科应运而生，快速发展，如海洋药物、海洋工程、海洋技术、海洋经济、海洋法学、海洋管理、海洋文化等，逐渐形成了一个成体系的特色学科群。这既强化了特色优势学科，又符合综合性研究型大学的学科基础。

其次，积极按照研究型大学要求，努力锻造高水平的科研能力，并调整研究生与本科生教育规模结构。学校面向国家战略要求，搭建高水平、开放型科技平台，并以此为载体，吸引、整合、荟萃国内外优秀人才，形成了多个颇具国际影响力的国际性学术创新团队。如中国海洋大学物理海洋学科在海洋科学中具有基础性的重要地位，其比较优势已为国内外所认可，巩固与提升它的学科水平是学校增强综合实力的主要目标与标志之一。学校在支持文圣常院士、冯士筰院士为首的学术梯队的同时，积极引进了该领域二级学科方向上多位国际著名的优秀学者，组成国际性主流创新团队，以此带领本学科在国际同领域争得显著位置，成为学校的主流创新团队，学校主要依靠他们提升科研实力。在做好主流团队建设的同时，从国家需要和学科建设出发，学校还整建制引进国际优秀群体作为辅导团队，协助学校主流团队工作。与此同时，学校本科生招生规模只做小幅扩展，而研究生教育规模则快速增长，迅速达到本研比例2∶1，研究生成为学校一股强劲的科研力量。

这一时期，建设高水平的师资队伍是管华诗的头等大事。管华诗说，"坚持以人为本，将师资队伍建设放到优先的地位，放到学校一切工作的首位"①。治校兴业，人才为先；治教兴学，唯在得人。学校始终坚持把人力资源作为振兴教育的第一资源，大力实施人才强校战略。促进高层次人才队伍为高等教育改革发展和创建高水平特色大学服务，为国家经济建设和社会发展服务。在"以环境揽人、以感情留人、以事业树人"的人才工作思路指导下，中国海洋大学本着"柔性引智、讲求实效"的原则，实施了以"筑峰人才工程""绿卡人才工程"和"繁荣人才工程"为主要内容的人才强校工程，旨在引进高层次优秀人才，实现当时教育部陈至立部长指示要在优势学科形成高峰的要求，实现短期引智和实现文科繁荣发展，顺利完成了人才队伍特别是师资队伍的新老交替和强化建设，形成了以高水平人才为核心的、固定编制与流动编制相结合的师资队伍，并在国家重点及特色优势学科逐渐形成"世界知名学者＋杰出学术带头人＋精干学术团队"的人才结构模式。管华诗担任校长其间，为学校延揽了一大批优秀人才，其中包括后来在海大成长为中国科学院院士的吴立新教授。他们成了海大近十几年来快速发展的领军人物和骨干力量。爱才、惜才的管校长，就靠着他的真诚，吸引和团结了众多的优秀人才。在他的激发之下，很多人都取得了骄人的成绩，为海大和国家海洋科教事业的发展做出了贡献。

海大之所谓"求质量"，就是追求高水平的教育质量。管华诗认识到，大学的社会声望，取决于它培养的学生在推动社会进步和发展中所取得的成就和做出的贡献。这就要求我们在高水平特色大学的建设过程中，必须把教育质量视为学校工作的生命线，坚持研究生教育与本科生教育并重的方针，运用高水平的教学管理模式，造就一批批基础厚、专业精，

① 李建平,魏世江,陈鹭.管华诗教育文集——高水平特色大学的探索与实践[M].青岛:中国海洋大学出版社,2007:215.

尤其是创新能力强的高素质人才。按照"育人为本、学生为本"的教育理念,经过反复探索试行,中国海洋大学建立了以"有限条件的自主选课制"和"学生学业识别与毕业专业识别确认制"为核心内容的新的本科教育教学运行机制和管理体系;形成了通识教育与专业教育相渗透、一般教育与特色教育相结合,融知识、能力、素质培养于一体,学有所长和全面发展相统一的人才培养体系;并集中力量重点创建了一批精品课程和优秀教材,率先在全国高校推出"名家课程体系"。据当时统计,我国海洋、水产领域里80%以上的博士生出自中国海洋大学,学校已经成为名副其实的国家海洋和水产领域高层次创新人才的培养基地。

管华诗常说,除了人文社科中一些具有中国特色的学科,大学的高水平一定是国际水平。为此,这些年海大一直致力于搭建高水平的国际合作与交流平台。积极参与高等教育领域的国际合作与竞争,既是高校增强国际学术影响力和知名度的需求,也是赢得国际社会承认的需要。创建高水平特色大学,必须深入探索和建立与国际接轨的管理模式,进一步加强国际学术交流。中国海洋大学依托学科特色优势和地域优势,"以合作科研为主,以海洋、水产学科为基础,根据各国、各地区的不同情况,采取灵活的合作交流方式"①,积极开展并大幅提高了合作交流的层次和影响力,使国际合作与交流渗透到教学、科研等各项工作的各个环节中去。学校通过多种途径,特别是鼓励和积极推进学校与国际著名大学的强强合作,选派大批有较大发展潜力的青年教师赴国外高水平大学从事博士后研究或攻读博士学位,以此不断培养具有国际视野和国际竞争力的人才。

① 李建平,魏世江,陈鷟.管华诗教育文集——高水平特色大学的探索与实践[M].青岛:中国海洋大学出版社,2007:51.

以先进的设备、良好的学术气氛和较高的学术地位吸引国内外优秀科学家来校开展独立或合作研究,努力建立"以我为主,广泛合作"的国际合作新模式。此外学校还与国外多家涉海大学联合成立了国际涉海大学协会,秘书处设在海大。

在管华诗和学校领导班子的带领之下,学校经过十年的努力,终于按计划完成了高水平特色大学建设布局。

从 1999 年海大率先提出建设高水平特色大学到 2008 年底,学校在十年的探索和实践中凝练形成了一系列独具特色的文化和办学理念。如:"海纳百川,取则行远"的校训,"重特色,求质量,先做强,再做大"的总体发展策略,"强化发展特色,协调发展综合,以特色带动综合,以综合强化特色"的学科发展思路,"治学严谨,执教严明,要求严格""求是、求博、求精、求新"的校风和"通识为体,专业为用"的本科人才培养理念,等等。

这一时期,学校完成了学科专业结构和人才培养结构的战略性调整,使学校综合性显著增强,并逐步发展成为研究型大学。1998 年,学校有 1 个博士学位授权一级学科点,6 个博士学位授权二级学科点;2008 年,有 6 个博士学位授权一级学科点,44 个博士学位授权二级学科点,其中 3 个文科博士点的设立实现历史性突破。1998 年,学校有 2 个二级学科国家重点学科;2008 年,有 2 个一级学科国家重点学科、10 个二级学科国家重点学科(含 1 个培育学科)。

学校先后推出了人事分配制度改革和"三大人才工程""有限条件的自主选课制""学生学业识别与毕业专业识别确认制""大学生研究训练计划""名家课程体系""学科特区""中德高层次人才合作培养""国际涉海大学协会"等许多创新性举措,使学校充满了活力。

学校成了国家海洋科技重大项目的主要承担者之一,1998 年,自然科学课题数 304 项,当年拨入经费 2 193 万元;人文、社会科学课题数 11 项,当年拨入经费 4.5 万元。2007 年,自然科学课题数 841 项,当年拨入经费 21 271 万元,比 1998 年经费增长 9.7 倍;人文、社会科学课题数 257 项,当年拨入经费 354.1 万元,比 1998 年经费增长 79 倍。

这一时期,学校还高质量完成了崂山新校区一期建设工程并顺利启用,以优秀成绩通过了教育部本科教学评估实地考察,牵头启动了"青岛海洋科学与技术国家实验室"建设,将"中国海洋发展研究中心"揽入海大。

　　总之,学校顺利完成了高水平特色大学建设布局,实现了重要的阶段性发展目标,为未来若干年的发展奠定了坚实的基础。

　　在此过程中,管华诗校长厥功至伟。他的智慧不仅显现于他的远见卓识,更显现于他对师生员工们的智慧和激情的激发,显现于对师生员工们奉献精神的凝聚。他在任校长期间,学校除了凝练出一套治校理念,还制订了《中国海洋大学战略发展规划(2003~2025)》《中国海洋大学学科发展规划》和《中国海洋大学校园建设规划》等三大规划,为海大的长远发展明确了思路,描绘了蓝图,影响深远。他为海大走向世界知名、特色显著的高水平研究型大学,做出了历史性和奠基性的贡献!

强化发展特色学科,协调发展综合学科,
以特色带动综合,以综合强化特色

　　"大学的人才培养、科学研究和社会服务,都是以学科为基础进行的。因此在学校的整体建设中要坚持以学科建设为主线,以重点学科建设为核心,抓住了这个核心,就好像抓住了纲,可以纲举目张,带动学校其他各方面工作的开展。"管华诗说。

　　对于海大而言,学科建设中首要注意的问题,就是如何处理好特色学科与其他综合学科的辩证关系。

　　对于如何处理好这种关系,早在1999年暑假的崂山会议上,管华诗已有洞见:"在处理特色与综合的关系上,要坚持'以特色带综合,以综合强化特色'的思路,一方面要继续强化我校多年以来形成的以海洋、水产两大学科的特色,做到人无我有、人有我优、人优我强,特色必须体现层次;另一方面要适应社会发展需要,不断加强学校综合实力。要继续加强我校相对薄弱的文科、管理学科、工程类学科的发展,在这些新建学科的发展上也要办出特色,以特色求生存,以特色促发展。"①在此基础上,学校凝练形成了"强化发展特色,协调发展综合,以特色带动综合,以综合强化特色"的学科发展思路。这一学科发展思路迅速得到全校师生认同,并为各级教育主管领导和高教界同行所肯定。它成了海大学科建设的指南。

自 1994 年开始,学校成立了以管华诗为组长的领导小组,专门负责校内学科规划的论证及管理工作。各重点学科所在的院系,也相应成立了学科建设规划专家组,确保学科建设的质量和水平。在管华诗的带领下,中国海洋大学按照"强化发展特色,协调发展综合,以综合强化特色,以特色带动综合"学科发展思路,在不断凝练、整合优势学科的基础上,积极运行"学科特区"模式,激励学科交叉,发展和培育国家急需的新型、交叉和边缘的"朝阳"学科,并采取超常规、跨越式发展体制,构筑起了特色显著的"生态群落"型学科体系。

重点学科重点建设,确保学科优势地位。"重点学科建设的目的就是要形成一批较高水平的教育、科研和知识创新基地,增强高校在相关领域为国家培养高层次人才和解决重大科学、技术问题的水平和能力。"②对于学校确定的重点学科,一方面,大量引进海内外学术骨干等急需人才,使专任教师中具有博士学位者占到一半以上;另一方面,在投入上加大倾斜力度,把学科建设总经费的 70%～80% 用于重点优势学科,把用于重点优势学科建设经费的 60% 用于重点研究方向,如物理海洋学科中的海浪理论与应用研究、浅海动力学和物质长期输运研究,

---

① 李建平,魏世江,陈鹭. 管华诗教育文集——高水平特色大学的探索与实践 [M]. 青岛:中国海洋大学出版社,2007:223.
② 李建平,魏世江,陈鹭. 管华诗教育文集——高水平特色大学的探索与实践 [M]. 青岛:中国海洋大学出版社,2007:209.

海洋化学中的界面化学，水产养殖学科中的健康养殖技术、海洋生物的遗传与育种研究等，使这些学科始终处于国内领先地位，在国际上的影响也不断扩大。

大力扶持交叉学科，培育新的学科优势。考虑到学校的海洋特色和已有的基础，结合社会经济发展的需要和科技发展的现状，海洋大学大力扶持交叉学科，形成了海洋地球化学、海洋地球物理学、海洋信息探测与处理等一批新兴学科。在人文社会学科方面，海洋经济、海洋管理、海洋文化、海洋法学、环境规划与管理、海洋资源与权益综合管理等交叉学科已成为学校新的优势，在国内学术界产生了一定影响，也使学校学科特色更加突出。

开辟"学科特区"，扶植学校紧缺的重要学科。对于某些代表海洋学科未来重要发展方向，但目前学校还没有的学科，海洋大学开辟了"学科特区"。学校先建设研究机构，通过大力引进人才，使学科快速成长，待时机成熟时再发展专业教育。为建设"学科特区"，学校在条件允许的范围内实行特殊优惠政策，如对特别需要引进的人才，优先安排科研启动费，创造良好的科研和生活条件，尽量协助解决家属安置及子女入学问题等。材料学科就是"学科特区"政策的成果。几年内该学科已有二十多位来自国内外的博士加盟并取得了一批学科前沿的科研项目，科学研究工作十分活跃。

协调发展基础支撑学科。特色优势学科如果没有基础学科做支撑，则难以达到国际先进水平。作为一所长期以来以理科为主的高校，中国海洋大学的人文社会学科、工科的基础比较薄弱。学科的发展有自己的规律，但并不等于不能跨越发展。海洋大学采取了积极的措施，使基础性学科同样得以提高和发展。如文学院就是通过聘请王蒙等大师级人物的加盟领衔，使其得到跨越式的发展。

凝练学科方向，强化学科特色的举措使中国海洋大学学科结构更加优化，定位更加准确，重点更加突出，特色更加鲜明。2004年，我国在海洋科学、水产学所设的硕士点、博士点、博士后流动站及国家重点学科，海洋大学全部覆盖，有些博士点、硕士点还是全国唯一的。学校构筑起了由国家重点学科及特色优势学科、比较优势学科、新兴交叉学科、哲学社会学科及基础支撑学科等五个层次组成的特色显著的"生态群落"型学科体系，既强化了特色优势学科，又构建了综合性研究型大学的学科基础，真正做到了异峰突起。

学科建设的成功,是"高水平特色大学"建设取得成功的标志。在这一点上,管华诗抓得准,抓得紧,思路清晰,坚持不懈,最终取得了成功。

坚持产学研一体,领衔超常规创建海洋药物学科,
为我国相关领域的科学技术发展和高层次人才培养做出了重要贡献

在学校改革发展的过程中,管华诗不仅是一个统揽全局的设计者,也是身先士卒的探路人。

作为中国现代海洋药物学科的开拓者和奠基人,管华诗目光长远:为了让海洋药物研究领域人才的培养步入正轨,让海洋药物研究辐射出最大的社会效益,使海洋药物学科得以可持续发展,在学校整体改革发展的大背景下,管华诗通过高水准和着眼于未来的顶层设计,走产学研一体化之路径,领衔超常规创建了海洋药物学科,为我国相关领域的科学技术发展和高层次人才培养做出了重要贡献。这也是海大高水平特色大学建设中的一个精彩的缩影。

创办海洋药物学科

早在大学时代,管华诗就曾经思考过这么一个问题:水产品加工专业毕业的学生主要依靠传统方法加工鱼、虾、贝、藻等海产品,随着世界海洋科技的发展,各学科之间的相互渗透交叉已势在必行,水产品加工业完全可以也完全应该生长、拓展出更有潜力和应用价值的学科新领域,创出新的基础研究与工程开发相结合的学科体系,以适应国家和海洋开发的需要,造福亿万人民。

1980 年,管华诗就组建了我国高校最早的海洋药物研究机构——山东海洋学院海洋药物研究室,1991 年开始招收海洋药物研究方向研究生。1994 年,管华诗创办了我国首个以海洋药物为特色的药学本科专业,1995 开始招生。专业以培养具有坚实的理论基础,能从事海洋药物研究、开发、生产与经营的高级专门人才为己任。学生主要学习药理学和分子生物学的基本原理与实验技术,天然药物提取分离、结构鉴定及药物合成的基本原理和技能;药物设计,药物生产、经营与管理的知识,并了解本学科的最新技术成就。开设的主要课程有:有机化学、生物化学、有机合成、药物化学、海洋天然产物化学、药理学、分子生物学、药剂学、药物分析等。自此,管华诗不仅为海洋药物的基础理论研究添加了飞翔的翅膀，奠定了良好的基础，也为学校学科建设增加了医(药)学的学科门类。

2005年，中国海洋大学医药学院成立。2003年获准设置药物化学博士点；2005年获准设置生药学博士点，2006年建成药学硕士学位授权一级学科，2007年获准设立药学博士后流动站，2011年建成药学博士学位授权一级学科，形成了以海洋药物研究为特色的相对完善的药学创新人才培养体系。药学本科专业2007年被确立为山东省品牌专业，2009年被批准为第四批高等学校特色专业建设点。药物化学学科先后被批准为山东省"十一五"强化建设重点学科、"十二五"特色重点学科。学院已培养本科毕业生676名，硕士360名，博士219名。中国科学院上海药物研究所党委书记耿美玉研究员、青岛大学副校长及知名药学专家谢俊霞教授、苏州大学张真庆教授、鲁商集团总经理凌沛学教授、中国海洋大学医药学院王长云教授等都是其中的杰出代表。

根据美国ESI(基本科学指标)数据库2015年7月9日发布的最新国际论文统计数据显示，中国海洋大学在"药理学与毒理学"学科(领域)进入全球科研机构前1%行列。目前，全球共有719家研究机构进入ESI"药理学与毒理学"学科(领域)前1%行列，中国大陆地区高校仅有北京大学、浙江大学、沈阳药科大学、复旦大学以及中国海洋大学在内的30所高校进入。此外，作为主要贡献的学科之一，它还支撑了学校的化学学科进入全球科研机构(ESI)前1%行列。

加快推进海洋新药的成果产业化

20世纪80年代以后，医药生物技术是生物技术研究最活跃、产业发展最迅速、效益亦最显著的领域，运用高科技开发海洋药物已成为世人瞩目的重大课题，而工程化研究薄弱却限制了海洋药物产业化的进程。为了加快海洋新药的成果产业化、商品化转化过程，管华诗狠抓科研中试环节。

1994年，时任海大校长的管华诗设计并筹建了我国第一个海洋药物专门生产企业——青岛华海制药厂，这是当时国内唯一集科研、开发、生产于一体的现代化医药企业，年产值1.5亿～2亿元。其中由管华诗设计的甘糖酯生产线，就可实现销售收入1.05亿元，形成新增利税2 350万元。2001年，他们又以此企业为基础，与内蒙古兰太实业有限公司合作组建了中国海洋大学兰太药业有限责任公司。公司拥有通过国家 GMP 认证的三个生产车间共六条自动化生产线,是我国海洋药物科研成果产业化的重要基地之一。

1996 年 1 月,经科技部批准,以青岛海洋大学(现中国海洋大学)、华海制药厂和山东省海洋药物工程技术研究中心为技术依托,我国第一个海洋药物工程化、产业化的中试基地——国家海洋药物工程技术研究中心组建完成,并于 2000 年正式通过科技部验收。管华诗担任中心主任,成员既有在国内外有一定影响的学术带头人,也有年轻有为的中青年技术骨干,进而形成了合理的研究与开发学术梯队。中心建有三条现代化的中试体系:药用微藻生物培养、浓缩、收集的工程化技术体系,海洋生物活性物质提取分离的工程化技术体系,海洋天然产物化学改性及活性物质人工合成的工程化技术体系。经过多年的发展和完善,中心已经形成了国内唯一的从海洋生物药源到海洋生物活性物质提取、分离、化学改性及人工合成完整的海洋药物研究与开发的中试研究技术体系。中心实行"开放、流动、竞争、联合"的运行机制,既是我国海洋药物研究开发和人才培养的重要基地,又是国内医药行业的技术集散地和辐射源。中心持续不断地将具有重要应用前景的科研成果进行系统化、配套化和工程化开发,为适应医药企业规模生产提供成熟配套的技术工艺和技术装备,并不断地推出具有高质量的系列新产品,推动我国医药行业的科技进步与产业发展,逐步形成我国海洋药物的产业群。

管华诗的这一开拓性工作,得到了国家科委和教委领导同志的赞同,国家科委副主任邓楠同志在为华海制药厂庆典的贺信中写道:"海洋生物制药是科技兴海的重要内容之一,开发海洋、造福人类是海洋科技工作者的历史使命。"

1995 年,管华诗当选中国工程院院士。1995 年 6 月 22 日,中国工程院院长朱光亚致信管华诗:"我十分荣幸地通知您,您于 1995 年 5 月当选为中国工程院院士,当选名单已经国务院批准,特此通知,顺致祝贺。"

为了更好地服务社会,顺应海洋生物医药产业发展需求,强化医药学科的应用研究,进一步通过创新体制机制疏通"发现→技术→工程→产业"链条中的瓶颈,加快海洋生物医药技术转移、工程熟化和成果转化进程,推动海洋蓝色经济的快速发展,2013 年 7 月,管华诗正式注册成立了青岛海洋生物医药研究院。经过一年多的实验室大楼的修建,于 2014 年 7 月 26 日正式启动运行。

研究院实行董事会领导下的院长负责制,管华诗任董事长。研究院重点研发现代海洋药物、现代海洋中药及各种生物功能制品,并开展海洋生物医药新资源相关技术产品工程化孵化及咨询服务。管华诗把青岛海洋生物医药研究院的核心理念定为"正德惟和,海济苍生":所谓"正德惟和",出自我国古老的历史文献《尚书·大禹谟》篇,禹对舜说:"德惟善政,政在养民。"要实现"平治天下"的目标,就必须"正德,利用,厚生,惟和"。"正德"即正人之德,"惟和"即精诚团结、和谐与共;所谓"海济苍生",则是终极目标。海洋不仅孕育了生命,人类的现实生活更离不开海洋的恩惠,人类的永续发展也必将有赖于海洋的滋润。研究院将以强烈的社会责任感与神圣的使命感,研发出高科技的现代海洋药物、现代海洋中药及各种生物功能制品,惠及苍生,造福全人类。

研究院位于中国海洋大学浮山校区,总面积 1.4 万平方米。研究院将研发与工程化相结合,研发与技术服务相结合,建有海洋糖工程药物和海洋微生物工程六大研发技术平台,以及新药筛选与评价、质量分析与测试、制剂研发等三大公共服务平台和海洋药物工程化技术服务平台。

研究院采取固定人员与流动人员、团队引进与个人引进相结合的原则,建立了一支以中国工程院院士、国家千人计划入选者、国家自然科学基金委杰出青年和教育部长江学者为核心的研发团队,现有专、兼职相结合的生物医药研发人员 130 余人,将逐步增加到 300 人左右,其中拥有博、硕士学位者达 95% 以上。

研究院将力争在五年内建设成为国内海洋生物医药新技术、新产品原创地与孵化器,同时打造成为中国海洋药物与生物制品研发基地、中国海洋药物领域发展协同创新中心、中国海洋生物医药行业创新驱动发展助推器和世界海洋生物医药高层次人才集聚地;在"十三五"期间,同时部署 10 个一类海洋创新药、10 个改良型创新药和10个具有引领作用的海洋生物高端功能制品（简称310计划），引入社会资本支持，聚集开发，大力创新体制机制，集聚创新资源，促进科技和产业发展。争取在十年内建设成为国际著名的海洋生物医药研发基地、海洋生物医药人才聚集高地以及海洋生物医药技术交流中心。

管华诗一面进行学校改革发展的整体设计，创新思路，一面身体履践，将这些设想落实在自己深耕的海洋药物学科的建设发展之中。这样既实现了这一学科的超常规发展，为校内其他学科、其他学院和学校其他各方面的改革做出了榜样，更为我国现代海洋药物领域科学技术发展、高层次人才培养和"产学研"体系的建立，做出了重要的奠基性贡献。在这一领域中，体现了教育、特别是高等教育的先导性、基础性和战略性价值。

融通科学与人文，重振学校人文辉煌，推动大学人文素质教育

从20世纪90年代中期开始，在教育部的领导和积极促动之下，我国高等教育以加强大学生文化素质教育为切入点和突破口，大力推进素质教育，积极倡导人文素质教育与科学素质教育相融合，使高等教育的人才培养理念发生了深刻变革。

作为校长，管华诗敏锐地捕捉到这一动向，并积极落实在学校改革发展的实践中。他说："科学与人文，是人类文明发展中两条并行不悖的主脉。""科学与人文只有相互融通、相互协调，才有利于彼此的健康发展。在建设高水平特色大学的过程中，需要人文氛围的熏陶，发展人文学科更深、更大的意义和影响还在于长远的未来。""不受深刻的人文熏陶，你也许有一些生活的经验，有一些自发的思想和行为，但你总是会感到缺乏人生价值追求和体察人情事体的自觉，也就是缺乏提升自身精神境界的自觉。在思维模式上也存有缺憾。还有，当前科学技术的发展高度综合化，越是重大的问题，涉及面越广。很多学科和课题中，科学与人文问题交织在一起，没有两方面健全的素养，很难做到，也不可能达到高境界。深度地接受人文的熏陶，对我们的师生，无论是人格上的健全，还是学术境界的提升和思维方式的完善，都具有十分重要的意义。"①

据海大校史记载,蔡元培是学校前身——私立青岛大学创办之初的名誉董事之一。学校校纲"以教授高深学术、养成硕学宏才,应国家需要"为宗旨,也是出自蔡元培主持制定的《大学令》。1929 年,先生又成为国立青岛大学的筹备委员会委员并题写校名,其"兼容并包,学术思想自由"的办学方针亦被首任校长杨振声所效法。在创校至今的九十余载沧桑岁月中,学校分别于 20 世纪 30、50 年代先后出现了两次人文辉煌,老舍、闻一多、梁实秋、赵太侔、沈从文、王统照、冯沅君、萧涤非、陆侃如等一大批著名作家、诗人、学者,相继聚集于此,在美丽的青岛海滨,"焚膏继晷领风骚",形成了海大发展史上浓郁的人文精神和鲜明的人文传统。然而,这种人文荟萃的景象自 1958 年山东大学主体迁往济南起,便在青岛鱼山路五号这个海大与山东大学共生三十年的老校园里淡漠了。直至 20 世纪 80 年代中期以后,海大才又逐步发展起人文学科来。

在新时期素质教育新理念的指导下,自 2000 年开始,管华诗积极推动学校设立"学科特区",加快人文学科的发展,采取的主要措施是:通过引进大师级人物,高起点、跨越式发展。2002 年 4 月,国家文化部原部长、当代著名作家王蒙从时任校长管华诗手中接过聘书,作为海大顾问、教授、文学院院长,正式加盟海大。他说:"我要为海洋大学人文科学的振兴尽微薄之力。"

像王蒙这样德高望重的大家,如何能答应加盟海大这所偏重于理科、人文基础薄弱的大学呢?这正是管华诗校长虚心求教、精诚所至。他先派同事专程赴北京,到王蒙先生家求见,并盛情邀请王先生

---

① 李建平,魏世江,陈鹭.管华诗教育文集——高水平特色大学的探索与实践 [M].青岛:中国海洋大学出版社,2007:509.

来海大考察。用青岛的美丽和海大的真诚打动王蒙,用多年前王蒙的父亲曾在青岛李村师范担任校长的往事打动他。在考察最后阶段,又特意举办了一个小型座谈会,让老师们用真诚的语言欢迎王蒙先生。

这次考察给王蒙先生留下了良好的印象。但他当时并没有明确表达是否愿意加盟。

管华诗校长则趁热打铁,在王蒙先生返京之后,立即召开学校党政联席会议,专题研究聘请王蒙之事。会后管华诗代表学校并以他个人名义,给王蒙先生写了一封情真意切的邀请信。

> 尊敬的王先生:
>
> 您好!崔老师好!
>
> 日前先生大驾光临,我及海大同事们甚感荣幸。尽管面晤时间短促,但我们已经充分领略了先生博学、谦和、求实、诚信的大家风范,进一步增强了我们对于先生的敬慕之情。
>
> 先生回北京之后,我和同事们认真考虑了此次会晤中,先生所表达的意见,又专门召开学校党政联席会议,具体研究了诚聘先生来校工作事宜。兹将我们的基本意见随信禀呈,请先生示下。
>
> (具体事项从略)
>
> 同时学校期望得到先生帮助的地方有:
>
> (具体事项从略)
>
> 以上是学校党政联席会议提出的基本意见。
>
> 这里需要再次诚恳表达的是,在学校的会议上,我和同事们均十分钦佩您的博学和影响,仍想诚请您屈就文学院院长一职,而不是"名誉院长"。因为您的学术形象将对海大文学院起到极大的促进作用,至于具体工作完全可由专职的常务副院长在您的支持和授意之下承担(目前在高校当中很多都是采取这种模式)。此点需尊重先生的意见。
>
> 鉴于您在各方面的地位和威望,我们诚恐对于您的聘任工作有不周、不敬之处。为了国家教育和学校事业发展之大计,尚

乞先生明示与雅谅！专此。

顺颂

祺祥！

青岛海洋大学校长　管华诗

二〇〇二年元月九日

精诚所至，金石为开。王蒙感受到了海大，特别是管校长本人的真挚和对教育事业的执着。他终于应允接受海大的聘请。从此开启了海大重振人文辉煌的历程，也开启了王蒙与管华诗两位学术大家之间的友谊佳话。

在王蒙先生的引荐下，当代著名作家毕淑敏、余华、迟子建、张炜、尤凤伟、莫言、贾平凹、王海、邓刚等当代著名作家先后受聘于中国海洋大学，成为中国海洋大学驻校作家。这是中国高校驻校作家这一新生事物的滥觞。它旨在把作家的身影和作品等留在大学的校园。另外，经王蒙提议，学校设立名家课程体系。驻校作家制度和名家课程体系，是基于中国当代教育体制特别是中国海洋大学实际的一种创造性构想，是"不求所有，但求所用""柔性"引进智力的一种新探索、新模式。管华诗谈及创建初衷时说："希望海大能培养出一大批极具人文情怀的科技工作者，能够培养出一批出类拔萃的作家和文学批评家，能在 21 世纪初期形成一个文人荟萃、名家荟萃的局面。"①

此后的十余年，先后有一百多位国内外著名人文学者、作家和诗人来海大讲学。经王蒙先生提议，管校长鼎力支持，海大专门设立"作家楼"供这些名家来校讲学时住宿。海大还专门设立"斯文堂"，记

---

① 廖洋，梁纯生，温奉桥.桃李春风十年路 [N]. 科学时报，2013-1-26.

录这些名人与海大的故事,陈列他们的代表作品,以供师生观瞻。这创造了中国海洋大学的第三次人文辉煌,可谓蔚为大观。

著名文学评论家与文艺理论家於可训说:"海大在国内高校首创驻校作家制度。驻校作家制度是王蒙先生 20 世纪 80 年代提倡的'作家学者化'理念的一个延展,'驻校作家制度和名家课程体系'和'王蒙'这两个词,已经使海大在全国享有盛名,取得的成果、召开的学术会议已经形成了一种人文的氛围。好的学生不是教出来的,而是氛围熏陶出来的。海大提出要重振第三次人文辉煌,我认为你们已经站在这个高峰上了。"

2004 年 10 月,在海大八十年校庆之际,由管华诗和王蒙倡议的"科学·人文·未来"科学家与文学家论坛在中国海洋大学开幕,中国探月工程首席科学家欧阳自远院士、海洋学家文圣常院士等十位自然科学界的领军人物,与王蒙、毕淑敏等十位知名作家、学者一道谈天说地,碰撞思想。

管华诗以"科学与人文共同的使命——建设和谐发展的美好世界"为题,做了一场精彩的报告。他在报告中指出,人类正面临着一系列发展的重大课题,集中体现在人口、资源、环境,还有质量。这四个方面的问题都不是单纯的科学问题或人文问题,这些问题的解决也都不能单纯依靠科学或者人文,而必须通过多学科交叉融合,特别是科学与人文两大类知识体系的交叉融合才可能解决。

科学与人文分别从不同的视角关照世界,两者之间存在一定的张力,互为参照,这并不是一件坏事。但由于历史的原因,科学与人文的发展各成体系,人才培养各有套路,形成了两个知识的阵营。长期以来,两个阵营之间缺少融通,缺乏了解和理解。而从历史和本质上考察,无论是科学还是人文,在它们表面的差异后面隐藏着更为深刻的关联,它们虽是人类认识世界的不同的思想形式和不同的思想领域,但在本质上,科学与人文是一个事物的两个方面,它们共同构成了完整的人类社会。既然科学与人文自身有融合发展的内在要求,社会也有将其融合发展,交汇出一个"完美的世界"的外在需求,我们就有责任主动做好消除隔膜、促进融通的工作。而这一融通的实质,上升到哲学的高度,就是在知识的构建和运用、人才的培养和人的发展问题上,实现"天人合一",从而共同推进社会的健康发展。

"当时的场面非常轰动,礼堂里挤得满满的,很多市民都去参加了。"管华诗回忆说。在论坛的闭幕式上，王蒙由衷地感慨，在几天时间里聆听近 30 位科学家及文学同行的演讲和讨论，"这样的好事、这样的快乐并不常有，""科学与文学都来源于人类生存的世界，来源于人的本体，是对世界乃至人本身的不同角度的发现与理解，二者都可以启发人的认识、思维和心智"。

论坛已经成功举办三届，均在学界引起强烈反响。作为我国科学界与文学界两大领域的高峰论坛，该论坛对于促进社会和谐发展，加强文理学科融通和提升高校校园文化建设水平，都起到了重要的作用，已经成为我国高校品牌性活动之一。而且随着时间的推移，人们也越来越认识到这一论坛的价值和意义：首先，它启发人们再度深思科学与人文的辩证关系；其次，它聚焦于人类共同命运这一宏大主题；再次，它探讨如何实现中华民族的伟大复兴和可持续发展；最后，它帮助教育探索自身发展所面临的问题。[①]

今天的海大，不仅以高水平特色大学闻名，而且以其活跃的人文氛围闻名。师生受益，人才培养获益，大学生群体的人文素养得到大幅度提升。一所原本以理工科为主的学校，其学生志愿者队伍成为 2008 年青岛奥帆赛等众多国际性赛事和大型国际会议的志愿者主力；其师生代表完成了中国高校师生首次环球航行，航程 5 万余里，游历 22 国；其大学生艺术团多次出访交流，并承担山东省"高雅艺术进校园"任务。学生群体的精神面貌和心理素质在大学生创新、创业、就业、竞赛等各方面都显示出突出优势。

毫无疑问，校长管华诗是中国海洋大学人文素质教育的主要推动者和实践者。他的努力，使得素质教育理念在海大生根发芽、开花结果了。

---

① 王蒙，管华诗．"科学·人文·未来"论坛实录 [M]．青岛：中国海洋大学出版社，2015：序言．

放眼国际,服务海洋强国战略
积极筹建海洋科学与技术国家实验室

在管华诗的观念里,海洋是一个复杂的、开放的系统,它的问题是多学科交叉的,一项关于海洋研究的大课题已经很难由一个单位单独完成。所以,大家总是希望能有一个平台,整合海洋研究领域的各种优势力量,汇聚海洋科技人才,集中力量做大事。纵观国际上越来越激烈的海洋领域的竞争,实际上也是体制、机制和人才的竞争。我们要想避免低水平的重复研究,更接近国际前沿,承担国家大课题,更好地参与国际竞争,参与国际大计划,必须有一个国家意义的科支平台。

青岛是国家海洋科研战略布局的重点城市,聚集了全国超过半数的海洋科研机构、人才和装备,承担了大量的国家海洋科技重大任务。围绕国家重大战略目标,在青岛建设国家实验室可以落实《国家中长期科学和技术发展规划纲要(2006~2020年)》,对增强我国海洋科技自主创新能力、探索科技管理体制改革的新模式意义重大,具有紧迫性。管华诗积极筹划和推动,由青岛海洋大学(现中国海洋大学)牵头,中国科学院海洋研究所、国家海洋局第一海洋研究所、农业部水科院黄海水产研究所和国土资源部青岛海洋地质研究所五家单位,正式发起筹划建立青岛海洋科学与技术国家实验室,共同向科技部提出建设"青岛国家海洋科学研究中心"的建议。

2005年6月,科技部、山东省、青岛市和五个共建单位的主管部委签署省部共建协议,并成立省部共建协调领导小组。2006年,科技部决定启动十个重点领域的国家实验室,海洋国家实验室名列首位。

2007年9月,由科技部、财政部组织的青岛海洋科学与技术国家实验室建设方案论证会议在青岛召开,管华诗作为国家实验室(筹)理事长就国家实验室建设方案做了汇报。与会专家听取并审阅了国家实验室筹建办公室关于实验室建设方案的总报告、八个功能实验室的分报告以及公共实验平台和技术支撑体系的综合报告。经过广泛研讨和仔细论证,专家组同意国家实验室的建设方案,并建议尽快批准实施。

此后,科技部、教育部、农业部、国家海洋局、财政部等单位进行了多次商讨论证。为推动青岛海洋国家实验室建设,陈至立、刘延东等多位领导先后来青岛市调研。科技部部长万钢在调研时指出:青岛汇聚了国内一批具

119

有较强优势的海洋科技力量,承担了大量的国家海洋科技重大任务,为我国海洋科技事业发展做出了重要贡献。他强调,鉴于国家海洋事业发展和科技体制机制创新的紧迫需求,海洋国家实验室的建设推进工作迫在眉睫,要以"改革、发展、创新"的精神加快推进该项目,以增强我国海洋科技自主创新能力,探索科技管理体制改革的新模式。科技部将全力支持和推进海洋科学与技术国家实验室建设进程。在山东省和青岛市政府的资金支持下,海洋国家实验室的筹建工作于 2007 年正式启动,并于当年在青岛即墨鳌山卫破土动工。

2012 年 7 月 4 日,全国政协原副主席宋健院士在中国工程院院长周济院士、白玉良秘书长的陪同下,来到青岛海洋科学与技术国家实验室建设现场进行调研。管华诗就海洋国家实验室筹建历程、建设方案和面临的关键问题与建议等情况进行了汇报。宋健指示:"发展海洋科技事业,是国家的重大战略任务,应该加快筹划和组建国家实验室。"

为贯彻落实党的十八大提出的创新驱动发展战略和建设海洋强国的总体要求,科技部于 2013 年 12 月正式批复青岛海洋科学与技术国家实验室建设。实验室下设八个功能实验室、六大技术平台。海洋国家实验室定位于围绕国家海洋发展战略,开展基础研究和前沿技术研究,依托青岛、服务全国、面向世界,建设国际一流的综合性海洋科学研究中心和开放式协同创新平台,汇聚创新资源和创新团队开展原创性研究,提升我国海洋科学与技术自主创新能力,引领我国海洋科学与技术的发展。

2015 年 7 月 30 日,科技部任命吴立新院士为青岛海洋科学与技术国家实验室第一届主任,管华诗院士为学术委员会第一届主任,任期三年。这标志着青岛海洋科学与技术国家实验室正式全面启动。实验室定位于围绕国家海洋发展战略,开展基础研究和前沿技术研究,建设国际一流的综合性海洋科技研究中心和开放式协同创新平台,引领我国海洋科学技术发展,并逐步成为全球海洋科学新思想、新技术、重大国际合作计划的发源地。

实验室重点实施西太平洋—南海—印度洋动力过程与环境安全(透明海洋)、蓝色生命过程与资源开发利用(蓝色粮仓)、西太平洋洋陆过渡带深部过程与资源环境效应"三大战略任务"。围绕这"三大战略任务",重点开展海洋动力过程与气候变化、海洋生命过程与资源利用、海底过程与油气资源、海洋生态环境演变与保护、深远海和极地极端环境与战略资源、海洋技术与装备等方面的创新研究与突破。

管华诗欣慰地说:"多年以来,海大、中科院海洋所、黄海水产研究所和国家海洋局一所、国土部海洋地质所五家单位的科技人员一直梦想打破'行政界限',在共同的技术平台上进行海洋科学与技术等学科综合研究。如今这一梦想终于实现。"

青岛海洋科学与技术国家实验室是我国第一个国家海洋科学研究中心,是世界上第七个国家海洋科技中心。它的成立,意味着我们将举国跻身国际海洋科技竞争,显示了我们国家海洋领域的整体实力和进军海洋的信心、决心,是海洋科技领域的一件幸事,是青岛、山东乃至全国的一件令人振奋的大事。它是一个开放的科技创新平台,将汇聚国内外海洋科技领域的优秀人才,学科交叉,资源整合,以创新的机制和体制,将人才的潜能充分发挥出来,其影响力将辐射全国乃至全世界,它的重要意义在今后几年中将充分显示出来。

教育家情怀

丹心系家国,沧海写春秋。作为科学家、教育家的管华诗朴素平实却又勇于担当使命,历经磨难却又心怀感恩,艰苦卓绝却又兼善天下,他始终与国家、与民族一道,同呼吸,共命运。

谋海济国

管华诗曾经说过:"从历史和政治的角度看,至近代以来,海洋在一定程度上主宰着一个国家的兴衰,世界强国都曾走过兴海强兵之路。中华民族五千年的文明史,更是直接证明中国的兴衰荣辱与海洋休戚相关。维护国家权益,建设海洋强国,海洋科学技术的作用不可替代。"[1]

---

① 管华诗.适应时代要求,建设高水平特色大学[J].中国高等教育,2001.

服务"海上山东"建设

山东地处欧亚大陆的东端,海岸线在全国位于前列,而山东人口又是全国最多的省份之一,中央要求山东省在全国现代化战略中要率先实现第二步目标。为此,开发海上资源,实现山东省由陆地经济为主到陆海经济并举的战略转移,这是一个必然的选择。

1990年末,新中国成立以来第一次大规模的海洋工作会议在北京召开。在会上,山东做了"开发保护海洋,建设海上山东"为题的汇报。这是"海上山东"的概念首次在官方文件中提出。20世纪90年代山东省委、省政府实施的两跨工程——"黄河三角洲开发"与"海上山东建设"——为核心内容的海洋开发战略,早在20世纪80年代中期就开始酝酿。

20世纪80年代就开始海洋药物研发的管华诗,一直关注着这项庞大的海洋开发计划。他认为服务于地方经济建设是高校的基本职能之一,这个项目的实施对于以海洋、水产学科为特色的海洋大学来说无疑是一个难得的历史性机遇。省市的区域经济发展、开发利用海洋,都需要海大的参与,海大更需要各级政府、社会的支持,因此海大要在服务于"海上山东建设"中快速反应,在实施"两跨工程"中"勇当先锋,争当排头兵",在实施"两跨工程"中"办一流学校、育一流人才、创一流业绩"。

针对实现"海上山东"建设目标,管华诗提出了六条建议:

一是用先进实用技术改造,强化现有的优势产业,使之成为海洋经济的支柱与基础。海洋渔业、远洋运输业、水产品加工业、港口业、滨海旅游业、制碱业等行业应列为当前的重点;

二是抓好新兴高技术产业点的培育,如海洋药物及保健品工业、海水淡化与海水直接利用等;

三是调整海洋产业结构,组织海洋产业大集团;

四是实施"科教兴海"战略,加快"海上山东"建设步伐;

五是成立山东省海洋工程研究院,组织协调省内海洋科技机构、高校力量,完成国家"海上山东"建设的重大科技课题,促进成果转化;

六是建议在山东省委、省政府直接领导下,成立"海上山东"建设办公室，以便统一规划、统一指挥。①

　　管华诗任校长伊始，所做的第一件大事就是于 1993 年 8 月，与时任党委书记曾繁仁教授一起，带领相关学科的专家教授，到黄河三角洲进行实地考察，并与东营市、胜利油田等单位现场签订了"黄河河口整治与入海流路稳定性"等 19 项合作项目。紧接着，他又组织海大教师为"两跨工程"的加速实施设计了 20 余项研发课题，为领导决策起到了重要作用，得到了省政府的高度重视。1993 年至 1994 年两年间，时任山东省委书记姜春云、省长赵志浩三次到青岛看望管华诗，并视察学校。

　　在管华诗的精心筹划和积极推动之下，海洋大学为"海上山东"建设做出了一系列的贡献。除了提供人才支持，通过软科学研究为之提供理论依据外，海洋大学还做好科技服务工作，如对石臼、威海等港口和滨海电厂建设等大型工程进行地质勘查、水文勘测和环境评价；培育和推广海水养殖的新技术、新品种，并解决许多关键技术问题；积极参与海洋生物工程产业和海洋环保产业等新型海洋产业的开发工作等。

　　海大为省市地方经济建设做贡献，同时也赢得了地方政府对海大的多方面扶持。1994 年青岛海洋大学得到了国家教委与山东省政府共建的支持，实行双重领导，联合办学。从此海大进入了一个新的发展时期。

　　1995 年，管华诗在每年一度的教育部直属高校工作咨询会上做了题为"以贡献求支持、以特色促发展"的典型发言。

　　1997 年 10 月 18 日，在山东省省直机关厅级以上干部会议上，管华诗做了一场"海洋开发与'海上

①　李建平，魏世江，陈鹭.管华诗教育文集——高水平特色大学的探索与实践 [M].青岛：中国海洋大学出版社，2007:130-132.

山东'建设"的报告。他说:"'海上山东'建设已初具规模,并为下阶段的发展打下了坚实的基础。这个提法或研究结论,是经过大量现实产业过去、现在数据分析得来的,是有根据的。它与国家海洋局编写的《中国海洋 21 世纪议程》中提出的,把海洋可持续利用和海洋事业协调发展作为 21 世纪中国海洋工作的指导思想是一致的。"

主编《中华海洋本草》

曾有记者问及管华诗当大学校长的感悟,他很质朴地说:"真诚待人,热情工作,让大家的心往一处想,劲往一处使,用集体智慧,走特色办学之路。"诚哉斯言。以努力做好本职工作回报党和人民,一直是管华诗生活、工作的基点。

鉴于 21 世纪人类疾病谱结构的变化及海洋生物有别于陆地生物的显著特点,管华诗院士提出以中医药理论为指导、以现代技术为手段研发现代海洋中成药的新思路,开拓了海洋药物研发的新领域。根据这一思路申请并获准建设了"山东省海洋中药现代化工程技术研究中心",并在国家海洋局"908"专项的支持下,展开系统介绍海洋药物的专著——《中华海洋本草》的编撰工作。

2009 年 9 月 27 日,海洋药物领域首部大型志书《中华海洋本草》首发仪式在北京京西宾馆隆重举行。全国人大常委会原副委员长、中国科学院院士周光召亲临首发仪式现场并为图书揭幕。

管华诗介绍了该书的编纂过程和专著内容。

《中华海洋本草》是国家"908 专项""海洋药用生物资源调查与研究""海洋药用生物资源评价和《中华海洋本草》编纂"的成果结晶,是集体智慧的结晶,该书由 40 个单位的 300 多位科技工作者编写而成,历时 5 年。全套书由《中华海洋本草》主篇与《海洋药源微生物》《海洋天然产物》两个副篇构成,共 9 卷,引用历代典籍 500 余部,现代期刊文献 5 万余条,合计约 1 400 万字。其中,主篇收录海洋药物 613 味,涉及药用生物以及具有潜在药用开发价值的物种 1 479 种,另有矿物 15 种;并详细记载了物种的化学与生物学信息。

《海洋药源微生物》副篇收载了已研究的 300 余种典型海洋微生物及其次级代谢产物的生物学、化学、药理学等信息。《海洋天然产物》副篇集 20

世纪初以来现代海洋天然产物研究已经获得的 2 万种化合物的来源、结构、生物活性等全部数据信息,堪称国内外首部海洋天然产物大型工具书。

同时,《中华海洋本草》也是一部收录中国几千年来海洋药物发展文明史的当代海洋药物巨著,为海洋天然产物和海洋药物研究提供了翔实的数据信息,具有重要的历史介值和学术价值,并将为海洋药物资源的保护和持续利用提供决策依据。此外,《中华海洋本草》对人们防病、治病、保健具有指导作用,对于我国进一步挖掘中国古代传统医药理论,指导临床用药,启迪现代海洋药物的研究和开发,具有重大的科学意义和社会经济价值。

全国政协原副主席、两院院士宋健同志在贺信中说,《中华海洋本草》是集中国海洋药物之大成,全面系统记载海洋药物、药理与有效作用的历史、现状及发展前景的专著,也是在中国覆盖海洋药物领域的一部大作。它是全面查询海洋药物的百科全书,更是深入研究海洋药物的可靠基础,还是开发利用海洋资源的重要依据。

时任国家海洋局局长孙志辉指出,《中华海洋本草》的出版发行,是海洋和医药领域的一件大事、喜事,是海洋系统向新中国六十华诞的一份献礼。在一定意义上,《中华海洋本草》是迄今为止最系统、最权威的大型海洋药物志书,一定能在海洋、医药、教育、科技等诸多领域体现出巨大的应用前景。

时任教育部副部长陈希、卫生部副部长王国强对《中华海洋本草》的编纂出版表示热烈祝贺并给予了高度赞扬。陈希说,《中华海洋本草》的出版发行不仅敞开了一扇认识海洋药物资源的大门,也向全世界展示了我国当代海洋医药科学的显著成就。王国强说,《中华海洋本草》是我国第一次对历代海洋本草进行科学系统的梳理总结,是盛世背景下的官修本草,在中医药发展史和中华本草与海洋本草发展史上都具有重要的里程碑意义。

提升全民族海洋意识

海洋是生命的摇篮,是人类生产和生活不可或缺的空间,对人类社会产生了重要的影响,也与我们中华民族的生存、发展和盛衰休戚相关。我们的祖先创造了龙山和百越海洋文化。15 世纪初,郑和大规模远航活动把中国古代的海洋事业推向发展高峰,对人类的海洋文明做出了重要贡献。时至今日,能否走向和利用海洋越来越成为世界各国、各民族能否实现和保持强大的关键。所以,如何提升全民族的海洋意识,建设海洋强国,自然也成为管华诗的使命所在。

"加强海洋开发、海洋保护的宣传,有助于国人了解海洋的过去、现状和未来,了解海洋与民族生存及发展密不可分的关系,进而增强全民族的海洋意识,树立崭新的国土观念;有助于加强我国海洋资源的开发和海洋环境的保护,让海洋沿着可持续发展的道路,永续为后代造福,成为中华民族生存与发展的第二空间;有助于发展和弘扬中华民族几千年来认识海洋、开发海洋、探求海洋文明的辉煌历史,让博大精深的海洋文化在中华文化的神圣殿堂中占有应得的一席之地;有助于扩大国际合作领域,显示我国处理海洋事务的国际地位,更好地维护我国的海洋主权和权益;有助于推动沿海地区经济社会发展,实现国民经济增长领域新的突破,并示范和带动内陆建设,加速建设 21 世纪的海洋强国。"[1]

管华诗通过一系列的措施来推进海洋开发、海洋保护的宣传工作:组织海洋科普知识宣传团,举办普及海洋科技知识的宣讲会,联合政府部门开展海洋知识电视系列讲座,组织大学生利用暑假开展沿海"百县千村"海洋经济调查活动,开展内地和港台(中国海洋大学、台湾海洋大学、香港中文大学)大学生交流活动,举办高层次国际学术会议等。

2000 年 3 月,在管华诗的推动下,青岛海洋大学与国家海洋局共同建立了青岛海洋大学全国海洋观教育基地,并于 2000 年 7 月正式挂牌。管华诗和国家海洋局原局长王曙光担任全国海洋观教育基地工作领导小组组长,干焱平教授担任全国海洋观教育基地办公室主任。结合基地建设,青岛海洋大学于 2000 年在本科生中开设了"海洋与中国未来"海

---

[1] 李建平,魏世江,陈鹭.管华诗教育文集——高水平特色大学的探索与实践[M].青岛:中国海洋大学出版社,2007:156-157.

洋海权教育选修课程,次年又正式出版了教材《海洋与中国未来》。基地成立后,相继承担和完成了"在军队建立海洋观教育体系的研究"和"构建全国青少年海洋观教育理论体系的研究"等国家重点研究课题。还在国家机关、学校、军队等单位举办了系列讲座,内容包括"中国同周边海洋国家海权争议若干问题""中日东海海洋权益之争问题""台海形势及其走向分析"等多个主题。可以说,全国海洋观教育基地为人们了解和认识海洋,尤其是了解我国海洋权益及我国海防建设,切实增强大学生海洋、海权观念,提供了必要的学习和实践场所;为增强全民族海洋观念,尽快把我国由海洋大国建设成为海洋强国做出了应有的贡献。

2004 年 7 月,世界华人纪念郑和下西洋六百周年暨海洋观论坛在中国海洋大学举行,来自美国、新加坡、泰国以及我国台湾、香港地区和内地华人郑和文化研究专家近 50 人出席会议。管华诗在会上说:郑和不但是中华民族伟大的航海家,而且是"世界海洋第一人"。郑和时代的中国,真正承担了一个文明大国的责任:强大却不称霸,播仁爱于友邦,宣昭颁赏,厚往薄来。郑和下西洋真正展示了国际关系中"维护和平,共享和平"的精神,也对东西方文化交流、经贸交通产生了深远影响。

在《海洋小百科全书》一书的序言里,管华诗给青少年们写下了这样的期望:未来是海洋的时代,只有让广大的青少年了解海洋、接近海洋、认识海洋,才能把握海洋、开发海洋和利用海洋,为人民造福。要想提高中华民族的文化素质,再铸中华民族海洋文明的辉煌,使中国成为 21 世纪的海洋强国,我们必须从现在抓起,从青少年抓起,全面培养他们的蓝色国土观念和捍卫海洋权益的责任感及使命感。

为师之道

"师者,传道授业解惑也。可我觉得管老师似乎承担着更多责任……管老师对我的影响是全方位的,做人、做事、做学问,这种影响是潜移默化的,是无形的,很多方面是说不清的,这就是师承。恩师之情,天高地厚,这种师生关系,就像酒窖里的陈年老酒,越久越醇,越久味越浓,越久越值得回味。"这是管华诗的学生、现中国海洋大学教授李春霞的一段心语,恐怕也是管华诗所有学生的心声。

在管华诗看来，为师当有大爱，其中既有对自然、对苍生之爱，也有对祖国、对民族之爱；为师当有仁心，而且从事海洋药物事业者尤应如此；为师当有风范，人品学问自应作为表率。所以，师者，必然传道授业解惑，但又不唯传道授业解惑。

对科学研究事业有着执着追求的管华诗向来对自己严格要求，但对学生从不求全责备，而是坚持让他们在学习和实践中磨炼、提高、完善自己，甚至把一些重大的项目交给学生去做。"如果年轻人不很快成长起来，我们的事业由谁来继承和发展呢？"

管华诗指导的博士研究生，现执教于山东中医药大学的付先军坦言："恩师在我的身上倾注了很多的心血；从入学伊始到学业结束，恩师在百忙之中，对论文选题、进展以及内容进行了很多的指导，提供了大量学习和锻炼机会，使我在各方面的能力都得到了很大的提高。在恩师的悉心指导下，得窥宫室大美，我的科学思路和科学视野有了很大的拓展；在这期间，我接触了药物化学所有的现代研究方法，这为我后来从事中药药性理论研究奠定了现代科学技术基础。"

水产品安全专家林洪教授说："工作数十年的我，在水产品安全这个领域，已有了自己的一席之地。回想当初，2001年春天，管老师高瞻远瞩，在国内率先提出将食品安全列出一个分支即水产品安全这个大胆的想法，并马上规划，培育建设。管老师根据我的水产品加工专业背景和特点，希望我能从事并深入发展这个领域方向。当时这个领域还是一片"荒原"，作为"拓荒者"，难免会感到惶恐、无助，特别在遇到困难时，可供借鉴的资料和前人的经验都少之又少，幸而有管老师，一直走在我前面，为我劈开了许多荆棘，遮挡了许多风雨。"

有一件事令管华诗及其学生在业界引以为自豪：在2008年初的"肝素钠事件"应急检验中，国家药监局成立的全国的肝素研究理化合作组的四位成员中的三位都是管华诗的学生：山东大学的姬胜利、中国海洋大学的于广利及中国生物制品检定研究院的范慧红。

2008年8月23日，管华诗倡议并出资30万元发起成立了华实海洋药物奖励基金，以激励广大学子和青年教师积极投身海洋药物研究领域，推进海洋药物学科与相关产业的发展。他深知，青年是国家的未来，事业的未来，关心和扶掖青年自己责无旁贷。多年来,他每月都从工资中扣除一部分,资助校内的贫困大学生,还资助了30多名贫困女童重返课堂,鼓励她们自强不息。管华诗第一批资助的大学生李春霞,现已成长为海大医药学院的教授,第一批资助的大学生刘建政已成长为海大中层党政管理干部。"我觉得资助这些学生是应当的,我是从农村家庭走出来的,哪怕是一分钱,对他们来说也能起作用。其实不光我这样做,大部分有条件的人都这样做,这是我们国家和谐社会的一种体现,也是我们中华民族美德的体现。我有了条件以后,资助贫困的学生,资助贫困地区的小孩,这是我应该做的,而且做得还不够。"管华诗说。

2014年9月,在"海洋生物医药高层论坛暨管华诗院士从教五十年座谈会"上,中国科学院上海药物研究所党委书记耿美玉研究员、青岛大学副校长谢俊霞教授等管华诗培养的、长期在海洋生物医药领域工作的学生代表,围绕我国海洋生物医药领域的热点问题,从海洋生物医药的研究、开发与产业化发展等角度,汇报交流了各自所取得的主要成绩和最新的研究动态,并与与会人员共同分享事业长足进步发展的喜悦,共同谋划未来事业创新发展的对策建议。

管华诗感慨:"今天几位学生朋友代表做了精彩的学术报告,每每听到他们对社会进步做出的贡献,以及社会对他们的认可、赞扬,激动的热流一次次地撞击着我,一种更加震撼的感受蒸腾而升——我认为那就是教师职业所特有的成就感!自豪感!更是一种幸福感!因为我有了一大批成功的学生朋友!所以,我要真诚地感谢我的学生朋友!感谢我的老师!感谢我的母校!是你们使我的生活如此充实,这么有意义!"

对于他的"学生朋友",管华诗语重心长:"只要你们充满了希望,我就会有所期待!"

写心的人

很多人常常感到惊讶,从身边的熟人到远方的朋友,从民间的街谈巷议到官方的主流媒体,从教育界到科技界,从海洋界到医药界,从政坛到经济、文化和社会的各个领域,有如此之多的人知道管华诗的名字和故事,人们尊敬地称他为管校长、管院士、管老师、管主席、管老爷子……很多人都以能就近受教或与他共事为幸。这不仅源于他的地位和成就,更在于他能把人生事业的文章写进你的心里。

写心,首先要真诚,只有真诚才能打开别人的心扉。而真诚常常是他给人的第一印象。

对于身处困境的人,他常会伸出援手,体贴问候,关切之情真挚浓郁。对于懵懂困惑的人,他会真诚善意地指点迷津,毫无保留地引领他走上正途。对于工作不力、认识偏差的人,他也会直言不讳地给予批评。对于自己的不足和过错,他必立刻认领。很多海大人都清楚地记得,当年为了高起点发展人文学科,学校聘任王蒙加盟海大。就在那次聘任仪式上,他宣读王蒙简历,提供给他的稿子将王蒙的代表作《组织部新来的年轻人》错打成了"组织部所来的年轻人"。他照稿宣读,一时台下响起一阵轻微的笑声,他敏感地停顿下来,问身边的王蒙先生是否出了错误。王蒙笑着告诉他,是"组织部新来的年轻人"。他立刻真诚道歉,并即席发挥道:"老师们,同学们,一所大学的校长都不知道小说《组织部新来的年轻人》,大家说这所学校是否应该赶快加强人文啊?"一时掌声雷动!

写心,需要智慧,因为心是最多面亦最多变的。智慧每每表现在他的远见、决断和对于人的认识与把握。

很多同事都见识过他对事业的预见,都见识过他在关键时刻关键问题上的果断决策,都见识过他为了成就一件大事而运筹和推进的能力,特别是他汇聚集体智慧的能力。大家喜欢参加由他主持的会议,不管会上有多少种千差万别的见解和意见,最终都不会跑题,都会被关照到,大家不同的见解会在这位主持人那里得到集中概括和令人茅塞顿开的提升。大家都喜欢听他做大会发言,不是那种念秘书稿子的发言,而是他脱稿的演讲。他的语言并不华丽,但极富思辨和激情,总是让听众受到启发和鼓舞。那些年他主持的对学校发展起到了至关重要作用的崂山会议,给同事们留下了美好的回忆;那些年每学期始末的教师干部大会上,他的讲话都留给大家深刻的印象。

还有他对人的认识和把握。现在已是中国科学院院士的宋微波,至今难忘他在科研起步时收到的第一笔驰援:1990年,时任水产系副主任的管华诗在听到宋微波的工作困境后,毫不犹豫地将其所获的山东省自然科学基金的申报奖金全额给了他，12 000元，当时是一笔不菲的数目，堪称雪中送炭。还有他总是给同事和下属以极大的工作信任，这充分激发了他们的工作激情和创造力。

写心，更需要仁德，因为仁德才是心最温暖的家。

仁德是他最大的魅力所在。他的宽厚给人温暖，他的悲悯给人力量。无论在他的故乡还是他工作生活过的地方，无论是他的领导、老师、同事、学生、朋友，还是那些素昧平生、慕名而来的人，他都倾心相待，帮助支持。无论他自身的成就、影响和地位，还是他凝聚众人的智慧和为事业发展赢得的先机，都是海大人的骄傲。他奋进不息的精神，永远都是海大人事业的榜样。

管华诗，就像他的名字一样，是一首华彩的诗篇。

（转载自由中国高等教育学会推选、高等教育出版社出版（2017年）的《共和国老一辈教育家传略（第三辑）》，梁纯生执笔）

华章篇 / 情深

FESTSCHRIFT

他就是中国海洋大学

▌王蒙

中国海洋大学的管校长，管华诗院士，在我的心里种下了对中国海洋大学的美好温暖感受的种子。对于我，他就是中国海洋大学，就是励精图治，就是敢做敢当，就是殚精竭虑，就是山东式的质朴与好客，而且是一种不那么多见的诚挚与天真。

天真，是的，我见过国内外的不少大学校长，英语里大学校长与国家总统是一个词，可见校长很重要。有的风度翩翩，有的温文尔雅，有的信心满满，有的精明强悍……除了管校长，还没有见过在操盘谋划说话算话的同时，却具有这样的纯朴与痴心。

很简单的一个例子。我初到学校来，一次讲座是讲"小说的可能性"。管校长主持，我们俩坐在台上。他听得如此专注，如此入神，如此感动，他的脸上随着讲话的内容与词句变化着表情，他的表情热烈、生动，实时反应。从学生们那儿传出了掌声与笑声，我清楚地意识到，除了鼓励我的掌声、笑声以外，相当一部分互动来自校长的感染力与亲和力。我当然清醒地明白，这里边有校长给予我的礼遇与拉住王某为中国海洋大学做点事的愿望，甚至可以说是他的领导意图，但是更多的是他对于文学的渴望，对于复兴中国海洋大学的人文传统的渴望，是对更加全面与高端的中国海洋大学的期待。还有，他的未能全面实现的对于文学的追求与兴致。

直到我讲完了，和管校长共进午餐的时候，他还在念叨我讲的一个文学事例。我说，《三国演义》里有民间的虚构，如把周瑜写成被诸葛亮戏耍的后生，事实上周瑜（生于公元 175 年）的年龄比诸葛亮大（生于公元 181 年）六岁……然而人们得知了历史事实后反而感到遗憾与难以置信，因为不论是在罗贯中的书里还是在相同题材的戏曲里，人们已经接受了少年气盛的周瑜与老谋深算的诸葛亮的戏剧性安排。

他一直念叨："虚构比真实还厉害！"

我也不会忘记，在他主持的作家与院士对话的人文科学论坛上，他的开怀大笑，现在还有那张他大笑的照片。不是天真的、纯洁的人，是不会笑成那样的。

想起管校长就想起我们在青岛，在中国海洋大学的笑声。想起我个人的老年生活的这永不衰老的海大篇章。想起国内外有那么多写作人、教授、名人、专家应我们的邀请出现在海大的讲堂、校园、宿舍里。想起管校长辛苦策划与支持的作家楼、研究所、国际研讨会、论坛、《红楼梦》月、朗诵与征文，还有其他。

还有我们俩的乒乓赛。我认定管校长不免辛苦，我提议与他共练太极拳，后来证明他清晨起不来，对不起。他建议赛乒乓，他估计他的乒乓胜我一筹。但是说实话，他未有胜算。最后我们以双冠军的方式宣告了比赛的完成。这里面也有中华文化特色。

2004 年，管院士与王蒙在"科学·人文·未来"论坛会上

2009年，王蒙与管院士进行球赛

　　在管院士八十华诞的时候，我愿意举杯相约，每五年与他赛一次乒乓球，不设奖金，但要在网站上公布比赛结果。

　　（王蒙，著名作家，原国家文化部部长，现任中国海洋大学顾问、教授、文学与新闻传播学院名誉院长）

海潮连波逐云起，风正帆悬济明朝

▋王修林

一

收到《诗意华章》编写组来电的时候，我刚刚结束全国人大会议，从北京返回山东。看到约稿函，回忆起跟随管院士学习、工作时的往事，我不禁再一次想起习近平总书记参与山东代表团讨论时的寄语：

"海洋是高质量发展战略要地。要加快建设世界一流的海洋港口、完善的现代海洋产业体系、绿色可持续的海洋生态环境，为海洋强国建设做出贡献。"

"经略海洋"，短短四个字，却正是管院士以及千万海洋科技工作者的毕兰追

王修林（右一）与管院士在张正斌老师寿宴上

求。几十年来,我曾耳闻目睹管院士"向海洋进军"的不倦身影,也曾在这条道路上随前辈而行,深知海洋对于区域、国家和民族的分量之重:它不仅是山东省实现创新发展、持续发展、领先发展的重要途径,新旧动能转换的重要抓手,更是中国在经济、资源、环境、外交等一系列未来国际竞争中不可或缺的战略要地。正因如此,当总书记将"经略海洋"置于山东未来使命的框架之内,我们固然欣喜自豪,但也更感到肩上责任与挑战的分量——面对国际海洋竞争形势千帆竞发、百舸争流,面对科技创新领域的深刻发展、经济增长方式的深刻调整、区域关系格局的深刻变革,山东乃至中国,要如何才能在经略海洋的事业中勇立潮头、一骑当先?

二

带着这样的想法,我暂且搁下《诗意华章》约稿在内的其他工作,组织十余位海洋、化工、金融、环保界别的省政协委员,一起奔赴浙江、广东等沿海省份,围绕"新旧动能转换"开展大规模调研。我想,在改革发展的前沿领域,在科技发展的前沿企业,一定有可以借鉴、运用于经略海洋事业的"他山之石"。

十几天的时间里,我带着调研组走访宁波舟山港,走访海康威视、林东新能源科技股份有限公司、华大基因等高新技术企业,探寻建立现代海洋产业体系的各种路径;来到阿里巴巴集团总部、腾讯集团、银盛金融、南方文化产权交易所、光大 We 谷等网络、金融公司和科技平台,研究实体经济、科技创新、人力资源和现代金融协同发展的前沿体制机制……在各个前沿领域奔走探寻,眼界为之一宽:物联网、大数据、现代金融带来的种种先进发展方向,几乎如雷电过后的空气一般凶猛新鲜,超越了我们对未来想象的边界;但更令我震撼的,是南方那种人人提着一口气,聚焦干事创业的精气神。无论是政府部门咬着南方口音的年轻干部、企业面带微笑的接待人员,似乎都早早褪去了冬天的倦怠,步伐轻快,思绪流利,仿佛随时都能投身某个新的项目。而人的活跃,也带来了经济的兴旺发达:注重细节、踏实服务的政府,敢于冒险、积极拓展的企业,直面市场、勇于创新的科研力量……各类要素归于其位,自由流动、高效运转,迸发出势不可挡的经济活力。而山东省想要、也必须通过新旧动能转换重大工程所激活的,正是这种饱满的生机。

南方的调研还未结束,就接到民盟中央来鲁调研的任务。于是,行程始于斯地、终于斯地,我陪同调研组回到山东,去往位于青岛的海洋国家实验室。

回程中,我和专家们讨论起山东与南方的区别:山东的文化社会结构,虽有市场活力稍欠的短板,但亦有"集中力量做大事"的优势。而"经略海洋",正是山东补短板、强优势的最好命题:一方面,可以通过"经略海洋"承载国家意志,以战略支撑保障能力带动区域发展;另一方面,如果借助新旧动能转换重大契机,将山东的海洋科技优势转化为引领技术、产业进步的庞大动能,那山东的市场活力一定会以此为突破,得到全新的释放。

海洋国家实验室的建立过程,正寄托了这样一种期待。

三

海洋国家实验室的构想,在多年前就已经萌生。那时,管院士有感于海洋科研问题庞大复杂、涉及多学科综合交叉的问题,渐渐形成了整合海洋研究优势资源、建立国家级海洋科研平台的理念。2000年,他与唐启升院士、袁业立院士等专家共同商议筹建"青岛国家海洋科学研究中心"(即后来的海洋国家实验室),从此开始了漫长而艰辛的筹备过程。2003年,我作为分管副市长协助参与海洋国家实验室的筹建工作,在走出海大后,又一次有幸跟随管院士的步伐向前。

改革创新绝非易事,国内并没有先例可以参照,遑论这一实验室的组建,牵涉国家、地方之间的综合协调,横跨管理部门、科研单位的力量整合,头绪甚多。管院士带领我们一道,参照国外相关机构的先进做法,亲自设计实验室的管理体制、主要功能乃至研究方向,为未来"经略海洋"的事业提前谋划好战略布局;更一次次跑部委、跑地方、跑院所,调研、讨论、拿思路、改方案……但即使途中经历波折、困境,管院士也从未动摇或停滞,而是带大家继续逢山开路、遇水架桥,艰辛而顽强地推进着建立国家实验室的事业。

跟随管院士治学、科研多年,我深知支撑管院士国家实验室之梦的强大动力——一方面,面对海洋的复杂性、系统性和开放性,面对世界海洋科技的激烈竞争和巨大投入,很多科研方向都无法停留于学科、团队内部,需要更多研究力量、更大学科范围的交叉和综合,而牵涉国际竞争的前沿问题更是如此。按照现有的体制机制,青岛、山东乃至全国的海洋科研力量难以有效整合、协同攻关,无法形成更加长效、稳定的合作,只能保持碎片化、重复性的低水平研究,难以承载作为"国之重器"、关涉国家前途命运的大科研课题,也难以参与彰显综合国力的国际大科学计划。另一方面,作为海洋生物医药产业的先行者,管院士在海洋科学、技术、工程再到产业的转化过程中,也深深体会到,当前海洋科技成果驱动技术应用、经济发展的体制、机制壁垒,以及创新联盟机制不足、院校科研成果与实际应用有所脱节等问题,正制约着海洋科技向创新型引领、海洋经济向质量效应型转变的海洋强国必由之路。

英国登山家乔治·马洛里曾说,登山是因为山在那里。我想,对于管院士来说,为什么组建国家海洋实验室,理由也同样简单:因为中国经略海洋的未来在那里。尽管过程艰辛,但既然建立一个能够统筹国家科研力量、承载国家意志和使命的平台,是祖国"经略"海洋道路上必须直面、必须攀登的那座山峰;那像他朝夕相处的海洋一般,容纳和克服所有阻力、所有困难、所有藩篱,也就是他作为海洋科研事业领军人的使命和责任。

这一过程,艰难而漫长,但在管院士为核心的筹建者的努力下,最终还是走向了成功。2004年11月,五个共建单位经各主管部门同意,共同向科技部报送建设申请报告书,并参加了科技部组织的专家论证;2005年6月,科技部、山东省、青岛市和五个共建单位的主管部委签署省部共建协议,并成立省部共建协调领导小组;2006年,科技部形成"关于青岛国家海洋科学研究中心建设方案的报告"上报国务院,随后科技部决定启动10个重点领域的国家实验室,海洋国家实验室名列首位;2008年5月,山东省政府第九次常务会议决定,省、市政府先期各投入5 000万元,用于启动基础设施建设;2015年,海洋国家实验室正式投入运营,标志着我国首个以海洋科研为特色的国家实验室正式"扬帆起航"。而管院士十五年来的理想与奋斗,终于变成了"体现国家意志、实现国家使命、代表国家水平"的重要战略科技力量。

在那段时光里,我比从前更加深刻地认识了管华诗老师:不仅是耕耘杏坛数十载的管教授,是带领中国海洋大学进入"985工程"快车道的管校长,是半生埋首于海洋药物研究的管院士,更是胸怀卓识、居高望远,不负"中国知识分子"名声的无双国士,是凭着超越时代的智慧和胆魄,筚路蓝缕、以开山林的改革先行者。

但或者,我看到的这面也好,或者其他人看到的千千万万面也好,都始终是同一个管华诗:那个用海洋一般的胸怀,把祖国视作信仰、把使命当作生命、把事业做成人生的管华诗:

山海此程,华夏有幸,白首无悔。

四

春天已经降临到山东。漫步问海路，能看到前方已有春花破寒而出，芳香料峭。

再一次听取海洋国家实验室的现状介绍，参观超算实验室、科技型企业……作为追随管院士筹建海洋国家实验室的参与者，实验室今天的建设成就，让我心中倍感亲切与自豪。

我看到，在管院士等人的带领下，海洋国家实验室已经作为突破型、引领型、平台型一体化的大型综合性研究基地，迈出了坚实的脚步，无论是管理体制机制的探索，还是科研创新体系的架设，都已经渐露雏形。

我看到，它作为我国第一个国家海洋科学研究中心，整合海洋协同科研力量、汇聚国内外海洋科技领域优秀人才，初步显示出突破核心共性技术、引领性技术的巨大潜力，为中国跻身国际海洋科技竞争，显示国家海洋领域的整体实力和进军海洋的信心、决心提供坚实支撑：地球科学、深海探测、大洋环流、海洋生命、信息技术等学科研究中，海洋实验室取得了许多优秀的研究成果——发起"透明海洋"等重大工程，推动"西太平洋动力过程"等国际海洋大科学计划；建成全球海洋科技领域计算速度最快的高性能科学计算与系统仿真平台；深海白龙浮标等一批受制于人的关键共性技术取得突破进展；高分辨率卫星动力遥感等一批引领性技术启动研发……它在国际上发挥出愈发突出的作用，挺起了中国"经略海洋"的蓝色脊梁。

我看到，它不仅通过学科联合、聚合，更加有效地承接各级重大科技课题、科技项目，更通过公共技术平台、技术支撑体系，逐渐打造起"蓝色硅谷"这一新的海洋创新高地，发挥出科研成果转化促进经济发展的强大优势。仅2017年，青岛市海洋科技成果交易量就提升了60%。在大洋科考特别是深海探测的研究链条支撑、延伸下，"中国蓝色药库开发计划"方兴未艾，将为中国的海洋医药事业带来一波新的发展，为带领我国创新药物率先走向国际舞台提供强大推动力。

而这一切，不仅与管院士当年的战略布局相吻合，更顺应当前中国"经略海洋"、彰显国家力量的必由之路，也正是我们此次南方调研体会到的、释放山东优势的重要举措。即使面临再多的问题、再大的考验，在管院士等胸怀远方的科研工作者带领下，我们已经迈出了聚集海洋科技高端要素、助力海洋经济高质量发展的重要步伐。

5月10日，山东海洋强省建设工作会议在青岛召开。会议指出，要认真贯彻落实习近平总书记海洋强国战略思想，真正把海洋作为高质量发展的战略要地，为海洋强国建设做出山东贡献。随后，山东省委、省政府迅速印发了《山东海洋强省建设行动方案》：

要实施海洋科技创新行动，积极争取E级超级计算机等重大科学装置落户山东，加快青岛海上综合试验场建设；

要实施海洋新兴产业壮大行动，重点发展海洋高端装备制造、海洋生物医药等海洋新兴产业，打造具有国际先进水平的海洋新兴产业发展基地；

要实施世界一流港口建设行动，全面建设山东国际航运中心……

蓝图铺展，齐鲁正如鹰击长空，正向建设海洋强省、助力海洋强国的广阔未来，展开强而有力的翅翼。

五

6月12日，习近平总书记出席上合组织青岛峰会之后，将海洋国家实验室作为山东考察的第一站。在这里，总书记再次向科研人员殷殷寄托："我们要建设海洋强国，我一直有这么一个信念。发展海洋经济、海洋科研是推动我们强国战略很重要的一个方面，一定要抓好。关键的技术要靠我们自主来研发，海洋经济的发展前途无量。大家再接再厉，创造辉煌，为祖国为民族立新功。"

那一天，管院士作为海洋国家实验室学术委员会主任、中国海洋生物医药的开拓者，向总书记做了关于海洋药物研发情况的汇报。

他向总书记再一次提起自己的梦想——打造中国的"蓝色药库"。

总书记的回应铿锵有力："这是我们共同的梦想！"

我并不在现场，但看着新闻画面，管老师和总书记的一句一答，却仿佛清晰响在耳边。

不远处，鳌山湾畔，浪涛激荡，回响不休。

（王修林，曾任中国海洋大学教授、青岛市副市长、青岛市政协副主席，现任山东省政协副主席、民盟中央常委、民盟山东省委主委）

管校长的石头

彭世团

　　管华诗院士十三年前就已经不当校长了,但我还是习惯叫他管校长。一说到他,我首先想到的就是他那富有魅力的笑:微笑,哈哈大笑。没有人们一般印象中一个大官(省政协副主席)、一个大学者(中国工程院院士)的矜持与难以接近。他是标准的山东汉子,脸盘大,眼睛就显得小了。一笑起来,眼睛就成了一条缝。笑表现在他脸上的每块肌肉,十分生动,让人不由得跟着笑起来。

　　这样一个和蔼的老先生,怎么会让我想起石头来呢?当然不是因为他工作的青岛到处是石头,不是因为他在自己开辟的崂山校区门前用一块巨大的崂山石来书写校名,而是因为中国海洋大学浮山校区里的一块不大的石头。

　　2007年9月的一天下午,在中国海洋大学浮山校区的54号楼前,举行了一个简短的仪式,出席仪式的有王蒙先生、秦伯益院士、冯骥才先生、叶辛先生、黄济人先生,当然还有管校长。他们一起揭开了一块红布,露出了一块斜卧在翠竹中的崂山石。石头浑圆没有棱角,不事雕琢,有两个平方宽的石上刻着管校长撰写的《作家楼记》,记述2002年4月王蒙先生加盟中国海洋大学,遍邀二十余国及地区、中国内地作家与人文学者到访学校,推动中国海洋大学第二次人文辉煌发展的盛况,以及命名54号楼为作家楼的过程。这块石头是记录作家学者们的功绩,更是管校长尊重人才,推动中国海洋大学向综合型大学发展的见证。

　　我第一次见管校长是2004年9月陪同王蒙先生到中国海洋大学去,同去的还有中央党校副校长龚育之先生夫妇。在没有见到管校长之前,我已经听王蒙先生讲了很多关于管校长的故事。除了管校长多次派人邀请王蒙先生加盟中国海洋大学,最令王蒙先生念念不忘的是他的仗义。

2007 年，王蒙与管院士
在作家楼前

话说 2003 年初，北京"非典"闹得很凶。管校长对王蒙先生的安全非常担心，一再邀请王蒙先生到中国海洋大学去避一避。而其时，各地看到北京来客都像是看到了"瘟神"，避之唯恐不及。王蒙先生接到邀请，非常感动，经多番考虑，决定应邀到中国海洋大学去。在去中国海洋大学的路上停车休息时，旁人一看北京车牌，顿时躲得老远。相反，当他傍晚抵达中国海洋大学时，管校长热情招待，一点不避。但最要命的是，王蒙先生到中国海洋大学的当天晚上，竟然发烧了。发烧是"非典"的典型症状，这让王蒙先生非常担心。而管校长一如既往，安排见面，吃饭，谈笑风生。事实上，管校长这样做，是要冒"生命危险"的，难怪乎王蒙先生要感动呢。

对于王蒙先生个人，我想另一次让他感动的是 2012 年 4 月。王蒙先生其时的夫人崔瑞芳刚刚去世不久，管校长邀请他到中国海洋大学来，亲自安排接待，并陪同王蒙先生到曲阜去参访"三孔"，散心休养。

其实，管校长的细心周到是一如既往的，每次王蒙先生来，不管他多忙，总要抽出时间来跟王蒙先生坐一坐，聊一聊。每次管校长都说得激情满怀，笑声满堂。所以管校长的那块石头，还是一块为人所赞的口碑。

这种关怀，是相互的。他们每次见面，或一起讨论举办"科学·人文·未来"论坛，讨论学校文学院的发展，也讨论"服老"，退休之后如何过好生活，避免生病，交流保持健康的秘诀。我记得 2005 年秋，管校长离开了校长岗位。王蒙先生在与管校长一起吃晚饭的时候，就讲"服老"，讲不在管理岗位的逍遥。当时大家聊得最好玩的一句话就是退休以后"谦虚也不能使人进步了,骄傲也不会使人落后了",这跟老子"柔弱胜强""有之以为利,无之以为用"的精神不谋而合。当时在座的冯瑞龙书记讲关于退休就到了"挣钱"年龄的故事,引得大家笑痛了肚子。让我印象更深的是,一次,大家讲到要"精神健康,身体愉快",其中的哲理,让人拍案。

其间,王蒙先生做的另一个决定就是约管院士早上一起去练习太极拳,练完之后再进行比赛。大约在王蒙先生的眼里,太极拳一定是可以调节精气神的。当时文学院的领导还找了学校体育系的一位老师来当教练。相约之后的第二天,天一亮,王蒙先生就在中国海洋大学浮山校区的文学院楼前有板有眼地练开了24式简化太极拳。第一天管院士称早上起不来,没来;第二天,他还是起不来。那次在中国海洋大学的时间并不长,两三次的练习王蒙先生自己也没有能够将24式的太极拳学会。比赛的事,管院士因为没练,就没再提。

2007年,管院士向王蒙先生提出要搞一次乒乓球比赛。王蒙先生知道这是管院士避弱就强之计,但还是当即同意应战。不过这次相约的球赛不是在当时举行的,而是拖到2009年下半年才举行,号称中国海洋大学元老杯乒乓球冠亚军乒乓球赛。事前说好了,不管结果如何,都是并列冠军。但实际是王蒙先生小胜,要是当初管院士也一起练了太极拳的话,谁赢谁输就难说了。实际上乒乓球比赛也好,一起打太极拳也罢,除了笑,除了精神的健康,王蒙先生更想让久坐实验室不动的

2009年,管院士与王蒙双双喜获乒乓球赛冠军

2014 年，彭世团（左一）
与管院士

管校长动起来，身体也能保持健康。作为老朋友，他希望管校长能永葆健康。他希望作为科学家的管校长能有更多的时间为中国的海洋科学发展贡献智慧。

马上就到管校长八十大寿的日子了，过往的记忆太多，我也无法像 2004 年他在青岛颐中皇冠假日酒店为王蒙先生庆祝七十大寿那样为他祝寿。仅将以往记录二三，谨寄念想。期待再次见到管校长，再次见到他开怀大笑，再次与他一起读那块石头上的文字，听他讲各种趣事逸闻，听他讲学校的发展。

（彭世团，原王蒙先生秘书，现任驻越南外交官）

蓝色世纪的旗手

❚ 佘荣福

探索大海的奥秘，
解读海洋的密码，
向海洋寻医求药；
在开拓海洋的大潮中，
您是最美的一朵浪花。

1993 年，佘荣福（中）与管校长

在艰难动荡的岁月，
扛着沉重的家庭负担，
拼出了十三项科研专利；
开发出第一个海洋新药，
成为海药界著名的科学家。
超前思维，创办起高水平特色大学，
一路拼搏，成长为共和国教育家。
满头银发，似一头不知疲倦的老黄牛，
豪迈挥师，继续向世纪高峰进军。
心系国家，胸怀豪迈地开创新事业，
开足马力，争创世界第一。
他是蓝色世纪的追梦人，
紧跟祖国崛起的步伐，
加快国家海洋生物新药研发。
他是追求卓越的带头人，
继续在三万多海洋化合物中为国争光，
把一生献给祖国的海洋事业。
这就是我交往半世纪的老友，
这就是我心目中的英雄管华诗院士。

（佘荣福，原烟台市人大常委会副主任，已退休）

伟业

▌隋济民

《青岛早报》2009年12月12日刊登了管华诗院士主编的《中华海洋本草》面世的消息。报道中谈到，本书共9卷，1 400余万字，300多位专家学者参与，历时五年编纂而成。这一浩大工程由管院士统领完成，实属可贵。读后心情激动，感慨万千，遂写如下感言，以颂扬管院士为国家和人类的健康幸福做出了又一重大贡献。

> 海洋本草今面世，
> 造福人类堂皇著。
> 三百英才神功臣，
> 现代时珍为华诗。

2018年，隋济民与管院士

（隋济民，原中国海洋大学图书馆馆长，曾在中国海洋大学水产系工作，已退休）

我心目中的管华诗老师

——记与恩师管华诗院士的几件小事

■ 麦康森

真的,我从来没有写日记的习惯,脑海深处的陈年记忆就是无法删除的储存。今生有幸,使我结识了管华诗院士这样的良师益友。作为中国海洋大学的校长及书记,他高瞻远瞩,运筹帷幄,把握一切机遇为学校促内涵谋发展,高超智慧和丰功伟绩永铭校史。他立德树人,提携后学,悉心栽培倾力扶助之恩,惠及万千子弟。尽管由于研学领域不同,恩师未曾在专业课堂上为我授课,但在人生这个大课堂里,他的治学态度、学识修养,谦逊待人的言行举止,亦师亦友的朴素作风,乃至被他那双温暖大手一握油然而感的巨大人格魅力,让与师相随四十载的"小麦"受益终身。此刻,诚愿从我永久的储存记忆中,提取与老师相处的几个片段,与大家分享。

同道与同门

四十年前,我国实行改革开放并恢复了高考。1978 年秋,我怀着激动的心情揣着大学入学通知书,十分荣幸地来到山东海洋学院水产系,从此开启了与管华诗老师美好的人生际遇。虽然同处一个系,但管老师从事的是水产品加工与贮藏专业,而我所学海水养殖,也因此在校七年(大学四年与研究生三年)都没有机会在课堂上聆听管老师讲课。彼时,管老师刚近不惑之年,精力充沛,锐意进取,致力于以扎实的研究工作开创了我国海洋药物研究的新领域。记得我读研究生时,天天要到海边拉海水回水产系二号楼进行对虾营养试验。每当我从地下室的采光窗仰望上面那个临建平房,总能见到身着白大褂的管老师高大而忙碌的身影,用大桶、小罐倒腾海带、褐藻胶之类原料从事实验研究。外语系戴老师看到水产系师生每天干的都是体力活，不免感叹"水产这碗饭不好吃啊"！然而，正是从那时起，我们就从管老师身上感受到了"幸福都是奋斗出来的"的人生境界，并且奋斗过程本身也是一种幸福！

我读研究生时，指导教师挂在系主任尹左芬教授名下，实际师从系副主任李爱杰教授从事水产动物营养研究。恰因李爱杰为水产品加工与贮藏专业的在编教授，我由此与管老师实现了从同道到同门的跨越。实际上，当我1995年留学归来时，出于养殖与加工两个系"人才"数量的平衡，我的编制也是落在食品工程系。后来，管校长还开过一个玩笑："我与小麦不是师徒关系，而是'师兄弟'关系，因为我们都是李爱杰先生的学生。"师者之谦逊仁爱莫若于此，令后生如沐春风、不胜欣然。

难为与可为

1995年7月，我获得爱尔兰国立大学博士学位，在李爱杰老师和管华诗校长的感召下，回到了阔年十年、已更名为青岛海洋大学的母校任教。我脑海中有一个基本认识：回母校工作，自己是没有什么资格在工资待遇、职称级别方面讨价还价的。但是，我妻子听说：如果回到出国前的原单位——湛江水产学院工作，当即可以聘为副教授，并分配一套二居室房子。其时，我们夫妇俩已年近不惑，孩子也长大上学，一套二居室在那个年代是何等巨大的诱惑！妻子说，是否可以向青岛海洋大学提出，要一套二居室房子？我知道那时候学校的条件非常艰苦，据说还有工资不能及时发放以及年轻人不得不住实验室的情况。挡不住家人"对美好生活的向往"，我只好先征询年过七旬的恩师李爱杰教授。老先生不假思索地回答：不可能！他对当时学校的困难当然理解得比别人更深刻。我随后也向院长高清廉教授提出这个"不情之请"。他也说不可能，不过却答应向管华诗校长专门汇报。令我喜出望外的是，管校长第二天就给予回复：可能，就是要把不可能的事情变为可能！虽然难以立刻兑现，但是保证一年后解决。

1995年底又传来意外之喜：得益于管校长主导制订的青年人才培养计划，我与其他几位青年教师一道从讲师直接破格升为正教授。1996年我如愿喜迁二居室新居，继而年底被聘为博导。可以说，管校长就是我们"奔小康"的引路人，始终甘为人梯、至微至显，善做善成。

2008 年，麦康森与
管院士

善破与善立

水产学院二号楼后院的临建平房，今又称违章建筑，是当年学校办学空间严重不足的历史遗留物。我 1995 年回国时，管校长的海洋药物研究所大部分已迁新址，而那临建平房基本空置。我正发愁没有实验空间，便向管校长提出利用其作为建设养殖系统使用，他爽快地答应了。这使我得以在归国后能迅速开展研究工作。经过二十多年的不懈努力，为水产动物营养方向科研成果的取得和人才培养立下了汗马功劳。

现在，这座临时建筑历尽沧桑，尽显失修之态。因其还有非常重要的用途，所以我向学校提出全面维修的请示。学校也很为难，由于它的确属于"违章建筑"，应该拆除而不是维修。但是，管校长与我，以及水产人都认为"它是一座有故事的建筑物"——一斗陋室培养出了两位院士。经协调沟通，终得校方大力支持，将其修葺一新，又继续为科学研究和人才培养发挥作用。

能上与能下

20 世纪 90 年代中期，留学学成归国工作的人员并不多，一般都得到单位的重视和着力培养。我虽不才，但毕竟属于洋博士的"海归"派，据说也因此入了以时任青岛海洋大学党委书记和校长的管华诗院士为班长的学校党委的"法眼"。1997 年 4 月我被学校任命为水产学院院长，紧接着 1998 年 8 月又晋升为副校长。学校委以如此重任，确令我受宠若惊，心里完全没底。任命前，校党委委托秦启仁副校长找我谈话。我向秦先生坦诚相告：从小学到博士后，我从未当过班干部，最高官衔也只是个课代表，对行政管理可谓一窍不通，恐难堪当大任。秦校长说：管理也是一门科学，有志青年应当勤于学习，勇于接受挑战。是年我未至不惑，大有跃跃欲试的强烈冲动，尽管诚惶诚恐，还是大胆接受了学校的任命。

在副校长岗位上，我分管研究生教育、图书馆、网络中心和测试中心。我明白副校长就是直接向校长负责，就是向学校负责，向师生负责。但是，我这个初来乍到的上架鸭子，对诸多烦琐事务既无所适从，也无从下手，幸得管校长和其他校领导的悉心指导与热情鼓励。譬如，我试图用定量方法分析学校近二十年来研究生生源质量的变化，并提出提高生源质量的可行性措施。管校长对此给予了积极评价和鼓励：这就是用科学方法进行管理。在政治生活上，管书记同样给予我殷切关怀，先是负责培养我入党的工作，后经学校党委统筹考虑，于 2002 年推荐我参加了中国国民党革命委员会，成为中国特色政党制度中民主党派的一员。

作为双带头人，管老师一方面既是书记又是校长，为学校事业发展呕心沥血、殚精竭虑，带领班子成员夜以继日、废寝忘食地工作；另一方面凝心聚力将自己创建的海洋药物研究所建成医药学院，并努力将海洋新药产业化，在各个领域都做出了令人叹为观止的杰出贡献。2000 年前后，正值学校"211 工程"建设如火如荼之际。此时，我国高校掀起了一股合并潮。管校长视野宏阔、深谋远虑，从战略高度擘画实施了"高水平特色大学"建设方略，既避免了"合并"的折腾，又抓住了学校不可多得的发展机遇，为一个在教育部直属高校中学科不全、规模尚小、"在狭缝中求生存"（当时管校长对学校现状描述的口头禅）的青岛海洋大学顺利进入国家"985 工程"和未来"双一流"建设奠定了牢不可破的坚实基础，成为我国千余所本科院校中，国家重点建设的 30 多所高校之一。我们无不惊叹：这就是管校长"把不可能变为可能"的又一成功例证，更为初出茅庐之吾辈树立了科学管理的典范。

身为副校长，我深明在其位应谋其政，任其职当尽其责的道理。然而，工作中自己常常力不从心，有事欲向校长汇报请教，可他更忙啊，我经常排不上号。后来，有人对我的管理工作做了比较客观的评价：虽然有想法，但是不懂中国国情！这样效果自然不彰，让我甚为苦恼。为官者"能上不能下"是一种颇具中国特色的文化，进退有度着实不易。适逢教育部实施的"长江学者奖励计划"规定：作为"长江学者特聘教授"不许任职副校级领导。于是我向管校长提出，欲申请中山大学"长江学者特聘教授"，并且保证聘期结束后再回海洋大学工作，被他断然否定。师徒俩推心置腹，他不同意我的请求既有"爱才"的成分，也有"面子"的成分——他说：我的副校长离我而去，别人怎么看？你想想吧。后来我改弦易辙申请本校岗位，他欣然同意。经过教育部复杂的评审程序，我终于成为教育部第四届"长江学者特聘教授"，也顺利实现了"既能上也能下"的"小目标"。人生知进退不易，得伯乐更难。

宁静与致远

2007年3月，管老师和我在北京参加第十届全国人大会议。与往年一样，多日享用单调的自助餐后，我们想办法改变一下口味。一天，刚好潘克厚教授来京向管院士汇报青岛海洋科学与技术国家实验室的筹建工作。我们找了个小馆子，点了剁椒鱼头、大虾白菜炖粉条等几个管老师最爱吃的"土菜"，还来了一碟"硬菜"——花生米"两吃"，自然免不了小酌两口，边吃边聊，甚是惬意。

席间，管老师突然问我："小麦，今年你报了吗？"我丈二和尚摸不着头脑地问："报啥呀？"他说："申报院士啊！"我傻乎乎地说："哦，没想过呢，报那么早吗？"他诚挚地说："报吧，我推荐你，赶紧再找两位院士推荐，还来得及。"再加上潘克厚教授在旁敲边鼓，我居然被鼓动起来了。

2007年中国工程院院士遴选的初选结果并未出乎我的意料——没通过！管老师宽慰并鼓励我说："我仅希望你能通过初选，有一个'露脸'答辩的机会就可以了。不要紧，继续努力就行。"其实，我没有半点失落感，因为有着充分的心理准备，水不到渠难成。

听尊师指点，2009年我通过中国科协、教育部和院士三方推荐，再次参加中国工程院院士遴选。6月通过初选后，我便忙于教学、科研和出国交流，到10月中旬要求上交答辩PPT的最后期限时，居然还没准备好。管老师对我很生气地批评："如此大事，都不重视，难道你怕以后没有出国的机会了吗？"爱之深责之切溢于言表。在大家帮助下，我奋战了五个通宵，四易其稿，其间管老师三番亲临试讲现场点评指导，让我感动不已。在最后期限前1小时，我终于提交了答辩材料。

10月底的北京乍寒还暖，我只身静悄悄来到北京会议中心，15分钟的答辩一结束，又静悄悄直奔首都机场。此时，突然下起了 2009 年入冬的第一场雪。鹅毛大雪，飘飘洒洒，一会儿机窗外就白皑皑一片。坐在飞机里 9 小时还没法起飞，可这久违的雪景却令我出奇地平静。后来在得知我通过的消息时，也并未能在我平静如水的心中激起一丝涟漪，也午因为这并非最后的确切消息，也许因为紧张的一周之后的彻底放松，再也无力激动，也许是因为机窗外的雪景太迷人了，也许……

当 2007 年传出管校长要推荐我申报院士时，有些人好生疑惑：管校长怎么可能推荐他？言下之意大抵是被免的副校长，肯定校长对他是不满意的。我深明校长胸怀宽广，能容天下之事，更能够容下弟子的全部过错。这些，恰恰印证了其担任校长期间，为中国海洋大学所确立的校训：海纳百川，取则行远。

时光荏苒，岁月如梭，不经意间已追随恩师近四十个春秋。自青年时期结识恩师，感其学养与风范，视为学习榜样，这对我而言是一段难以忘怀的经历。如今青春流逝，仍未习得恩师修养于万一，倍感惭愧。但在过往四十年中，做人做事与做学问，得恩师关心与提携，感激之情，无以言表。厚德载物，上善若水，脑海中那个记忆硬盘中永远刻录着与先生共同走过的美好时光，尊崇与感动早已融入我的平淡生活，成为习惯，此时比刻，倍觉珍惜。

如今，先生虽近耄耋之年，但依然精神矍铄，身强体健，乐此不疲地工作在科研第一线，为祖国的海洋科技事业继续"撸起袖子加油干"，这是晚辈们的福气和幸运。他那"老骥伏枥、志在千里"的精神将永远激励后生不忘初心、砥砺前行，为实现中华民族的海洋强国梦而接力奋斗。

（麦康森，曾任中国海洋大学副校长、青岛市政协副主席，现任中国工程院院士，中国海洋大学水产学院教授、博士生导师）

我们的管老师真的很"厉害"

▌董双林

屈指一数,我认识管老师已经二十八年了。第一次见他的场景还历历在目。那是 1990 年初春的一天下午,天还有点冷。我的好朋友、管老师的在读硕士生李振民带我去参观他的实验室,碰巧在实验室遇见了管老师。

记得管老师问了我博士导师是谁、做什么课题,还鼓励了我一番。

在回研究生宿舍的路上,我对李振民说:"你真有福气,跟了这么个和蔼可亲的导师!"

李振民很自豪地说:"那是!"接着他竖起大拇指说,"我导师不仅人好,各方面都很'厉害'!"

近三十年来,我逐渐见证、体会到了我们管老师的"厉害"。

我 1992 年在中国海洋大学获得博士学位后去了华东师范大学,跟随我国著名甲壳动物学家堵南山先生做博士后研究工作。1994 年,在我博士生导师李德尚老师的感召下,我又回到了中国海洋大学,来到第一次见管老师的水产馆工作。那时,管老师已是学校的副校长了。我开始有点体会到李振民所说的"厉害"了!

开始,我与管老师见面的机会并不多。后来,在他和前辈们的培养和提携下,我开始担任系、院的行政职务,与管老师见面的次数也逐渐多了起来。特别是2003 年到 2005 年间,作为当时管校长的副手之一,与他密切配合工作了两年多。随着我对管老师认识的深入,我对他的大家风范和能力(也就是前面所说的"厉害")也越来越佩服!

管老师的睿智,把中国海洋大学带成了周济部长大会小会都夸的全国高校发展的楷模,使中国海洋大学跃上了一个大台阶,并为其未来发展奠定了坚实的理念、文化和物质基础。管老师谦和、真诚、极具亲和力的为人,为中国海洋大学的发

2008 年，董双林与管院士在西北农林大学

展营造了良好的社会环境。管老师渊博的学识和"咬定青山不放松"的毅力，首创了我国海洋药物学科，形成了中国海洋大学快速崛起的又一高峰。管老师高度的社会责任感和敏锐的洞察力，架起了海洋药物基础研究与产业化间的桥梁，使海洋药物产业的发展步入了快车道。管老师可以称得上是功勋卓著的教育家、社会活动家、科学家和企业家。

更让我折服的是，管老师的大家学识和他渴望去探索的那个美妙的化学海洋世界。这就谈到专业了。管老师从事的是海洋药物专业，我从事的是水产养殖专业，外人看来我俩的专业没有多少共同语言。但在管老师的眼里它们是相通的，他对我学术上的点拨使我受益匪浅。

记得二十年前，有一次管老师问我，最近都做些什么课题。我说，在研究海水养殖生态系统中生物之间的关系。

他好奇地问我："是研究它们之间的什么关系？"

我说："主要研究它们之间的营养关系，也就是捕食和被捕食关系，以及它们之间营养元素的转移。"

他问："那你研究它们之间的化学信息联系吗？"

我说："没有。"

他说:"你可以考虑考虑它们之间的化学信息联系问题,海洋生物间的化学联系及其机制是化学生态学研究的内容,对咱们两个专业都很有意义。"

交谈后我才知道,管老师心中有一个美妙的化学海洋世界。在那个世界中,动物的视力有限,甚至没有视力,生物间主要靠化学信息感知彼此。生物间的营养关系是偶发的短期事件,它们间的化学信息联系则是持续活动。当人们认识了那个世界,发现药源生物,阐释某些作用机理等问题就变得迎刃而解了。

海水养殖生态系统内生物间的关系真的也是如此。

1999年,我的一个博士生为了获得无机氮含量极低的海水(用于做微藻培养实验),就在实验中用海水中养殖江蓠以吸收无机氮。结果,含微量无机氮的海水是得到了,但该海水就是养不好微藻。我突然想,莫不是管老师讲的化学生态学现象在此起作用?

后来我就安排南春容博士以"大型海藻孔石莼与微藻间竞争的实验研究"为题,安排金秋博士以"大型海藻孔石莼对赤潮微藻克生作用的实验研究"为题,研究了大型海藻与微藻间的关系。在海洋药物所王长云教授的协助下,他们发现,大型海藻与微藻间除了营养盐竞争、遮光作用外,大型海藻还会释放克生物质抑制微藻生长,甚至杀死微藻。经活性检测,不饱和脂肪酸可能是该实验中的主要克生物质。这一重要发现,后来被列为2003~2005年国际海洋化学生态学的重要研究进展之一。

之后,梁淼博士和裴素蕊博士的研究表明,同种生物个体间(如刺参个体间)也存在多种化学信息的传递作用。

经管老师的点拨,我对海水养殖生态系统中生物间的关系有了更全面的认识,也更欣赏经数亿年进化形成的美妙海洋世界。我想,当管老师想象他那个美妙的化学海洋世界时,一定很憧憬,很幸福。

我们身边的世界又何尝不是如此。当我们集中精力去欣赏周边同事们的优异表现,欣赏欣欣向荣的事业,享受国家改革开放的成果时,我们也一定很充实,很幸福!

我们的管老师真的很"厉害"!用我夫人郭海燕的话讲:"管校长永远是咱们的管校长!"他的教诲、他的点拨使我们受益终生。

在管老师八十华诞之际,祝他身体健康、阖家幸福!

(董双林,曾任中国海洋大学副校长,现任中国海洋大学水产学院教授、博士生导师)

管校长·教育家

■ 王琳

管华诗校长是我的伯乐，是教育家，是良诗益友。我经常这样讲。2002 年底，中国海洋大学面向海内外选聘副校长。管华诗校长主导制定了选聘方案，有笔试、无主题演讲、面试等环节。考试的那天下午，在会议室里，他和学校领导班子成员与所有竞聘者见面，那是我第一次与他见面，感觉他很亲切、很和蔼。

2003 年开学前的崂山会议，我还没有正式报到，就列席了这次会议。会上，我被管校长高超的洞察能力、提升能力和总结能力深深地折服了。会议要求所有学院的院长、各部处的部处长就学校的发展谈思路、讲观点，管校长边听边记，有时还插话交流。两天的会议一结束，他就形成了政治站位高、引领学校发展的政治报告。说是政治报告，就是因为他的讲话里主要是如何结合国际和国内形势来谋划学校的发展。也就是在那次会议和后面的几次会议上，"以特色促进综合，以综合带动特色"的办学理念不断得以深化。高水平特色大学建设也在国家高等教育界独领风骚。

人才是学科建设、学生培养、服务社会的关键。如何拥有一流的人才，管校长倡导了"筑峰人才工程"和"海外教授计划"。"筑峰人才工程"铸就了中国海洋大学高层次人才队伍发展，推动了学术交流；"海外教授计划"吸引了各学科的著名外国专家来校讲学，促进了学科的国际化。中国海洋大学从"211 工程"高校跻身"985 工程"重点建设高校行列，管校长的顶层设计实现了中国海洋大学的跨越式发展。

我离开中国海洋大学已经十几年了，与校长已经成了朋友，他还是那么亲切地关心我的生活、成长和进步。回青岛时，只要有机会，我都会与管校长见面，主要

2005 年,王琳与
管院士

是听他睿智的教诲和对科学的追求。

他为我、为我们树立了榜样。

（王琳,曾任中国海洋大学副校长、教授、博士生导师,现任山东省政协副秘书
长）

我与"管校长"的"缘"

▌阎菊

我国著名的科学家、教育家,海洋药物研究的奠基人,高水平特色大学的开拓者……他就是管校长。提起他,大家无不钦佩和感激。是他把我国落后的糖类药物研究推到了国际前沿水平,是他率先举起了高水平特色大学的旗帜并开创了改革开放以来中国海洋大学的发展道路,并带领海大人跨入了建设世界一流大学的行列。他更是位饱含真爱、传道授业的好老师、好先生。而今天,管校长还在通过青岛海洋生物医药研究院,创新着将我国原创科研成果转化为现实生产力的运行机制。

大家称呼他为管院士、管校长、管老师或者管先生等,而我到现在还是习惯称他"管校长"——因为他一直是我心里的那位指引我、理解我、疼爱我的"管校长",而不单单是"校长"。管校长过去是、现在是,也必将永远是我心里最重要、最亲近的那个管校长,因为有"缘"。

知遇之恩

人生路上总会遇到很多人 有些已经不太记得,有些却难以忘怀。其中,有的已成为你生命中的一部分,成为你命运的改变者。对我而言,管校长就是改变我命运的那个人。

我1988年大学毕业留校后,先在学校函授部(现在的继续教育学院)做了近两年的助教,兼做一些行政管理工作。1990年调入科技处,从事科研项目的管理工作,因此就有了跟管校长近距离接触的机会。其实,在很多领导和同事眼里,年轻时的我很"另类",给别人的感觉就是特立独行,与当时的"胜利楼"环境格格不入。没多久,我就经历了人生的第一次"挫折"。我有次跟学校某位同事一起到北戴河出差回来后,便被同行者到校长那里上了我不适合在机关工作的"奏本"。学校决定把我从机关调整到学院做秘书工作。当时的科技处郭天霖处长因对我的工作十分肯定,安慰我安心好好工作,其他事情由他处理。虽然最后学校并没有调我离开,但我明白自己不是大家心目中的"乖孩子",而是不够听话懂事的"野丫头"。第二年又经历一次"教训",当时的我负责国家自然科学基金项目管理,一位校领导在已经超过基金申报材料受理时间的情况下,仍命令我去北京报送材料。我按照自己对这件事情的理解把握,如实表达了材料不可能被受理因而没必要浪费时间专程到北京再送一次的想法(那时去一次北京坐火车要一天时间)。领导还是安排了其他人专程去送。尽管事实证明我是正确的,但我也由此成了不自量力、难以驾驭和自以为是的"落后分子"。

这些经历,让我感觉到自己与周边的人活在不同的世界里,强烈想离开这个"不适合我"的地方。在我人生最困惑茫然的时候,是管校长这盏灯照亮了我的人生路。他理解我、包容我、教诲我。他用智慧与才华雕琢着我,用心血与真情培育着我。

1993年管校长被任命为校长。因为管校长是当时学校教授中为数不多的从事科研的一位,因此,我也就有了更多向管校长汇报、交流与请教的机会。每次管校长给教育部、科技部等部委领导汇报工作,或者与其他科学家交流研讨时,旁听的我都有"胜读十年书"的感觉。我用心体会理解,折服于管校长的人格魅力与雄才大略,不禁赞叹竟会有这么"厉害"的人!于是暗自百倍努力,心想尽管自己还是上不了台面的"小打杂",但也要争取跟上管校长的思路与步伐。尽管当时我只是个科员,但管校长并没忽略我的存在,很多时候都对我的观点以及工作能力给予肯定。他的鼓励和信任让我这个"小打杂"找到了工作的动力,让我的人生之路越走越宽。

管校长就是有这种能力和胸怀,令人景仰。他高屋建瓴、洞若观火,能够从更高位置、更全视角来看待一个人,仿佛能洞穿内心看准每个人的优点和不足。他对每个人都很有耐心,给每个人充分的信任和肯定,再给予精准建议,并帮助改进不足,以发掘出每个人的潜质,激发出所有潜能。庆幸的是我便是众多受益者中的一个。当时的我在很多人眼里"浑身是刺",而管校长却以他博大的胸怀包容了我,让个性十足、犹似脱缰野马的我在自己的岗位上"撸起袖子加油干"。好在我有自

2009 年，阎菊与
管院士

知之明，也深知自己的不足，也知道管校长在包容自己的缺点，所以我用更加执着
的付出和努力来工作，自觉要无愧于管校长对自己的认同、赏识，要对得起"你做
事我放心"的信任。

应该说，在管校长多年的影响熏陶下，我逐渐形成了正确的世界观、人生观和
价值观，这让我自己感到欣慰，配合管校长的工作也越干越默契，创造性开展工作
的信心也愈发坚定。管校长以"润物细无声"的方式培养着我，我也从跟班的小科
员，慢慢成长为可以为中国海洋大学的发展、国家海洋事业的强盛尽自己一份力的
奉献者。我深知，是管校长用他博大的人格魅力和卓越的领导才能，让个性张扬的
我"懂事、做人"，让我毫无后顾之忧地一头扎到工作中，三十年如一日无怨无悔，
也让我有机会成为一个我想成为的自己。

家的温暖

家庭教育对一个人成长至关重要。我童年时，由于父亲的原因，整个家庭被下
放到农村。在我 11 岁时，母亲因积劳成疾永远离开了我。父亲独自带着我和姐姐度
过我生命中重要的少年时代。由于没有了慈母的怜爱，父亲更加百般地疼爱我这个
瘦弱的小女儿以弥补母亲不在的缺憾，礼貌乖巧等方面的教育就没有得到重视。很
多事情他都顺着我，以至于达到了娇惯溺爱的程度。当然，我自身也是人群中比较
"小众"的一个，性格刚烈，既任性又倔强，很多时候喜欢按照自己的想法行事，特立

独行,自主性强,有种不到黄河心不死的劲儿,也不太在意其他人的评价和看法。

刚工作的 20 世纪 90 年代初期,物质还很贫乏,人们思想也比较保守,就拿穿衣服这件小事来说,整个"胜利楼"大家穿的基本都是比较规矩的"干部服",沉闷刻板。而年轻时不管不顾的我,随性又前卫,在坚守做对社会和他人有益的事这样的底线的前提下,穿衣服等所谓的小事完全凭自己孩子般任性的喜好,经常穿大家眼中的"奇装异服",不认识我的人从穿着上完全看不出我在高校工作,反认为我是新潮前卫的公司白领。就是这个时候,管校长像父母一样,给予了我生活上的指引与教诲,委婉地告诉我穿衣不能只是一味追求新潮,学会穿衣服很重要,理解和把握服饰的真谛是关键,只有符合身份和场合的穿着才好看,只有适合气质与修养的服装才算美,只有灵魂与环境的和谐相融才是幸福。

三十年来,我慢慢理解体会,学会了用灵魂感知生活的美好,用真心触摸社会的丰满。

那时在北京出差,绝大部分时候住在中国气象局招待所。每次我只要一住下,房间立刻乱作一团,而退房离开时又丢三落四。一次,由于我有急事需先赶回青岛,宜法副校长陪管校长在北京继续"战斗"。当时由于天气原因飞机不能直飞青岛,我只能先飞到烟台,再乘车赶回青岛。临离开招待所时,管校长再三叮嘱要把东西看管好,我很是顽皮,笑嘻嘻地说:"没有问题的了。"结果到家发现花费了我两个月工钱的风衣还是落在从烟台到青岛的车上了,最终也没能找回。虽然到现在出差也还常常丢东西,但已经有很大进步了,每当这时我总能感觉管校长有如亲人一般的叮嘱与关爱。从小由于家里穷,而我吃饭又有些挑食,所以吃饱饭好像是我对食物的唯一追求。跟随管校长工作后,才渐渐懂得舌尖上的学问,美食原来可以令生活如此美好。平时工作很忙,很盼望的一件事是和管校长一起吃饭,因为他就像父母关心自己的孩子一样,总能花同样的钱却让我们吃到"心花怒放",让我能体会到"家"的味道。

这么多年,管校长家长般满满疼爱的亲情教育让我学会感恩生活、珍爱人生。我也已然习惯了尽情享受这种亲人般的感觉。我是幸运的,受了委屈就去找管校长倒苦水,他就像是我精神的港湾与灯塔,每当我困惑迷茫,他都能给我最清晰、最正确的指引。因为有管校长在,就有我的精神家园在。

爱的传承

跟随管校长工作已近三十年,管校长的一言一行无时无处不在深刻影响并教育着我。管校长几十年如一日，始终用实际行动诠释着对教育的热爱、对学校的挚爱、对学生的关爱。管校长让我懂得了教育的本质就是要有爱心，要用心培养和感化。管校长时刻把海大等同自己的生命来看待，只要学校有需要，他都会竭尽全力付出，与学校发展同呼吸共命运，真正跟学校发展融为了一体。管校长强调对学生培养要抛弃功利，要以平常心回归教书育人的本源。这么多年我一直在管校长身边耳濡目染，并在潜移默化中感受管校长的点拨与教诲。

管校长在我人生低谷的时候，为我打开了一扇敞亮的大门，并把我带到更高的平台和更大的世界，让我一生坚守高尚的道德情操与忠贞的职业操守，让我时刻知道工作是为了什么，同时清楚地知道自己应该做些什么。管校长带给了我很多改变，不仅教会了我工作的本领，更重要的是让我学会了用独立的思想、独特的思维、顽强的品格与坚韧不拔的毅力开展工作。这么多年来，我如同海绵吸水般不断收获着养分，得以快速成长，深深植根于海大而不断做出自己的贡献。

工作三十年来，我把向管校长学习请教的收获与所得不断融会贯通到实际工作中，不断传承发展和发扬光大管校长博大精深的爱心熏习的文化。在科技管理战线工作的二十多年里，我始终跟同事们战斗在一起，用心教会他们工作思路与工作方法，用爱呵护他们的工作激情，用严提升他们的工作本领，把科技处、文科处与"985工程"办公室打造成了一个富有生命力和感召力、拼搏上进、团结友爱、有精神有文化的"特战队"。让人欣喜的是，在所有同事的付出和努力下，不仅学校科技工作实现了跨越式发展，让学校的科技工作和科技处文化在圈内有很高知名度，更为重要的是年轻一代已经成长为可以为学校事业发展担当重任的力量。前几年因为分工调整，我现在跟学生特别是研究生打交道的机会也多了不少。我也在尽可能用我的热情和能力去创造和改变，让学生在学校有限的时间内，学业上有指导、思想上有指引、精神上有慰藉，力争做到让社会和家长放心。我相信，只要始终坚持以学生为中心，哪怕是我们一点点的改变、一丝丝的行动，都有可能影响甚至改变一个人甚至一批人。这也是我内心正在追求的一个目标，就是要给学生们一个交代，也是给我自己一个交代，更是给管校长一个交代。虽然还没有特别合适的机会给管校长汇报这方面的想法和做法，但我相信管校长应该会支持我的。

"缘"遇"管校长"，三生有幸！幸运！幸福！

（阎菊，中国海洋大学副校长）

高瞻远瞩谋方略，浩海求索济苍生

▌李华军

　　管华诗院士是我国著名的海洋药物学家，共和国老一辈教育家，也是深受海大人尊敬的老校长。于我来说，还是我在中国海洋大学干事创业的导师、成长进步的引路人。在他八十华诞之际，有幸梳理与他接触的点点滴滴，回忆那些美好的过往，颇有感怀。

　　我印象中的管华诗院士，首先是一位深谙大势谋发展的教育家。他自 1993 年起任校长，在他执掌中国海洋大学的十余年里，以超凡的远见卓识和敏锐的洞察力，精心谋划、开拓创新，使中国海洋大学先后进入国家"211 工程"和"985 工程"重点建设高校行列。20 世纪末，面对我国高等教育领域大调整、大发展的浪潮，他审时度势，不盲从，勇于创新，提出了"走独立发展之路，建设高水平特色大学"的办学思想，为我国高等教育分层次发展指出了一条新路。2017 年 9 月，中国海洋大学入选国家"世界一流大学建设高校（A 类）"，这份荣耀离不开以管华诗校长为代表的老一辈海大人筚路蓝缕的开拓之功。十多年间，正是在管校长奠定的中国海洋大学迅猛发展的良好势头和他推行的科学有效的选人用人机制的激励下，以及学校宽松自由的工作氛围的影响下，工程学院以及我本人皆受益匪浅，并取得了长足的进步与发展。

　　1992 年 8 月，刚刚步入而立之年的我从海军潜艇学院转业到青岛海洋大学，先是在学校人事处工作；1993 年初，又调到了海洋工程系（同年 4 月成立工程学院）从事教学科研工作。在一所以海洋和水产学科见长的高校里，新生的工程学院势单力薄，只是在水产馆有几间房子，可以想象学院初创时面临的困境。对于从部队转入综合性大学的我来说，如同新生的工程学院一样，也需要尽快适应环境，找准定位，明确方向。

　　火车跑得快，全凭车头带。一个学科的发展，离不开优秀学科带头人的指引。

鉴于此，管华诗校长多方打听、延揽人才，从天津大学聘请著名海洋工程专家刘德辅教授到校执教。当时，刘德辅教授已经 57 岁，但管校长完全信任他，让他担任工程学院院长。刘德辅院长不负所望，在他的带领下，1995 年，工程学院有了第一个硕士点。1998 年，港口海岸及近海工程博士点获批。我也有幸成为一名博士生导师。学院乃至学校许多教师都对管校长不拘一格用人才的魄力与胆识敬佩不已。同年，在学校的支持下，工程学院从鱼山校区迁到了浮山校区，教师规模已达 50 人，学生总数 600 余人，办公室和实验室面积超过 5 000 平方米，第一次拥有了属于本院的整栋楼房，办公、教学和科研环境都得到了极大改善。这为后来学院发展创造了条件。

这段日子里，作为一名新海大人，在管校长治校的宽松环境中和选人用人育人的大格局下，我有幸与学院共成长，1993 年获评副教授，1995 年晋升教授，并担任了学院的副院长。此外，作为校长的他还积极支持青年教师学习深造，并尽可能地为大家提供便利，我亦有幸名列其中。1997 至 2001 年，我赴日本京都大学防灾研究所攻读博士研究生，期间还前往美国罗德岛大学进行了一年的学术访问。此番学习，使我开阔了视野，提升了业务素质。

1999 年初，在管华诗校长的支持与信任下，带领工程学院发展的接力棒又传到了我的手中。尽管他是校长，我是院长，但我与他私下并没有太多的交往，更多的是在学校召开会议、研讨问题时才得以面对面交流。他高屋建瓴的大局意识、细致入微的洞察能力和为人做事的道德境界皆在潜移默化中影响激励着我。2003 年，学院的水利工程博士后流动站获批；2006 年，学院由浮山校区迁至崂山校区，已发展成为拥有 100 余名教师、1 600 余名本科生和 600 余名研究生的大院，办公室及实验室面积也超过了 2 万平方米，并第一次拥有了学院的建筑群；2007 年，港口海岸及近海工程获批国家重点学科；2017 年，水利工程博士学位授权一级学科获批……尽管工程学院发展的许多成就是在管校长卸任之后取得的，但"前人栽树，后人乘凉"，正是得益于老校长在前期办学治校的大格局中奠定的坚实基础，学院才一步一步脚踏实地地走到了今天。

于我个人而言，带领学院发展的那段时光，也是我成长最快的阶段，并有幸收获了诸多荣誉与鼓励。无论是获得国家科技进步奖，还是光华工程科技奖，无论是获批"杰出青年"，还是入选"长江学者"……这些成绩的取得皆离不开老校长一以贯之的爱护、信任与支持，正是在他倡导的办学理念、治校方略的大格局下，我才

2002 年，李华军（左二）与管院士

有了碧海遨游、不断进取的机会。

在我心目中，管华诗院士更是一位令人敬仰的科学家。尽管我与他分属不同的学科领域，但做学问的原则与坚守是相通的，特别是他数十年如一日献身海洋药物研究事业的精神始终激励着我，成为我在科研生涯中学习的楷模。从我国第一个现代海洋药物藻酸双酯钠（PSS）的问世，到我国第一个海洋糖库的构建，再到我国第一部大型海洋药物典籍《中华海洋本草》的编纂，等等，一系列学术成就的取得，对身兼数职、行政事务缠身的他来说实属不易，细细想来也着实令人钦佩。2013 年，已年逾七旬的管华诗院士又牵头组建了青岛海洋生物医药研究院。四五年来，在"正德惟和，海济苍生"这一核心理念的指引下，在他夜以继日的耕耘下，该研究院声誉远播，并逐渐发展成为国内海洋生物医药新技术、新产品的创新基地与孵化器。

老骥伏枥，志在千里。即将步入耄耋之年的管华诗院士依然怀着"莫道桑榆晚，为霞尚满天"的志向与豪情，在浩瀚海洋中矢志不移地探求着拯济苍生的良药，此举分外令人感动。在管华诗院士八十华诞之际，我谨以此文表达对他的敬意，并衷心祝愿他健康长寿！

（李华军，中国工程院院士，中国海洋大学副校长，工程学院教授、博士生导师）

沁园春·贺管校长八十华诞

▌宋微波

　　有幸为门下，亲历管校长数十年来，在兹念兹，为中国海洋大学发展，沐风浴雨，鞠躬尽瘁。更以一己之力，奔走呼号，率海大人奠定千秋大业。躬逢校长八十华诞，附雅《沁园春》一首，以示敬贺之情。

　　　　八秩回眸，喟晚英雄，绮丽满天。

　　　　忆当年创业，卓绝艰苦；大道孤影，浩气云间。

　　　　不吝呕心，耕耘桃李，方泽荫纬经万千。

　　　　宏图展，更殚精竭虑，远瞩高瞻。

2005 年，宋微波与
管院士

海洋本草新编，古稀岁疾书惊世篇。

喜英才纷至，筑峰荟萃；百川海纳，伟业如磐。

看惯浮云，笑谈荣辱，无意华章入诗笺。

今朝贺，有同门共聚，情动人寰。

（宋微波，中国科学院院士，中国海洋大学水产学院教授、博士生导师）

祝寿歌

▌包振民

贺章如花飞，
管府寿日红；
华夏梦，海药兴，
诗篇锦绣出龙宫。
院育英才林，
士成济世名；
八方赞，糖库成，
十年本草铸药鼎。
寿福山海情豪迈，
延发为民兴国功。

（包振民，中国工程院院士，中国海洋大学生命学院院长、教授、博士生导师）

2017年，包振民（右一）与管院士

敬贺恩师八十华诞

▍耿美玉

1991年9月,在入职青岛海洋大学两年后,我被管华诗先生睿智敏捷的科学思维和奋发图强的科研热情深深打动,做了人生中一个非常重要的决定,那就是攻读管先生的博士生,跟着他向更高的科研高峰攀登。

作为先生的第一个博士生,我有幸在先生身边感受他高屋建瓴的智慧和对中国海洋药物研究的执着热爱。他将钟爱一生的"糖药物"事业传授于我和师弟师妹们,亲切鼓励大家:"选择糖进行研究,是你们不同于他人发展的重要路径。因为,糖是生物医药领域一个沉睡的狮子,需要大家去唤醒。"在管老师的引领和指导下,我们开展了国家首个"糖化学与糖生物学——特征糖链结构与功能及其调控"973项目研究,建设了具有国际竞争力的"海洋寡糖库",打造了国际规范的糖类药物研发平台体系,储备了一批具有研发前景的候选新药。一日为师,终身为父,管老师在我的科研生命历程中至关重要。他给了我投身糖类药物研究的激情和热情,让我在糖类药物的研究中有所建树;他给了我"人有多大胸怀,就有多大事业"的人生观引导,助我走向更广阔的药物研究天地;他叮嘱我要潜下心来搞研究,"科学的土壤,根基不牢只能是昙花一现",让我对科研常怀敬畏之心,踏踏实实做事情。他教导我常怀一颗感恩的心,做一个大写的"人",即使在挫折和磨难中也要能领悟和感受到生活中的美好和温暖,并竭尽所能去帮助更多的人。

都知"海纳百川,取则行远"是管先生任校长时学校确立的中国海洋大学的校训,在我看来此言也是先生人生的生动写照。从结缘"碘危机"到"情定海洋药物",从一位一线老师、科学家、院士到中国海洋大学校长,他始终以"海纳百川"的胸怀,遵循科学精神,脚踏实地、身体力行地朝着目标不断前行。在古稀之年,先生还在为"人海和谐"奔走呼吁,在"海济苍生"的蓝色梦想征程上不懈奋斗,为他钟

1998 年,耿美玉(左一)与管院士

爱的现代海洋药物研究执着奉献。

时光荏苒,蓦然回首,管先生已经从教五十五载。这五十五载,管先生将他的人生事业融入蓝色海洋梦想中,孜孜不倦地教书育人、科学探索,推动和见证了中国海洋药物研究从初兴到勃发的全过程,无愧于"共和国教育家"这一光荣称号。

五十五载孜孜以求,半个多世纪铸造辉煌。管华诗院士将全部的青春和智慧奉献给了中国海洋大学,引领了海洋药物研究,为教育事业、科学研究、百姓健康做出了卓越贡献。

教诲记心中,师恩深似海。在这个特别的日子里,我真诚祝愿管先生健康长寿,继续为中国海洋药物事业发展做出更大的贡献!

(耿美玉,1996 年获得日本东京大学博士学位;1998 年获得中国海洋大学博士学位,师从管华诗院士;曾任中国海洋大学医药学院副院长、教授、博士生导师;现任中国科学院上海药物所党委书记、研究员)

上下求索做学问,桃李满天育精英

▍范慧红

黑发积霜织日月,粉笔无言写春秋。时光荏苒,管华诗老师至今从教五十五年,可谓桃李满天下,春晖遍四方,他的谆谆教诲以及优秀品格令人铭记于心。

标新立异,匠心独运。管老师倡导开设了"食品营养与卫生"这门课。我于1987年下半年有幸上过管老师为食品工程专业三、四年级讲授的这门课程。他在课上详细地讲解了这门学科的成立背景和食物纤维是第六营养素、药食同源等观点并强调了其重要性,在当时对学习食品工程专业的学子来说,这些观点都是非常新颖的。他用生动风趣的授课方式激发学生的求知欲,并循循善诱,启发学生思考,令人印象深刻,受益匪浅。据说这门课至今仍然是食品学科的主干课,影响着一代又一代学子。

勤勤恳恳,诲人不倦。管老师多次悉心指导硕士、博士学位论文的完成。在指导过程中,他亲自为我演示如何进行海藻酸钠水解分级、磺化和酯化,以及对磺化后的海藻酸钠进行搅拌醇沉,并传授如何判断醇沉除盐完成等经验。至今对我从事糖类药物质控仍有帮助。管老师也根据当时的科研工作需要,合理安排其学生的学业任务,以进一步提升学生的科研能力。在他的指导下,我在硕士和博士期间掌握了相关多糖类药物分子修饰、质量控制及体内内源性多糖和外源性海藻多糖的分离检测技术,为我日后从事多糖类药物质控相关工作打下了坚实的基础。在2008年初的"肝素钠事件"应急检验中,药监局成立的全国的肝素研究理化合作组的四位成员中的三位都是管老师的学生,分别是山东大学的姬胜利、中国海洋大学的于广利及本人,作为他的学生都引以为豪。

孜孜求索,一丝不苟。多年来管老师以推动我国海藻业持续健康发展及糖生物学研究的深入开展为目的,在利用褐藻胶、琼胶、卡拉胶及壳聚糖制取海洋特征寡糖的关键技术问题上,克服了许多糖类研究的相关技术难题,取得了多方面的重要突破,系统建立了海洋特征寡糖规模化制备技术体系,并构建了国内外第一个海洋糖库。

管老师用其渊博的知识、严谨的治学态度、对科研的执着追求和忘我的工作精神,深深地感染和激励着众多学子。他严于律己、宽以待人、胸怀坦荡、平易近人的可贵品格亦是大家的行动指南。他在学习、生活与做人上给予其学生的关心与指导更是指引远方道路的灯塔。如今,五十五载风雨沧桑,管老师作为中国海洋药物研究领域的开拓者和奠基人,仍然根据国家发展需求和国际海洋药物研究发展的趋势,忘我钻研,为中国海洋药物事业的兴起与发展贡献着自己的力量,在此领域为国家培养了一批又一批人才。

> 玉壶存冰心,矢笔写师魂。谆谆如父语,殷殷似友亲。
> 轻盈数行字,浓抹一生人。寄望后来者,成功报师尊。

值此管华诗老师从教五十五周年暨八十寿辰之际,谨向他表示热烈的祝贺,衷心祝愿他慈福似海,天伦乐享!

(范慧红,1985 至 1995 年在中国海洋大学攻读水产品加工及贮藏专业本硕博,师从管华诗院士,中国食品药品检定研究院 CFDA 生化药品室主任)

老骥伏枥，志在千里

▌凌沛学

　　我有幸于 2004 年至 2006 年追随管华诗院士在中国海洋大学攻读博士研究生，学习和工作都深受管院士的影响和教诲，与管院士结下了深厚的师生情谊。众所周知，管院士是我国著名海洋药物学家，中国现代海洋药物研究的开拓者与奠基人之一。但在我眼中，他不仅是一位杰出的科学家，还是一位极具发展眼光的战略家，一位站在市场前沿的企业家。

"东临碣石，以观沧海"

　　早在 20 世纪末，管老师就已经意识到我国海洋药物研究领域成果转化率不高的问题，很多新药完成基础研究后找不到承接后续临床研究的制药企业。究其缘由，一方面高校和科研机构的研究方向与市场需求结合不紧密，科研成果得不到企业认可；另一方面，有些项目虽有市场前景，但科研成果产业化动辄数亿元的投入和若干年的运作成本又让很多实力不强的药企望而却步。"很多好的成果和想法，如果不能转化为产品，不能造福社会，这对我们搞海洋生物医药的人来说，对不起人们的期待。"为此，老师忧心忡忡，一直在努力寻找一种切实有效的解决途径。

　　经过十多年的探索和思考，一种既能高效对接各方资源，又能充分调动各方积极性的科研成果转化平台逐渐在老师的脑海中成形。管老师站在国家海洋药物发展战略的高度，统筹考虑各方面因素，对平台进行了科学的顶层设计。第一，平台应该按照企业化方式运作，把利益相关方都吸收进来，大家风险共担、利益共享，充分调动各方的积极性；第二，平台定位要高端，能够对接海洋药物领域的最新研究成果；第三，高校和科研人员的权益要得到充分保障；第四，研究项目要以市场需求为导向……经过充分的酝酿,老师决定打造一家"青岛海洋生物医药研究院",2013 年初筹建工作启动,同年 7 月 26 日就正式挂牌成立。这一年,老师已经 75 岁了。

"日月之行,若出其中"

在老师的悉心指导下,青岛海洋生物医药研究院完全按照现代企业制度进行管理,现已发展成为业内知名的以"海洋生物医药科技成果研发、服务和转移转化"为核心业务的协同创新平台。从股权结构来看,青岛中国海洋大学控股有限公司占 25%,管老师代表的科研团队占 30%,青岛优特购投资有限公司占 30%,上海绿谷制药有限公司占 15%。从运作方式来看,研究院与高校和科研机构签订合作协议,按照市场前景从高校和科研机构的前期基础性研究成果中择优开展进一步的后续研发;对于可以形成产品的成果,或者在资本市场上进行交易,或者由研究院进行产业化,或者引入其他社会资本成立新公司进行产业化,最终目的都是把产品推向市场。"科研、资本、市场,我们在这个平台上集聚了这么多要素,就是要打通'研究—开发—产业—市场'这条成果转化的链条。"管老师当年这样描述研究院设立的初衷。

研究院成立五年来,累计为北京大学、清华大学、香港中文大学等 30 多个高校院所,齐鲁制药、黄海制药、正大海尔等 40 多个制药企业完成技术开发、转让、服务、咨询项目近 300 项,成为名副其实的科研成果产业化桥梁和纽带。

"山不厌高,水不厌深"

管老师在研究院建设过程中非常注重人才引进和培养,自建院开始便广纳贤才,目前科研团队规模已达 158 人。其中,中国工程院院士 3 人,美国工程院院士 1 人,教育部长江学者特聘专家 1 人,国家"千人计划"特聘专家 2 人,泰山学者 4 人。我也有幸成为研究院首批外聘专家之一,为海洋药物研究和产业化尽上自己的一份微薄之力。为了保持研究工作的先进性,老师时常邀请国内外知名专家学者来研究院交流、研讨,既能了解到当前最新的研究成果,又能捕捉到双方潜在的合作机会,很受科研人员和企业欢迎。

管老师学术渊博、高瞻远瞩,总能准确把握时代的脉搏,从年轻时投身科研领域,到晚年搭建科研成果产业化平台,为我国海洋药物发展倾注了毕生心血。老师今将高寿八十,依然精神矍铄、思维敏捷,活跃在科研和市场一线。"高山仰止,景行行止,虽不能至,然心向往之!"榜样的力量是伟大的,管老师耄耋之年仍积极践行人生理想,人格风范深深感染着身边的每一个人,让我们这些后生晚辈一生都不敢懈怠。

时值老师八十大寿,祝愿老师健康长寿、幸福安康!

（凌沛学,2006 年获得中国海洋大学博士学位,师从管华诗院士,山东省药学科学院院长、鲁商集团总经理）

言传身教，学习楷模

❚ 谢俊霞

耳闻

听到管华诗老师的名字是在 1985 年。当年年初，我作为国家恢复学位制度的首届硕士毕业生从河南医学院毕业，供职于青岛医学院（现青岛大学医学部）。8月份我读到他主持召开的藻酸双酯钠（PSS）通过了山东省科委和卫生厅组织的专家鉴定，被鉴定为我国第一个首创的海洋药物，是预防和治疗缺血性心、脑血管疾病的安全、高效药物，并作为省重点科技推广项目迅速投产，感佩之情油然而生，深深为他一位海洋学科领域的学者竟然执着于医药学研究并产生了巨大成就而震撼。要知道，当时国家自 1978 年恢复学术研究氛围才不足八年时间。第一次见到管老师是在 1999 年。当年 8 月我被组织任命为青岛大学副校长、医学院院长。当月由青岛大学医学院承办国家自然科学基金委生命医学部的杰出青年基金答辩评审会议。全国本领域的院士、评审专家和答辩国家杰青的青年才俊汇聚在丽晶大酒店，我作为主持人为与会人员举行欢迎晚宴，管老师作为青岛海洋大学校长亲临致贺并看望专家。那时，我首次领略了管老师作为集科学家、教育家于一身之大家的非凡风采。

2000 年拜师于管老师门下，我非常荣幸地成为他的学生之一。在管老师多年指导、帮助和精心培养下工作学习，个人取得的一些成绩无不包含着老师的培养和心血。没有他的栽培、熏陶和影响，便没有我今天的事业。

追随

把科研应用于临床，是管老师几十年学术生涯的心头大事。他不仅创造了

PSS，使预防和治疗缺血性心脑血管疾病安全、高效成为可能，而且向海洋要资源，从海洋生物研究室到研发新的药源性生物活性物质，使海洋生物高值化利用受到国家主管部委的高度重视。始自 PSS 产业化，历经海洋特征寡糖的制备技术（糖库构建）与应用开发，到国家实验室，管老师无愧地成为我国现代海洋药物学科的开拓者和奠基人。

21 世纪以来，无论在他领衔的平台建设、课题研究、研究生培养、人才评估，还是在有关项目鉴定及实验室评价、立项或验收等跨越式发展历程中，管老师均给我学习的机会。我见证或参与其中。

在专业平台构建方面，始于 20 世纪 80 年代管老师领衔创建的海洋药物研究室，拥有集基础研究、应用研究及产业化生产的完整技术体系。为了成果转化，管老师又设计筹建了青岛华海制药厂，并合作组建了海大兰太药业有限公司，组建了山东省海洋药物工程技术研究中心，该中心进而升格为我国唯一的国家级海洋药物工程中心，即"国家海洋药物工程技术研究中心"。

21 世纪初，伴随创建原医药学院又注册成立了青岛海洋生物医药研究院。在此基础上，直至在青岛市牵头启动创建青岛市海洋科学与技术国家重点实验室，管老师为我国海洋制药业的兴起和海洋科学与技术研究与发展奠定了坚定的基础。同时，基于对海洋生物糖的研究成果，他成功构建了我国第一个海洋糖库，在国内外首次建立了海洋多糖降解、分离、纯化、修饰、分析、鉴定为一体的技术体系，贮存了 500 种以上的海洋寡糖化合物，以及它们的基本信息、结构信息和生物学功能信息，至少有 100 多种具有潜在的药用开发价值。

在海洋药物研发方面，PSS 的研制成功和应用，将药学领域的关注点从陆地生物延伸到海洋生物，并使海洋生物的高值化利用受到国内外极大重视。随着海洋药物研究的进一步发展，管老师团队逐步揭开了海洋多糖这一领域的面纱，先后发现其化学本质、结构和活动规律，并经过不同修饰使之具有不同分子结构和不同的生物活性分子群，显示出抗病毒、抗炎、抗凝、降脂、抗氧化等多种生物活性的结构各异的寡糖，为肿瘤、病毒感染、心脑血管疾病、神经退行性疾病等方面的生物学的系统研究提供物质支持，并为海洋糖工程创新药物的开发奠定了药学基础。其先后开发出的抗艾滋病的"泼力沙滋"、抗脑缺血的"D-聚甘酯"、抗老年痴呆的 HS971 等具有国际领先水平和巨大市场价值的原始创新成果，填补了国内外同类制品的空白，体现了国家原始创新能力。2010 年荣获国家技术发明一等奖，可谓实至名归。

2018 年，谢俊霞与
管院士

崇敬

古稀之年的管老师仍若青年，在他身上始终洋溢着对学术研究及事业不懈追求的激情。这种激情所蕴含的巨大能量，不仅使管老师的学术研究充满了生机和活力，而且鼓舞和激励了一大批中青年人。他们在管老师的引领下，为祖国造福人类的海洋药物研发事业昂首于世界医药学研究顶端而拼搏。

多年来，无论是参加老师课题组或团队的研究讨论、项目鉴定、人才评估、实验室、学科评估，还是与老师共同参加省、市等重大项目论证、研讨，老师兢兢业业、严谨求实的工作态度，正直坦诚的为人，对科学事业敏锐、前瞻的视野及求索奉献精神，锲而不舍的对造福人类海洋药物的研发热情，对教育工作随时代要求的超常规管理上的谋划和政治上的敏锐，将自己奉献给挚爱的事业的追求，无时无刻不在影响着我、感召着我，并且成为我一生学习和效仿的楷模。

祝福

晨风中,我仿佛又看到年近耄耋的老师手提一个重重的公文包,步履匆匆地走向海洋生物医药研究院。为了让海洋药物使更多的人早日解除病痛,他仍在默默奉献、奋力拼搏。

作为管老师的学生,我由衷地为管老师感到骄傲和自豪,并衷心祝愿他健康长寿,祝愿他领导的研究院蓬勃发展,再谱华丽诗章。

在管老师八十华诞和从教五十五周年来临之际,感谢《诗意华章》编委会给我这个机会写下我心中的管老师,与大家共勉。

(谢俊霞,2002年中国海洋大学博士毕业,师从管华诗院士,曾任青岛大学副校长,现任青岛大学脑科学与疾病研究院院长、教授、博士生导师)

我与我的博导管华诗院士

▌谭兰

20世纪80年代末,我在青医附院神经科做住院医生。当时国家刚刚改革开放,大部分人的思想还是僵化的,各自在原来工作生活的轨道上顺着惯性往前走。我刚刚毕业不久,要学习的东西很多,每天在临床上跟随老师查房、门诊、急诊,有时帮着老师们抄抄稿子,收集点临床资料;晚上去夜校补习英语,啃专业书籍,生活就这样周而复始。

我的硕士生导师神经病学家韩仲岩老师与管华诗老师是好朋友,也是事业上的合作伙伴,我的两位导师都是他们所在学术领域的带头人,是行业翘楚。当时管华诗老师发明了新药藻酸双酯钠,又名 PSS,青医附院血液病科翁维权老师、神经科韩仲岩老师等带领团队对该药做临床研究。我等小医生跟随老师们参与这个项目,但因为当时对研究工作认知浅,总体上是朦朦胧胧的,后来听说 PSS 获得国家奖,而且是中国首个海洋天然药物,我们才知道管老师他们做了一件惊天动地的大事。记得当时在神经科临床上几乎所有的脑血管病患者都用 PSS,既有静脉制剂也有片剂,确实是开了海洋药物的先河! 今天想想,管老师的创新能力和实干精神是与生俱来的,是植于基因的能力。后来老师又做了很多开疆拓土、前无古人的工作,我一点都不觉得惊讶,这就是他的能力和使命。

时光荏苒,转眼到了千禧年,改革开放也二十多年了,国人的生活水平有了很大的提高,人们对医疗的需求也在逐步提高。管老师审时度势,在前期积累的大量临床经验基础上,提出开发二代 PSS-D 二聚体。2003 年,是不平凡的一年,SARS 肆虐。早春,北京还没有实行隔离制度,我随管华诗老师、韩仲岩老师及耿美玉教授等去北京 301 医院讨论临床方案。我们一行人住在 301 总院对面的一个普通招

2009年，谭兰（右三）
与管院士

待所。管老师当时已经是院士了，一点架子都没有，和我们一样住招待所，吃简单的便餐。管老师平易近人的性格、忘我的工作作风深深地感染着我。更值得一提的是，当时 SARS 已经在北京传播开来，去北京是有风险的，参加讨论的一位著名教授后来便死于 SARS。也就是这一次机会，让我下决心跟随管老师读博士。

后来我顺利通过学校的笔试、面试等环节，有幸成为管老师的博士研究生。跟随导师继续研究 PSS-D 二聚体。读博的过程不是一帆风顺，有来自外界的干预，有自身的不足，但无论遇到什么样的困难在管老师这里都能找到答案。经过七年的时间，我获得了药物化学博士学位，也成为管老师所带的学制最长的博士。这些都得益于管老师对我的指导和帮助。我想对导师说，感谢，感激，感恩。

在这七年中，我学到的不仅仅是知识，更是做人和做事。我毕业时说："老师的思想、学识、学术博大精深，够我学习一辈子。"在我后来的学习工作和生活中，老师始终是我的楷模。

我博士毕业之后，管老师带领团队取得了一个又一个令世人瞩目的成就，引领我国海洋药物的发展。喜逢老师八十大寿，学生衷心祝福老师福如东海，寿比南山！继续引领我们攀登事业高峰！

（谭兰，2009 年中国海洋大学博士毕业，师从管华诗院士，青岛市市立医院副总院长、脑科中心主任主任医师，青岛大学医学院二级教授）

贺管华诗院士八十寿辰诗词两首

■ 魏世江

七律·贺管华诗院士八十寿辰

耄耋尊长还朱颜,五官灵动犹少年。

学术探求虽坎坷,春华秋实几多甜。

长校海大谋嘉政,特色办学成典范。

而今适逢太平世,百岁期颐也等闲。

沁园春·贺管华诗校长八十寿辰

院士殿堂,五年四杰①,海大荣耀。

问根原何在? 树人有方;三大工程②,着高策妙。

翘楚毕至,生优师强,创新发展基础牢。

赖有谁? 靠华诗校长,智慧高超。

更有功绩可表,擎特色大学旗帜飘。

重内涵发展,谋海济国;海大方案③,独领风骚。

发展之要,先强后大,跻身一流④见成效。

笃信之,教育家之识⑤,定成大道。

注释:

① 指 2013 至 2017 年的五年间,中国海洋大学吴立新教授、宋微波教授当选中国科学院院士,李华军教授、包振民教授当选中国工程院院士,他们四位是杰出人才。

2005 年,魏世江与管院士

② 指管院士在中国海洋大学校长任上施行的"筑峰""绿卡""繁荣"三大人才工程。

③ 指在世纪之交我国高等教育改革发展大潮中,管华诗校长首倡高水平大学建设并在中国海洋大学实践成功,为国家高教改革与发展提供了一个范例,称之为"海大方案"。

④ 指我国正在实施的建设世界一流大学、一流学科战略。

⑤ 指管院士入选教育部"共和国老一辈教育家"和他在办学治校过程中展现出的远见卓识与价值追求。

（魏世江,曾任中国海洋大学校报编辑部主任、党委宣传部部长、图书馆馆长,已退休）

他是我们人生事业路上永远的楷模

▌赵庆礼

管华诗院士,不仅是我们非常尊敬的一位老领导,而且是我们十分爱戴的长者。在管华诗院士担任校长期间,作为中国海洋大学的一名成员,我有幸成为他的部下、聆听他的讲话、感受他的温暖,时至今日,仍历历在目。

管华诗院士作为一名教育家,无论是在治学治校还是在教学科研,无论是在宏观战略还是在微观细节,无论是在关心他人还是在为人师表等方面都卓有建树,有的载入史册,有的印在心田。在这里,我谈三点感受,与大家分享。

第一,不断改善教师办公条件,督促学院大力引进人才。

管校长非常注重优化教师的办公条件,特别重视人才引进工作。记得 1997 年前后的海洋地球科学学院,办公经费严重短缺。教师缺乏应有的办公设备和必要的办公场所,教研室仅有的几张破旧桌椅也是山东大学遗留下来的"文物"。管校长听取汇报以后,立即批示,拨出专门经费,改善学院的办公条件,实现了老师们由不愿意进办公室到乐意进办公室的转变,实现了学院的教学、科研和工作作风的根本性转变。

管校长非常重视人才引进工作。为了推动这项工作,他经常"大会搞推动,小会讲感情,年初有布置,期末有检查"。对引进的重点人才,他一路绿灯,快速成行。例如海洋地球科学学院要引进一名双聘院士,管校长在很短的时间内给予批复,并在办公场所、工作经费、住房保障等方面给予特别关照,尽力解决好引进人才的后顾之忧。他要求学院尽可能多地发现人才、引进人才、用好人才。在管校长的关心与帮助下,在学校人事处和有关部门的大力支持下,海洋地球科学学院在短短的几年里,引进了李庆忠和张国伟两位双聘院士,引进了李三忠等 38 位博士,彻底改变了教师队伍的人员构成,扭转了人才青黄不接的局面。学院的科研项目不断增加,科技实力逐渐增强,科技经费日益增多,博士点、硕士点等学科建设迈上了新台阶。

第二,建设高水平特色大学,创建生命科学与技术学部。

管校长怀着对我国高等教育事业的无比热爱与追求,怀着对母校的深厚情感,高瞻远瞩,运筹帷幄,引领了我国的高等教育改革,提出了建设高水平特色大学的理念,制定了总体布局的详细措施,实行了特色与综合的新体制。

为了深化和推动学校的管理体制改革,在经过充分论证的基础上,学校实施了"学科群"建设。首先把学校的生命科学学院、水产学院、医药学院、食品科学与工程学院这四个学院整合成一个生命科学与技术学部,成为"以特色带动综合,以综合强化特色"的先行者。

从学科性质来讲,这四个学院虽然横跨了理、农、医、工四个学科,但它们也具有相似性和交叉性。以生命科学理论研究为基础,其他三个学科作为不同的科学研究和应用为侧重点,学部真正实现了学科交叉、优势互补和资源共享。

生命科学与技术学部成立以后,根据管校长的指示和要求,按照建设高水平特色大学的规划,贯彻"以特色带动综合,以综合强化特色"的总体思路,通过深化内部改革,淡化学科界限,激发了学部教职工的工作热情,激活了资源与设备的使用效益,提高了人员和资源的使用效率,通过搭建学部之间的教学与科研平台,也进一步增强了学科的竞争力和教职工的向心力。

第三,待人亲切,以诚感人。

管校长具有敏锐的洞察力、强劲的感染力和亲切的凝聚力。在日常的工作中,管校长总能够高屋建瓴,给人以方向、信心和力量。

我们学校有个著名的崂山会议。在这个会议上,既有总结过去的工作内容,又有谋划未来的工作计划,因为参会人员众多,会议一般长达三天。

管校长不管会议开多久,他总是认真听取大家的发言,汲取发言的精华,用他那敏锐的洞察力,结合他那特有的理解力,从理论到实践,进一步总结、提炼和概括出学校发展建设的蓝图。

接受管校长的领导,完成学校交给的任务,既是一种责任,也是一种荣耀。这种心情,是一种愉悦和享受。现在回想起来,还记忆犹新,仿佛就在昨天,似乎就在眼前。

管校长对工作的那种热情、激情和执着,激励和感染着海大人奋发向上,努力

2009年，赵庆礼与
管院士

作为。他带领全校的广大党员、干部和教职工团结一心，拼搏进取，使"青岛海洋大学"的名字变成了"中国海洋大学"，使中国海洋大学跨进了"211工程"和"985工程"重点建设的行列，也为现在的学校成为"双一流"建设的高校打下了坚实的基础，创造了有利的条件。

在工作中管校长是我们的好领导，在生活中他也是我们的引路人，大家都亲切地称他为"老爷子"。当我生病的时候，"老爷子"不顾自己的工作繁忙，在日理万机的情况下，或者到家里看望，或者到医院里慰问，或者从精神上、物质上给予帮助。"老爷子"在工作中亲切待人，在生活中真诚待人的事例，不胜枚举。

如今的"老爷子"虽然年届八十，但为了中国海洋大学的教育和科学事业，为了祖国医药科学的明天，为了人类的健康事业，他依然鞠躬尽瘁，宝刀不老，创业不止。他是我们人生事业路上永远的楷模。

（赵庆礼，曾任中国海洋大学水产学院党委书记，已退休）

跟随管华诗院士真是人生一大幸事

▌李八方

　　今年是管华诗院士从教五十五年的喜庆之年,在这举国学习习近平新时代特色社会主义思想、努力实现伟大中国梦、把我国建设成为中国特色社会主义强国的大好形势下,他的八十岁华诞又为他的学生、部下和同事们增添了一份喜悦、温馨和事业的新动能。我作为跟随管华诗院士四十余年的老部下、老同事、老朋友和事业伙伴,内心尤其难平,心中总有一些话想跟他说。在此,先向管华诗院士表示最崇高的敬意和衷心的祝福。

　　管华诗院士大学毕业后留校任教,不长时间即赶上那段动荡的年代,正常的教学科研环境不复存在。但他不畏困难,排除干扰,与老教师们一起,在十分艰苦的条件下从事着他所钟爱的教学与科研工作,积极参与了我国海藻工业的创立与发展,因此获得国家改革开放后首届科学技术大会奖。

　　管华诗院士从教五十五年来,正确领导并积极参与了所在学科的发展,积极统筹了学科规划与建设,有力地促进了食品科学与工程学科的发展,创立了海洋药学这一新兴学科,在国内外产生了重大影响,成为我国海洋药学的奠基人和开拓者。

　　他为国家培养了一大批水产食品与海洋药物领域的高级专业人才,其中不少人在该领域已经取得了显著的成绩。他们正奋斗在各自的工作岗位上,成为国家该领域教学、科学研究和行政管理的中坚力量。

　　他的科研成就卓著,蜚声海内外,所创立的科学研究平台和创新团队,在海洋药物与食品的创新研究中,已经成为一支国家的骨干力量,推出了一大批国家层面的标志性成果,获得了多项国家大奖,应用性成果取得了显著的社会效益和经济效

1993 年,李八方与管院士在华海制药厂

益。他也成了本领域教育和科技界的泰斗、学术大师。

管华诗院士将科学研究与人才培养有机地结合,将平台建设与创新人才培养纳入一体,在既出成果又出人才方面实现了最有效的对接,实现了创新型人才的高质量,实现了科学研究的高水平。

他坚持以人为本,注重人才兴业;积极倡导先做人、再做事,做真人、做成事,做贤人、做好事;他热爱国家,热爱海大,热爱事业,热爱生活;诲人孜孜不倦,工作坚韧不拔,生活热情似火,对人一片至诚,表现出一位学术大家的为人处世风范。

他始终走在高等教育事业改革发展的潮头,敢为天下先,敢做拓荒牛。他高瞻远瞩,矢志不渝,恒心坚守,不达目的绝不罢休。他的这种执着精神影响了一代又一代人,是我们作为学生、同事和朋友的事业典范、巨轮远航的灯塔。我们在他的影响下,阔步前行在时代的大潮中。

管华诗院士当校长十多年,为学校的发展壮大做出了重大贡献。他审时度势,

2004 年，李八方与管院士

力挽狂澜，抢抓机遇，引领创新，把学校发展推向一个个更高层次，使学校稳稳地走在了我国高校发展的第一方阵，实现了跃升和稳健发展。他是学校发展史上的功臣和开拓者。

他高瞻远瞩，积极倡导并极力促成的海洋科学与技术国家实验室，成为我国最早的国家实验室之一。这个实验室在海洋科学与技术领域已做出了显著的成绩，成为我国海洋科学与技术研究领域的国家队、排头兵与核心创新平台，必将为国家的海洋战略做出更大贡献。

管华诗院士从学校领导岗位上退下来之后，没有因为岗位变化而对事业稍有懈怠，他依然是医药学院、食品科学与工程学院事业发展的主心骨。在学科发展的关键时期，他总能不失时机地抢抓机遇，善于集中大家的智慧，正确地把握前进的方向，并以非凡的组织才能和锲而不舍的精神，鼓舞和调动大家的积极性和创造性。他领衔组建了促使研究成果孵化和转化的海洋生物医药研究院，并使研究院的体制不断创新，成为科技创新平台的典范，得到了各级政府、研究界、企业家的高度评价，也使学科建设与学院发展再次迈上了新台阶。

我在管华诗院士身边生活和工作近四十年，他对我的成长无比关怀和爱护，对我的工作无比信任和支持，对我的家庭给予了极大的关心和帮助。得益于管华诗院士的教诲和栽培，我从一个初出茅庐、少不更事的年轻人，逐步成长为能够为党和国家的教育事业做点事、能够做出点成绩的高校教师。跟随管华诗院士真是人生一大幸事，收益巨惠。他就像人生路上一盏灯，照亮多少迷途客；事业星河启明星，唤醒多少梦中人。在日后的工作中，我依然会谨遵教诲，追寻事业，阔步走在他高举的海洋旗帜之下。

在未来的生活与工作中，我衷心地祝愿管华诗院士心情愉快、阖家幸福、万事如意、健康长寿，再创人生新辉煌！

（李八方，曾在中国海洋大学水产学院任教，现任中国海洋大学食品工程学院教授、博士生导师）

写心的人

▍陈鹭

　　我知道，天下最好的文章并不是用笔写在纸上的，而是用心写在他人心里的。

　　所以，当我提笔要书写管华诗院士这位令人崇敬的长者时，我知道，无论用多少美好的词句，也写不过他本人。因为他本人就是一位写心的圣手。我常常感到惊讶，从身边的熟人到远方的朋友，从民间的街谈巷议到官方的主流媒体，从教育界到科技界，从海洋界到医药界，从政坛到经济、文化和社会的各个领域，有如此多的人知道他的名字，传说他的故事。只要提到他，人们都会情不自禁地竖起大拇指，异口同声地表达对他的钦佩和赞叹，尊敬地称他为管校长、管院士、管老师、管主席、管老爷子……很多人都以得到他的认可为荣，都以能就近受教或与他共事为幸。这不仅源于他的地位和成就，更在于他能把人生事业的文章写进你的心里——他是位写心的圣手。

　　写心，首先要真诚，只有真诚才能打开别人的心扉。而真诚常常是他给人的第一印象。

　　对于身处困境的人，他总会伸出援手，体贴问候，关切之情真挚浓郁。对于懵懂困惑的人，他常会真诚善意地指点迷津，毫无保留地引领着其走上正途。对于工作不力、认识偏差的人，他也会直言不讳地给予批评，让其醒悟，认识到自己的不足和过错。真诚使得他喜怒哀乐常常溢于言表，让那些哪怕初次见面的人，也深受感染；让那些心有灵犀的人很快明白，他是位值得信赖的长者。很多海大人都清清楚楚地记得，当年为了高起点重振人文辉煌，学校诚邀王蒙先生加盟中国海洋大学。就在那次聘任仪式上，他宣读王蒙简历，提供给他的稿子将王蒙的代表作《组织部新来的年轻人》错打成了《组织部所来的年轻人》。他照稿宣读，一时台下响起一

2005年，陈骞与管院士

阵轻微的笑声。他敏感地停顿下来，问身边的王蒙先生是否出了错误。王蒙笑着告诉他，是“组织部新来的年轻人”。他立刻真诚道歉，并接着脱稿说道：“老师们，同学们，一所大学的校长都不知道小说《组织部新来的年轻人》，大家说这所学校是否应该赶快加强人文啊？”一时掌声雷动！

写心，需要智慧，因为心是最多面亦最多变的精灵。智慧每每表现在他过人的远见、决断和对于人的认识与把握。

很多同事都见识过他对事业的预见，见识过他在关键时刻、关键问题上的果断决策，也见识过他为了成就一件大事而运筹和推进的能力，特别是他汇聚集体智慧的能力。大家喜欢参加由他主持的会议，不管会上有多少种千差万别的见解和意见，最终都不会跑题，都会被关照到。大家不同的见解会在他这位主持人那里得到集中概括和令人茅塞顿开的提升。大家都喜欢听他做大会报告，不是那种念秘书稿子的报告，而是他脱稿的演讲。他的语言并不华丽，但极富思辨和激情，总是让听众受到启发和鼓舞。那些年他主持的对学校发展起到了至关重要作用的崂山会议，给同事们留下了美好的回忆；那些年每学期始末的教师干部大会上，他的讲话都留给大家深刻的印象。因为他的存在，学校就有了主心骨。

还有他对人的认识和把握。因为在校办工作，那时我们偶尔会听到他对人的评价。我至今还记得，一次他开完教师座谈会回来对一位年轻教师的高度评价。

而这位当年的年轻教师后来果然不负众望,成了学校的主要领导。还有他激发同事和下属们的工作激情和创造力的能力。他曾给我们以极大的工作信任,这给了我们荣誉感和工作动力。一个偶然的机会,我向他请教为什么对我们如此信任,他微笑着告诉我一个道理:"被人信任而成功,是双重的成功;被人信任而失败则是双重的失败!"

他的智慧犹如一个巨大的磁场,让无数多面而多变的心灵发生偏转,其作用力的感应,让人钦服,让大家心往一起想,拧成一股绳,既成就事业,也成就人。学校、学院、学科获得了一个又一个发展机遇,取得了一个又一个发展成果。与此同时,很多干部教师和学生在他的引领下成长。这些都是他的智慧开出的鲜花,结出的硕果。

写心,更需要仁德,因为仁德才是心最温暖的家。

仁德是他最大的魅力所在。他的宽厚给人温暖,他的悲悯给人力量。无论在他的故乡还是他工作生活过的地方,无论是他的领导、老师、同事、学生、朋友,还是那些素昧平生、慕名而来的人,他都倾心相待,帮助支持:有多少单位、多少人曾受过他的指点和影响,得到过他的支持和恩惠,我们不得而知。人们对他的感念可以汇成大海。

他是我们身边的一个真实的存在,也是一个真实的传奇。他超强的气场,犹如中国海洋大学园里伟岸的银杏树,傲然屹立又惠济众生。他在他所涉猎的诸多领域开创时代。无论他自身的成就、影响和地位,还是他凝聚众人的智慧、为事业发展赢得的先机,都是我们海大人的骄傲。他奋进不息的精神,永远都是我们人生事业的榜样。

是的,我知道,无论用多少美好的词句,我也写不过他。因为,他本身就像他的名字一样,是一首华彩的诗篇。

(陈鷟,中国海洋大学党委宣传部部长)

一个老同学眼中的老管

■ 李泽瑶

　　我们是 1964 年水产加工专业毕业的学生,管华诗是我们班同学。虽然他在班内年纪不算大,但因为身材高大,我们同学都习惯叫他老管。老管的脾气温和,性格很好,对我们每个同学都很友好。我们班上有十个上海考来的同学,我是其中之一。在那个年代有的同学对我们有些误解,认为从上海来的人娇气,满脑子资产

2004 年,李泽瑶(前排左四)与管院士

阶级思想，使我们很苦闷，而老管却能平等待人，我们上海同学也很愿意和他交往。老管毕业后留校当老师，工作中取得巨大的成绩，职务也在不断地提升。无论他当院士还是校长，从没架子，助人为乐。我们班有一个青岛同学毕业后分配到哈尔滨工作，后因病故去。虽然该同学性格内向，与同学交往平淡，但当他儿子遇到困难来找老管时，老管给予了极大的帮助。诸如此事还有很多。

老管是个乐观的人，在 20 世纪 80 年代，他爱人老李还是农村户口，当年两个儿子也报不上城市户口，没有粮票，在那困难时期他始终快乐地生活。一次，我们到他烟台的家中串门，看到墙角堆了很多地瓜，原来他以此来补充粮票的不足。他对学生却十分关心，有时让学生到他家吃老李做的可口饭菜。对困难学生他都尽力帮助，遇到不会做被子的学生，老管就让老李帮忙缝制。

老管因其在科研上精益求精、坚持不懈、勇往直前，成绩卓著。他在科研成就和职务级别上在我们同学中都是最高的，但对待老同学仍是平易近人。他还是同学眼中当年的老管，我们每次聚会时仍直呼他老管。我们为班里出了一个这么优秀的同学而自豪。

（李泽瑶，管华诗大学同学，曾任山东省商检局高级工程师，已退休）

给老同学管校长祝寿

▌徐家敏

　　管华诗院士曾长期担任中国海洋大学校长,后来不当校长了,海大师生还是习惯称他"管校长",可能是大家觉得称"校长"比称"院士"亲切。

　　管校长是我大学同班同学。自 1959 年入学相识,至今已有近六十个年头。除毕业之初曾有几年不在同一城市工作,以后便一直在中国海洋大学共事近半个世纪。尤其在退休前十几年,我在药物所担任管校长副手,工作接触更多。所以我和管校长相识很久,相知很深。在管校长八十寿辰到来之际,献上一点回忆文字表示祝贺。

　　管校长是中国海洋大学跨世纪的一代校领导,自 20 世纪末的 1993 年到 21 世纪初的 2005 年,连续十二年担任中国海洋大学校长。管校长任职期间,正是国家教育政策多变时期,也是中国海洋大学发展史上机遇与挑战共存的关键时期。管校长有谋略,善决策,会用人,敢负责,带领海大人克服了诸多困难,不失时机地实现许多重大发展,取得了公认的成绩,继而成为中国海洋大学继往开来的一代优秀校长。

　　校长是干实事的,上班时间都得履行校长职责,处理行政事务,基本没有空闲时间,只有下班以后,才能赶到药物所与等候在那里的老师们讨论科研问题。他承担的科研项目是国家重点课题,要求高,任务重,压力大。由于管校长领导有方,全所齐心协力,科研进展顺利,成果不断涌现,任务都能按计划完成。管校长在取得优秀政绩的同时,在药物所所长的位置上,也取得了优秀的科研业绩,这是很不容易的。管校长"双肩挑"当然很忙,但忙而不乱,指挥若定,加之管校长身材魁梧,脑袋硕大,更显大将风度,令人望而起敬,同时又倍感亲切。

2004 年,徐家敏(前排右二)与管院士

　　管校长担任校领导以后,我有幸被任命为药物所副所长。药物所是人才聚集的教学、科研重地,副所长是主持常务工作的大管家,责任不轻。管校长以他对老同学的多年了解,相信我能帮他管好这个"家",所以药物所的工作,管校长在大事上把关决策,其他全交给我管。为不负重托,我只有尽力把工作做好,让事实证明管校长善于识人,善于用人。中国海洋大学规定女教师担任行政职务的年限是58岁,由于我尚能称职,所以任职到 63 岁,超期服役五年,为此我也颇感欣慰。

　　管校长主编出版的《中华海洋本草》,是洋洋 1 400 万字的大型辞书,是管校长组织全国专家,动用全国资料,花费五年心血,统筹协调合作,完成的一项浩大工程。这是一部功垂后世的不朽巨著,是值得大书特书的丰功伟绩,充分展现了管校长指挥千军万马的将帅之才。我们为老同学的才华和成就感到骄傲。

　　谨以此短文祝贺管校长八秩大寿。

　　(徐家敏,管华诗大学同学,原为中国海洋大学医药学院教授,已退休)

革命事业的开拓者
平民百姓的贴心人

——忆我的大学同学管华诗二三事

▎项东

1959年经过高考，我与管华诗成了同学，就读于山东海洋学院水产系加工专业。恰巧我们分在一个寝室，有了五年的同吃、同住、同学习的大学生涯。又因为我们入学时正碰到我国三年自然灾害时期，真可谓患难之交，结下了终生难忘的友谊。我们不仅收获了学业，更收获了友情。

回顾那青春燃烧的岁月，是那么美好，那么亲切。特别是和管华诗在一起的时光，让我有太多的感言和太多的回忆，一切仿佛就在昨天。我们班除了十个来自上海的同学，大部分来自农村，是农民的儿子。新中国刚成立不久，百废待兴，我们都经历了幼年时生活艰难的磨炼。长辈们大多数都没文化，他们多么希望子女能学有所成。我们那时对报效祖国、为振兴中华而读书的信念尚不大清楚，但不辜负父母的期望和辛勤的劳动、报父母之恩在年轻人的心里还是不含糊的。同学们在吃不饱的情况下，仍然苦读五年，学习上你追我赶的那股劲，当今的年轻人不甚理解，可能也不相信，但事实确实如此。

管华诗在我们班里一开始就显现出他的聪颖智慧。他是我班的团支书，是一位能力强、有凝聚力的好干部。他在不影响班里工作的前提下，学习追求效率，不死读书，注重劳逸结合；中午大都午睡，否则下午便听不好课。这个习惯，他在学生时代一直坚持。他在星期天有时还组织同学看场电影，让大家放松一下，以便更好地学习。

2017 年，项东与管院士

　　初入校时，我们大部分同学学习俄语，唯独管华诗和几个同学，在高中学的是英语。为了和我们同步，仅用两年时间的学习，他的俄语水平达到我们五年学习的水平，显露出他的才华。我们加工专业五年共修 28 门课程，管华诗全部优秀，尤其专业课"藻类综合利用"，是黄海所纪明侯教授教的，把我们领进了门。管华诗有着浓厚的兴趣，刻苦钻研，为日后从事科研打下了良好的基础。他利用藻类制出的药品荣获十五届南斯拉夫世界发明金奖，为祖国争得了荣誉，为人类健康做出了贡献。

　　还有一件事，让我终生难忘，每当想起来，都非常感谢我的挚友管华诗。我在学校读书时，父母在中国台湾。改革开放后，我去台湾探亲，才知道父母在台湾靠吃救济为生，我精神上的压力很大。管华诗待我亲如兄弟，同情我，鼓励我，从来没有看不起我。他深知我内心的痛，真诚地帮我走出困境，让我对生活有了新的审视。管华诗是一个无私奉献、细心善良的人。毕业初，我国经济正逢困难时期，什么东西都要凭票购买。每次见面时，他都把平日省吃俭用下的票供商品，做上一桌美味佳肴，让大家饱餐一顿，其乐融融。记得有一次他到大连出差，我们几个大连同学在我家聚会，很晚了，当时条件差，只有一间住房。晚上我们采取"合并同类项"的办法，女同学和家属在我家住，男同学住在胡万军家，当时也不觉得苦啊，只觉得同学相聚其乐无穷。多么想再让时光倒流,回到学生时代……人生难得有知己,遇见管华诗是我一辈子的幸福。六十年间,我们心连心,他是我的良师、益友、好兄弟。

随着事业的发展,他高升了,地位也变了,人们都叫他管院士。但是在我们心里,叫他管华诗总感觉比叫管院士还要亲切。他日理万机,但同学的情怀不但没有变,而且他更加挂念我们。我班高和兴同学生病期间,管华诗比亲兄弟还亲,帮他治疗。高和兴曾对我讲,他病的消息不能再让管华诗知道,让他知道了什么费用都是他给出,太不好意思。我的身体近两年也出了问题,他得知后在百忙中帮我寻医问药,关怀备至,令我感激不尽。他对同学慷慨解囊,好客如初。他有德,对人真诚,为人厚道,有规矩,有礼貌,有爱心;他有料,跟他相处能打开眼界,放大格局;他有量,能倾听别人的想法,并发表有价值的见解;他有容,能充分认识别人的价值,欣赏别人的优点;他有趣,能给大家带来愉快的心情,和他一起不无聊;他有心,懂得用情和心交朋友,人脉必成金脉,能量强大,必成大事。

管华诗至今还工作在岗位上,默默无闻地奉献着自己的聪明才智。他桃李满天下,为祖国的建设做出了巨大贡献。

管华诗是我们的脊梁骨,是我们的精神支柱。我祝愿管华诗身体健康,万事如意,长青不老。

(项东,管华诗大学同学,原大连水产研究所所长,已退休)

厉害了，我的同学

■ 于福臻

　　在大学五年的老同学管华诗八十华诞之际，我衷心祝他生日快乐，全家幸福，学术事业有新的成就。忆往昔，大学同窗期间的往事油然浮现眼前。

　　在校期间，华诗学习刻苦努力，基础课功底扎实，知识掌握灵活。我至今仍清晰记得，每到期末考试，在每个同学自己复习基础上，华诗约我们几个同学到中山公园一起复习。临考前，大家猜老师考哪一类题，一般他十有七八能猜中，说明他学习能掌握重点，融会贯通。上实验课他十分认真，一丝不苟，对实验数据深入探究，养成了良好的思维习惯。后来他在教学科研道路上不断探索，获得了不少国际奖、国家科技进步奖等，实为应有之义，当上中国工程院院士更是名副其实，谱写了华丽的诗章，与他的名字相呼应。

　　华诗是我们班的团支部书记，他严格要求自己，处处起模范带头作用，把支部工作搞得生动活泼。在他的带领下，我们班在全校的许多活动中赢得了荣誉。就说1960年秋，国民经济困难，农村缺少劳动力。我们响应政府号召，到农村支援"三秋"。华诗身先士卒，帮助农民耕地种小麦。他扶犁，三个同学拉犁，劳动强度之大可想而知。当时实行粮食定量供应，同学们的粮食定量很低，八个月粮食十个月吃。尽管如此艰难，我们仍完成了三秋务农任务。由于繁重的体力劳动加营养缺乏，许多同学得了浮肿，华诗也得了病，住进了学校的保健室。他顽强地与疾病做斗争，不久就康复了。他是真正的"又红又专"的人才。

　　厉害了，我的同学管华诗。

　　（于福臻，管华诗大学同学，曾任香港华润公司经理、高级工程师，已退休）

海藻制碘工业的贡献者
——管华诗院士

▌朱玉荪

　　碘元素是一项战略物资。20 世纪 60 年代末，我国是一个贫碘国，急需寻找碘的资源并实施产业化。很快，国家化工部牵头组织了一批科学家、科研人员和相关企业，开展了在海带中提碘项目的研究、开发。

2014 年，朱玉荪（前排左三）与管院士

参与海带提碘项目的单位有山东海洋学院（中国海洋大学前身）、中国科学院海洋所、黄海水产研究所、省海水养殖所、青岛海洋化工厂等科研院校和生产单位，以走"五七道路"、实行"产学研"三结合的方式，利用我国沿海特有的褐藻类海洋生物中含有丰富碘的资源特性，综合各家的研究成果，承担国家的提碘任务。我的同学管华诗也参加了这个项目的研发。经过大家几年的努力，顺利完成研发任务。

我当时在青岛海洋化工厂工作，配合课题组参与工程化和建厂的一些工作。管华诗当时还不到30岁，主要负责海带提碘项目的工程化研究和后期的建厂工作。经过大家的不懈努力，在国家医药总局、化工部和省市的大力支持下，大家申请到100多万元资金，在我们青岛海洋化工厂建成了国内首个用褐藻之一的海带提取年产10吨碘、1 600吨褐藻胶、800吨甘露醇的综合利用生产车间。

此后，以此为样板，在全国沿海如雨后春笋般地开展了海藻提碘的工业化生产，使我国碘的年产达到150吨，满足了国防军工、医药化工、国计民生及国民经济发展的需要。有与管华诗同窗的经历，还有与管华诗一同建设海藻提碘生产车间的经历，看到他后来的进步，我为管华诗感到骄傲。他不愧为优秀科学家。

（朱玉荪，管华诗大学同学，原青岛海洋化工厂厂长，已退休）

管校长的成功是历史的必然

——我心中的管校长

▍李建平

今年是管校长八十大寿，他的高徒们特意为恩师安排了一系列庆祝活动，其中一项就是提议编一本书，让大家共同讲述管校长的故事。大家都深以为然，拍手叫好：一是确实有很多故事，二是可以借此表达一下对管校长的崇敬和祝福。大家开始了筹备，我也深深地陷入了对过去的追忆。三十多年来的往事历历在目。

回顾对管校长从认识、知其一二的尊敬，到对其崇拜、追随，目睹和经历了管校长几十年来所做出的成就和对国家、对海大的发展建设所做出的贡献，我的结论也更清晰了，那就是：管校长的成功是历史的必然。

我是 1986 年到海大，报到后被安排到水产系办公室工作。在水产系工作时，管校长是我尊敬的领导。他任水产系副主任，分管科研。我担任科研秘书、研究生秘书、外事秘书，而工作量最大的是科研秘书。大家都知道学校的老师除了给学生上课，还要从事科研，参加社会活动。办公室的电话很多，但接得最多的还是管主任的，每次我接到找管主任电话后，都要去他的实验室通知他。他总是一边忙碌地做着实验一边很客气地跟我打招呼，然后快速地来到办公室接电话。那时他刚当选学校党委委员，发明了新药 PSS，获得山东省科技进步一等奖，与政府和校外企业联系得非常密切。工作不久，很快就开始筹备水产系四十周年的系庆活动。我按照管主任的要求，建立起了老师们的科研档案，档案内容除了老师们的基本情况，还有老师们在研科研课题情况和结题鉴定情况、发表论文、专利、获奖等。我发现当时管主任的科研档案内容最丰富，发现他在"文革"时期一直潜心研究，1978年全国科技大会就获得两项大奖。后来我问管校长当初的想法，他笑呵呵地说，当时只是一心搞科研。他的一心搞科研实际上就是整天一身白大褂，白天晚上都泡在实验室，在失败中找办法，在寂寞里找快乐，不断地向成功靠拢。

系庆结束后，我被调到学校党委组织部工作。在负责整理"文革"后期落实政策档案中，我仅用了一个月的时间，通过汇总、查重、登记、造册，完成了51卷的档案归档。令我感慨万千的是，在整整51卷档案中没发现管校长一星半点的"文革"活动记录。这足以证明，在那个时期他一直"两耳不闻窗外事"，沉心于科研。后来听管校长说起，那时正好赶上国家缺碘，他有幸参加了国家从海藻中提碘的项目组。任务完成后，他又主持海藻提碘后联产品的开发项目。没想到正是这一项目改变了他的一生。也就是从那时起，原本从事水产品加工工程的他开始了海洋药物研发的宏伟事业。大家都熟知管校长发明了四个海洋新药，在目前国际上汇总的13个海洋药物中，PSS 位列其中，进入了国际行列，目前治疗阿尔茨海默症的代号971的海洋新药马上就要揭盲，很快就要进入大家的视野。因为国际上用于治疗阿尔茨海默症的药很少，研发新型的防止阿尔茨海默症的药物不仅是搞药物研发科学家的梦想，也是制药企业梦寐以求的，想必971的问世又会在国内外引起更加强烈的轰动。

对管校长的进一步了解是到组织部工作的那些年。一去组织部我就看到了学校 1985 年确定的第三梯队干部名单，熟悉的"管华诗"三个字就在其中。那时的他作为教师代表，同年还被选为学校党委委员。那时的第三梯队干部就是国家在 20 世纪 80 年代培养接班人所采取的战略安排。大家习惯上把在任的老干部称之为第一梯队干部，年轻的领导干部是第二梯队干部，被单位列入培养对象的称之为第三梯队干部，后来改为后备干部。能够被学校列入第三梯队干部，应该是在政治上、思想上、业务上表现突出的。果然在党组织的培养下，他先后担任了学校校办产业委员会主任、副校长、校长、党委书记，直至担任山东省科协主席、山东省政协副主席。

管校长是个有担当、干实事的领导。他担任校办产业委员会主任时间不长，有两件事给我留下了深刻的印象。一是他到任第一项工作就是启用企业编制，培养年轻骨干。他先后到水产学院、食品学院和化工学院挑选八名优秀毕业生，并安排他们有的进入实验室，有的直接到产业化的生产基地。在他的培养教育下，他们都成长为学校重要岗位的业务骨干，有现任海大医药学院院长的于广利教授，还有海大生物集团董事长单俊伟，等等。二是针对学校产业化程度不高和尚未形成一个

2008 年，李建平与
管院士

像样企业的现实，他着手建起了学校规模最大的华海制药厂，并在此基础上筹建了
国家海洋药物工程技术研究中心这一工程化平台，在"产学研"的道路上迈出了海
大的第一步。

1988 年管校长获得青岛市科技重奖后，我参与了市委组织部组织的事迹报道
编写工作。当时，校报编辑部的单立群老师向我提供了她采访管校长的稿子《萃
取海洋精华的人》。我从中了解到了管校长创业的艰难、研发的专注与执着，以及
他关注产品产业化、造福于人类的迫切心情。他将研发成功的海洋药物藻酸双酯
钠（PSS）转让给了濒临倒闭的青岛第三制药厂。转让第二年制药厂就实现营业额
1 000 万，几年后实现了近亿元效益。他用新药的转让费盖起了药物研究所的大楼；
利用当时学校的政策，给老师们购置了八套住房，还资助了十几位贫困大学生上学
等。

1992 年继深圳市之后，山东省也实施科技重奖，对做出重要贡献的科技专家
给予奖励。管校长因 PSS 取得上亿的效益获得 100 万元人民币奖励，奖励包括一
辆奥迪 100 轿车、一套 100 平方米住房和部分现金奖励。我们都为管校长感到骄
傲。管校长慷慨地将奥迪车送给了学校。这辆使用了多年的奥迪车目前已不能上
路，在大家提议下已将它保存起来，作为纪念激励大家努力奋进。

为了纪念建党七十周年，山东省委组织部策划组织宣传一批为山东省做出贡
献的专家，时任省文联主席的阎丰乐来海大采访并撰写关于管校长的剧本。1996
年，我参与了宣传管校长的电视片的制作。这时的管校长已经当选为中国工程院
院士，担任海大的党委书记、校长。在为期半个多月的工作中，我有多次机会参与

采访,倾听管校长讲述他的故事。我第一次听到管校长亲自讲述他的家乡,儿时的顽皮可爱,家人的爱宠,学习成绩优秀,成家后的艰辛,工作的付出和取得的成就。他的经历与别人也差不多,但是他就是凭着自己对工作生活的热爱,从不向别人谈困难要条件,就是这样一步一个脚印地扎实工作,取得了如此的成就。他自己总爱说"苍天不灭大傻瓜",实际上他是大智若愚。

后来,管校长的成果"海洋特征寡糖的制备技术(糖库构建)与应用开发"于2009年获得国家技术发明一等奖,他也荣幸地得到当时的国家主席胡锦涛的亲切接见。我们都替他高兴。我是学电子的,对海洋药物不甚了解。我曾在管校长办公室帮他整理过材料,看到学生毕业论文题目大都是各种多糖的开发研究,后来管校长耐心地给我解释:20世纪70年代,国家海带提碘项目完成后,大量的提碘联产品的应用成为一大难题,1974年他承担了这个难题的开发,经几年的研究研制成功石油破乳剂、食品增稠剂和农用乳化剂等,这些成果于1978年获得全国科技大会两项大奖。在多年摸索和探讨多糖的作用的过程中,他进行了系统的研究积累,带领学生对褐藻胶、卡拉胶、甲壳胺、琼胶等逐一进行开发,逐步形成了一系列成果,并开发出具有不同治疗作用的海洋药物。我这才恍然大悟:管校长一生都在做一件事,就是构建国际上第一个海洋糖库,并梳理出来一个大的成果,获得了一个国家大奖。这就是管校长曾对青年科学家提的要梳理方向、整合资源的具体路径。这的确是他的做事风格。

管校长担任学校领导职务之后,当时的工作条件是领导讲话全靠自己手写,保存领导讲话稿还不太规范。从小的家教和工作经历使我养成了重视工作记录和材料收集的习惯,1997年我到党委办公室任党办副主任后任党办主任,出于对管校长的崇敬,也有职务之便,就开始了对管校长材料的收集。我收集了管校长担任校长以来所有的报告、讲话稿、论文、书信、媒体报道和工作生活照片。后来有条件配置计算机了,收集的材料也开始形成了电子版。没想到这个习惯成就了我编辑《管华诗教育文集》一书。在编辑过程中,我更加系统地学习了管校长的教育管理思想。在全国教育大发展的大好形势下,管校长的共建思想早于全国推行,管校长的高水平特色大学建设思想也早于全国提出,还有管校长联合青岛涉海优势力量建设国家实验室,建设海洋生物医药产业园等高见也是早在20世纪90年代就开始向政府献计献策的。反复学习管校长的思想,我仿佛又重回学校大发展时期的光景,这些确实与管校长高瞻远瞩的战略眼光和"先做强再做大、综合特色"的协调发展理念分不开的。在魏世江、陈鹭等同志的大力支持下,《管华诗教育文集》于 2007 年 3 月正式出版。管校长多次嘱咐我们:"最要紧的是要妥善处理好个人与集体的关系。作为校长,我是学校党政领导班子的一分子,很多治校经验和管理理念是集体智慧的结晶。十几年来,如果说学校事业发展实现了新的跨越,那应当归功于三届领导班子集体,归功于广大干部和教师,个人的作用是渺小的;其次,把十多年来有关治校的经验和高校教育管理等方面的讲话、报告以及文章等进行梳理并汇集成册,作为记载这一时期的历史资料,我是赞成的,但不一定要正式出版;第三,如果要正式出版的话,最好用'文稿辑录'等平实性书名。"这些话充分体现出管华诗院士做人的谦逊和做事的低调。好在有学校现任主要领导对文集的定位,书名又由周远清副部长定夺,我们只好违拗老校长之意,但老校长嘱托的首要之点,我们还是严格遵从了的。有关违拗管校长表达之意的事我后来还做过几次,但我想应该都是管校长的实意吧。

管校长从 1993 年开始连任三届校长,在快到任的那年,他已经超过 65 岁,而 65 岁又是教育部对校长任职的年龄界限。管校长在任期间是学校发展势头最快的阶段,若管校长能够连任,学校的发展按照规律肯定还能再上个台阶。作为他的部下,我们也将海大发展寄希望于管校长。但管校长经过认真思考,还是从学校长远发展的角度考虑,主动向教育部提出了请求,希望从校长岗位退下来,让年轻的同志接替他的工作。对于管校长因年龄原因的离任,我们依依不舍。

为了表达我们的心意,具有法国留学经历的孟庆春教授想起法国学生送给离任校长的礼物是一个镐头。镐头是对校长辛勤耕耘的认可和留念。大家都认为是个好主意。经过策划,由我安排人专门去李村大集买了把镐头,配上了木把,又去汽车 4S 店给镐头喷上黑色亮漆,给木把喷上红漆,甚为精制,也很典雅。我们把它固定在白色硬纸板上。在摆放镐头的空白处,部分教师和干部自发在上面签了名,冯瑞龙书记书写了题词,李兰生老师书写了标题,又经我书画界的朋友设计,最后做成了一个高档漂亮的相框式的艺术品。在教育部副部长张保庆到校宣布新一届班子的会上,由海洋地球科学学院教授王修田和外国语学院教授张德禄代表全校师生向管校长呈送了大家共同的心意,令人动容。最后张保庆副部长说出了我们的心里话:"海洋大学各方面的工作已经迈上了一个新台阶,学校目前这种情况,应该说是办学历史上最好的时期。今天的成就,固然是学校历届领导班子和全体师生员工共同奋斗和努力的结晶,但是我认为,管校长功不可没。十五年来,管校长

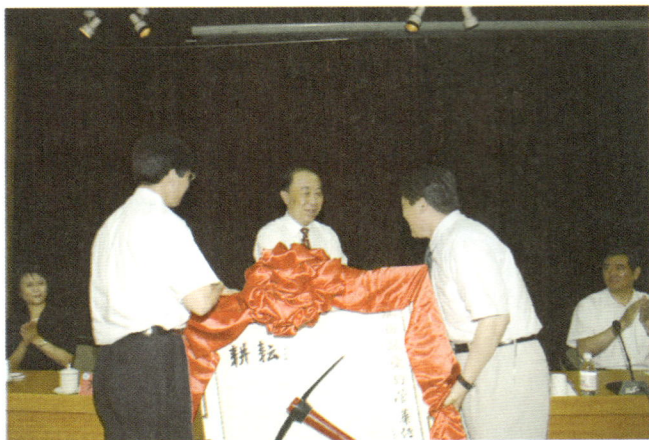

2005年，王修田（左一）与张德禄（右一）向管院士赠送镐头

为学校的改革和发展倾注了大量的心血，在学校前途的把握上，管校长坚持了教育家和政治家的标准；在敬业奉献方面，也是有口皆碑的；另外，他敏锐的洞察力和善抓机遇的能力更是令人钦佩的；再就是他超前的办学思想、坚定的改革勇气，以及爱惜人才、平易近人、求真务实和崇高的学术风范，不仅在中国海洋大学，在我国的高教界都享有很高的声誉。应该说，管华诗同志是一位德高望重的老师、校长，他不仅为中国海洋大学的改革发展做出了贡献，也为中国高等教育的发展做出了贡献，同时，也为我们海洋大学留下了一笔宝贵的精神财富。"前些天，我又去看了挂在管校长办公室的镐头并拍了照片。十多年过去了，那纸已经泛黄，但管校长在我们心里的崇高形象却更加清晰。

管校长卸任校长之后，又回到医药学院从事他的教学和科研工作。他不忘初心，继续肩负海洋生物医药研究开发的使命，很快一个个喜讯不断传来。他获得何梁何利奖、国家技术发明一等奖、《中华海洋本草》巨著发行并获奖。但他还不满足，年过古稀的他又开始了实现"海药梦"的新征程。

今后的路还很长，我愿继续追随管校长，将管校长的"海药梦"作为目标，尽自己的微薄之力，为青岛海洋生物医药研究院的顺利发展做出自己的贡献。

也祝管校长生日快乐。愿管校长福如东海，日月昌明，春秋不老，耄耋重新。

（李建平，曾任中国海洋大学党委办公室主任、人事处处长，已退休）

翻开历史新的一页

——学校进入国家"211 工程"建设行列

▌彭凯平

　　光阴荏苒，岁月如歌。总有那么一些记忆任凭时光冲刷也难以忘怀。1996 年，注定是青岛海洋大学(中国海洋大学前身)发展史上具有里程碑式意义的一年，学校首批进入国家"211 工程"建设行列。这是以管华诗校长为首的校领导班子抢抓机遇、锐意开拓，团结带领全校师生员工艰苦奋斗所取得的丰硕成果，管华诗校长作为中国海洋大学跨越式发展的领跑者，做出了可以载入史册的突出贡献。我时任"211 工程"办公室主任(1993～1996 年)，有幸亲历和见证了学校"211 工程"从精心准备到通过部门预审的攻坚克难全过程。如今二十多年过去了，一切却宛如昨日，历历在目。

而今迈步从头越，抢抓历史新机遇

　　管华诗校长深知，抢抓机遇、用好机遇是学校加快发展、缓解现实困难与矛盾的关键。他多次强调，根据高等教育规律，中国海洋大学凭借海洋和水产等学科优势，抓住"211 工程"建设机遇，重点突破，实现学校的跨越发展是完全可能的。新目标洞开新视野，新理念引燃新激情。学校发展责任与理想成为全校师生员工的工作动力，"海纳百川，取则行远"成为海大人的一种精神境界。建设高水平大学的信念在心田深深扎根，每个人的血管里都涌动着激情和梦想。

　　1993 年 7 月，国家教委发布《关于重点建设一批高等学校和重点学科点的若干意见》，决定设置"211 工程"重点建设项目，即面向 21 世纪，重点建设 100 所左右的高等学校和一批重点学科。

实施"211 工程"是国家推进高等教育发展、促进高等教育与经济社会发展相适应的重要举措，是为我国经济和社会发展战略培养高层次、高质量人才的重要决策；对提高高等教育水平，加快经济建设，促进科学技术和文化发展，增强综合国力和国际竞争力，实现高层次人才培养具有极为重要的意义。"211 工程"的总体建设目标任务，是在"九五"期间重点建设一批高等学校和重点学科，并在此基础上经过若干年努力，使 100 所左右的高校以及一批重点学科在教育质量、学科研究、管理水平和办学效益等方面有较大提高，在高等教育改革特别是管理体制改革方面有明显进展，成为立足国内培养高层次人才、解决经济建设和社会发展重大问题的基地。国家教委直属高等学校申请"211 工程"预审的条件共有办学指导思想与战略目标、办学经验成绩与人才培养水平、重点学科与重要科技成果、高素质教师队伍与学术地位、办学条件与筹措经费能力等 5 大一级指标和 16 项二级指标。

以管华诗校长为首的校领导在"211 工程"申报与建设中高瞻远瞩、目光敏锐，带领大家全面深入学习贯彻"211 工程"有关文件和会议精神，充分认识到国家实施"211 工程"对高等学校深化改革、提质升级、加快发展具有重大利好的战略意义和战略机遇，"211 工程"对改善学校教学科研条件、提升学科建设水平、吸引和汇聚优秀师资队伍、提高人才培养质量、高等教育优质资源共享等方面具有不可替代的重要作用，开辟了以重点学科建设推进高水平大学建设的道路。我非常清晰地记得管华诗校长在文件批示和会议讲话中反复强调，我校一定要抓住机遇、充分准备、全力以赴，争取首批进入"211 工程"行列。他的信心之坚定，责任感之强烈，极大地提振了全校师生员工的士气与信心。

严实作风：精益求精，严抓细管

在争取进入"211 工程"的过程中，管华诗校长那种高度的责任感、使命感，百折不挠的精神，精益求精、严抓细管的工作作风，殚精竭虑、四方奔走的工作状态深深影响、感动着我们，在他的带领下，全校上下以时不我待的紧迫感和"咬定青山不放松"的精神状态，变压力为动力，苦干实干，"211 工程"才得以有效扎实推进。

申请进入"211 工程"建设是一项系统工程，涉及点多、覆盖面广，时间紧、任务重、要求高，竞争激烈，我们面临相当大的挑战与压力。为保证预审准备工作有效推进，学校成立了由管华诗校长任组长的"211 工程"领导小组，全面开展申报工作；同时加大资金投入，全面深化改革，为早日进入"211 工程"积极创造条件。

管华诗校长、秦启仁常务副校长等校领导在全面客观地分析了学校发展基础、优势特色、成绩贡献、弱项不足、存在问题、困难差距的基础上,以富有前瞻性的战略眼光和敢于担当的改革精神,对申报工作进行构思谋划、内外统筹、全面部署,制定详细、可操作、有成效的措施,强化了监督检查,确保工作有效落实。其中重要的任务、核心的工作、关键的节点,管华诗校长都亲自挂帅,多次组织召开研讨会、论证会、学习会,专题研究"211 工程"规划制订和内容修改,并组成专门班子,进行自上而下和自下而上的全面论证。对校园环境教学设施等进行全面政治和修缮。"211 工程"部门预审的主体材料是管华诗校长所做的《青岛海洋大学"211 工程"整体建设规划的报告》《青岛海洋大学申请"211 工程"预审的报告》以及《青岛海洋大学"211 工程"重点学科群(点)建设规划》等。因此主体材料编制的质量与水平是申请"211 工程"部门预审的关键任务。对此管华诗校长、秦启仁常务副校长高度重视,多次组织调查研究、广泛征询意见,充分讨论、统一认识,对文稿亲自修改、反复斟酌,严格把关。3 万多字的申请报告及 4 万多字的重点学科群(点)建设规划分别修改了 13 稿和 7 稿之多。管校长对每次呈送的材料都是优先、严细审阅并用红笔做出批注;从标点符号、语法修辞,到篇章结构,都提出了详细的修改意见,形成了高质量高水平的申报材料,受到预审专家的好评。

战略决策:突出特色,服务山东

管华诗校长认为:中国海洋大学是因海而生、向海而兴的大学,中国海洋大学建设"211 工程"应该"顶天立地"。他语重心长地说:"中国海洋大学要持续追求在海洋和水产的领先地位,增强'顶天'的实力,走特色发展的道路,创办高水平大学;更要主动融入山东和青岛的区域发展,提高'立地'的贡献力,在服务山东中展现名校的价值。"

根据国家教委关于部委属高校申请进入"211 工程"需由所在省市申报的要求,管华诗校长等领导不辞辛苦,主动向省市党政主要领导和教育主管部门汇报工作,邀请领导到中国海洋大学视察指导工作,取得了山东省、青岛市党政领导对中国海洋大学申请进入"211 工程"的大力支持,并希望中国海洋大学为科教兴鲁、建设"海上山东"和黄河三角洲开发两项跨世纪工程做出更大的贡献。这样大手笔的战略举措为中国海洋大学首批进入"211 工程"增添了浓墨重彩的一笔,也凝聚了管华诗校长的心血和智慧。

"211 工程"强调高校要为国家和地区、行业经济建设和社会发展服务。在学校的遴选上，优先考虑对支持国家和地区、行业建设事业有重要作用、地区布局相对合理的高校。特别是国家教委和其他中央部门的高校要主动适应区域经济社会发展的需求，把服务面向更多地转移到为区域经济发展上来。中国海洋大学地处青岛，海洋学科和水产学科是学校的强项特色，突出为建设"海上山东"和开发黄河三角洲两项跨世纪服务，当好排头兵，是学校的重点任务。为此，由管华诗校长、曾繁仁书记带队，18 名海洋环境、海洋工程、水产、海洋生物、海洋化学、海洋地质等方面的教授组成的高规格考察团，带着事先调研论证、备选的"两跨工程"项目，赴黄河三角洲进行为期一周的实地考察。我作为考察团成员担负联络协调职责（因曾在胜利油田工作 9 年），参与了考察的全过程。学校分别与东营市人民政府和胜利油田管理局的领导、科技人员就开发黄河三角洲的有关重大技术问题、双方合作研究的领域、开发的项目等达成广泛共识，与东营市人民政府签订了《合作开发黄河三角洲协议书》，与胜利油田管理局签订了《科学技术合作意向书》。这标志着学校强化服务山东省"两跨工程"迈上了一个新的台阶，无疑给申报"211 工程"计划注入了新能量。

顺利通过"211 工程"部门预审

机遇总是留给勇于追梦者，丰收总会回馈辛勤耕耘人。1996 年 1 月 10 日，隆冬时节的中国海洋大学校园一片热闹的景象，海大迎来了国家教委的部门预审。以厦门大学校长林祖赓教授为组长的八位专家和国家教委、山东省、青岛市领导及有关部门负责人听取了管华诗校长关于办学成就和"211 工程"整体建设规划的报告，观看了专题录像，实地考察了海洋环境学院、海洋药物工程研究院、水产学院、海洋化学系、海洋地球科学学院、技术科学学院、海洋生命学院等教学科研单位和物理海洋、水产养殖、海洋遥感国家教委开放研究实验室、国家重点学科和部分省重点学科，参观了"东方红 2 号"海洋实习调查船、华海制药厂、图书馆等，分别召开了学术带头人和中青年学术骨干座谈会。专家组对照指标体系《青岛海洋大学申请"211 工程"预审的报告》及《青岛海洋大学"211 工程"重点学科群（点）建设规划》等进行了认真而严谨的评审。专家组成员一致向国家教委建议，青岛海洋大学通过的"211 工程"部门预审，并成为这项工程建设的一个范例。

在管华诗校长带领下，海大人以空前的凝聚力和埋头苦干、开拓进取的奋斗

1992年，彭凯平（右
一）与管院士

姿态，历经三年多紧张有序的建设与筹备，终于跨入全国重点建设院校的行列，实
现了几代海大人的夙愿，为中国海洋大学向高水平大学进发增添了巨大动力。这
是学校改革和发展征程中具有标志性的大事喜事，是海大人共同努力和集体智慧
的结晶，是以管华诗校长为首的校领导团结带领全校师生员工砥砺奋进、不懈追求
的丰硕成果。

"好风凭借力，送我上青云。"进入"211工程"建设，为中国海洋大学的发展和
建设注入了强大的生命力，提供了丰富的资源和广阔的平台，全面带动了学校的各
项工作，极大地提升了学校的办学质量和办学水平，使学校整体建设跨上新的台阶。
申请进入"211工程"的全过程，充分展示了管华诗校长对学校事业发展的高度责
任担当和领导艺术，抢抓机遇和坚韧不拔的精神，求真务实和雷厉风行的作风。

值管华诗院士八十华诞之际，祝福他健康长寿，快乐幸福！

（彭凯平，曾任中国海洋大学科技处处长、211办公室主任，已退休）

"管鲍之交"不是传说

▌鲍洪彤

"管鲍之交"这个成语,起源于管仲和鲍叔牙之间深厚友谊的故事,指的是公元前 7 世纪春秋时期的政治家管仲和鲍叔牙,他们是彼此了解、相互信任的好朋友。管仲是齐国很有才华的政治家,但初时并不得志。尽管如此,鲍叔牙始终信任他,并给予他帮助,后来推荐管仲当了宰相,世称"管鲍之交"也。管仲和鲍叔牙之间深厚的友情,成为我国代代流传的佳话。人们常常用"管鲍之交"来形容自己与好朋友之间彼此信任的关系。这是一个历史的传说故事,在中国海洋大学校园里也有"管鲍之交"的现实故事,两姓氏完全吻合,只是一个叫管华诗,一个叫鲍洪彤。

1994 年底,我就任海洋药物与食品研究所行政副所长以后,便与管华诗院士结下了不解之缘,中国海洋大学的"管鲍之交"自此开始。能与管院士相识相处,得到他的谆谆教诲,是我莫大的荣幸。在药物所工作近三年间,管院士既是学校校长,又是海洋药物与食品研究所的所长。我作为研究所副所长,当然有不少人羡慕我这个岗位:副所长地位不低啊,替管校长看后院。的确,我也感到很自豪和光荣。与一般的海大老师相比,我与管院士接触的机会多、了解得也更深。他是一位非常有智慧、有才华,既能做学问搞研究,又能当领导的与众不同的长者。由于他在我心目中的形象特别高大,我不仅仅敬重他,更多的是敬畏他。正如鲍叔牙心目中的管仲一样,他是合格的"宰相"人选,无他人可比。只要他提出的一定是经过深思熟虑的,只要他想做的一定能做好。20 世纪 90 年代中期,中国海洋大学海洋药物与食品学科属于新兴学科,管院士是该学科的创始人及带头人。当时,药物所仅 20 几名教师,实验条件也一般。作为一名科学家,他心系钟爱的科研事业,把大量精力倾注在学科发展上,在繁忙的校长岗位上挤出时间从事他的研究,才使海洋

1996 年,鲍洪彤与
管院士

药物学科得以顺利发展。他对药物所的每件事都狠抓落实,对每个员工都严格要求,工作再忙也要抽出时间到所里布置工作,指导学生做科研工作等。所里哪些方面工作不达标他会及时提出意见,尤其是对我的工作提出严格的要求。当我的二作取得成绩或有不足和失误时,他都及时肯定,耐心指导鼓励有加,让人心服口服。从心里讲,我很崇敬他,他既是好领导又是好师长,更似忘年交的朋友。记得有一次,因实验室改造不力,我受到他严厉的批评。过后他怕我有压力,又找我谈心,还是那样亲近,关怀备至。那几年,他的研发成果已有藻酸双酯钠、甘糖酯等新药,以及四海回春、排铅奶粉等一系列保健食品。作为一名科学家,他并不满足眼前的成就,他的目光看得更高更远,有了更超前的梦想。虽然这个领域我不是很懂,但我有幸目睹和聆听到他对未来的周密思考以及学科发展的前瞻性计划。如今二十多年过去了,春华秋实,我们见证了海洋药物学科的发展壮大及海洋药物产业化的崭新局面,他的梦想一步步变成了现实。要做事、做成事,这是他一贯的作风。不断思考问题,不断用新观点和新方法去探索,坚持不懈去追求,是他的品质所在,令人钦佩。此外,组织能力、协调能力、创新管理能力也是他的不凡之处。

1998 年下学期,我被调到"211 工程"办公室工作。"211 工程"作为当时全国高等教育的一项重点工程是学校发展的一件大事。作为学校一把手的管校长,少不了抓"211 工程"建设。因此,我经常要向他汇报和请示,"管鲍之交"并没有因工作而中断。学校"九五"期间的验收和"十五"建设规划的制订,涉及学校重点学科、重点实验室方向的论证,这些都是管校长亲自主持召开。我作为"211 工程"

办公室主任,有幸参加类似会议,聆听他的教育思想和办学理念,受益匪浅。他善于听取不同领域专家的意见,提炼归纳;对学校重点学科、人才培养、基础设施建设等运筹帷幄,把握正确方向,受到与会者的称赞。他思路清晰、语言幽默,尤其是归纳总结讲话,概括之精确,堪称完美。他倡导的"先做强,后做大""以特色带动综合、以综合强化特色"等办学理念成为学校的宝贵财富。他是中国海洋大学历史上杰出的校长之一,是一名精通教育理论、教育规律、教育管理的教育家。我在"211工程"办公室工作的八年间,因工作需要有幸与管校长一同赴京参加教育部的一些重要会议,或有时陪同他一起出差。与管校长近距离的接触,给我留下了深刻的记忆。为了学校发展事业,他不辞劳苦,兢兢业业,无私奉献。他为人处世的态度,他对事业的热爱和执着的追求,无不令人感动。

如果说"211工程"是"一把手工程",理应得到校长的重视,大家都能理解,那么作为学校边缘性的阵地——学术组织,也受到管校长的高度重视,是很多人想不到的。这件事得从1995年说起。当时的科研处向管校长汇报:挂靠在山东社科院海洋经济研究所的一个市级学会"青岛市海洋经济技术开发研究会",有人希望移到中国海洋大学来,毕竟中国海洋大学是一棵可依靠的"大树"。管校长听了汇报后,毫不迟疑地表示同意。问及谁来担任秘书长,他当时提议两位药物所的老师都未能落实。最后这个社会兼职——秘书长由我来担任,从此我与这个岗位结下不解之缘。其实当初我心里也不很愿意接受,但既然校长指定了,也是看得起我,我就愉快地接受了。同时,我也琢磨着另一个问题:管校长是抓大事的领导,又是大科学家,怎么会对一个市级学术团体感兴趣?这对中国海洋大学有什么意义?不太理解。恰恰正是这一点,证实了管校长的远见卓识。我慢慢也懂得了,管校长看的不是眼前利益,而是社会效应,凡是能提升中国海洋大学影响力、有利于横向联系的平台,他都重视。他十分看重横向联合,十分珍惜人脉和感情,这一点在这件小事上也得到了充分体现。凡做成大事的人,小事上亦会做得好。他不但毫不犹豫地接收了这个学会,还担任了该学会的会长。他当会长、我当秘书长,"管鲍之交"又续写新篇了。在他的指导下,我的秘书长工作干得有声有色。第二年,我提出把该学会提升为省级学会的设想,又立即得到管校长的支持。他积极协调省民政厅、省科协等部门,我协助管校长着手准备材料,去各个相关部门汇报。功夫不负有心人。经过一年的努力,1997年3月,山东省海洋经济技术研究会获山东省民政厅社会组织管理局正式批准。1998年下半年,第一届理事会正式成立,管校长担任会长。他作为一个大领导,主动担任该会第一届、第二届理事会的会长,受到各理事单位的高度赞誉,产生了强大的凝聚力。至今二十多年过去了,学会已经拥有53个团体会员单位,发展到第四届理事会。在省民政厅的监督管理下,在省科协的直接领导下,学会始终传承优良传统,办出自己的特色和风格,与山东省各海洋单位建立紧密的横向联系,在学术交流、科技服务、政府决策、科学普及等方面做了不少好事、实事,为山东省海洋经济的发展做出了积极贡献,十多次被省科协授予先进集体称号。这件事我感触颇多:没有管校长的领导魄力和人格魅力,就不会有今天如此有影响力的研究会。同时也充分表明了他对学术团体、学术交流及横向联系的重视,展示了他的做事风格。

与管院士相处十几年来,故事很多,感悟很多,我敬重他、崇拜他。如今我已经退休,在对过去众多往事的回忆里,总有一些人和事难以忘怀,管院士就是其中之一。与他相处,在他的领导下做点微薄的事是我的荣幸,我很珍惜这份经历和缘分。"管鲍之交"是历史的佳话,但在中国海洋大学却是真实地存在并如此相似,所不同的是:古代是鲍叔牙推举了管仲,现代则是管校长认可了鲍洪彤。

(鲍洪彤,曾在中国海洋大学医药学院工作,曾任中国海洋大学期刊社社长,已退休)

蝶恋花·海纳百川

▌戴华

2013 年,戴华(左二)随
管院士访问澳大利亚

天下风云仍料峭,
不忘初心,
引智兴国道。
渴慕俊才情未了。
集贤论道谋强校。
倾力华章亲吐哺,
苗壮英才,
春晓归心早。
瀚海今朝传喜报,
名满天涯海大潮。

（戴华,曾任中国海洋大学国际合作与交流处处长,已退休）

背影·**II**

——我与管院士的故事

▌王宣民

　　我与老校长管华诗院士最近一次相见是在 2018 年 1 月 27 日。过去快半年了为何还能记得如此真切？盖因老校长刚刚荣膺共和国老一辈教育家,作为事迹材料写作组成员之一,我有幸受邀出席写作组座谈会。还有,那天青岛下了 2018 年的第一场雪,那个大啊,堪称多年一遇。当时我触景生情,"老夫聊发少年狂",舞之蹈之,不曾想摔了个屁股蹲儿,逗得老校长开怀大笑……教我如何不记得。

　　座谈会打开了我记忆的闸门。共和国老一辈教育家管华诗院士,在心中,他是我仰望星河的那颗最灿烂的星,苍穹之遥;现实中,他又是朴实大度、可亲可敬的一位师长,触手可及。大师风采、大家风范、大爱风襟……这一个个"大"构成了老校长那博大的家国情怀,而在此刻,我心头翻滚跳跃着的还有老校长对我关爱扶掖的一个个"小",从中可感受到老校长那带着温度的细腻情怀。

　　我 1995 年 11 月入校,从事校报编辑工作。由于党委行政机关报的工作特殊性,自然就比普通老师、干部有更多的机会接触校领导,加之老校长还兼任多年校党委书记,许多重大的宣传报道稿件,免不了受主管领导委托,要当面请示汇报、审稿定稿,我就渐渐成了老校长"身边的人"。倏忽二十多年过去,弹指一挥间。不知不觉间,我这个老校长口中的"小王"变成了"老王",我把人生最宝贵的年华和忠诚奉献给了中国海洋大学,中国海洋大学也把能赐予一个人的全部灿烂厚重毫不保留地回馈给了我。

　　记得入校不久,山东科学技术出版社策划出版《中国首席科学家丛书·中国现代海洋药物研究的开拓者管华诗》,该书被列入国家"十五"重点图书规划,意义重大。为此学校成立了编委会，我忝列委员和执笔人行列。采访撰稿期间，老校长安排我们几个主要执笔人常驻当时校内条件最好的金海苑宾馆，并隔三岔五地前来嘘寒问暖，不住声地对我们这些"文人"表示："谢谢！谢谢！大家实在太辛苦了！"其间，我单独采访老校长两三次，每一次忆起往事，他都情不自禁地红了眼圈。许是都出生在农村，年龄也相差不算太大吧，当写老校长的幼年、少年、劳动、求学部分时，写着写着，情到深处，我几度哭出声来，不能自己。老校长的秘书也告诉我，老校长在审改这一部分时，一面看，一面流着眼泪。是呀，同为农家后代，生活的艰难、向善的本心和温暖的人情都是心有灵犀、息息相通的。

20世纪末，学校"211工程"建设如火如荼，探索高水平特色大学建设风兴正劲。学校新闻中心尚未成立，校报编辑部承担着学校繁重的新闻宣传报道，工作繁忙程度可想而知。老校长对校报关爱有加，经常过问校报工作，人手够不够？经费够不够？为校报排忧解难。在老校长的关心下，校报编辑记者达到了8人之多，经费、办公设备一打报告就批准。对老校长的关爱，我们默默地用一流办报质量来回报，使《中国海洋大学报》一直领风于国内高校校报界。在繁重的采访编辑工作之余，我还注重发挥自己的强项——对外写稿宣传学校，扩大学校影响力。每年都拿出一本外宣作品剪贴本向老校长汇报。老校长对我鼓励有加，并召开专题研讨会推进新闻宣传工作。

在高校工作，住房、职称可是老师们绕不开的天大的事了。之于我来说，有幸赶上了福利分房的最后一趟班车，但在办手续时遇到麻烦，久拖不决，令我苦闷忐忑。后来，我鼓足勇气找到老校长说出苦恼，老校长当即打电话向有关部门了解情况，事情很快得以解决。在当时晋升职称必考外语的规定下，我被学校破格免考外语参评并顺利晋升，这背后也与老校长的关心厚爱密不可分。

事情已过去十多年，住房、职称这些喜怒哀乐离我业已遥远，但老校长留在我心中的实事求是、坚持原则、与人为善、爱才惜才所构建的一切在于人、一切理解人、一切为了人的博大情怀，却不会被岁月的浪潮冲走。人格魅力的芬芳，是他的标志，是他的印记，不管时光过去多久，依然能让人在心底深深地珍藏着那分温馨。

一次，与老校长在鱼山校区相遇，我们边走边聊。早已从校长位置退下来的他关切地问："老王，现在办报经费够不够？有什么困难？"老校长虽然从领导岗位上退下来十几年了，但一天也没闲着，身兼数职，每天忙得连轴转。即使如此，耄耋之年的人了，还心细如发，一直记挂着我这个小兵、老兵，惦记着我的工作顺利与否，关心着学校宣传工作。这份情义,这份关爱,使我的眼泪不由自主地在眼眶里打转,我一面极力掩饰着,一面在心里哽咽。

我们活在人世间,最为珍视的应该是什么?金钱?权力?荣誉?是的,有这些东西也不坏。但是,没有什么东西能比温暖的人情更为珍贵——你感受到的生活的真正美好,工作的真正动力和激情,莫过于这一点了。

之于踏上世界一流大学建设新征程的中国海洋大学而言,这又是多么珍贵的一笔精神财富啊。

座谈会在意犹未尽中结束,大家把老校长送出室外才发现下雪了。我兴奋地跑到雪地上,不曾想雪姑娘立马给了我个下马威,让我摔了个屁股蹲儿,引起大家一阵哄笑,老校长更是笑得前仰后合。我站起来想去搀扶老校长,生怕他老人家也摔了,那可了不得。他笑着摆摆手,迈开大步向前走去。

那一刻,我看到老校长的背影,还是那样的伟岸挺拔。许是鹅毛大雪的狂欢,许是对老校长敬仰有加的幻觉,我蓦然发现那个背影分明定格着:中国现代海洋药

2005 年,王宣民与
管院士在胜利楼前

物研究的开拓者、中国高水平特色大学的首倡者、青岛海洋科学与技术国家实验室的发起者、共和国老一辈教育家……

这个背影告诉我,他依然是那个从千年运河畔走来的运河之子,耄耋之年,精气神一点儿没减。

雪越下越大。这是岛城 2018 年第一场雪。

瑞雪兆丰年。

补记:

2015 年我创作了《背影》,讲述的是我与文圣常院士的故事,曾被评为全国首届(2015 年度)"五个一百"网络正能量精品"百篇网络正能量文字作品"。《背影·Ⅱ》权作续篇,讲述我与管华诗院士的故事。两位院士都是我心中的贤哲贵人,承蒙教诲扶掖,感恩及至永远。采撷心香一瓣,祈愿心中那片温润得以安放永藏。

(王宣民,曾任中国海洋大学新闻中心总编辑、校报编辑部主任,已退休)

用大海的激情谱写"海药"华丽诗篇

▍于广利

　　我很赞赏《鸣沙石室佚书·太公家教》中"弟子事师,敬同于父,习其道也,学其言语"的名言。作为学生,我自 1988 年投入管老师门下,至今已有三十年了。我有幸能始终跟随在管老师的身旁,听从他的谆谆教诲,学习他的宽厚待人胸怀,充满激情的工作态度、对事业的执着追求精神,尤其是他的国际视野与家国情怀。管老师是指引我前进的灯塔,我的点滴成绩的取得,都离不开管老师的悉心指导和帮助。虽然三十年过去了,但往事仍历历在目。

　　管老师是勇于创新、奋力开拓的人。我国海洋药物研究始于 20 世纪 70 年代末。1980 年管老师就利用学科交叉优势,率先成立了我国高校首个海洋药物研究室;1985 年就开发了国内首个、国际第六个现代海洋新药——藻酸双酯钠(PSS);1988 年成立了海洋药物与食品研究所,我成了首批招聘进入该研究所的 6 个员工之一,参与 PSS 以及系列海洋保健品(东海三豪、海珍健身宝、排铅奶粉、四海回春)的产业化开发工作;在管老师的倡导下,学校与香港获贸达公司联合成立了青岛永海有限公司,开辟了学校"产学研"合作的先河,利用创收的经费支持教师科学研究、提高教师福利、解决住房困难,以及新建海洋药物实验大楼等。

　　管老师是把握学科前沿、注重培养青年教师的人。自从 1988 年成立研究所后,管老师按照海洋生物医药研究与开发要求,有目的地培养和引进具有药理学、药物化学、海洋药用生物学等背景的人才,先后派耿美玉、李英霞、王长云等一批年轻老师出国深造。为了强化海洋糖药物研究基础,深入研究 PSS、甘糖酯等海洋类肝素药物的构效关系,1999 年管院士派我到国际肝素药物研究顶尖专家 R. J. Linhardt 院士实验室深造,学习肝素寡糖制备和构效关系研究技术。学成回国后,管老师设立专项经费让我负责海洋糖库构建。借助国际先进的糖链分析技术,2003年我参与完成了糖化学与糖生物学领域国内首个"973计划"项目、2007年主持完成了国家"863计划"专项和国内首个糖芯片国际合作专项,是2008年成功解决国际"肝素钠污染事件"核心成员,2016年接受美国C&EN新闻采访澄清我国肝素钠污染事件。尤其感谢管老师让我参与和负责2009年国家技术发明奖的申报工作,我于2010年1月获得了海洋与水产以及生物医药领域首个国家技术发明一等奖,研发团队成为教育部长江学者与创新团队以及山东省优秀创新团队。在申报国家技术发明奖的日子里,我向管院士学习了很多做人、做事、做学问的道理。他告诉我做人要低调,做事要高调,要有咬定青山不放松的韧劲,还教导我做事不要怕困难,不要愁经费,事情做成了经费自然来。这种自信和超前布局的魄力,永远是我学习的榜样。

管老师是我国海洋药物学科的创始人。一个新学科的形成要经过漫长的过程,且需要一批志同道合的人共同努力才能形成。在管老师的带领下,依托食品工程系自1994年招收药学专业本科生,依托药物所于1991年和1992年分别在海洋药物方向招收硕士和博士研究生,2000年招收药物化学硕士生,2003年成立药学系,招收药物化学博士生;2005年成立了医药学院,提出了"求真泽民、厚德致远"院训,获准设置生药学博士点,2006年药物化学被评为山东省重点学科、获批药学

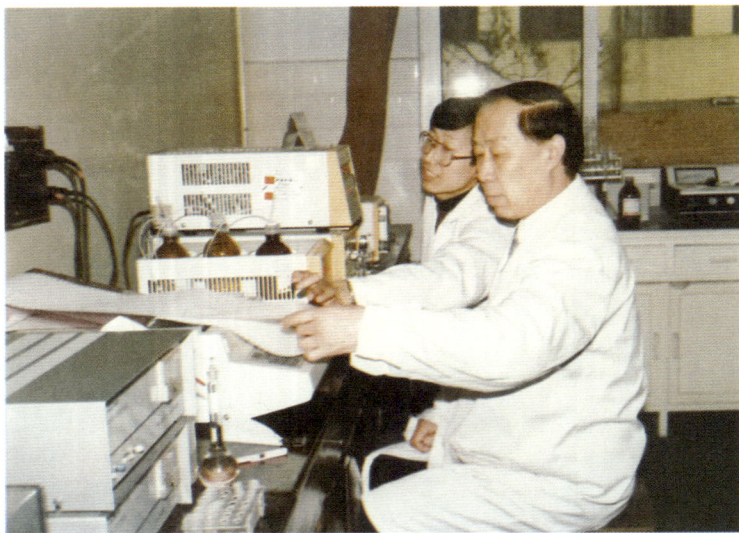

1996年,于广利与管院士在实验室

硕士学位授权一级学科；2007年获准设立了药学博士后流动站；2009年药学专业被评为国家级特色专业；2011年获批药学博士学位授权一级学科。至此，在管老师的领导下，经过三十年的发展，医药学院从早期的10人左右发展到现在119人，在国内率先建立了以海洋药学为特色、"本科—硕士—博士—博士后流动站"完整的药学人才培养体系，在2004～2016全国药学一级学科评估中连续四次保持前12位的好成绩。

　　管老师是主导构建我国海洋药物研发平台的人。为了有利于海洋药物开发过程中技术熟化、成果孵化与转化，在管老师的推动下，1999年我国唯一的"国家海洋药物工程技术研究中心"组建完成。依托该中心，2013年组建了具有法人资质的青岛海洋生物医药研究院，2007年建立了海洋药物教育部重点实验室，2008年成立了山东省糖科学与糖工程重点实验室，2013年9月成立了山东省高校协同创新中心。2013年12月试点运行青岛海洋科学与技术国家实验室，2015年建成了国家实验室海洋药物与生物制品功能实验室、国家实验室海洋药物活性筛选与评价平台。为了拓展海洋中药研究新领域，管老师主持编著出版了我国首部大型海洋药物典籍《中华海洋本草》，并以此倡导科技部设立了我国首个海洋中药研发专项。这些平台的建立，汇集了人才，锻炼了团队，推动了我国海洋药物研究和产业化开发水平和国际影响力。管老师始终用大海一样的胸怀关怀他身边的人，用大海一样的激情勤奋工作，用开发"海药"的情怀谱写着华丽的诗篇。基于管老师创新的办学理念、领先的学术影响、重大的社会贡献，他荣获了共和国老一辈教育家称号，这是中国海洋大学的骄傲、学院的骄傲、学生的骄傲。

　　管老师是指引鞭策我奋力前进的恩人。在管老师的悉心指导和提携下，在业务方面，我勤于思考、努力工作，从助教（1988年）做起，先后晋升为副教授（1997年）和教授（2002年）；在管理方面，我甘于奉献、勇于担当，先后当过副厂长（1989～1990年）、系副主任（1997～1999年）、重点实验室副主任（2005年）、常务副院长（2012～2014年）和院长（2015年至今）等职务。在管老师的鼓励下，我有幸成为国家新药评审专家（2008年至今）、国家科技奖励评审专家（2010至今）、国家"十二五"863海洋生物技术主题（2012～2017年）6成员之一、中国药学会海洋药物专业委员会副主任委员（2015至今），以及国务院（药学）学科评议组15成员之一（2016至今）。自从成为国家层面的专家后，我的视野得到了拓展，结识了一批海洋和药学领域的顶尖专家，使我能更好地掌握国家相关领域的发展动态，有更多的机会去为国家、为中国海洋大学、为学院、为师生服务。

三十年来,管老师超常的思维、坚韧不拔的精神、满怀激情的工作状态、敢为人先的创新精神一直激励着我。师恩如山,崇敬无边,我的点滴成绩应归功于管老师多年来的培养、教诲和无私的帮助。在管老师从教五十五周年暨八十寿辰之际,衷心祝愿管老师身体健康、阖家幸福、万事如意!

（于广利,2004 年中国海洋大学博士毕业,师从管华诗院士,中国海洋大学医药学院院长、教授、博士生导师）

管华诗院士，一座巍峨的高山

▌魏军

　　在我心目中，管华诗院士一直是一座巍峨的高山。在我上大学及留校工作后的十年里，他是校长。我2010年到人事处工作后，由于学校引进人才需要校学术委员会评审，而管院士是学校学术委员会主任，这使我有机会近距离地接触他。对管院士更加近距离的了解，是在我2014年到医药学院工作后，他创立了海洋药物学科和医药学院，是学科的领头人，他经常召集我们开会，我们经常向他汇报和请示工作。通过这种近距离的接触，我对管院士的了解愈加深入，崇敬之情愈加强烈。他以坚实的臂膀承载着医药学科，乃至中国海洋大学。他是一位伟大的舵手，从20世纪一路阔步走来，并在新时代引领着海洋药物学科破浪向前。

　　管院士今年已经八十虚岁，本已到了颐养天年、享受天伦之乐的年龄，但他仍心系事业、心系国家，辛勤地耕耘在第一线。他这种事业至上、大家至上的崇高的境界，深刻地影响和激励着我们每一个人。

　　管院士心怀大德，有强烈的使命感。管院士的使命感是一以贯之的，年岁的增长，并没有削弱他的使命感，他一如既往地诠释着不忘初心、牢记使命。管院士的心里一直装着海洋强国建设，装着海洋科学与技术领域的科技发展，装着海洋药物学科和海洋生物医药产业的发展，装着中国海洋大学的发展和海洋生命学科群的建设。他与时代同频共振，从来没有停歇。管院士舍我其谁的责任感和只争朝夕的紧迫感，使得他对那些重要的工作亲力亲为。他的思想开阔而高深，他亲自主持学科、平台建设和科研规划研讨，倡导学科交叉融合、平台共建共享、以大项目牵引团队合作；他的影响力强大，为了保证工作成效，很多重大事项，他都不厌其烦地亲自出面协调。他有强大的号召力和亲和力，为了推进工作，他常不辞辛劳地亲自主持学科、平台、科研方面的重要项目。

2014年，魏军（右一）与管院士

　　管院士担当大事，格局宏大。他以支撑海洋强国建设的雄伟气魄和海纳百川的宽广胸怀，推动海洋国家实验室的建设，力求集聚全国海洋科学与技术领域的创新力量，为落实海洋强国战略提供科技支撑。他勇于担当，主持海洋国家实验室海洋药物与生物制品功能实验室的建设，以海洋药物教育部重点实验室为基础，集聚全国海洋药物领域的优势力量，围绕海洋创新药物和生物制品研发，面向国家战略和国际前沿开展基础和应用基础研究。他主持建设海洋国家实验室国家海洋创新药物筛选与评价中心，建立药物筛选与评价技术体系，提升海洋创新药物筛选和研发能力，提高新药研发效率。他把海洋药物学科的发展，坚定地置于国家海洋强国战略、海洋生物医药产业发展需求的大背景下进行布局和规划。他主持海洋药物教育部重点实验室、山东省糖科学与糖工程重点实验室的建设，担负起建设一流海洋药物研究平台，服务海洋强国建设和山东省海洋强省建设的重任。他主持国家海洋药物工程技术研究中心的建设，并创建青岛海洋生物医药研究院，与重点实验室相衔接，对接上游的基础和应用基础研究，直接面向市场和产业，研发新技术和新产品。至此,管院士从 1980 年建立海洋药物研究室,到 2013 年创建青岛海洋生物医药研究院,他亲手在中国海洋大学打造了以海洋药物学科为中心,贯穿上、中、下游,贯通"科学、技术、工程、产业"的海洋药物研发和学科发展链条,这为海洋药物学科、医药学院的长远发展奠定了坚实的基础,创造了广阔的发展空间,为中国海洋大学的一流大学建设提供了重要支撑。十几年前,管院士主持编撰了《中华海洋本草》巨著。2017 年,他又主持规划了"中国蓝色药库"开发计划,他对海洋药用资源进行全面、有序、系统开发,进而产出具有重大影响的海洋药物创新成果的追求永不停息。

管院士铺就大道,通过体制机制改革推动事业发展。他是科学家、教育家,也是战略家、改革家、实干家。他探索不已的改革创新精神是深入血脉的,他以改革的方法解决问题、推进发展是深思熟虑的。他时刻盯着前方,时刻分析着形势,时刻把握着战略方向,不停探索着战术方法,这是他的习惯。他高屋建瓴、举重若轻,他担任校长推进高水平特色大学建设、推进青岛海洋科学与技术国家实验室建设,无不是通过体制机制改革创新实现的。他在推进海洋药物学科建设和发展的过程中,仍然通过体制机制改革创新来实现。他集聚各方力量,建立了二元制结构、协同创新的青岛海洋生物医药研究院。在校内,他以海洋药物学科为基础,集聚校内相关学科力量组建基础研究队伍,然后面向全球吸纳人才,建立了专兼职结合、国内外互动,由战略科学家、首席科学家领衔,优秀青年人才和工程技术人员为骨干的科技研发团队。他创造性地规划了"青岛海洋药物聚集(310)开发计划"。为了调动研发平台和人员的积极性,他探索了根据项目研发的流程,按照产品的研发阶段核算业绩和津贴的激励机制。在省部级重点实验室建设上,他提出了学院、研究院共建共享重点实验室的理念。

在我心里,管华诗院士是一座巍峨的高山,是一位和蔼可亲的长辈。他一心为国家、为事业的崇高境界,他的大德、大格局、大道,他的使命感、责任感和实干精神,时时刻刻影响和激励着他身边的每一个人,指引着我们树立和巩固正确的人生观和价值观。

(魏军,中国海洋大学医药学院党委书记)

春风化雨育宏才，耕海牧渔济苍生

——致我敬爱的老师管华诗院士

■ 薛长湖

　　古人有云："古之学者必有师。师者，所以传道授业解惑也。"今者有论："学高为师，身正为范。"古往今来，"老师"二字是神圣的，老师的形象是智慧的、博学的、仁德的、大爱的。在我心中，管华诗老师即是如此，他是我的授业恩师，传授给我立人立业的本领；也是我的人生导师，教导我受用一生的人生道理；亦是我生命中的贵人，在我遇到学业瓶颈和事业困难时，给予我醍醐灌顶的指点以及绝处逢生的力量。

　　记得读大学那会，初生牛犊，血气方刚，特别是读完大二，在实验方面取得了一点小突破和成绩的我，开始有些飘飘然起来，大有"学海泱泱任我行"之势。时任班主任的管老师看在眼里，有一天把我叫去，布置给我一个研究 5-氟尿嘧啶合成工艺的设计任务，但是经过连续几天的奋战，我还是对有机合成路径的设计毫无头绪。剧情反转就在这一瞬间，我像泄了气的皮球一样灰头土脸地来到管老师办公室。管老师倒是会心一笑，说："来，坐下，我先问问你，我给你布置任务时你有没有充分思考过做这个实验的目的是什么？"我想了想，摇摇头。管老师说："我是过来人，自然理解你现在的心态和想法，年轻人有激情和闯劲是好事，但往往急于求成，重结果轻过程，为了要结果要成绩，总是容易忘记了为什么而出发。这次让你研究 5-氟尿嘧啶的合成工艺，主要因为其具有抗癌作用。如果一开始你为实验设定好目的，是为抗癌药物的研发而实验，是为了人民更加美好的生活而研究，那么，实验方法和思路就能迎刃而解了。但是你犯了个错误，仅仅是为了快速完成老师的任务，你这个做学术的思路可就走歪喽"。管老师一席话，如一记春雷，在我的学

2009 年,薛长湖与
管院士

术世界里劈出了一道亮光,让我清晰地明白了做学术的路径,塑造了我的学术思想,激发了我的学术兴趣。"为了人民更加美好的生活"也成了我今后科研工作源源不断的动力和追求。

学生时代结束后,1990 年我留校任教。2001 年,时值学校发展的关键时期。这一年,教育部、国家海洋局、山东省、青岛市签署协议,共建青岛海洋大学。青岛海洋大学"985 工程"一期建设由此拉开序幕,时任青岛海洋大学校长的管老师提出"学科建设是学校发展的龙头,没有优势学科,就没有学校的地位。学校的发展定位是以海洋和水产学科为显著特色的综合性研究型大学。学科发展思路是:强化发展特色(学科),协调发展综合(综合),以特色带动综合,以综合强化特色。

有了上述的学校学科发展定位和思路后,为了优化发展学校的工科,学校提出了"工科贷款"计划。当时我作为食品工程系主任,深感肩上责任之大、担子之重,虽很想让食品工程系搭上学校工科发展的快车,但又无从向学校开口。在我万分焦急又手足无措之时,我想起了上学时管老师对我说过:"人生当有规划和目标,个人当有,以后做事业也当有。目标的设立也讲究技巧,不能夸夸而为,要设立一个努力一下、跳一跳能够着的目标,然后一步一个脚印地去实现它。"我似乎受到了启发,连夜召集系里的骨干教师开会,制订了食品学科五年、十年、二十年的短期、中期、长期规划。拿着新鲜出炉的规划报告，我来到管老师办公室，"斗胆"向他提出食品学科要申请贷款一千万的计划。说实话，接下来的几天时间，我的内心是忐忑的，但管老师经过与学校高层会议讨论后，居然很快就批准了我们的申请！这其中，是学校对学科发展准确的把握和支持，更包含着管老师对食品学科莫大的关爱和期望！

可以说，没有管老师的高瞻远瞩和大力帮助，就没有中国海洋大学食品学科的快速崛起。那几年，整个食品工程系的老师可谓拧成一股绳，上下一心，在教学、科研等方面全力以赴。2005 年，食品科学与工程学院成立。当时，老师们都深感学科发展的制约因素在于实验成果无法完成中试。中试实验是科研成果转化的第一步，如不能完成，科研成果将永远停留在论文阶段，只能被束之高阁，无法投入生产，无法真正发挥其研究意义。好在有管老师批准的这一千万的贷款，我们突破了学校没有空间的最大难题，到校外租了一块场地，建设了食品中试基地，为学院今后更好的发展奠定了坚实的基础。

2002 年，食品学科参加全国学科评估，学校从上到下都特别重视。在学校的内部指导会上，我们准备的评估材料管老师非常不满意，当场严厉地批评。但管老师严厉的话语背后，更多的是对食品学科"爱之深、责之切"的心情。事后，我拿着我们的评估材料再次找到管老师，他一点一点、一个细节一个细节地帮我们改进完善。此时我才深刻体会到，什么叫作"一丝不苟"，什么叫作"不遗余力"。看来我作为学生，还是没能学及管老师万一。一个大学的校长尚且如此认真，我们这些后辈有何理由不兢兢业业？这就是老师，无论何时，都能将自己良好的品行风尚传递给学生。因为有了管老师的指点和提升，最终，食品学科在 2002 年全国学科评估中取得全国第三的优异成绩。

落笔至此，回想起与管老师一起经历的点滴往事，仍觉历历在目。难忘 1983年为了复习考研没有回家过年的那个冬天，管老师邀请我们到他家里做客，李阿姨亲自下厨给我们做的那一桌丰盛菜肴；难忘管老师的谆谆教诲，比如"少年时要有学历，中年时要有精力，老年时要有阅历"；难忘管老师对食品学科一直牵挂在心，无论是在"双一流建设医药—食品学科群"的规划和经费分配，还是在食品学院黄岛校区规划建设上，管老师总是一如既往，倾囊相助，无论再忙再累，都抽空给我们修改报告，听我们汇报，给我们指点迷津。

管老师的学术造诣、师风师德，仰之弥高，钻之弥坚。师恩厚重，无以为报，我辈定当竭尽全力,遵照管老师的教导,将食品学科不断发展壮大,在水产品加工与贮藏的专业特色上,培育新的经济增长点,力求在科研成果方面取得新的突破,为青岛市的科研实力和地方经济的发展做出贡献,为山东省实现新旧动能转化提供智力支持,为国家的海洋强国战略做出我们应有的贡献。

衷心祝福敬爱的管老师身体健康,事业再创辉煌!

(薛长湖,中国海洋大学食品科学与工程学院院长、教授、博士生导师)

老师是一首关于爱的诗

——献给我的班主任管华诗教授

▌林洪

有一种爱叫作启迪思想，诲人不倦

　　管老师一直教导我们学生"不死读书"。他号召我班在全校率先开展"读书报告会"制度，要求同学们将课堂上、书本上看到的好的内容形成报告，介绍给大家。我印象最深刻的是一位同学做了一个关于"酶动力学"的读书报告，他独到的见解、精彩的语言让我茅塞顿开。我突然领悟到了管老师"不死读书"的真正含义，

2009 年，林洪与
管院士

亲眼见证了读书可以让人如此眉飞色舞,气爽神怡。管老师也特别要求我们加强实践锻炼,经常带领我们深入车间学习。这点一直影响我至今。大学的生产实习、工作后的带队实习、科研时的跟班实习,以及系办企业东海三蠔的生产指导等,都使我明白了理论应用于实践的重要性,逐渐奠定了我的工科思想基础,也让我心领神会了不能"死读书"而要学以致用的道理。

在科研方面,管老师兢兢业业、刻苦钻研的精神有目共睹,并且一直影响和激励着我。当年念书期间,我们十几个同学先后到管老师家拜访过,但均落空。后来我们才发现,管老师几乎天天泡在实验室里,想找管老师请教学问,无论夜晚还是周末,到水产馆去找准没错。那时候,晚自习时,看着水产馆管老师办公室窗户亮着的灯,心里总会感觉温暖。正如大家常说的那句:老师就像一盏明灯,照亮着、指引着、激励着我们前行。

有一种爱叫作为船扬帆,保驾护航

工作数十年的我,在水产品安全这个领域,已有了自己的一席之地。回想当初,2001 年春天,管老师高瞻远瞩,在国内率先提出将食品安全列出一个分支即水产品安全这个大胆的想法,并马上规划,培育建设。管老师根据我的水产品加工专业背景和特点,希望我能从事并深入发展这个研究方向。当时这个领域还是一片"荒原",作为"拓荒者",难免会感到惶恐无助。特别在遇到困难时,可借鉴的资料和前人的经验都少之又少,幸而有管老师,一直走在我前面,为我劈开了荆棘,遮挡了风雨。管老师对国内外水产品安全研究的前沿和进展有着非常敏锐的眼光,加上他对知识的强烈渴望,总能提供给我宝贵的信息资料以及条件支持。除此之外,他总是鼓励我,学习要永无止境,创新发展;科研要不断攻坚,不畏艰难。这在当时给予了我莫大的勇气,让我感到只要有管老师在,我就能够放心大胆地往前走。

1995 年中国海洋大学药学本科专业开始招生,管老师专攻海洋药学领域。但他对食品学科的关注一点都没有放松,总是尽最大能力支持食品学科的建设,帮助食品学科扩大在国内外的影响力。无论是学科评估,还是学科点布局、科学软硬件建设等,他都倾注特别的关爱。水产品安全这个研究方向从 2001 年到今天逐渐发展成熟,这也是受益于食品学科发展的基础,至今我校在水产品安全领域一直处在全国领先地位,我也确立了自己的研究专长和目标。

担任着中国海洋大学食品学科带头人和食品学院管理者的我,还会时常向管老师请教学院的战略规划和我个人的研究方向，管老师总是不遗余力地帮助和指导，在学科建设的各个方面给予了食品科学与工程学院全方位的鼎力支持，例如2005 年食品科学与工程学院的创立和 2003 年学院工程技术中心的构建等都有管老师的心血。管老师总是说，这些都是作为一个老教师应该做的，但我能够感受到，管老师所做的一切除了责任以外更多的是出于爱。

可以说，没有管老师的远见卓识，没有管老师的鼓励和支持，水产品安全在国内的研究不会起步和发展得这么迅速，也不会有这么大的影响。

有一种爱叫作给予阳光，育树成材

在教学和科研一线的我，同时肩负着学院的行政管理工作。但我始终认为，科研和管理工作并不冲突，二者可以有机结合，相辅相成，因为已有前人的经验和实例证明了这一点——管老师总是能够把二者兼顾得如此出色。

要说我对于行政管理工作的认识和这方面工作的自信，也是从大学时代管老师教会我、传给我的。大学三年级时，管老师是我们班的班主任。当时班委换届，管老师拟把我从学习委员升任为团支部书记。当时管老师找我谈话，他说："根据之前工作的表现和你读书做事的态度，我认为你完全有能力担任团支书一职！"这一句简单的话，从班主任口中说出，对于一个大三的学生来说，足以让我信心大增。正因为管老师的鼓励，我铆足了劲，努力去做。功夫不负有心人，我的工作成绩得到了水产系水产品加工专业老师和全班同学的一致认可，被管老师点名留校任教。为培养我全方位发展，管老师在我还是系所秘书的时候，就把我纳入行政办公会的管理岗位体系。经过锻炼，我从系副主任到副院长兼系主任，以及后来成为院长，每一次的进步总能得到管老师的鼓励与肯定，正是因为身后有这股正能量，才让我义无反顾、勇往直前。

除了事业上的关心和支持，管老师对年轻人生活上的关爱也让人十分感动和敬佩。1990 年，时任水产学院副院长兼食品系主任的管老师把食品系所挣的 20万元交给学校，获得了 8 套住宅房屋的优先分配权，这在当时成为校内一个巨大新闻。我从中获得一套两居室的房子，这对一个 28 岁的年轻人来说，在当时的社会是极少有的福利待遇，引起了其他院系年轻人的羡慕。正所谓安居才能乐业，管老师不仅是学业上的导师，也是生活上的导师，为年轻人所想，并教我们年轻人怎么样去爱去做。

有一种感恩叫作承师之志,续写华章

从我留校之时,我就决心做一个像管老师一样的好老师,在精神上激励学生,在学业上教育学生,在生活上帮助学生。确实,管老师的教学态度、科研思想、为人处事的人格魅力在潜移默化中带给了我深远的影响。自己做了教师后才体会到,能用自己的所学为学生传道授业是多么幸福的事,能用自己的力量从各方面帮助学生成才是多么骄傲的事,看着天下桃李芬芳盛开是多么欣慰的事。

一直以来,我觉得自己都无法报答管老师的厚重师恩,唯有接过他的衣钵,传承他的育人理念,继承和发扬老一辈所创立的水产品加工事业。在此基础之上,学院开创新的学科领域,保持应有的学科水平,把我所从事的水产品安全研究做大做强,也许这就是最好的报答方式。

我不是最优秀的学生,但管老师是我最卓越的导师。我自感惭愧,无法做到青出于蓝而胜于蓝,能及其十分之一二已深感欣慰。我唯有继续努力,向更高的山峰攀登,才可不辜负恩师的辛苦栽培。

(林洪,中国海洋大学食品科学与工程学院教授、博士生导师)

桃李不言自芳华，诗意人生铸伟业

——我心中永远敬仰的管华诗老师

▎王曙光

    人们常把老师比作红烛，照亮别人而把自己燃烧；人们还把老师比作园丁，培育桃李开遍天涯海角。尽管在大学期间，我没有机会在课堂上听管老师讲课，但毕业入职后的工作、学习和生活的经历，让我深切地感受到管老师崇高的理想追求和人格魅力！管老师的教导和指点，对我的影响是如此强烈，如此深远！在我的心中，他永远是我一生中最为重要的职业与人生导师！不管在任何岗位，在任何时期，我仍然一如既往地追随着管老师"学高为师，身正为范"的感召和引领，坚定理想信念，牢记责任使命，唯恐自己一时一刻的懈怠，都会辜负了管老师的培养。

    20 世纪 90 年代，是学校立意高远、谋划发展、倡导建设高水平特色大学的关键时期，学校和管老师主导与教育部、国家海洋局、山东省和青岛市开展了一系列的深度沟通，合作共建了一批科技和教育平台。借助"211 工程"建设计划，围绕着海洋科学、水产科学、发展工科和复兴文科等，科学布局了学校的发展定位和规划，描绘出海洋大学可持续发展的宏伟蓝图。全校师生群情振奋，万众一心，信心百倍，意气风发。因此，管老师也赢得了师生们由衷的拥护和爱戴。我们这些年轻的管理干部，对管老师也就有了更多的敬仰和崇拜。当时我们没有机会走近身为大科学家的校长，每次都是在召开全校大会的时候，才有机会领略管老师的睿智和风采。1993 年 9 月，是我第一次在工作层面上近距离接触管老师。学校受教育部高教司委托，第一次组织了国家海洋类人才培养工作研讨会，高教司理科处和厦门大学等高校的领导和专家在学校共同研究教学内容和课程体系改革。我当时在教务处教研科工作，参与了具体的会议安排和活动。记得在报到的当天下午，管老师就赶到会场与参会的领导和专家会面，围绕学校的发展、学科建设和人才培养等，跟大家进行了广泛深入的沟通交流。我们在现场的一众年轻人，都被管老师高瞻远瞩的设想和勤勉敬业的精神深深折服。

1996年3月我借调到高教司理科处工作。7月的一天下午，我突然接到教务处领导的通知，说中国海洋大学领导到教育部汇报工作，要顺便见见在教育部借调的我。我听说是管老师和时任教务处处长侯家龙一起来的，激动之情无以言表。见面后，管老师亲切地询问我在理科处的工作情况，生活上有没有困难等，并鼓励我珍惜在京工作的机会，要多去驻京高校参加会议，主动了解学习他们在教育教学改革、人才培养模式和课程体系建设等方面的先进理念和做法等。这是我第一次和管老师面对面交流，自己被巨大的激动和温暖包围着。说心里话，当时感受最深的不是对校长的仰望和崇敬，更多的感受是管老师温文尔雅、和蔼可亲的态度，他更像是关心孩子一样爱护一个年轻干部的父辈。这次见面的情景至今历历在目，犹如昨日，终生难忘，影响深远。这次见面，真正让年轻的我永远铭记在心的是，不管在何时何地，都要努力学习和工作，都要承载着责任和担当。

1997年1月，学校为了进一步弘扬学科传承，复兴中国海洋大学文科，决定组建国际语言文化与交流学院，并任命我担任学院办公室主任。5月，为了明确定位目标和发展思路，切实解决学院建设中的问题，管老师带领学校领导班子成员到浮山校区召开座谈会。在详细听取了学院的工作汇报后，管老师着重阐述了在海洋大学整合学科资源，大力推动人文学科和国际合作交流建设的重要性，提出了学科发展的核心要素和工作重点，并在经费、空间、机制等方面给予学院大力的支持。现在回顾中国海洋大学人文社会学科的发展历程和取得的成就，足以彰显以管老师为代表的老一辈领导们的远见卓识和胆识气魄。

管老师是我国第一个海洋药物PSS的发明人，是中国工程院院士，一直兼任海洋药物与食品研究所所长。1997年7月，组织安排我去药物所任行政副所长。我在大学学的是应用地球物理专业，没有接受过化学、生物学和药学等学科的系统训练。尽管跟管老师有过多次工作上的接触，也特别珍惜和向往这个工作机会，我还是特别担心自己的专业和能力不足以胜任这个重要岗位的要求，所以内心的压力很大。在入职药物所前去管老师办公室报到时，心情激动又紧张，但更多的是忐忑。第一次走进管老师的校长办公室，大脑几乎是一片空白。进门后，管老师笑着对我说："曙光，特别欢迎你加入我们的海洋药物事业。"这句话对我影响至深，以至此后无论我在哪个部门主持工作，一直将其作为我跟新入职的同事见面说的第一句话！可能管老师看到我神情紧张，便说："你知道咱们国家海洋局曙光局长吧？他是水产的毕业生，是我的师弟，你们同名同姓呢。"说完就开朗地大笑起来。管老师接着说："曙光，我知道你可能不了解海洋药物，你不要有思想顾虑，只要肯学习，我相信学校的决定，相信你的。"管老师平易近人且鼓舞人心的一席话，让我很快就从紧张不安的情绪中平复下来。然后管老师简要介绍了学校海洋药物学科和产业发展的历程，以及对我入职药物所后要重点关注和开展的具体工作，并提出了殷切的期望。最让我始料未及的是，离开时管老师送我到门口，语重心长地对我说："年轻人，放下包袱努力奋斗！"经过十几分钟的交谈，我从手足无措到信心百倍，亲身感受到了管老师的亲和力、凝聚力和感召力。管老师给予了我巨大的信心和信任，这为我此后全身心地投入海洋药物及生物制品科技、产业这一波澜壮阔的伟大事业，注入了强大的精神力量。

从 1997 年到 2002 年，在管老师的领导下，我参与了一系列的国家一类新药和海洋功能食品的研发，建成了国家海洋药物工程技术研究中心，加强与企业的合作交流，大力推进科技成果转化，建立起海洋药物研究、工程化、产业化协同联动发展平台，亲历并见证了我国海洋药物及生物制药领域科技和产业的长足发展。更为难得的是，在药物所和管老师身边工作期间，使我能够有更多的机会感受他春风化雨、润物无声、博大宽容的品格和境界，有更多的机会领悟他对国家海洋药物事业

2015 年，王曙光与
管院士在福建东山

的坚定信念和执着追求，有更多的机会学习他直面困难、迎接挑战的勇气和魄力；有更多的机会领略他谋划未来的韬略和担当，有更多的机会聆听他的教诲，使我经受历练得到成长。

人们常说，老师是火种，点燃了学生的心灵之火；老师是通向知识海岸的长桥，是引领我们在知识的海洋里不断向前的风帆。初到药物所工作，管老师推荐我一定要读三本书。第一本是《钢铁是怎样炼成的》，第二本是《上海的早晨》，第三本书是《青春之歌》。他说，读了这三本书，会给你增添无穷的力量，使你正确应对学习、工作和科研道路上的一切困难和挑战。管老师还有两句使我受益终身的至理名言，第一句话是：无论是发展事业，还是个人成长，一定要坚定信念，明确目标，那就是"咬定青山不放松"；第二句话是"有多大的胸怀，就能成就多大的事业"。这么多年的经历让我深深地认识到：追随管老师的思想和前进的脚步，我们大家永远在路上。

管老师是国内高校第一个倡导建设高水平特色大学的校长，他积极推动促成了教育部、山东省人民政府、国家海洋局和青岛市人民政府四家共建青岛海洋大学。管老师带领中国海洋大学成为中国高校追求新发展、实现新跨越的旗帜和典范！海洋学科和水产学科，经过长期的重点建设和积累，发展成为特色立校、追求卓越的引领者；中国海洋大学的工科、人文社会学科从小到大，由弱变强，使学校成为学科门类齐全的综合性大学；中国海洋大学坚持遵循"强化发展特色、协调发展综合，以特色带动综合、以综合强化特色"的学科发展思路，坚持"重特色、求质量，先做强、再做大"的总体发展策略，从"211工程""985工程"重点建设高校，到现在能够入选国家世界一流大学建设高校（A类）……这一切卓越成就，无不彰显了管老师对海洋大学建设发展做出的巨大努力和贡献。一个团结有战斗力的集体，其成员必定有共同的特质和价值取向。以管老师为代表的老一辈校领导和老师们，为辉煌的中国海洋大学做出了无与伦比的贡献，奉献了启迪未来的智慧。为明天的海大科学、可持续发展，奠定了坚实的基础，指明了前进的方向，树立了行动的楷模。

"海纳百川，取则行远"的校训之所以能够深入人心，催人奋进，成为海大人共同的精神追求，是因为它告诉我们每一个海大人要有胸怀，要懂得包容，要崇尚科学、追求真理，既要成就自己，更要奉献社会和国家。在海大建设发展的历程中，海大人始终坚定信念，艰苦奋斗，自强不息，勇敢面对来自外部的巨大竞争和挑战，依靠着一代代像管老师一样的海大人，坚守着强烈的责任感和使命感，呕心沥血，鞠躬尽瘁，创造了彪炳史册的宏大伟业。一切来之不易，所以才让人倍感珍惜。只要海大人坚持"崇尚学术、谋海济国"的价值追求，坚定不移地走"特色立校、科学发展、树人立新"的发展道路，坚持弘扬文化、传承精神，坚持锐意进取、埋头苦干，就一定能够实现建成特色显著的世界一流大学的宏伟目标。

五十五载为人师表桃李满天下，半个多世纪春风化雨润物细无声！谨以此文致敬我永远敬爱的管华诗老师！

（王曙光，曾任中国海洋大学药物所副所长，现任中国海洋大学水产学院党委书记）

老骥伏枥，壮心不已

▌范洪涛

敬忆九三夏，
管老担校长，
华药专深研，
诗著人生章。

海大二一一，
九五入列建，
校长力推进，
学科特色显。

二〇〇一春，
四方齐共建，
学校增活力，
迈入新纪元。

兴建主校区，
近栖崂山畔，
办学拓空间，
强大新起点。

初履校长职，
跋涉步维艰，
铁肩担大任，
砥砺路渐宽。

挺进九八五，
国家重投入，
规划高水平，
世界竞一流。

二〇〇二秋，
冠名中海大，
强盛增信心，
战略起兴达。

中华海本草，
首发第一人，
海洋药典籍，
赓续华文明。

古稀多壮志，　　　　　　雄才施大略，
创建海药院，　　　　　　校长十余年，
领研海默药，　　　　　　特色带综合，
惠民再登攀。　　　　　　笃行宏图展。

院士领远航，　　　　　　教授海药学，
聪睿勤智敏，　　　　　　治学谨深严，
海药呕心血，　　　　　　构建药糖库，
创新力耕耘。　　　　　　授业宽精专。

学高为师范，　　　　　　寿高以人尊，
薪火相继传，　　　　　　德行为世重，
心血哺桃李，　　　　　　盛世再增寿，
少壮谱新篇。　　　　　　耄耋福康永。

弟子众心声，
爱戴永不休，
拥抱新时代，
鹤寿继春秋！

2003 年，范洪涛与
管院士在乳山

（范洪涛，中国海洋大学工程学院党委书记）

管校长的宽容与关怀

▌傅 刚

1995 年 10 月至 1999 年 3 月，我有幸被公派到日本东京大学攻读博士学位。我十分珍惜这个来之不易的机会，刻苦学习，在三年的时间里获得理学博士学位。1999 年 3 月 30 日，在获得东京大学博士学位证书后的第二天，我便回到母校青岛海洋大学。

由于特殊的历史原因，学校海洋气象系在中尺度气象学方面的研究条件有限，且缺乏研究海洋上各种天气现象的基本条件，如没有进行大规模数值计算的计算机"工作站"等。而同时南京的空军气象学院领导对我的研究领域很感兴趣，在得知我回国后，便邀请我去做学术报告。鉴于空军气象学院在中尺度气象学研究领域有良好的工作条件和学术氛围，我对空军气象学院领导邀请我到该院工作很是动心。管华诗校长得知我想调走的想法后，在百忙中抽时间与我谈心，使我第一次有机会与管校长近距离接触，出乎我意料的是他没有一点架子，是一位宽厚真诚的长者。他不但对我的研究背景很了解，而且提到我在日本东京大学的博士导师木村龙治教授给他写信的事。他说："小傅，有什么困难可以向学校提出，虽然学校财政并不富裕，但一定会尽力帮助留学归国人员解决科研和生活方面的困难。"

这次与管校长的谈话使我深受感动，我是一个初出茅庐的青年学者，尚未对学校做出大的贡献。空军气象学院许诺提供的工作条件虽然很好，但管校长的人格魅力更使我深深折服，便下定决心撤回调动申请，继续在青岛海洋大学工作。在管校长和学校有关部门的关怀下，我很快落实了科研启动基金，购买了必要的工作设备，迅速开展了科研工作，并很快进入正轨。

在学校工作的多年里，管校长每次见到我都嘘寒问暖，询问工作和生活情况

傅刚与管院士

怎样。偶有与管校长一起有公务接待的机会，深深感受到他作为领导和长者的教导和关怀。每逢年节，我也常常通过短信给管校长送去我们全家的问候，并报告工作中取得的成绩，每次都会很快得到他的及时反馈与鼓励，让我心里感到暖暖的。为不辜负管校长对我的指导和关心，多年来，我在本职岗位上兢兢业业，任劳任怨，从一个普通的青年教师成长为在海洋气象学研究领域有一定建树、在管理岗位上有一定贡献的"双肩挑"人员。回国近二十来，我先后在海洋环境学院副院长、研究生院常务副院长、海洋与大气学院党委书记等岗位上工作过。

我的人生成长过程中遇到了一位贵人，那就是管华诗校长。他在一个初出茅庐的青年人最需要关怀的时候给予了最宝贵的支持。我常想，如果没有管校长的鼎力支持与帮助，我的人生轨迹肯定不是现在的样子。

借此庆祝尊敬的管华诗校长八十华诞之际，草就短文以表达对他老人家的无限感激之情。

（傅刚，中国海洋大学海洋与大气学院党委书记）

管院士关心地学发展之我所见

▌李广雪

今年是我们的老校长管华诗院士八十大寿,《诗意华章》筹备组问我是否想写点什么,我马上答应了。多次握笔都未能成稿,不是因为没有可写的,而是因为要写的很多,不知使用何种行文方式、何种言辞来表达对管校长的敬仰。后来想通了,管校长不喜欢溢美之词,喜欢真诚相待,还是谈谈他老人家对海洋地球科学学院和海洋地质科学发展的关心吧。

关心支持晚辈发展。我是 2000 年调入中国海洋大学海洋地球科学学院工作的,管校长亲自找我谈话,请我吃饭,鼓励我要努力工作,为学校发展做出贡献,并且还亲自过问我家庭各方面安排,令人感动。当知道我急需出版资金时,动用校长基金给予支持。后来成果图册在科学出版社出版,在学界产生一定影响,并在国家海洋划界论证中起到了作用。王修田教授于英国博士毕业归国后,在组建团队研发大型能源信息处理软件系统,当时国内各方面条件有限,研发难度很大。管校长了解情况后给予了全方位支持,并告诉我们要把王修田的研发工作作为特区对待。后来这套大型能源信息处理软件研发成功,在国内海洋能源勘探和信息处理领域产生很大影响。管校长关心海洋地球科学学院年轻教授事业发展的例子还有很多,在此不一一列举。

关心支持海洋地球科学学院发展。当年地学院各个方面都比较弱,为了能够使学校在海洋领域均衡发展,管校长和校领导班子全力支持海洋地球科学学院各项事业能够快速进步,将海洋地质学科纳入学校"211 工程"和"985 工程"重点建设,在资金上倾斜。在此基础上,海底科学与探测技术教育部重点实验室开始起步。他邀请刘光鼎院士来校讲座并聘为实验室学术委员会主任,在实验室发展过程中,刘先生起到了重要作用。管校长还邀请张国伟院士来校讲座并聘为兼职教授,两位同岁院士成为好朋友。十几年来,张院士为海洋地球科学学院的发展做出了重要贡献,成立了洋底动力学研究所,开辟了地学院在洋—陆转换带科学研究新领域,培养和引进了一批青年英才。张院士的助手李三忠教授成为国家杰出青年和国际 ESI 地球科学领域高被引科学家。管校长的高瞻远瞩和超前布局,为海洋地球科学学院的未来发展奠定了基础。

关心海洋地质科学发展。管校长有浓厚的人文和社会、生命和地质情怀,他遇到海洋地球科学学院教授时,几乎都要探讨海底前沿科学问题。他倡导的"科学·人文·未来"论坛在社会上反响很大,令中国海洋大学学子受益终生。每次论坛他都会专门邀请地质科学家举办讲座,指导海洋地质科学的发展,如刘光鼎、张国伟、欧阳自远等院士。记得那是 2003~2004 年,管校长还倡导了"地质—生命"碰撞交流活动,两个学科教授们多次研讨,寻找海底地质与生命科学的结合点和突破口,提高了国家"863 计划"等项目申请的成功率,对海洋地质学科未来发展产生了深远影响。

管校长为海洋地球科学学院的发展奠定了基础,秉承管校长的胸怀和胆略,吴德星校长和于志刚校长及其领导班子都非常关心海洋地质学科的发展和前途,各方面都给予了有力支持,学院得到了比较快的发展。

未加思索列举了几个例子,表达对管校长的敬仰之情,以此祝愿管校长生日快乐! 身体健康!

(李广雪,中国海洋大学海洋地球科学学院名誉院长、教授、博士生导师)

沁园春·贺管院士八十大寿

┃傅根清

齐晋要津①,孕育精神,潜滋杰操。

历破碎山河,身灵②凋敝;风云际会,就学波涛。

苦读寒窗,杏坛砥砺,属意苍生志向高。

徜徉处,奉海洋药物,独领风骚。

秉钧海大超纪③,崇取则行远鹤鸣皋。

海纳百川,遍搜贤俊;捷登苑,躬摘蟠桃。

飒爽丰姿,廉梭标致,长对丹霞万里滔。

青如许,与虬松修竹,定岁寒交。

注释:

① 管华诗先生出生地夏津因"齐晋会盟之要津"而得名。

② 身灵,犹生灵,百姓。

③ 纪,12 年。指管华诗先生担任校长正好 12 年。

（傅根清,中国海洋大学文学与新闻传播学院教授）

真诗意，永华年

▌李扬

　　"1996年隆冬，天寒地冻，但青岛海洋大学胜利楼校长办公室里却温暖如春。中国工程院院士、校长管华诗教授，热情接待了在南方某大学任教、来青考察的李扬博士。管校长畅谈了中国海洋大学发展人文学科的设想和规划，真诚欢迎有志之士前来开创新业，共铸中国海洋大学辉煌的明天。校长的远见卓识和肺腑之言，深深打动了李博士。在同管校长握别的那一刻，他已倾心中国海洋大学。"这是二十多年前记者采访报道中的一段话（原载青岛市人事局编《青岛市优秀引进人才风采录》），如今回想起来，那天第一次见管校长的场景，他的口音话语依然声犹在耳，他的笑容手势依然历历在目。作为一校之长、院士，他日理万机，却专门安排时间接见我这样一个年轻后学，令我感动；他诚恳、亲切、坦率，言谈话语间，没有一句官话套语，就像是一位睿智而温厚的长辈在和我推心置腹地谈心，情真意切，直击人心："小李啊，比起安安稳稳的守成来，开创新的事业虽然会有困难，但更有挑战性、更有意义啊！"这次见面的时间并不长，但足以让我真真切切地感受到管校长强大的人格魅力，并为之折服，自然也下定了来中国海洋大学工作的决心。

　　承蒙管校长的信任，我调入海大工作不久，便陆续承担了院系的一些行政工作，也因此在随后的几年时间里，有更多的机会接触管校长，更深入地了解校长。那时海大的中文学科，在经历历史的长期中断后重新建设起步不久，底子薄，基础弱，师资缺，各方面都面临不少困难和挑战，我也深感责任重大，压力倍增。幸运的是，管校长给予了我极大的鼓励和支持，甚至是破例的"特权"，比如，校长说可以随时拨打他的电话，只要他在办公室，不用预约就可以去见他，等等。对学院、学科的近期和长远规划发展，管校长深思熟虑，高瞻远瞩，常常为我们指点迷津、把握方向,同时又切实具体地在经费、项目、引进师资、设立研究机构、出版刊物著作、实验室建设等方面大力支持,甚至可以说,几乎"偏心"到了有求必应的程度。他几次带领其他校领导和部门负责人亲临学院开会现场办公、拍板决策,甚至为了解决教室紧缺的问题,不辞辛苦亲自楼上楼下巡视,查询空闲资源。记得有一次,有一份关于聘请王蒙先生加盟中国海洋大学的文件需要他审阅,时间急迫,管校长让我连夜赶到他家中。他戴上老花镜,逐字逐句地审阅修改。灯光下他疲惫而又凝神专注的面容,定格成一幅画,深深地印刻在我的记忆中。

管校长在给学院创办的《作家研究文丛》所写的序言中说:"经过 20 世纪,我们已清楚地看到,科学技术的进步不仅涉及科学知识的深刻变革,也涉及人的观念的变革,科学与人文因素相互作用、相互渗透,都在加速进行,二者的关系愈来愈不可分离……人文教育极有利于思维能力的开拓。所以今天我们应大力倡导有人文精神的科学精神和有科学精神的人文精神。未来的世界应是科学精神与人文精神统一的世界,也就是真善美统一的世界……我们建设高水平、有特色的综合性大学的发展战略就是在这种精神的指导下制定的。我校的发展史使我们认识到,要把我校建成高水平、有特色的综合性大学,仅有海洋水产等理工学科是不够的,必须大力加强人文社会科学学科的建设。"正是基于这样的深邃思考和远见卓识,以及作为一位科学家难得的人文情怀,管校长倡导、推动、引领了中国海洋大学历史上人文学科的第三次复兴,以成功聘请王蒙先生加盟海大为标志,学校的中文学科得以迅捷发展,更上层楼,一时间云蒸霞蔚,气象万千。在学校发展历史上,管校长在诸多方面功绩斐然、影响深远,取得了里程碑式的成就,谱写了无数华彩篇章,而他

2015 年,李扬与管院士

对于人文学科复兴的贡献,当是其中浓墨重彩的一笔。

在与管校长交往的过程中,他对我个人的关怀,也让我感铭五内。当他得知我腰疾渐重,便亲自过问诊疗情况,并安排我到温泉疗养院治疗休养,回来后还多次请我餐叙,询问情况,并嘱告一些疗方和保健经验。由于身体和能力的原因,自己没有做出应有的成绩,辜负了管校长的厚爱和殷望。每念及此,深感愧疚。

与管校长的相遇,是我人生中的一大幸事,他是我敬重的领导,是我难忘的良师,也是我爱戴的长辈。如果用一个字来形容管校长,我觉得应该是"真",他真诚,真心,本真,率真,有时候甚至有些可爱的童真。我一直觉得,他有一个意蕴独具的好名字,"管",可以看成是科研试管,"诗",代表诗意人文,两者文理交融,相得益彰,灼灼其"华"。最近这些年,很少有机会见到管校长了,据说他每天还坚持到实验室去工作,想必他的身体还是那么硬朗,步履还是那样坚实,笑声还是那么爽朗。八月在望,快要庆贺管校长的八十寿诞了,愿他永远拥有年轻的心,真诗意,永华年。

(李扬,中国海洋大学文学与新闻传播学院教授)

贺管华诗院士八十华诞有感

▌宁爱花

> 执着杏坛，老骥伏枥。
> 不负韶华，立命天地。
> 呕心沥血，乐耘桃李。
> 莘莘学子，各有造诣。
> 格物致知，谋海广济。
> 芸芸众生，泽被获益。
> 厚德载物，正心诚意。
> 集贤论道，华章青史。
> 感我管老，志在千里。
> 八十春秋，壮心不已。

（宁爱花，曾任中国海洋大学国际教育学院院长，已退休，现任青岛西海岸双语学校中方校长）

导师的风范永远影响着我

▌李英霞

　　我 1989 年毕业后来到了海洋大学海洋药物与食品研究所工作，跟随管老师从事海洋药物的研究。1993 年秋天成为管老师的在职博士生。二十余载的教诲与培养，使我从一个最初仅仅是喜爱有机化学的年轻学子成长为一个在海洋多糖的化学修饰和小分子糖类化合物的合成等方面取得一定成绩的科学工作者。

　　做事就做大事，要做就做到极致，是老师做事的风格；逢山开路，遇水架桥，是老师追求理想和目标的魄力；stay hungry, stay foolish，是老师对待科学的态度；重

李英霞与管院士

情重义，敢爱有恨，又是老师的个人魅力，但作为长者又是那么和蔼可亲。老师的这种大家风范深深地影响着我，伴随着我成长与进步，老师是我永远的学习楷模和榜样。

值敬爱的管老师八十华诞之际，衷心祝愿老师福如东海，寿比南山，铸就我国海洋药物事业的新辉煌！

（李英霞，2006年中国海洋大学博士毕业，师从管华诗院士，曾任中国海洋大学医药学院教授，现任复旦大学教授）

慈父般的管老师

▎于福功

最近听大学同班同学薛长湖说我们的管老师今年八十大寿,让我写点管老师相关的文字。管老师从大二(1981 年)成为我们食品加工专业(6380 级)的班主任,这样一算,已经过去了整整三十七年了。

一想起管老师,脑海里首先浮现出来的就是微笑着的和蔼可亲的管老师。自从认识管老师,就没有看到他生气发火的样子。他发现我们的问题,总是苦口婆心,谆谆教诲,让我们从内心里觉得管老师是真心地为我们好。这也是背后里我们有时候也称呼管老师为"老管"的原因,这绝对不是不尊敬,而是感觉到像自己的长辈一样亲切。这也是我把本文的题目定为"慈父般的管老师"的原因。

我们是山东海洋学院(现中国海洋大学)"文革"后(1980 年)食品加工专业的第一届学生,听管老师说"文革"中我们专业迁到了烟台水产学校。可以想象,当时的一切都是从零开始的。我们只知道管老师在做科研,但是在基础教育的大一和大二,我们并不知道管老师具体在做什么。进入大三开始学习专业课,我们偶尔去管老师的科研楼,总是看到管老师忙忙碌碌的身影。后来我们才知道实验室里那些小工业化学反应罐,是管老师科研成果"褐藻硫酸酯钠"试生产用的磺化罐。再后来我们知道通过磺化将硫酸基引入褐藻酸钠,就可以让褐藻酸钠带有更多的阴离子,利用阴离子之间的互相排斥作用,达到阻止心血管中的栓塞形成的目的。通过临床实验,验证了管老师的设想,褐藻酸硫酸酯钠也被开发为治疗心血管病的药物。由于管老师杰出的科研成果,后来他被选为中国工程院院士。

管老师像对待自己的孩子一样对待我们。大学四年级寒假,我们准备参加研究生考试的几位同学没有回家。大年三十的晚上,管老师邀请我们几位同学到他

2004 年,于福功(右一)与管院士

家过年,亲自准备了丰盛的晚餐招待我们。所以在管老师从教五十周年纪念晚宴上,我曾自豪地发言说,我可是吃过管老师亲自做的饭菜的学生。

我们上大学的那几年,管老师一家五口人住在校园里两间低矮的平房里,现在想一想那时的生活条件真的非常艰苦。但是在我的记忆里,从来没有听到管老师对生活条件的抱怨。他永远以积极乐观的心态对待工作和生活。这种乐观向上的人生态度,也无形中影响了作为学生的我。

我后来去日本留学,拿到博士学位后,进入日本企业的科研机构。在选择科研方向时,我也受了管老师的影响。本来研究所给我定的研究方向是"苹果纤维多糖的生理活性研究",在我调查了已发表的关于苹果纤维多糖的论文后发现,苹果纤维多糖除了作为食物纤维有益于人的消化以外,并没有其他的特殊生理活性。因此我把题目改为"北海道产笼目海带中的岩藻硫酸多糖的抗癌研究"。经过九年的研究,我发现了岩藻硫酸多糖具有诱导癌细胞自杀,延长患癌小鼠寿命,抑制人的肿瘤生长的作用。

我毕业离开学校后,管老师不仅在科研上取得令人瞩目的成就,成为中国工程院院士;在行政上,还成为中国海洋大学的校长,为整个海洋大学的发展,做出了巨大的贡献。我为有幸成为管老师的学生而感到无比的自豪。在管老师八十大寿的幸福时刻,我也祝愿管老师寿比南山,福如东海,永远健康!

(于福功,宝日医生物技术(北京)有限公司董事副总经理)

月鉴

▌王长云

　　一日，偶遇久违同窗，惊喜不期相逢。凝神定睛，鬓发已然斑白，调侃韶华不再。遥想懵懂少年，英姿勃发，憧憬无限。誓必修身立命，济世安邦。然时光飞逝，年过半百，壮志难酬。笑罢奇闻糗事，感慨人世沧桑，痛惜光阴虚度。唏嘘俯仰之间，怎奈命运多舛，岁月无情，时不我待。天地悠悠，流水淙淙。春江花月夜，与尔共度，灯火阑珊处。

　　回味同门典故，师生情深，如饮甘醴。良久，友抚吾背叹道："仁兄境遇，吾辈妒羡，虽非登泰山之巅，亦已览众山之小。我若至此，足矣。"吾失笑："贤弟休得嘲弄。有道是，山外有山，天外有天。吾乃凡夫，井蛙之见，方寸之间，境况窘迫，何招嫉慕？"友叹曰："人常言，'大树底下好乘凉，饱汉不知饿汉饥。'兄不知江湖险恶乎？"吾对曰："谁说不识福中福，更思何如报恩德。"

　　劝君一壶酒，论人生苦乐。口无遮拦地，滔滔不绝时。人尝言，有福之人不用忙，等饭之徒不用慌。蒙恩师收纳，此生幸甚至哉。人所不知，吾师待我，视如己出。左呵右护，恩爱有加。言传身教，真经无留。提奖护持，训诫鞭挞。耳提面命，严词呵斥。然小子不才，碌碌无为。正所谓，恨铁不成钢也！

　　再沏一盏茶，品人生沉浮。子曰："君子有三畏，畏天命，畏大人，畏圣人之言。"吾师人杰，人皆敬畏。君不见海纳百川容乃大，取则行远天地宽，先生之胸襟也。君不见英才有学聚拢来，奔流到海不复回，先生之德望也。四海苍茫，澹澹波涛，探取灵丹药，古今本草独占鳌，先生之功也。老骥伏枥，志在千里，一如当年，壮心不已，先生之志也。呜呼，安得良药千万方，大庇天下疾痛俱欢颜，如如不动安如山，先生之愿也。

　　常言道，鸟随鸾凤飞腾远，人伴贤良品质高，吾岂敢分毫懈怠乎？历数偶得玑

2009年，王长云与管院士

珠，无不吾师所予。君不闻云舒长卷展万里，诗意华章颂千秋，先生所命也。君不闻深蓝秘境寻宝藏，五洋捉鳖凯歌还，先生所托也。人各有命，天渊之别。伴君同行，此生何憾。正所谓，"高山仰止，景行行止。虽不能至，心向往之"。人生遇一良师足矣！

友屏声息气，愣怔瞠目，忽怆然拊掌而叹曰："听君一席话，如饮醍醐，快哉！"吾拱手朝天，正色道："先生面前，岂敢言老。"我自思维，师恩如海，何当涌泉。恩师于我，温语箴言和颜厉色教笃卅年未成器。我于恩师，滴水半粟微尘恒沙反哺千劫难报恩。怎奈惶窘无可奉，唯以我心鉴明月。但愿人长久，康乐安无忧。沧海泱泱，山高水长。养怡之福，可得永年！

淡酒清茶，无眠对坐。高山流水，二泉映月，丝竹顿挫。

（王长云，硕士期间师从管华诗院士，中国海洋大学医药学院教授、博士生导师）

师生情谊,地久天长

▌刘红兵

　　1996 年,我硕士毕业后来到中国海洋大学工作。1999 年,我有幸成为管老师的博士生,接受老师的教诲。二十多年的工作学习,管老师在我的人生中起了最为重要的引导作用。值此老师八十大寿之际,我想谈谈我们的师生情谊。

　　早在进中国海洋大学以前,我就已经熟知了管老师的大名。那时,管老师已成功研制我国第一个现代海洋药物 PSS,全国有近 40 家工厂生产制剂,创造的产值以数十亿元计。对于药学专业的青年人来说,最大的梦想与追求就是做出一个新药。因此,我特别崇拜这位才华横溢和影响力巨大的老师——尊敬的管院士。

　　进入中国海洋大学药物所以后,我非常喜欢这个朝气蓬勃的年轻集体。管老师是药物所的缔造者,是我们的核心与骄傲。当时管老师担任着中国海洋大学校长的职务,虽然学校工作繁忙,却对药物所的管理毫不松懈。说说至今印象最深的一件事。那时刚入职数月,实验室在墙上打洞进行小改造,灰尘满屋满地,也落在了房间内的伯乐液相色谱仪上。碰巧这时管老师来实验室,看到仪器上的灰尘,非常生气,严肃地批评了我们。"爱护实验室,就像爱护自己的家一样",这句话我一直牢牢记在心里,严格要求自己,并教导自己的学生。

　　1999 年到 2004 年,我是管老师的在职博士研究生。2006 年德国博士后归来,我有幸加入管老师的海洋中药研究团队。初期研究并非一帆风顺,至今仍清晰地记得管老师亲自到产业处办公室对我的鼓励和指点;2009 年,《中华海洋本草》出版;2013 年开始,协助管老师筹建青岛海洋生物医药研究院海洋中药研究室。这些年,最受益的是听管老师讲如何构思课题立项依据,最佩服管老师的科研前瞻性和敏感性。早在 21 世纪初,管老师就提出要发展海洋中药,提出"系统论"的研究思路,把当时先进的代谢组学、大数据分析等概念引入课题组,这是非常了不起的。

2009年，刘红兵（左一）与管院士

这么多年的紧紧追随，我深深地感到管老师心里始终在为国家海洋药物事业的发展而谋划操劳。无论是"蓝色药库"还是"310计划"，这一幅幅宏伟的蓝图，他不仅富于诗人般的想象，同时又是一个身体力行的实践者。由于他的影响力和凝聚力，海洋药物已经成为我国药学学科的一个专业方向，中国海洋药物已经有了世界影响。

岁月蹉跎，光阴似水，弹指间管老师已经八十岁了。在我写这篇感怀小文之时，又传来"971"新药三期临庆利好的消息。我似乎看到了管老师近半个世纪中在海洋药物这片土地上耕耘的印记，大树已经参天，到了收获的季节。此时此刻除了敬佩，我更祝老师健康长寿，为祖国的海洋药物事业再创辉煌。

在此赋诗一首。

今朝祝寿，

人生八十焕神容，

桃李满园枝叶茂，

美誉全球。

斟美酒，

至心敬恩师，

福如东海长流水，

寿比南山不老松。

愿耄耋胜青，

乐康福。

（刘红兵，2004年中国海洋大学博士毕业，师从管华诗院士，中国海洋大学医药学院教授）

我的导师管华诗院士

▌李春霞

　　1997年本科毕业后，我开始在海洋药物与食品研究所读研究生，导师是管华诗院士，自此便跟随管老师开启了"甜蜜的事业"——糖药物的研究生涯。在读书和工作中，管老师对海洋药物事业的热爱和独特的人格魅力深深地感染和影响着我，我也一直追随着老师前进的脚步，在海洋药物研究道路上开拓前行。

　　治学严谨，追求完美。在我研究生求学阶段，管老师是中国海洋大学的校长。虽然工作非常繁忙，但是他经常会在晚上或周末到实验室了解学生实验的研究进展，讨论问题，提供实验的思路和建议。记得我研究生刚入学的时候，管老师特意将他查到的英文文章让我翻译成中文，一方面让我这个刚入门的新手了解糖类的研究进展，另一方面提高我阅读英文文献的能力，为后续研究工作打好基础。我博士毕业答辩时，由于管老师白天要忙学校的行政事务，他就抽晚上的时间让我进行预答辩，亲自将我的每张幻灯片过一遍，对论文中存在的每一个问题都不放过。当时觉得论文立题背景的意义阐述不够明确，他特意找来相关的研究文献进行提升，亲自示范教我如何演讲答辩。反复预答辩了好几次，我才进行正式答辩。管老师这种对待科学的严谨和追求完美的态度到现在都深深地影响着我。

　　关爱学生，师恩难忘。在我上大学和研究生的时候，学校的补助比较低，管老师特意从自己的院士津贴中拿出一部分钱来资助我们这些学生，使我们不再为生活而担忧，能够专心致志地读书和做研究。直到现在，管老师还经常拿出自己的科研经费来帮助学院一些刚入职的青年教师开展科学研究。俗话说"一日为师，终身为父"，我永远也不会忘记管老师这种对学生和人才的关爱之情，更要把这种关爱传递给我的学生和孩子，使他们学会关爱他人，常怀感恩之心！

老骥伏枥,志在千里。管老师是我国海洋生物医药学科发展的创始人,从发明海洋药物藻酸双酯钠(PSS)、甘糖酯、海力特、排铅奶粉、四海回春,到组织编撰《中华海洋本草》,推动海洋中药研发进入国家研究计划,提出青岛市海洋药物发展规划和中国蓝色药库计划等,都是具有奠基性和开创性的工作。虽然管老师已经取得了载入史册的卓越成就,可是他对我国海洋药物事业追求的热情和坚持,是我们一般人所无法比拟的。在古稀之年,他仍不忘初心,心系海洋药物的工程转化和产业化。他殚精竭虑,领导建设了青岛海洋生物医药研究院,创新机制,大力推进海洋新药研发和海洋生物功能制品的转化和产业化研究,搭建基础研究和市场转化的桥梁,为推动地方和国家海洋生物医药产业的发展提供了重要的平台和技术支撑。"鬓微霜,又何妨",每次管老师畅谈海洋药物的未来发展时,总让人感觉到一种"老夫聊发少年狂"的豪气和情怀,他老人家这种"老骥伏枥,志在千里"的雄心壮志也使我辈不敢轻言懈怠,在科研工作中也要锐意进取,开拓海洋药物研究的新天地。

师者,传道授业解惑也。管老师在海洋药物的教育及科研方面成果累累,在中国药学会110周年之际被授予"中国药学会突出贡献奖",入选了"共和国老一辈教育家"。在座谈会上,于志刚校长说,管华诗校长作为教育家,有科学家的品格,在办学上不盲从,独立思考,勇于创新,在全国率先举起高水平特色大学的旗帜,为

2012年,李春霞(右三)与管院士

中国高等教育分层次发展开拓出了一条新道路。我觉得管老师是教育家、科学家，更是一位战略家，他为我国的海洋生物医药领域的发展勾勒蓝图，鞠躬尽瘁，在我国海洋生物医药事业发展的历史上抹下了浓墨重彩的一笔。管老师对我的影响是全方位的，做人、做事、做学问，这种影响是潜移默化的，是无形的，这就是师道传承。恩师之情，山高水长，就像酒窖里的陈年老酒，越久越醇，越久味越浓，越久越值得回味。

今年是我的导师管华诗院士八十大寿，祝愿管老师身体健康，万事如意！

（李春霞，2002年中国海洋大学博士毕业，师从管华诗院士，中国海洋大学医药学院教授）

喤喤厥声，肃雍和鸣

——管华诗院士国家海洋药物工程技术研究中心工作小记

▌周鲁宁

岁月的小溪潺潺流过，一路的风景美不胜收。天天与我们朝夕相处，既慈祥温暖、和蔼可亲，时时指点提携后进，又胸有韬略、治学严谨，满满活力激情奋进，我们敬爱的管院士，即将幸福地迎来八十华诞。此时此刻，我们既叹服于管院士的旺盛精力、敏锐思维，又惊奇于时光的悄无声息、流逝无痕。

在管院士已经走过的一路美景中，可谓是壮丽河川、茂密森林、辽阔草原，令人目不暇接。其中，在海洋生物资源高值化利用，特别是在海洋药物研发领域，有一条产学研结合、为经济服务、造福人民的道路贯穿其中，蜿蜒绵绵。管院士在这条道路上砥砺前行，"挥剑决浮云，连弩射海鱼"，谱写了许许多多华美的篇章。而这中间，国家海洋药物工程技术研究中心就是一首动人的交响乐。管院士是这首交响乐的作曲、指挥和首席小提琴手。管院士找准国家发展的主旋律，协调多方资源，依照科学发展的内在规律，指挥大家并身体力行，反复磨炼、精益求精、不断创新，在"科技强国"这场大型音乐会中，奏响了这首体现着传统与现代结合、国内与国际互动、海洋与陆地统筹的特色鲜明的美妙乐章。

一首交响乐

1996 年 4 月，经科技部批准，由管院士负责开始组建我国第一个海洋药物工程化、产业化的中试基地——国家海洋药物工程技术研究中心。时年管院士五十六岁，一路从管辛庄走来，已是满目风景。

1985 年研发成功我国第一个现代海洋药物——藻酸双酯钠（PSS），将国人的关注点由陆地生物资源延伸到海洋生物资源；1994年管院士设计并筹建了我国第一个海洋药物生产企业——青岛华海制药厂，生产PSS、甘糖酯、海力特和降糖宁散等海洋药物，降糖乐、排铅奶粉、四海回春和海利心藻微维胶囊等保健食品，成为我国海洋药物和功能制品科研成果产业化的重要基地；1993年7月起他担任青岛海洋大学（后改名为中国海洋大学）校长；1995年5月他当选为中国工程院院士。

管院士的人文情怀就是要为改善人们身体健康，提高人们生活质量奉献自己的一生。每当听到、看到自己研发的产品帮助人们对抗疾病取得显著成效时，他都会非常兴奋，那种发自肺腑的高兴溢于言表。评剧表演艺术家新凤霞因脑血栓而卧床行动不便，通过服用PSS站起来了，这让她和她的先生剧作家吴祖光感动万分，以多种方式表示感谢。对祖国传统戏曲深深热爱的管院士，闻此异常欣慰，在北京参加全国人代会期间，专程前去探望新凤霞，了解她服药后的身体恢复情况。韩国一位知名社会人士专门委托亲朋从中国带回PSS，给他母亲服用。母亲服用后，身体大为好转，令这位韩国人士大为感动，专程来青岛登门感谢管院士。时任国务院副总理的万里到管院士实验室视察，对PSS给予很高评价。特别是青岛华海制药厂投产后，国家科技领导人宋健、邓楠，省市领导人姜春云、赵志浩、李春亭、吴官正、俞正声等领导同志都曾亲临药厂视察、指导工作。

面对开发海洋资源取得的一系列成果，管院士展现了他科学求真、发现规律、引领发展的大智慧。如何能够保障研发成果不断推出并实现产业化，实现海洋药物的可持续发展，成为管院士在做好研发工作的同时，着力思考的问题。对此，管院士做出了顶层设计，其中之一就是建立海洋药物研发的中试基地，打通从实验室研究成果到产业化生产之间的瓶颈。这预示着这首交响乐将应运而生。

管院士根据糖工程海洋药物研发生产的资源和技术要求，明确提出了中试基地的组建目的是"对已有的海洋活性物质的分离、提取及合成、半合成技术进行系统的组装集成，并完善配套；在此基础上进一步研究开发海洋药物的技术过程及系列产品，使其应用于海洋制药产业，加速海洋药物开发技术及成果的产业化进程，进而促进海洋制药业的发展"。这些工作为这部交响乐定下了基调。

依此目的，在青岛华海制药厂原料车间的四楼建设了"海洋生物活性物质提取分离工程化技术体系、海洋天然产物化学改性及活性物质人工合成的工程化技术体系"等两条300L规模的中试技术体系，由上海药物设计院的专家设计，单元操作，中央控制，解决成药物质发现、制备问题。在滨州无棣建立了"药用微藻大量生物培养、浓缩、收集的工程化技术体系"解决药源获得问题。海洋药物工程化研发的关键、共性和基础性技术得以突破，为这首交响乐谋划了篇章、结构。

管院士积极与山东省科学技术委员会的领导和部门协商。1996年1月，依托青岛海洋大学海洋药物研究所和青岛华海制药厂，以这个中试基地为载体的山东省海洋药物工程技术研究中心，经省科委批准组建。在此基础上，管院士再接再厉，协调组成了由省科委主任担任组长，由国家科委生物工程中心、国家教委科技司、省科委、省医药局、市科委、青岛海洋大学和青岛市几家药厂负责人组成的国家海洋药物工程技术研究中心组建领导小组，设计了"中心实行管理委员会领导下的中心主任负责制，聘请国内著名工程技术专家组成工程技术委员会，下设四个部，管理部、工程技术研究开发部、技术协作部和信息及营销部"的组织结构。1996年4月，国家科委综合计划司批准国家海洋药物工程技术研究中心开始组建。工程中心的发展方向是"使中心成为我国海洋药物研发领域现代化的中试基地和技术辐射源，成为上游科研单位与下游生产企业之间科技成果工程化与技术成果转化的顺畅通道，成为我国该领域工程化人才的主要培养基地"。经过几年的不断完善、改进、提高，2000年8月，国家海洋药物工程技术研究中心通过了科技部的验收，正式挂牌。这标志着这首交响乐开始奏响。

二十多年过去了，今天看来当时这些发展理念、中试基地技术体系方向和水平，仍然具有引领性、先进性。这充分展现了管院士洞察"产学研"运行的内在规律，把握海洋药物特别是糖工程药物发展动向的科学大家的眼光和智慧。国家海洋药物工程技术研究中心的建立和运行，通过对一批关键技术、核心技术等共性技术的突破，联结和带动了百亿级的海藻和甲壳素加工等上游产业，千亿级的海洋功能制品和十亿级的海洋药物等下游产业，有效实现了中试基地建设的目的；通过对PSS、甘糖酯、海力特等原料药制备工艺的技术改造，完成抗动脉粥样硬化药物"几丁糖酯"、抗艾滋病海洋药物"泼力沙滋"、抗脑缺血药物"D-聚甘酯"和抗老年痴呆海洋药物971等的中试研究，有力引领了我国海洋药物的研发和产业化，对持续推进我国海洋药物发展，特别是形成我国海洋药物的糖工程药物特色，进而被寄予将率先代表我国创新药物走向世界的厚望，做出了工程中心应做的工作，起到了应起的作用，使这首交响乐常奏常新，"苍梧来景慕，白芷动芳馨"。

2013年，管院士为了更好地服务社会，顺应海洋生物医药发展需求，强化医药学科的应用研究，在国家海洋药物工程技术研究中心的基础上，成立了青岛海洋生物医药研究院,工程中心的主阵地也随之转移到了研究院,将通过进一步创新体制机制,疏通"发现—技术—工程—产业"链条中的瓶颈,加快海洋生物医药技术转移、工程熟化和成果转化过程,为新旧动能转换提供技术和产品支撑,推动海洋蓝色经济的快速发展。新时代,管院士升华了这首交响乐的主题意境,大幅拓展了乐曲的篇章,必将奏响科技创新的正声雅音!

两首小插曲

管院士以其对中国现代海洋药物学科和产业的杰出贡献,早已成为学术大家,但他对工作严格要求、精益求精、注重细节的工作作风和把握规律、实事求是的工作思路深刻影响着他的同事和学生。这期间发生在工程中心的两件小事让我感触颇深。

管院士经常来中心指导检查工作。2005年底,管院士安排我们将工程中心进行了重新装修。管院士是我国最早从事糖工程药物研究的科学家,很关注国内外

2016年,周鲁宁(左二)与管院士在研究院

糖科学发展的前沿和趋势,早在 1989 年就启动了"海洋糖库"建设,至 2005 年已构建了我国第一个海洋糖库。有一次他来中心视察后,安排在工程中心建设一套较大型的以色谱分离为核心技术的制备体系,用于放大在医药学院实验室的寡糖标准品制备设施,以满足国内外糖生物学、糖工程等领域的科研需求。他不仅对制备能力、柱层析填料类型、设施水平、安放布局提出了极为明确的要求,还多次开会论证、修改方案,并亲自督促落实。由于医药学院和工程中心当时相隔较远,他工作繁忙,平时主要在医药学院,只要没到工程中心设施安装现场,他就会打电话询问进展情况。为了加快进度和提高质量,他还指定了几位医药学院的教授,要求他们必须轮流到现场指导工作。经过二十多天的紧张细致的工作,寡糖标准品中试规模的制备体系建立起来了。这个小系统虽然只是对海洋多糖降解、分离、纯化、修饰、分析、鉴定整个技术体系中一个环节的完善加强,但管院士依然如此重视,认真对待,毫不松懈。而当这一技术体系在 2009 年度国家技术发明奖评审的现场审核中,得到专家高度评价时,我们才体悟到了他严格要求一丝不苟的意义。管院士就是如此注重细节、科学缜密。

2016 年 12 月,工程中心要进行第五轮运行评估。党的十八大以来,伴随着国家治理新体系的形成,当时对科技部批准的国家工程技术研究中心和国家发改委批准的重点实验室如何调整、管理成为改革的一个热点问题。为此,山东省科技厅由厅长亲自在 9 月 21 日紧急召开全省国家工程技术研究中心评估动员会,国家科技部以后不再审批国家工程技术研究中心,重点支持以行业龙头企业为依托的工程中心。这次全国工程中心(2011～2015 年)五年运行与管理绩效评估,除总结经验和成绩,发现问题、推动工程中心建设发展外,还要建立工程中心动态调整机制(10% 将淘汰),推动工程中心布局优化。全国共有 276 家工程中心参加评估,分为14 个领域,国家海洋药物工程技术研究中心在生物技术与人口健康领域,工程中心共有 30 家。10 月 26 日省科技厅组织了对工程中心的模拟预评估。管院士指出,这次评估对国家海洋药物工程技术研究中心来说是"一个海洋药物体系完整的问题,是海洋药物产业发展的问题"。上有中国海洋大学医药学院等国字号研究院所,下有正大药业等大型药企,国字号的中试研究单位国家海洋药物工程技术研究中心就是中间不可或缺的重要一环。他亲自邀请和召集中国海洋大学相关副校长、科技处、医药学院等部门领导、专家专题讨论,定出"一要实事求是,二要突出亮点"的汇报总原则,要讲清楚海洋药物在"海洋强国""健康中国"国家发展战略中不可替代的地位;说明白工程中心在"科学—技术—工程—产业"这一链条中的重要作用;展示在海洋药物(海洋生物资源利用)领域取得的关键、核心和基础性研究成果;找到存在的不足,明确前进的方向。

在依此原则和思路开展汇报材料编制工作中,管院士亲自指导编写,字斟句酌,六易其稿。12 月 10 日,管院士在北京亲自带领汇报组现场答辩,评委们对海洋药物在创新药物中的前景、工程中心取得的工作成绩,特别是管院士对"产学研"中一些规律性问题的认识反响热烈,评估取得了预期的效果。管院士这种遇事都会从全局思考,依事物的内在规律进行总体布局,既坚持原则,又敏锐发现关键所在的工作思路,会让每个跟随他工作的同志,每经一事,境界就升华一次。

管院士曾说"我为三届本科生开设了两门专业课"。而我有幸成为其中一届的一名学生,毕业后也一直跟随管院士从事"产学研"工作。在敬爱的管院士八十华诞之时,我们工程中心奉献出的最好礼物就是将他最新谱写的"国际寡糖制备中心"和"海洋药用植物资源柽柳综合产业开发"两个乐段,在他的悉心指挥下,在"海洋强国""健康中国"的主旋律中,精心弹奏出引商刻羽、曼妙悦耳的和声。

(周鲁宁,国家海洋药物工程技术研究中心副主任、高级工程师)

实之所存，师之所在

▌谷强

　　不久前老校长管华诗院士入选"共和国老一辈教育家"，这是老先生八十华诞前的又一大喜事，海大人都为之自豪。记得我初识管校长时还是中国海洋大学的一名本科生，说了声"管校长好"；他微笑点着头说"你好"，为此我激动了好几天。

　　我真没想到后来能有缘在老先生身边工作，2005 年学校安排我担任管院士秘书，一年的经历让我受益良多，成为我一生的财富。管校长既是享誉盛名的教育家和科学家，更是位敦厚慈祥的师长，先生言行让我对"德高为师、身正为范"有了生动的感受和体会。我担任秘书那段时间，耳濡目染的机会自然就多，管校长卓著的工作成果大家都耳熟能详。我想通过回顾生活中几件鲜为人知的小事，及其对我做人做事的帮助，表达我对老先生的感谢，或许对您也能有所影响。

　　管校长对工作要求很严，生活中却和蔼可亲，工作之余我们会叫他"老爷子"。他常愿意和我们调侃的一句话是"苍天不灭大傻瓜"。初时我仅把这当成一句玩笑话，随着阅历的增加，我常常想起这句话，也渐渐明白其中深意。这其实就是告诉我们要扎扎实实从基础做起，坚持不投机、不走捷径的务实精神；坚持上下求索，撞了南墙也未必回头的执着求实精神；秉承"人可负我，我不负人"实实在在、谦虚诚恳的为人之道。我常想多年来大家如此尊重管校长，其最核心的人格魅力是什么，与其说"傻"，其实是"实"，这种"傻"和"实"正是大师风采的魅力所在，是洞明世事、大智若愚、返璞归真的真实表达。因此斟酌再三，我想把这段文字概括为"实之所存，师之所在"。

　　十几年前，记得我刚当秘书，一次会议开得很晚，我陪管校长从医药学院办公室出来。在老标本厂附近遇到师苑餐厅一位负责收碗、洗碗的老师傅，他老远就打

2006年,谷强与
管院士在无锡

招呼并走向管校长,管校长也自然伸出双手,握手寒暄并攀谈了好几分钟。随后我问管校长:"您认识他吗?"管校长回答我:"他是食堂的师傅,好像很勤快。"我当时内心颇受震动,惊讶于管校长对普通员工的了解,惊讶于管校长谦恭礼让的态度。不知为何,我常常把这个场景和后来管校长邂逅一些重要领导、大科学家握手问候的场景联系起来,我发现管校长与人交往的谦和之风,与对方社会地位没有关系,是发自内心的对人的自然尊重,这既是老先生的个人修养也是人生态度。后来每当与人交往时我都会想起这件事。无论环境如何变迁,我一直能坚持心态平和,与人真诚相处,我想是从管校长言传身教中汲取的力量吧。管校长好静不好动,散步是主要的活动方式,陪老先生散步其实也是难得的学习机会。记得一次管校长去北京参加国务院学位委员会学科评议会议,让我担任学科秘书。餐后我们在宾馆周围散步,管校长问我:"你是学港航的吧?"我随口回答说:"从事管理工作,专业都快忘光了。"管校长指着旁边一排高大的白桦树说:"这种树高而且根扎得深,经一位院士改良后广泛应用于抗旱防治风沙,解决了大问题。你无论做什么都要扎下根去,不要成为万金油。"我听后很惭愧,这正是我身上一直存在而没有解决好的问题,管校长的话直到今天也是鞭策我的动力。后来听说,管校长年轻时开创海洋药物研究方向,开始并不被看好,基础的科研条件都很匮乏,在领导的关心下才将卫生间改造为实验室。无论是著名的藻酸双酯钠新药，还是获得国家技术发明一等奖的糖库构建与应用开发，都与不忘初心、执着坚持密不可分。无论面对何种环境，他都善用行动诠释百折不挠的精神。老先生就是这样，对身边工作人员的关心常在不经意间。他讲话简单而实在，但总能抓住事物的本质，蕴含的道理让人回味无穷，以他的行动给人以榜样，给人以影响，这应该是大方之家的共有禀赋吧。

外出开会，管校长工作余暇就在住处附近散步，周边景色再好也极少去，一次例外却让我印象深刻。那是去杭州参加科技部召集的一个论证会，刚办完报到手续，管校长对我说："带你去个地方。"我们到的时候，天已近傍晚，一栋二层重檐建筑掩映在苍松翠柏之中，显得庄严肃穆，正中竖匾三个金字"岳王庙"。进入院落，两旁古木参天。穿过青石铺成的甬道，管校长指着"精忠报国"四个字说："你知道岳母刺字的故事吧？岳飞是受后人敬仰的楷模，我从小就读《说岳全传》，他是我非常佩服的民族英雄，民族精神是一个国家的精气神，爱国敬业是一个人的精气神。"我陪着老先生在岳飞墓前恭敬地鞠了三个躬。管校长看着墓前望柱上的对联"正邪自古同冰炭，毁誉于今判伪真"，又对我说："你应该记下来，我特别喜欢这副对联，它把讲正气、敢担当、义无反顾的精神说得特别透彻。"经过墓阙下还看到四个铁铸人像，据说是陷害岳飞的秦桧等人。他们被反剪双手，面墓而跪。管校长指着他们脖子说："你看都磨黄了，经过的人肯定都打一巴掌表达憎恶，真是'青山有幸埋忠骨，白铁无辜铸佞臣'！"岳王庙之行使我受到了一次心灵洗礼，这是身处古迹，管校长亲自给我讲历史、讲文化、讲做人道理最多的一次。

我虽偶把禀赋所限作为自己无所作为的借口，但无论做人做事，我从不敢忘记老先生实在做人、踏实做事的教诲。老先生和我皆属兔，人们常说属兔的人性格温和平顺、敏感而重感情。作为曾经的秘书，老先生对我的关心、爱护、教诲，点滴皆存于心，也成为我前行、成长的动力。

（谷强，曾任管校长秘书，现任中国海洋大学工程学院副院长、办公室主任）

"生斯长斯，吾爱吾庐"

▌王淑芳

我到海大工作两年多后管华诗校长就卸任校长职务，专心致力于海洋药物研究与开发应用，我的日常工作和管校长也几乎没有交集，不曾亲沐其春风。校长，于我这个年轻的普通职工，有些距离。后来因了几次采访工作的需要，我便有了近距离了解这位老校长的机会。这些接近也给长久以来沉浸在民国大学和教育研读中的自己一个认识当代大学校长的契机；这些走近的机会，也是我对大学校长从书本走向现实，从抽象理想化走向切近地从"现场"出发去认识的一个重要起点。

管校长所取得的成绩已有众多媒体报道，我先后几次对管校长采访着重的是幕后如何而为，"青岛海洋大学改名为中国海洋大学""中国海洋大学崂山校区建设的前后""13年，青岛海洋科学与技术国家实验室获批的历程""海洋药物研究之路"，这些内容部分涉及他任职校长时期海大发展与建设的思路，对中国建设海洋强国起科技支撑作用的国家实验室建设，和他个人半个世纪的海洋药物研究历程。

因采访稿以口述/记录体裁呈现，在整理文字的过程中，要站在当事人的立场，把他经历过的重大事件的来龙去脉揣摩透彻，这牵引着我必须尽全力理解到管校长的思维高度并把材料还原到他口头讲述般流畅。这些采访让我对管校长作为教育家在海大定位、建设、发展、目标的思考上有了一个迅速而明确的认知，还对他作为一个海洋科学家是如何研究对象世界有了一个相对全程性的认识，更对他作为一个科研和教育管理的前瞻者、引领者站在时代前沿去呼吁和推动国家海洋科技整体进步的努力有了较清晰的了解。

几十年做科研、当校长以及大量社会兼职的经历，应该有着丰富的故事，或曲折或平坦，或委屈或豁然。在几次交流中，我总想抓住一点一丝他情绪的波动，藉此探看他的内心世界，达到"讲故事"的生动效果。最终却发现：管校长做事并不纠缠在细枝末节，不被处境左右情绪，思维永远在更高远处，并且是一个果断解决问题的行动派。他的褐藻胶研究早期经历就是一个很典型的例子。"文革"时期海大水产系被并入烟台水产学校，大学里的专业研究性功能变成纯粹的教学型。那时管校长已经在青岛参与过海带提碘的工作，对提碘后产生的如何处理甘露醇和褐藻胶问题有了一定研究基础。到了烟台，这个工作会停止是显然的前景。我曾采访过一位同到烟台工作过的水产系老教授，他说，那时大部分年纪大的教师对科研机会和条件已经不抱希望，就等待退休后回青岛，很是有悲观、失落的情绪。管校长当时三十多岁，没有被这些情绪感染，而是一心想继续褐藻胶研究。在得到一些有同样想法的老师支持后，他只身去找曾经主管海水提碘工程的石油化工部副部长，并且得到了他的大力支持，除了研究课题立项，还特批了 20 吨钢材，委托学校在烟台建实验化工厂。管校长亲自进行这个厂整个生产线的设计，抓产品工艺。他负责的课题"褐藻胶、甘露醇再利用"研究两年就完成了，并且迅速转化，课题组利用甘露醇制成了石油破乳剂、农药乳化剂，用褐藻胶制成了食用乳化增稠剂，管校长还对破乳剂的工艺进行了研究，生产石油破乳剂供应盘锦油田。1978年全国科学大会召开时，石油破乳剂、农药乳化剂和食用乳化增稠剂三个品种分获两个大奖。他在烟台参与的"低聚藻酸钠代血浆"研究，青岛时参加的"水产品综合利用——海带及卤水提碘工艺"都也获得了全国科学大会奖。

　　一个中国科学家科研世界的建构与成型在 20 世纪 70 年代，或许有人会说这是偶然是运气，但无可否认的是，其中，管校长个人超越性的判断力、意志力和行动力仍是取得成就的决定性因素。他 1959 年考入海大水产系，1964 年毕业留校，熟悉中国当代历史的人一定会知道，时代给予教师或科研工作者的并不是一个理想的事业环境。到 1978 年，社会"解冻"对于大多数人来说刚刚迎来个人发展的春天，而刚及不惑之年的管校长已经站在当时国家科学技术最高领奖台。特别有意思的是，这才是他事业的开端。社会进入发展的新时期，管校长科研事业走上的则是发展的快车道。从 1985 年 PSS 的问世开始，系列海洋药物的研究和开发，海洋寡糖糖库的建构与开发，青岛海洋生物医药研究院股份有限公司的成立和运行，管校长在二十多年里建构起了一个体量庞大而层次丰富的海洋药物世界，他个人和团队也得到市、省、国家众多科技大奖。其中，1995 年管校长当选中国工程院院士，2009 年海洋寡糖糖库获得国家技术发明一等奖。

有心的人可以发现，管校长人生的每一个阶段都没有被浪费，每一段人生他都成就了最好的自己。这绝非运气和偶然，按照当代管理学归纳的成功人士的基本素质：能抓住机遇，有功底和才华，坚定的信念，敬业精神，抗挫折的能力，良好的人际关系，自信，口才……管校长一一具备，这其中他对"功底"有过一次面对媒体时自觉的表达，那是在他获得国家技术发明一等奖后，他强调"有积累才会有成功，有大成果才会有大效益"，想必是对自己三十年坚持在海洋药物领域探索的体会。这个"积累"不仅是"坚持"，更是立足于对自己所走道路的方向清晰判断的基础上，这个方向就是"国家和社会需要"。从参与海水提碘开始，他的科研方向始终没有偏离过这个核心。正是基于这个认知，他也一直坚信科研人仍然有一条光明之路可走。这个认知使他无论在科研、教育管理上都具有开阔的视野、前瞻性眼光、战略性气魄。

青岛海洋科学和技术国家实验室的建立，就体现着管校长卓越的前瞻性判断力和坚韧的意志力。早在1999年，管校长和青岛几家科研单位的人员就提出国家应建立一个可以聚集海洋科学研究领域优势力量，发挥国内海洋科研力量最大潜能的平台，从最初的建立一个研究中心想法，到建立一个国际性科研创新平台的国家实验室的动议，再到最后获批，经过一轮又一轮的探索、论证、搁置，再启动，历经十三年最终琢玉成器。建立一个国家实验室有多难？不妨用数据说话，2000年前验收通过5个首批国家实验室，之后先后启动两批共15个试点，到目前为止仅有青岛海洋科学与技术国家实验室获批，其他仍在筹建中。十三年间，有从上到下改革机制体制观念的障碍、多方力量的支持难及时到位等困难，作为主要倡导人的管校长却从未放弃，他坚信这是科研发展的必然要求，也是对国家海洋事业发展大有益处的平台。我清晰地记得获批后的采访中谈到"十三年"时，管校长未言一句不易，而用他爽朗清亮的声音说：发展是硬道理，发展中出现的问题，只能在发展中解决，只有积极作为，才有解决问题的希望。这是成功之后的风轻云淡，更是经历种种曲折后的深刻体悟，其中饱含着一个有战略眼光的科学家坚韧绵远的判断力和意志力。任何超前的意识，必须要与所处社会的大多数人取得共识才能得到理解并被推行，这个道理是建设理性社会的基本范式。"发展的问题发展中解决"体现的正是管校长务实的理性品格。他曾说：三五载后，这个平台的成绩就会显现出来。确如其言，国家实验室运行几年来，整合资源集聚人才的功能已经发挥出来，取得了一系列举世瞩目的成绩，并且仍在快速发展着。

做大学校长，不是管校长事业的最高峰，也不是止点，在他恢宏的视野和气魄里，校长职位，是一生事业的一个节点。

在管校长任期内，海大从青岛海洋大学更名为中国海洋大学，奠定三校区办学格局，进入国家211大学建设行列，再进入国家首批"985工程"建设行列，每一步都是一次跨越式发展。在世纪之交中国高校如何发展的十字路口，管校长率先在全国高校范围内做出特色显著的高水平综合性大学的定位，对海的大发展具有里程碑意义，也为中国高等教育的分层次发展开拓出了一条新道路；他对海大学科建设、人才队伍建设所做的战略规划，奠定了今天"双一流"建设的基础。我记得在一次会议上，现任校长于志刚教授讲话说，管校长时期的办学理念和教育思想原是有超越性的，我们现在是传承、弘扬和创新。

我不止一次听到过海大人说起管校长时的崇敬之情——尽管他已离开校长岗位多年，而管校长则对高评价保持着深刻的冷静。他曾说过："在海大九十年的历史中，我只是在那个阶段正好做校长，前有许多任校长，后还有两任校长，每一任校长都有独特的贡献，我个人做得还不够，那时所有的决策都是我们整个班子讨论的结果。"这份平静而坦诚的谦逊，使我不由想到"永远的清华校长"梅贻琦，在和顾毓琇赞美他的律诗中回应的"英才自是骅骝种，佳果非缘老圃功"一语。而从管校长个人实际出发，就可以完全理解他的谦逊来自何处。

当代知识界的舆论里，对大学校长的评价，一般有两个参照系：一是欧美大学的校长，二是民国的大学校长。前者"自由教育""完人教育"的思想有着巨大魅力；后者因现代中国的现代大学教育初创，呈现出筚路蓝缕探索精神，战时艰难中不堕文化之志，为民族的振兴维持弦歌不缀，呈现出传统士人和现代知识分子品格充分糅合的家国情怀。无论是作为教育家的思想还是作为知识人的品格，这两个参照系都令当代的大学校长望背难追。翻翻现代大学史，当代大学校长形象，特别是21世纪以来的大学校长形象在"舆论"视野里缺席得太多，有些令人感慨知识界"理想大学校长"评价尺度的苛刻。

一个时代有一个时代的使命，一个时代有一个时代的风格。放弃知识界舆论语境，抛开两个参照系，回归现实，需要承认的是当代中国大学校长的角色不同于民国大学校长和欧美大学校长，使命和责任也有所不同。这又令我想起老北大的校长，蔡元培开风气，胡适亦是精神偶像，蒋梦麟和傅斯年勉力改革和接续北大弦歌，被称为北大的"功臣"；梅贻琦坚持校长是"王帽"，校长是给教授抬桌子板凳子的人的信念,成为清华的终生校长。和这些老校长的角色颇有不同的是,作为当代大学校长,管校长是一位科学家、教育家、战略家,更是一名将科研成果成功转化的产业价值创造者。他是一位全能型校长,这在当代中国大学校长中是极少的。和那些老校长相同的是,管校长和他们一样深爱自己所服务的大学。

他在一次会上曾经说:"我是一个农村孩子,想不到今生能上了大学,当了校长,做了院士,是海大这片沃土培育了我。"朴素的话语,表达出他与海大的血缘关系,饱含着他对海大的挚爱深情。

他植根海大,走向辽阔的大海。年逾八秩,仍前行在国家海洋事业的前沿,他用一生践行着做校长时定下的海大校训:"海纳百川,取则行远"。

"生斯长斯,吾爱吾庐",是后世学人无限敬仰的梅贻琦校长表达自己与清华情谊的一句话,我想借此来诠释管校长和海大的深情也是非常贴切的。

(王淑芳,《中国海洋大学报》副编审)

拟古

——为管华诗院士作传有感

▍梁纯生

2018 年,梁纯生(前排左一)与管院士

东方有国士,生于古渡头。	问药向青溟,成就惊同俦。
幼逢山河碎,少作负笈游。	治校开先河,理教近孔丘。
画粥聊果腹,断齑为珍馐。	击节沧浪起,为君濯春秋。
修身习诗礼,格物穷六幽。	老骥伏枥下,千里志未休。
嗟我秦皇泪,谁怀天下忧?	岂惜劳形苦,但为苍生谋。

(梁纯生,中国海洋大学党委宣传部秘书)

师恩如海，桃李情深

▌杨钊

十几年前，我怎么也没有想到后来竟然从事了医药行业，更没有想到机缘巧合下能够有幸拜在管华诗院士门下攻读博士。恩师的教诲和榜样作用，对我个人的事业起了塑造式的影响。这些年受益于恩师的近距离言传身教，又让我更为深刻地体会到恩师博大精深的思想和浓厚的科学人文情怀。一直以来，我都希望将这些学习的心得与更多的同道分享。现在本书即将出版，我也想在此奉献我博士期间跟随恩师学习的心路历程，希望能对读者们有所裨益。

2001年，我从山东大学药学院微生物与生化药学专业硕士毕业，慕名考到管院士名下攻读博士。管院士是中国海洋药物的开拓者和带头人，以管院士的学术成就和地位，这样的机遇是当时的我做梦也不敢想的，也是自此管院士成为我终生的良师益友。

我们这一届共招了八名博士，而我有幸能够得到导师的耳提面命，自觉比其他同学幸运了很多。入学后在上课阶段导师就给我布置了课题"褐藻寡糖的制备、表征及活性研究"。为了更好地了解制备过程，在导师的安排下，我去华海制药厂生产了一批聚甘露糖醛酸（俗称M段），从头到尾学习了海藻酸钠变成聚甘露糖醛酸的过程，这些M段后来成为很多海洋新药的基础原料。

2002年开学后就正式投入博士课题研究中，采用了过氧化氢对M段进行降解。由于刚接触海藻化学，相关知识储备比较薄弱，导师经常趁开会的间隙到实验室指导我，小到搅拌器的使用，大到实验室的环境控制，将自己的经验和知识无私地传授给我。导师的话总是言简意赅，却充满了让人回味的智慧。这种严谨的治学态度影响我至今。当时导师已是山东省政协副主席、省科协主席、中国海洋大学校长、中国工程院院士，各种日常工作十分繁重，他却没有忽略过对我们这些弟子的教育。有一次导师在济南开会，有半天的间隙。导师并没有趁着难得的空闲时间休息一下，而是把我叫到济南，让我汇报研究进展。经过几个小时长谈，导师详细了解情况，从思路、试验方法、操作技巧等各方面提出了细致严谨的指导意见。

当时我肯吃苦，又加上有点悟性，实验的进展就比较快。那段时间我一周七天基本都在实验室里度过，晚上工作到10点多。特别是在做寡糖分离的时候，一次分离过程要持续两三天，我就吃住在实验室，夜深就趴在实验台上睡会儿，把闹钟定好，一个小时叫醒一次，盯着分离器，就这样获得了一些初步的降解产物和分离组分。导师常常对我们说只有付出劳动才有突破的可能，才能在所关注的领域中有属于自己的积累，而这些对人的事业成功起到很重要的基础作用。这些话我铭记至今。

在导师的指导下，我的个人能力和科研水平不断提高，最后导师决定派我到瑞典乌普萨拉大学生物医学中心 Ulf Lindahl 教授实验室做访问学者。Ulf 教授是瑞典皇家科学院院士，首先发现了肝素的五糖结构，实验室在多（寡）糖分离、纯化、同位素标记和结构鉴定方面有着深厚的沉淀积累和强大的科研实力，同时和管院士也有着良好的合作关系。导师派我去主要是学习将肝素多糖的分析技术转移应用到褐藻多糖上来。2002年5月我到达乌普萨拉大学生物医学中心实验室，在这里我勤学多问努力钻研，很快就将实验室特色技术掌握并用于褐藻寡糖的制备，得到了褐藻寡糖纯品。当时瑞典的实验室比国内要先进，为了把握好这次访问学习的机会，不辜负导师的嘱托，我整天泡在实验室里，虽与北欧风光近在咫尺却一次也没有出去游玩过。其间我两次在实验室晕倒，被瑞方工作人员送到医院治疗，所幸并无大碍。

为了更好地掌握相关技术，我延期到2003年2月底才带着制备好的样品返回中国。这些样品在瑞典已经经过初步的质谱检测。但与酸降解寡糖相比总多一个分子量大16的峰，我当时为心总在怀疑这是不是一个混合物，觉得没有分离纯化得到纯品。回国后我拿着图谱向导师汇报访问学习的情况，导师对我将多糖相关技术学到并带回国很满意，同时高屋建瓴地指出要用开拓性的思维考虑问题，不要总是局限于既有理论，束缚了思维、想象和创新。随后的几天里，不管是在实验室、宿舍还是在路上，我满脑子想的都是图谱，感觉到有一层薄薄的窗户纸在我前面，而后面就是真相，只差最后一步就捅破。可能是冥冥之中自有天意，在一天晚上的睡梦中，我还在思考图谱的问题，一点灵光把我从梦中惊醒，我开灯翻书查找相关理论。如果是这样的话，我就发现了一类全新的化合物。

天亮后，我赶紧与导师联系。导师非常高兴也非常重视，当天推掉了其他事情专门听取我的汇报，认为这是一项重大突破，指示用核磁共振、质谱检测等技术确保推论正确。我们马上把样品进行了核磁共振测试，进一步验证了新化合物的结构。导师极具知识产权保护意识，具有前瞻性眼光，让我们申请相关专利。

2003年夏天，在导师的指导下，作为在读博士，我和中国海洋大学药物所其他几位教授一起进行了"海洋寡糖库的建立"课题答辩。由于前期准备充分，我侃侃而谈，把褐藻多糖用不同条件降解得到不同类型的寡糖讲得明白透彻，获得了院士、专家评委们的一致好评。这次答辩十分重要，我也很紧张，但导师给了我很多的鼓励，这些关怀增加了我的信心和勇气。后来我对我的学生，也总是表扬多批评少，希望能够传承导师的这种人文关怀精神。在接下来的时间里我又进行了其他氧化条件下寡糖的制备摸索以及糖二酸活性的筛选，发现其具有非常好的抗老年痴呆的活性，经过进一步深入研究，在导师的带领下，基于获得的糖二酸是一种全新的结构，申报了国家一类新药，目前三期临床即将完成。从目前的临床实验结果来看，预期效果非常好，将成为治疗阿尔茨海默症的利器，希望它能够为造福人类、攻克疑难杂症发挥积极的作用。

2004年，我博士毕业，心中万分不舍，但仍带着导师对我做人做事做学问的悉心教诲踏上了新的工作岗位。奋斗至今，在事业上取得了一点小小的成绩，这些与导师的教导是分不开的，我将受益终生。回想博士期间的求学经历，一幕幕如在昨日，如果没有导师的关心和爱护，没有导师在关键时刻的点拨，就不会发现新的结构，也就不会有现在的一类新药971。

恩师对我而言，不仅是老师，是长辈，是朋友，是事业成功的典范，也是人生的楷模。我从他的身上不仅学到了做学问的道理，也学到了做人的道理。他让我明白，一个人的成功并不是偶然的，机遇固然重要，但人的努力与品质更重要。直到今天，我每次和恩师谈话，每次重读他的著作，都会有新的收获，从中汲取新的营养。我越来越体会到，师生是一种天赐的缘分，能做恩师的学生，是我的福分和幸运。

恩师至今精力充沛。我认识恩师是在2001年，到今天已经近二十年了。在这十几年里，在我印象里，恩师永远精力旺盛，很早起身，很多事情还是亲力亲为，至今奋斗在科研一线。恩师不仅是严谨治学的学者，还是敢于创新改革的杰出管理

2013年,杨钊、姬胜利送给管院士从教五十年的桃李画

者,七十多岁时创建了青岛海洋生物医药研究院,致力于推动中国海洋生物医药产业跨越式发展,这样的胸怀值得我们爱戴和敬佩。我们期待研发出更多的新药,打败疾病,造福人类。

如今恩师即将步入"80后",开始书写人生的新篇章,在此祝恩师健康长寿,永远年轻!

（杨钊,2004年中国海洋大学博士毕业,师从管华诗院士,青岛市药物检验所副所长）

追逐中医学光明路上的明灯

▌付先军

  白驹过隙,转眼从中国海洋大学毕业已十余载。中国海洋大学的校园里,树木承载着千古年轮,花草传承着万里书香,给了我们这些学子无尽的回忆和念想。"大自然和大自然的法则躲在黑夜里",自然的法则是个自在的客观领域,牛顿奠定的古典物理学,使大自然不再是一个神秘力量的源泉,于是大自然的光明来临了。同样,中医学和中医学的法则也一直躲在黑夜里。而中医学的法则是个自为的主观与客观领域的混合体,虽然自然科学和社会科学都一直在试图探究这个中医之谜,但是光明一直迟迟未来。1999年我负笈北上,从潇湘湖南来到齐鲁山东,对解析中医学法则之谜产生了极大的兴趣,追逐中医学的光明成了我的梦。

  然而我一度非常迷茫,找不到合适的现代自然科学方法来合理解释所有的中医学法则,于是2005年求学中国海洋大学攻读博士学位,有幸忝列管老师门墙。恩师渊博的学识、对学术敏锐的眼光、对学生和蔼诚恳的态度都给我留下终生难忘的印象。

  在我的博士选题上,管老师倾注了大量心血,对于海洋中药的研究,管老师以独有的前瞻性眼光和高屋建瓴的科学视野,认为海洋中药的研究要在继承传统的基础上进行创新,提出了在传统中药药性理论指导下进行海洋中药的研究。由于我当年的浅薄和对博士毕业的渴求,开始只希望做几个实验完成博士论文就可以,总是难以静下心来好好领会恩师的一番苦心,在一些方面甚至和恩师有所抵触。恩师总是不厌其烦,几乎每周都抽出时间,一次次和我谈心,耐心地纠正我的研究思路,修正我的研究计划,使我终于下定决心来做海洋中药药性的研究。然而当时海洋中药药性的研究还未有人涉及,研究资料很少,也没有可以借鉴的研究方法,难度可想而知。研究初期，我就在实验研究中尝到了失败，心情一度十分低落，博士延期在所难免。这时管老师又给了我前进的动力，积极支持我，让我免去后顾之忧，鼓励我多读文献，跳出实验研究的局限，从系统论和控制论的角度重新审视。经过几个月的文献阅读和苦苦思索，在恩师的点拨下，我终于找到了一个很好的切入点，即从系统论的基本思想出发，利用信息论的方法与技术，借鉴陆地中药的发展轨迹，采用多学科相互融合、渗透，选择归肺经中药及肺系方剂的研究作为突破口，在前人研究成果的基础上，以大样本量的中药化学与生物药效信息为基础，通过文献检索收集了数百种归肺经中药及肺系方剂化学成分、临床功效、药理作用等方面的信息资料数十万条，创造性地引进数据挖掘及化学信息技术，结合化学成分分析、药理研究及临床研究等实验方法，解析并验证中药归经作用与方剂配伍规律。当最后形成了16万余字的论文后，我忐忑不安地呈献给恩师，从恩师的微笑里终于读到了肯定，那是我博士四年最开心、最放松的一刻，虽然后来在外审过程中又发生了一点小插曲，但是在恩师的大力支持下，有惊无险地平安度过，目前这篇博士论文在中国知网的下载次数已经达到了1078次，是所有中药归经理论研究文献中下载次数最多的文献。

求学期间，由于学生的愚钝，恩师在我的身上倾注了更大的心血。从入学伊始到学业结束，恩师在百忙之中，对论文选题、进展以及内容进行了很多的指导，提供了大量学习和锻炼机会，使我各方面的能力得到了很大的提高。在恩师的悉心指导下，得窥宫室大美，我的科学思路和科学视野有了很大的提高。在这期间，我接触了药物化学计算所有的现代研究方法，包括化学信息学中的计算机辅助药物设计、数据挖掘、分子对接技术，中药化学成分的提取、分析、纯化，还包括各种的生物活性实验，从体外的细胞实验到体内的药物代谢、药物的组织器官分布及整体动物实验的药效观察，这些为我后来从事中药药性理论研究奠定了现代科学技术基础。

然"大学者，非有大楼之谓也，有大师之谓也"。博士生者，非图有寄名之谓也，有大师之诲也。在中国海洋大学莫大的幸运，莫过于有幸忝列管华诗老师门下，而幸中更幸的莫过于，那时恩师已经没有那么多政务，把所有的精力都放在了我们几个学生身上。犹记得，我们经常被一个电话就召集到会议室。恩师一通谆谆教诲，我们犹如醍醐灌顶，我的科学思维大体就在老师的这种即兴会议当中一点点培养起来了，但那时的我还有一些愚钝且顽冥不化，恩师的有些话语，我是到了后来才一点点顿悟。像恩师经常教导我们要深刻感悟中国海洋大学的校训"海纳百川，

2009，付先军与管院士

取则行远"，一开始我不以为然，经常沉浸在自己的小学术天地里，看不到外面的精彩科研大世界。毕业后从事中医药理论研究，我一度心思浮躁，希望快出成果，然欲速不达，深陷其中，找不到突破点，苦闷中记起恩师的教诲，摆正心态，守拙勤进。后又走出国门，访学剑桥，涉猎渐广，深感古为今用、西为中用之妙，慢慢找到了自己科研方向和目标，在学术上也豁然开朗。这时才真正深刻体会到恩师的话，"海纳百川，取则行远"，路虽远，取则行，行必至。

恩师是我科学研究上的启蒙老师，也是我走入科学殿堂的带路人；恩师的谆谆教诲，点点滴滴尽显师恩；恩师在科学领域的前瞻眼光和创新思维，让我终身受益；恩师对中医药的独特见解和指引，成为我追逐中医学光明路上的明灯。

戊戌年恰逢老师八十华诞，感念师恩，祝愿老师：兰芽玉笋，桃李千株；济美盈庭，德门多庆。如月之恒，如日之升；美意延年，诸事顺遂！

（付先军，2009年中国海洋大学博士毕业，师从管华诗院士，山东中医药大学教授）

感恩老师,祝福老师

▎徐 静

　　喜闻老师八十寿辰即将到来,回想老师戎马一生,飞雪连天射白鹿,笑书神侠倚碧鸳,数十寒载育桃李,报得天下三寸晖。想到奔走于天南海北的师兄弟姐妹们即将齐聚一堂为老师贺寿的盛况,心情无比激动。我怀着敬佩和喜悦的心情,恭祝老师:福如东海,日月昌明,松鹤长春,健康如意。

　　转眼间已经毕业八年了,恍惚间我仿佛又回到读书的时候,昔日的记忆在一瞬间鲜活生动起来。研三寒假,我到青岛市图书馆去看书,看到图书馆里挂着老师的照片。老师作为中国现代海洋药物研究的开拓者与奠基人,在 20 世纪 80 年代首创我国自主研发的第一个海洋药物海藻酸双酯钠(PSS),获得巨大的经济效益和社会效益,带动了我国海洋药物研究的兴起与发展。回到家听父亲说起,PSS 治疗预防高血脂高血压血栓效果好、价格也实在,老百姓负担得起,管华诗老师是咱们山东人的骄傲! 我对老师的认识,就是从那时开始的。当时我正在纠结,是要工作还是考博? 我忽然萌发了想要向老师学习的愿望,心想,如果能成为老师的学生该有多好啊! 于是,我把自己的想法告诉了父母,爸妈十分赞成,又觉得老师是名师,而我们家工薪阶层没有人认识老师,可能报考成功就读的希望不大。初生牛犊不怕虎。在我的一再坚持下,妈妈陪我带上大学期间的奖状,怀着崇敬和忐忑的心情来拜会老师。见面的时候,老师和蔼可亲、慈爱中透着威严,没有嫌弃我是海南边缘学校的学生,亲切地嘱咐我要好好复习。想到几天前在图书馆看到的偶像,现在就在咫尺之间,马上可能成为老师的学生了,现在回想起当时的场景,仍然会潸然泪下,感恩之情溢于言表。在复试时才知道很多优秀的考生都是报考了老师的博士生,冲着老师的金字招牌来的。我非常幸运地成为管老师的学生。我想,我和

2007 年，徐静与管院士

老师，和咱们中国海洋大学，就是有缘分，一定要好好珍惜。博士一年级的时光，是幸福与充满欢乐的。那时老师刚从校长岗位退下来，我们就成了最幸运的一届，可以时常当面聆听到老师的教诲。老师对于中药现代化具有大格局的思维和思路，站位和普通人是不同的。他让我对脏腑理论的认知、中药归经和现代科技手段的融合上，有了新的认知，我还收获了实验室师兄弟姐妹的友谊，历久弥新。如果人生可以停留在这个阶段，该有多好。博一要结束的时候，有一天老师问我有没有意愿出国，我当时就乐坏了，全家也都支持我。我心里对老师充满了感激，也感到责任重大，得好好珍惜好好学习，才能对得起老师的栽培。出国的时候我很懵懂，对自身的情况缺乏正确的认知，在基础实验技能匮乏、没有机会在本科硕士阶段接触大型仪器的情况下，一时处境变得很艰难，开始的几个月一直都处于水深火热之中。有一天我接到了师兄的邮件，一下意识到自己拙劣的实验技能，不仅影响个人学业，更影响到实验室一直以来海洋药物前沿的声誉和海洋大学 985 高校的声誉，当时我内心十分愧疚与悔恨。我下决心痛定思痛，面对困难，发誓无论如何也要在三个月内扭转乾坤。后来屡败屡战，不辱使命，终于做出了好的实验结果，顺利回国。时过境迁，感慨年少不更事，屡屡辜负老师的嘱托，心里时常感到愧疚与自责。工作后，我不断反省自己，如何将老师认真努力、脚踏实地做好研究的奉献精神以及对教育事业的赤诚、对学生的挚爱传承下去。老师的恩泽无时无刻不在关爱和影响着我们每一个毕业的学生，当投出申请项目的标书，专家只要看到我是老师的门生，就已经中标了。2011年我参加工作后就获得了国家基金，2013年进入教育部"21世纪优秀人才支持计划"，2014年评上了教授和博士生导师，2015年进入海南省科协青年英才创新计划，2016年被评为海南省优秀基层科技工作者，2017年获得海南省第23届青年五四奖章，今年入选海南省"515人才工程"第二层次人选。每当我展翅飞翔时，老师就是我翅膀下的风，师恩似海，因为大海浩瀚，无法估量。

回想恩师当年惠泽播春雨，喜看桃李今朝九州竞争妍。我不是老师最出色的学生，但老师是我最尊敬的恩师。在老师八十寿诞来临之际，我要把一份崇高的敬意和无尽的谢意献给老师，感谢老师恩深情重，衷心地祝福老师：身体健康，长寿安康！

（徐静，2011年中国海洋大学博士毕业，师从管华诗院士，海南大学教授）

华年与新章

▌任莉

　　我在管老师指导下博士毕业。短短的几年求学，总有一个场景难以忘怀：同学们都在纷纷发言表达自己的看法与见解，甚至会因为不同的观点而起争执，我经常偷偷看向管老师，他总是认真地听着并不时露出微笑。每次讨论管老师都会鼓励大家表达见解，充分交流，并循循善诱。他不会因为自己的学术地位而一言，也不会因为自己的权威而干预同学的意见。老师曾说自己只是一名普通的海洋科技工作者，这份平实低调让我亲身体会并由衷敬佩。

　　老师为人之谦逊，很难把他与一位成就灿烂炫目的大家相联系。他首创我国第一个现代海洋药物藻酸双酯钠（PSS）以及甘糖脂等海洋药物，并推动其产业化，由此带来了巨大的经济和社会效益，带动了我国海洋药物研究的兴起与发展。他近八十高龄依然奋战在一线，为海洋药物的深度开发而努力拼搏，真正为我国海洋制药业的兴起和发展做出了奠基性贡献。恩师在这一路上披荆斩棘，砥砺前行。药物的研发是一项需要大量经费、大量人力物力、多学科合作的巨大工程。想当初老师从水产加工专业投入药物开发研究领域壁垒之大可想而知，他背负着来自大多数人的不理解，甚至是质疑，毅然"逆水行舟"。从一间小小的由卫生间改造的实验室里起步，在缺少资金，缺少医学领域专业支持的条件下，老师除了奋力在实验室中一步步从事药学研究外，他还广泛地向医学学科的专家虚心学习寻求合作，终于使藻酸双酯钠从这间实验室华丽问世。老师深爱海洋，海洋也赋予了老师宝贵的财富。这些财富不仅是经济上的，更多的是精神和品格方面的。记得老师曾说过，海洋汹涌澎湃，却能够给人以激情，给人以遐想，给人以刺激。海洋无边无际，就像人们开阔的胸怀，能克服小团体、小利益等自我封闭的影响，容易打破学科壁

2018年，任莉与管院士

垒；长期受海洋文化的熏陶，更能容识容人。老师身体力行完美地诠释着海大的校训"海纳百川，取则行远"。

于我个人，管老师永远是既严厉又亲切的良师。他在教学的岗位上兢兢业业五十五载，创建了海洋药物学科，已培养硕士博士80余人。都言"善之本在教，教之本在师。传道授业解惑，良师犹甚"。从老师身上我收获得太多太多。其一是认真。老师对于每一次实验方法及数据都非常认真甚至苛刻。他常教育我们，科学研究是十分枯燥的，但你会从中发现乐趣，前提是要认真对待它，严谨是宝贵的品质，也是我们的责任。其二是真诚。这点我也感触颇深。作为一名已从事多年管理工作又重新进行专业提升的人，重新捡起课本难度真的不小，老师也考虑到这些情况，推心置腹地找我谈话，帮我确定。我从这些细微的事情上感受到老师父辈般的大爱。其三是求索。老师在近八十的高龄依然拥有源源不断的创新力、学习力和自我突破的动力,这些都是他带给我的宝贵财富。一个人只要永不停止学习,他就永远充满活力。

良师不是仅仅在专业知识与技术上给人启发,生活上更是一句话点醒梦中人。这世上聪明的人很多,但我觉得,管老师是拥有大智慧的人。犹记得几年前我的工作和生活仿佛进入瓶颈,经常一些小事都会给我带来挫败感,情绪也时常低落。管老师仿佛察觉出来,却又不经意地点醒我一句"不要太看重眼前的得失,眼光放长远,眼下是挫折将来回头看时你会发现都是一种历练"。管老师身上永远有种"他强由他强,清风拂山冈;他横任他横,明月照大江"的气质。我想这与他的大智慧是分不开的。他的豪迈气宇和坦荡胸怀,影响激励着身边的每一个人。他的睿智热情又清风拂面,让人感念原来我离大科学家这么近。

没有机会一睹老师风华年少时的气质,但在我心里老师有两种相悖又融合的形象:意气风发,积极进取甚至会带点桀骜不驯,但随着岁月的历练,一点点沉寂下来慢慢柔和;另一种是年少沉稳,头埋课本里专注专业,虚心求教直至现在。至于未来?老师未来仍可期。正所谓"老夫聊发少年狂。左牵黄,右擎苍。锦帽貂裘,千骑卷平冈。为报倾城随太守,亲射虎,看孙郎。酒酣胸胆尚开张。鬓微霜,又何妨。持节云中,何日遣冯唐?会挽雕弓如满月,西北望,射天狼"。

愿岁月静好,时光不老,祝愿最敬爱的管老师,身体康健,永远从容怡然。

（任莉,2017年海大博士毕业,师从管华诗院士,青岛正大海尔制药有限公司副总经理）

记我敬爱的管老师

▌王鹏

春风化雨,立德树人

管华诗老师是一位特别重视师德师风的人,桃李满天下。他认为高水平的科研团队必须要有高尚的道德修养,教师的言行举止时时刻刻影响着学生道德品质的养成;他常对我们说"先成人后成事,做人最根本的是诚信,是品质"。即使再忙,他也详细指导学生实验,耐心点评工作汇报,对每一个学生的学业都事必躬亲、亲力亲为。管老师渊博的知识、严谨的治学态度、忘我的工作精神深深影响着我们,每一个人都严于律己、品格优秀。大家都尊称管老师为"人生导师"。

2008 年,王鹏(右一)
与管院士

2008 年，王鹏（后排右三）与管院士

驱动创新，敢为人先

在研究生期间，我的研究方向是细菌胞外多糖的结构解析，管老师敏锐的学术洞察力和准确的学科预见性给予了我很大的帮助。他在海洋特征寡糖的关键技术问题上有重要突破，系统地建立了海洋特征寡糖规模化制备技术体系，并构建了国内外第一个海洋糖库，是国内糖化学研究方面的先驱。在课题研究中，我们会遇到各种预料之外的问题及难点。管老师并不会批评我们，而是引导我们如何思考和解决问题，指引我们看到问题的本质。管老师对每一个科研问题都有他自己独到的见解和解决方法，他的科研思维深深影响着我。现在我还继续从事科研方面的工作，常常会想到管老师说的"不要为了科研而科研，更不要为了发文章而科研，要解决具体问题，要解决对社会有价值的实际问题"。

知行统一，甘于奉献

在以海洋权益、海洋开发和海洋环境为焦点的 21 世纪，管老师始终以服务社会为己任。2013 年 7 月，管老师以"发现—技术—工程—产业"为初衷，创办了青岛海洋生物医药研究院，这是"产学研"联动的结晶，是管老师及团队的科研成果转化平台。我有幸成为研究院中的一员。管老师常说"做事要善始善终、知难而上，做科研要坚持不懈、坐得住冷板凳"。正是他的这种精神，使我们的团队在科研上取得了一个又一个的成就，同时也是他的这种精神，得到了社会和企业的高度认可。

与管老师相伴的这些年，是我人生中难得的财富。管老师对我们的谆谆教诲，我都珍藏于心。感谢我敬爱的管老师！

（王鹏，2008年中国海洋大学博士毕业，师从管华诗院士，中国海洋大学食品科学与工程学院副教授）

海纳百川，虚怀若谷

▌姜登钊

　　春华秋实，岁月如歌。每当聊起导师的时候，我的心中都会有一种自豪感，而认识管院士的人也都会由衷地竖起大拇指，赞一句"管院士真的是一个德才兼备的人"。导师的才华自不必说，作为海洋药物的领军人物，数十年来一直引领着中国海洋药物的发展。自 20 世纪 60 年代参加"海藻提碘新工艺的工程化"研究工作开始，导师已经在科研一线奋战了半个多世纪了。在这期间，70 年代主持完成"海带提碘联产品—褐藻胶、甘露醇再利用"重大研究课题；80 年代研制成功我国第一个现代海洋药物藻酸双酯钠（PSS），开创了我国海洋药物研究新领域；90 年代

2010 年，姜登钊与
管院士

又相继成功研制了甘糖脂、海力特和降糖宁等三个海洋新药和系列生物功能制品；21世纪以来，带领团队攻克了诸多糖类研究的技术难题，系统建立了海洋特征寡糖规模化制备技术体系，并构建了国内外第一个海洋糖库；组织完成了我国近海海洋药源生物的全面、系统调查，并主持编著了我国首部大型海洋药物典籍——《中华海洋本草》巨著（9卷，1 403万字；收集海洋生物1 479种，3 100个优选方），开拓了我国海洋中药研究的新领域。

导师的突出贡献令他荣获了迄今为止我国生物医药领域唯一的国家技术发明一等奖，以及全国科技大会奖、国家科技进步三等奖、教育部技术发明一等奖等国家和省部级科技奖励十余项。

法国诗人雨果曾说："世界上最宽阔的是海洋，比海洋更宽阔的是天空，比天空更宽阔的是人的胸怀。"我想用这句话来形容导师真的是再贴切不过了。导师曾经不止一次地跟我们提起过当年从一个卫生间改建的实验室开始的创业历程，并且也经常跟我们强调几句话"先做人，后做事""低调做人，高调做事""不要怕吃亏，吃亏是福""决定一个人的上限不是他的能力而是他的品格"。他是这样说的，也是这样做的。作为中国海洋药物学科的奠基人，他为中国海洋药物学科的不断发展，辛勤耕耘，殚精竭虑，做出了开拓性和奠基性的贡献。从20世纪80年代初成立海洋药物研究室开始，到利用专利转让费建设海洋药物与食品研究所，再到2005年成立医药学院，实现了海洋药物从本科到博士的人才培养体系；从国家海洋药物工程技术研究中心、海洋药物教育部重点实验室、山东省海洋药物研究开发协同创新中心到近年成立的青岛海洋生物医药研究院，在他的引领下，蒸蒸日上；中国海洋大学打造了独具特色的海洋药物科学研究、技术开发、工程化的研发体系，建立了海洋药物研发上、中、下游贯通的发展模式；而由他领衔筹建的青岛海洋科学与技术国家实验室，在他的主持下，打破了行政壁垒，整合了在青五家海洋科研单位的资源和力量，已经正式建成运行。

"路漫漫其修远兮，吾将上下而求索"，虽然已将耄耋之年，导师的思维依然走在时代的前沿。他经常说，"我们要吸收各种学术思想，彼此碰撞，从而产生新的火花、新的思想"。为了架起基础研究、应用研究与科技成果产业化之间的桥梁，他在七十多岁组建了青岛海洋生物医药研究院，通过机制体制创新，激发学科、人才、科研、平台等创新要素活力，打造海洋生物医药技术转移过程中的技术、工程熟化平台，提高成果转化率，推动海洋生物医药产业发展，为蓝色经济建设服务。

　　"海不择细流,故能成其大。山不拒细壤,方能就其高。"导师用他那海纳百川的雄心成就了海洋药物的不断发展壮大,用他那虚怀若谷的胸怀指引着后来者继续前行。

　　真心祝愿我的导师管华诗院士身体健康,万事如意!

　　(姜登钊,2010年中国海洋大学博士毕业,师从管华诗院士,九江学院药学与生命科学学院副教授、教研室主任)

幸福与希望

▌何珊

　　2007 年,我非常幸福地成了管老师的研究生,之所以用幸福这两个字,是因为管老师对于我们不仅仅是一位教授我们知识的好老师,更是一位亲切的长辈。

　　我依然记得,当我初次见到管老师的时候,他那双平静的眼睛,流露出洞彻的智慧,而且充满了笑意,给人一种温暖的感觉。刚开始读研的时候,我心里有些浮躁,不能沉下心来好好做实验。管老师严厉地批评了我,我永远不会忘记他对我的谆谆教诲。后来我专心致志地开展课题,管老师终于露出会心的微笑,还说这才是做实验该有的样子。我至今不能忘记他留给我的这一份微笑。年终实验室聚餐,

2012 年,何珊与
管院士

我们几个拼酒,管老师关切地问我们行不行,让我们少喝点,多吃点肉。特别是那盘基本每次必点的"红运当头",他都会微笑着让我们多吃点,他那充满磁性的笑容,让我们感受到了关怀与亲切。虽然我已经毕业快六年了,但是每次想起这些瞬间,都感觉历历在目,嘴角会不自主地上扬。

管老师对身边的任何人都带着春天般的温暖;他对身边的任何事都融入人性化的关怀,他用那纯洁真挚的心灵,聆听着我们无瑕的心声;他用那发人深省的言语,激起我们对学习的热情;他用那博大无私的爱意,在我们的心底播下知识的种子。

也许我们每个人一生中会遇到很多的老师,而只有求真务实、传播思想火种、启迪生命真谛的老师,尤值得我们去尊敬、去想念。管老师,他就是我心目中最值得尊敬与爱戴的好老师。他对生活充满着热爱之情,对人生世事充满洞见之明,是年轻人终身学习的楷模。特别是管老师那严谨的治学态度、高洁的学术人品、顽强的精神毅力,都值得我们认真学习。踏遍心田的每一角,踩透心灵的每一寸,满是对管老师的敬意。有人说,师恩如山,因为高山巍巍,使人崇敬。我还要说,师恩似海,因为大海浩瀚,无法估量。

时间无法抹去管老师对我们的帮助与支持,岁月不能掩盖学生对管老师的无限敬意与想念。我蒙承恩师的厚爱,已经踏上人生的征途。我们的恩师也迎来了八十寿辰。今天,恩师看上去依然年轻、硬朗、潇洒。

真心祝福我们最敬爱的管老师福如东海,寿比南山! 此致敬礼!

（何珊,2012 年中国海洋大学博士毕业,师从管华诗院士,山东中医药大学讲师）

陪伴

▌胡斌

我作为管院士近六年的专职秘书，和恩师共同经历了近两千天的岁月，有太多的话想从胸中喷涌出来，以表达我对管院士的敬佩、崇拜、爱戴……但几次动笔，却不知从何说起。

细想六年间，我空有药学专业背景，却由于自己的不努力，没能在科研领域给予管院士更大的协助。在管院士七十高龄，为了国家海洋药物事业再一次创业，推动青岛海洋生物医药研究院建设的时候，我又因为种种原因不能陪在老人家身边，相反还添了一些不必要的麻烦，而老人家总是以无比宽广的胸怀帮助、宽容着我。每每想到此，心中便全是深深的自责与遗憾。于是，在这个安静的夜晚，我再次回想和管院士在一起的日子，也许只有"陪伴"才是我唯一能叙述的主题。

能够陪伴管院士，也许真的是命中注定。1999 年的夏天，家里老人一句"父母在，不远游"，我的高考志愿上只填写了一个志愿——青岛海洋大学。在专业的选择上，由于电视上时常出现"PSS——藻酸双酯钠"的广告，家人知道了中国海洋大学校长是研究海洋药物的；加上高中生物、化学成绩都还不错，所以第一个就填上了"药学"。于是我走进了中国海洋大学，到了药学专业学习。开学典礼上，我第一次见到，确切地说，是听到了管院士的声音。我当然不知道以后能够那么近距离接触管院士，但我从热烈的掌声中感受到了海大新生对管院士的崇敬。

求学的几年没什么好说的，但作为一个海大学子，亲身感受到了海大的变化，除了自豪也更加深了对管院士的崇拜。硕士快毕业的一天，从一位本科毕业就留校工作的同学那里听到了可能要选我当管院士秘书的消息。第一感觉当然是不相信，直到几天后，我第一次坐在了管院士的面前。回想起来，短短十几分钟，他问了

2007 年，胡斌与管院士在长白山上

我的一些个人情况，最后让我把毕业论文发给当时的秘书谷强老师以便看看我的文笔。离开会议室好长一段时间，我几乎还是懵的，但管院士亲切的笑容第一次印在我的脑海里。又经过了几个月的忐忑等待，我终于等来了入职的第一天。当天晚上，我见到了几位"前辈"（管院士的前几任秘书）、两位司机师傅，当然还有管院士的夫人李阿姨。大家对我都很好，我真的体会到了一家人的感觉。脑子当然还是懵的，心情和中大奖了一样吧。

就从那天起，我开始了这份"陪伴"。从陌生到熟悉，每天早上，我在学院门口接院士下车，请示汇报当天安排，陪同院士出席各类会议，完成院士交代的任务，接待来访的客人；出差的时候，安排行程，熟悉第二天会场地点，陪同院士用餐、散步……渐渐地，我坐在办公室就能分辨院士的车刹车的声音，熟悉院士的笔迹，了解院士用餐的口味……也渐渐地，我开始期待院士下车的那声"胡儿"，还有他交代任务时鼓励的微笑，甚至是犯错误时严厉的批评……转眼几年过去了，我学会了有礼有度地待人接物，学会了高效有序地组织会议，学会了从更高、更全面的角度分析处理问题……我不再是刚毕业时傻傻的"无知少年"，而这一切来自我对于校长的"陪伴"。校长用他平日的一言一行教育培养了我，使我这个他老人家最不成器的学生和秘书也有了如此的改变。2012年，我从校长秘书的职位来到了医药学院办公室的岗位，来到校长一手建立的学院。我很开心，协助校长选择了现在的秘书孙杨，看到孙杨近几年的成长，在为他高兴的同时，有些时候还是羡慕他能够常常陪伴在校长身边。有人说，陪伴是最长情的告白。今后的日子，我定会竭尽所能地做好工作，保障医药学院教学科研正常运转，为学院的发展，为国家的海洋药物事业，做出自己应有的贡献，这也算我对校长继续的"陪伴"吧。当然，如果能重来，我一定会多陪伴校长几年。

写作最重要的是真情实感。按照这个标准的话，这一定是我用心写过的最好的文章。以此献给我最敬佩、崇拜、爱戴的管校长。祝老人家福寿安康，万事如意。

（胡斌，2006年中国海洋大学硕士毕业，在读博士，师从管华诗院士，中国海洋大学医药学院办公室主任）

饮水思源,不忘师恩

▌邱培菊

　　我的导师是敬爱的管华诗院士。他是将无知的我带进宽阔的科研之路的导师,也是教我做人做事的人生导师。

　　2005 年 9 月,我踏入了海大的校门,成为一名药物化学专业的研究生,一直憧憬着我的研究生导师会是一位怎样的人物。当师兄们告诉我,我的导师是管华诗院士时,顿时欣喜之情溢于言表。我竟有如此的运气和缘分能成为管院士的学生,为此感到无比的荣耀与自豪。通过十几年的相处,我更是被管院士的人格魅力、宽广的胸怀、敏捷的科研思维、博大的人生格局、强烈的社会责任感所深深折服。他的言传身教深深地影响着我的人生。

　　管院士是海洋药物前行路上的掌舵人。他早在三十多年前就已经认识到海洋资源是人类健康的宝藏。他在国内率先开启了"向海要药"的路程,更是在无比艰苦的条件下研发了我国第一个海洋药物藻酸双酯钠(PSS),并通过对 PSS 的深入研究,开发了多个新功能产品,为人类的健康做出了巨大贡献。在此基础上他又先后开发了甘糖酯、海力特和降糖宁等海洋药物,并构建了国内外第一个海洋糖库。他主编了我国首部大型海洋药物典籍——《中华海洋本草》。近年来更是顺应国家海洋强国战略步伐,首创性地提出"蓝色药库"计划,利用智能超算技术助力海洋药物开发,大大推进了海洋药物开发的进程。他的高瞻远瞩和大格局必将在中国海洋药物研发史上抹上浓重的一笔。

　　管院士是一位热爱科研工作的科学家。他总教导我们,一个人无法完成重要的科研工作,要非常重视团队合作。他会穿着白大褂亲自在实验室做实验,告诉我们实验台上物品的整洁度和干净度可以反映一个学生实验结果的可信度,要用数

2011 年，邱培菊与
管院士

据说话，要时刻保持严谨性。为提升我们的科研思维，管院士特别强调要我们重视研讨会，认真聆听专家们的研讨。他自学英语，能在国际会议上做科研报告，让我们年轻人汗颜。功夫不负有心人。经过多年的努力，管院士做了无数开拓性、源头创新性的工作，他用言传身教告诉我们作为科研工作者要具备踏实的工作态度、敏捷的科研思维、与时俱进的创新精神、高效的团队协作能力。管院士用实际行动激励着我们不断向前。

管院士是一位胸怀天下的智者。能力有多大，社会责任就有多大。他在耄耋之年坚持每天上班，风雨无阻，为推进项目顺利进展，不辞辛苦赴外地出差，甚至带病上阵，让年轻人都自愧弗如。本是颐养天年的年纪还能如此拼搏，内在驱动力是什么？我想是社会责任，是将"产学研"充分有机结合，将科技成果转移转化，真正服务于人民大众，提高中国健康产业水平的社会责任！管院士心系大家，也关爱学生们这个小家。工作和生活中，管院士给予了我们充分的尊重，也默默地给予了我们春风般的关怀。他似一棵大树，为我们遮风避雨。他拥有同理心，凡事都替他人着想,广积善德。他说话富含哲理,如叮咚泉水般滋养着我们的心灵。他的人格魅力光芒万丈,光辉灼灼。感恩有你,我敬爱的导师!

管院士是祖国的栋梁,是支撑起我们一代人的脊梁!值此管院士八十大寿之际,真诚地祝愿管院士身体健康,工作快乐!

(邱培菊,2011 年中国海洋大学博士毕业,师从管华诗院士,青岛海洋生物医药研究院工程师)

有幸做管院士的学生

▌许福泉

2006 年，因为对管院士的敬仰与崇拜，忐忑中学生参加了中国海洋大学博士入学考试，在幸运之神的眷顾下，进入管院士的研究团队并成为管老师亲自指导的学生。

博一时，首次接触中药归经，管老师鼓励我要多看文献、多读资料，在老师的指导下，我对归经有了基础认识，然后就迫不及待要开展实验。仔细回想，当时离

2009 年，许福泉与
管院士

老师的要求还差太多,老师允许我开题、实验,完全源于老师对小辈的"溺爱"——在学习中自由探索。博二时,我小腿摔骨折,老师知道后,完全不提实验损失,而安慰我好好养伤。在我石膏拆除回实验室后,老师又多次嘱咐我注意腿伤。在老师100次纠正而我101次跑偏中,博士学习接近结束,老师利用一切可能的时间对论文答辩进行指导,仅我个人的PPT老师就改了6次。离校前夕,老师送了一句话给我:认认真真学习,踏踏实实做事。四年前,家父确诊肠癌肝转移,老师知道后,反复说:"怎么会这样,怎么会这样……"感受着老师的着急,感受着老师的关切,我泪如雨下。

工作后,我小心留意管院士的消息:参加会议、接受采访、荣获赞誉等。管院士的忙碌与活力,让我想起踮着脚小跑下楼梯的前辈;管院士的坚持与成功,让我想起中午到实验室拿玻璃棒做实验的先生;管院士的洒脱与优雅,让我想起雨中不打伞慢慢走过的长者。感谢管院士在学生学习中的指导,老师的睿智渊博、高屋建瓴,帮一个愚钝学子完成学业;感激管院士在学生人生道路的引领,老师的乐道练达、举重若轻,让一个懵懂顽童看到努力向前的灯塔;感恩管院士给予的情感依靠,老师的古道热肠、急人所困,是学生人生海洋永远的暖流。

有幸做管院士的学生,是我最骄傲的事!。

恭祝管院士八十寿诞快乐!身体健康!阖家幸福!

(许福泉,2009年中国海洋大学博士毕业,师从管华诗院士,淮海工学院讲师)

致敬恩师

▌杨雪

　　光阴荏苒，日月如梭。转眼我已毕业五年了，许多事情，回忆起来，历历在目；许多教诲，回想起来，犹在耳畔。还记得那是 2006 年，初生牛犊不怕虎，我慕名从沈阳来青岛报考管老师的研究生。初见时感觉老师很有领导风范，再接触又感受到老师的平和亲切。我很有幸在中国海洋大学跟着管老师学习了七年，最难忘老师的谆谆教诲和实验室的点滴生活，现在回忆起来所有的画面还是那么鲜活。记忆中，老师极少批评我们，总是赞扬、鼓励和信任。2012 年仿佛还在昨天，博士答辩前，老师百忙之中耐心帮我修改论文，至今我还保留着那些珍贵的手稿，每每看到都感到无比的幸福和亲切。

　　管老师教书育人五十五载，桃李满枝溢馨香。他把毕生的精力都无私奉献给了海洋药物，一直重视人才培养和学科发展，以特有的号召力和凝聚力，做出了很多前瞻性的布局，在七十五高龄时创立了青岛海洋生物医药研究院，一直在"产学研"的道路上勇往直前。老师对海洋药物事业的那种执着，那种严谨求实、淡泊名利的科学精神，宽厚待人的处世之道，严中有爱的工作作风，都深深印刻在我的脑海中。"共和国老一辈教育家"这个崇高的荣誉，是对老师的杰出成就和卓越贡献最充分的肯定。八十年的风雨历程，老师走过春华秋实，收获了别样人生，如今虽两鬓斑白，却壮志不已。

　　作为在学术、管理上辛勤耕耘的一位学者，老师所经历的风风雨雨，学问上、生活上，都会给我们很多启示。管老师身上所展现出来的最突出的精神就是执着和奉献，需要我们努力传承下去。"善歌者使人继其声，善教者使人继其志"，管老师总跟我们说"先做人，后做事"，他教会了我们要懂得感恩、学会奉献、担当责任，

2012 年,杨雪与管院士

这是我们一生都受用不尽的财富。老师是我最尊敬的学者和长者,他的言传身教、知人善任,时刻影响着我,伴随着我走出校门、走向社会、走上工作岗位。毕业后,一路伴随着老师的鼓励,享受着老师的恩泽,珍存起老师的关爱,我在为人、处事、工作等方面逐渐成长、成熟起来。我越来越体会到,能做管老师的学生,真的是我的福分,是我的幸运,我从心底深深感到幸福和自豪。老师教给了我很多,我能做的就是努力提升自己,认真工作,为研究院的发展贡献绵薄之力。

德为世重,寿以人尊,德艺双馨,桃李芬芳。老师是大海,包容不断;老师是导师,诲人不倦;老师是长辈,关爱连连。管老师八十大寿的日子,也是学生感恩的日子。师恩似海,此时此刻,无法用语言来表达对老师的感激之情,只要我的心还在跳动,就永远忘不了老师的培育之恩。衷心祝愿老师身体康健,福寿绵绵。

（杨雪,2012 年中国海洋大学博士毕业,师从管华诗院士,青岛海洋生物医药研究院工程师）

我敬仰的恩师

▌胡婷

　　时光荏苒。转眼间，我跟随管老师学习工作已近十年。至今，第一次见到管老师的场景依然深深地镌刻在脑海里。那是 2009 年，我有幸成为管老师的研究生，老师第一次与我们新生见面。晨光中，管老师身形伟岸，精神矍铄，和蔼可亲。老师第一次教育我们——先学做人，再学做事。在我整个求学以及迄今为止的工作生活中，老师亦常常叮咛告诫，并用自己的言行诠释着对我们的这一教导，教我们

2017 年，胡婷（左四）与管院士

如何做一个善良诚信的人、踏实勤奋的人、敬业奉献的人。

很多人的一生是被一位老师改变的，一个人遇到一位好老师是人生的幸运。于我而言，管老师就是我人生中最为尊敬的老师，非授之以发肤，而是授之以智慧。老师培养了我基本的科研素养：通过课题研讨和数据分析，助我树立严谨求实的科学研究态度；通过字斟句酌修改书面报告，助我提升系统高效的逻辑思维能力；通过传授大量文献的阅读方法，助我快速扩充知识储备容量。类似躬亲授教之事，不胜枚举。从整体到细节，从大处到小处，指引曾经莽撞懵懂的我走上了科研之路。可以说，我的每一点进步和成长，都离不开老师的谆谆教导。

师者，身教胜于言教。曾经，我们陪同管老师参加学术交流，老师不顾一天旅途的疲惫，晚上还为我们审核修改第二天会议发言材料，事无巨细，治学严谨；当我们工作遇到瓶颈或有所失误时，从未见老师严责于人，而是与我们笑谈往昔科研工作中的曲折与成功，给予我们莫大的包容和鼓励。犹记毕业那天，老师对我的鼓励和殷切嘱托，每每想起，总是令我情不自禁泪盈于睫。有感于老师瀚如星海的渊博学识，有感于老师宽以容众的非凡气度，有感于老师年逾古稀仍砥砺创新的开拓精神，有感于老师谋海济国的赤子情怀，有感于老师精业济群，毕生致力于海洋创新药物开发的坚定信念。恩师就是这样一位淡泊名利、崇德守朴、勤恳敬业、德高望重的共和国老一辈教育家，是我毕生追寻和学习的榜样。

桃李不言，下自成蹊。如今，恩师近耄耋之年，不渝初心，依然奋斗在海洋药物开发探索的前沿。学生愚钝，尚不成器，然能追随恩师的步伐，甚感庆幸。学生蒙恩数载，实无以为报，唯有铭记老师教诲，在今后漫漫人生路上，坦荡为人，踏实做事，为海洋药物研发事业努力奋斗。祝福我敬爱的管老师身体健康，事业顺遂，福寿绵长！

（胡婷，2014 年中国海洋大学博士毕业，师从管华诗院士，青岛海洋生物医药研究院工程师）

我的恩师

▌李鹏丽

斗转星移，时光荏苒，转眼间毕业已有五载。每每念及导师，我心里都充满了无限的感激和敬仰之情。恰逢恩师八十大寿，借此机会对导师表达感激之情，感激他对我为人处事上的谆谆教诲之恩。

2004 年 9 月，我毅然在高考志愿单里选择了中国海洋大学药学专业。我告诉家人，"我喜欢做实验，喜欢药学研究"。而那时的我对药学科研的理解还非常浅薄片面。新生军训结束，站在队列里，远远地看到恩师坐在车里跟所有新生挥手打招呼，那是我第一次见到老师——中国海洋大学校长、中国海洋药物的奠基人，一股敬意油然而生，让我更加坚信自己的选择是正确的。2008 年，我有幸获得了免试硕士研究生资格，更加有幸成为他的学生。至今，我依然记得班主任韩峰老师对我的叮嘱"作为管老师的学生，要更加努力认真"。因此，我时刻告诫自己要努力学习，踏实认真，跟着老师和师兄师姐们走好每一步。

研究生期间，既期待又害怕的就是不定期地跟导师工作汇报。期待是想听听他对实验课题的指引，害怕是担心自己做得不好辜负他的期望。他永远都是那么和蔼，包容我实验中的不足，给予我高瞻远瞩的指导，让我能够在迷茫的科研中重新找到方向。导师在科研学术上的高度，是我们所无法企及的。在实验过程中困惑我许久的问题，经过他的指点便会豁然开朗，很快便会迎刃而解。导师在为人处事上的风范，更是我们终身受益要不断学习的。导师平日工作繁忙，但他总是以宽容的心胸、平和的态度对待身边的每一个人。我庆幸师从于他，让我对所学专业有了更深的认识，从专业启蒙继而学业有成，这份恩情学生一辈子铭记于心。

流水淙淙，秋风改变了他年轻的容颜；岁月悠悠，时光没有改变他健朗的体

2010 年,李鹏丽与
管院士

态,恩师开创拼搏的精神依旧抖擞。在我心中永远珍藏着这份亦师亦父的师生情,永远葆有着这份启蒙教导的感恩心。感恩学业中师承于恩师,他的胸怀、他的韬略、他的为人处事,都是我此生努力学习的楷模。感恩之情溢于言表,学生唯有更加努力工作,秉承"海纳百川,取则行远"的校训和"正德惟和,海济苍生"的理念在专业领域内勤学苦练,扎实掌握专业技能,不断提高专业素养,不辜负恩师的教导和期望。

金秋八月恰逢恩师八十大寿,学生恭祝恩师福如东海,日月昌明;身体康健,万事如意!

(李鹏丽,2014 年中国海洋大学博士毕业,师从管华诗院士,青岛海洋生物医药研究院工程师)

父辈的旗帜

▌孙杨

　　人生如一本厚重的书,扉页是我们的梦想。有的人读他,是一首华彩的诗篇;有的人念他,是一位大爱无疆的长者。在我心中,他是一本永远也读不完的厚重的海洋梦之书。他代表着一种大思想的传递,一种精神的传承。他是父辈的旗帜。

　　初从恩师读书,正是向共和国建国六十周年献礼的《中华海洋本草》出版发行,和他荣获国家技术发明一等奖前后。念想一位集各种科技界最高荣誉于一身的科学家,一位职掌一所大学十几年的老校长,是一个怎样的传奇和神话。留校始,向恩师报告入职手续已办理完毕,记得他说:"欢迎你正式加入,我们一起做点事。"一句朴实的话,让我倍感荣耀,这份无私的信任,定义了我的人生。

　　有幸跟读恩师,毕业后又在恩师身边工作,我亲历一幕幕故事和细节。在恩师的身边,我总是在思索一个问题,耄耋之年躬耕不辍,他在追寻着什么?受限于认知、经验和阅历,我对事物的理解远远不够,但有机会能思考、感悟此事,已是人生一大幸事。

教育家的品格:引导学生不断叩问内心

　　作为学生,现在又是他的直接部下,我一方面尽心尽力做好院士的秘书,协助院士处理好日常工作事务,同时很幸运能做一个恩师工作、生活的记录者。在他身边,见识了太多的春风化雨和润物无声:他会在用完会议室后,为了不让我们费时而自己动手将门窗关闭;他会在我们出差要联络车站贵宾室时,教导我不要给人家添麻烦,自己排队、候车;在散步时,他告诉我待人最重要的是真诚,做事最重要的是认真。在他身边工作,经历了太多访客初见时的紧张和离别时的欢畅;体味了太

2012 年，孙杨与管院士

多他漫不经心的一句话，让人茅塞顿开和拜为箴言；感受了太多他对朋友慷慨解囊和帮助后产生的由衷感激；见过了很多迷茫的人在他的言传和身教下被激活；见识了很多在常人看来困局、矛盾之事，用他的智慧得到合理的推进和解决，取得多方共识后共赢的第三条路径。

关于恩师对研究生论文的选题，学生们都有一个普遍感受：导师不会简单地只给我们确定性的题目去完成，而总是定一个大致方向，鼓励我们自己探索，在与他反复的交流和讨论中再确定论文题目。导师的学生，研一不进实验室，而是大量阅读文献，形成综述。读研伊始，这会让习惯了应试教育的我们无所适从。毕业学成后感念，原来导师是想让做研究工作的学生，自己更多地担负起选题的主要责任，这样成功的可能更大。因为这样选出的题目，学生会感兴趣，会更上心和主动地进行研究，因为这是自己的选择。

工作很长一段时间，我把自己置身于一种规律的忙碌和踏实中。恩师敏锐地觉察到了，但并没有明确地告诉我要如何做，只是在适当的场合下提醒我：做事要先粗后细，应该跳出所从事的工作和繁文缛节，俯视自己的工作：哪里做得好，哪里做得不好，有哪一个大块的工作没有铺开，不可只让自己在细节中不断打转。只有这样，才能获得更大的收获。智者的点拨言犹在耳，启迪着我如何做人做事。

在很多事情上，他一直是这样，不会马上给予我们现成的选择，而是引导鼓励着我们不断思索，不断叩问内心，做出自己的最佳判断。

德国哲学家费希特说："教育必须培养人的自我决定能力，而不是去培养人们适应传统的世界。教育不是首先着眼于实用性的，不是首先去传授知识和技能的，而是要去唤醒学生的力量，培养他们的自我性、主动性，抽象的归纳力和理解力，以使他们能在目前还无法预料的未来局势中做出有意义的选择。"我想，在对我们的教育上，恩师在让我们做出这种有意义的个人选择方面，为了我们付出得更多。

科学与人文：求真与求悟的博物情怀

科学研究工作者是活到老，学到老。在恩师看来，必须让自己时刻跟得上知识和学术的发展。

学术报告是体现他科学思维的一种形式。回想每次准备报告文稿，他都会跟踪最新、最前沿的科技信息，做到内容新颖，并综述领域内的历史、趋势和进展，力求给人深层次的启迪。他强调数据积累的重要性，认为数据是自然和生命的一种表现形式，通过对科学数据的分析和挖掘，可以获得对自然、生命和行为的认识，进而收获信息与知识。对报告中的每一组数据，他都会详查、对比分析。每一个启示、观点和结论，他都会仔细斟酌，反复推敲。他还会广泛征询相关教授的意见，以获得最大范围的共识，并提前促成某项工作先行。他严谨的治学态度，对科技信息的重视和敏感性，以及多年深耕海洋药物领域的系统集成，往往就催生出一个个新的科学认知。"中国蓝色药库"战略构想的提出就是生动实例。

系统体会到恩师的人文情怀，是 2011 年恩师在"科学·人文·未来"论坛上题为"21 世纪，建设一个人海和谐的文明海洋"的报告。他从海洋的立场出发，将海洋拟人化，综述了海洋的贡献、海洋的烦恼，并提出海洋的期盼：建设一个人海和谐的文明海洋。他认为，"海洋是人类生存发展的第二空间"，意味着在向海洋发展过程中，要以海洋为基点来设计人类开展活动的模式、行为方式及交往方式，亦即从海洋而非从陆地的角度来安排家园建设。他胸怀着海洋，并且按照他总结的"开放、有序、沟通和交流"的思维方式在做事。此后,恩师主持了中国工程院重大咨询项目《中国海洋工程与科技发展战略研究》子课题"海陆关联工程发展战略研究",在组织人文社科学者参与的战略咨询课题时,展现着他对海洋的整体认知,提出陆海统筹、海陆联动的概念和观点,体现着他作为一个学者对海洋的科技和人文关爱。

科学家大都有着博物情怀,在他身上体现得亦十分明显。无论是在外出差,还是在海大的校园里散步,恩师经常会提到这个花的名字、那棵树的历史,并娓娓道来与之发生的故事。他所叙述的这类小故事,结构清晰,叙事性强,生动而形象,并辅有大量的例证。由此阐述出的颇为自然的观点,总让人心悦诚服。我想,这是他科学思维和人文情怀融合的一种体现吧。

恩师从教五十周年时曾说:科学是探索,成功与失败并存。对探索者而言,失败的打击、成功的喜悦、总是反复循环,这恰恰培养了人的忍耐、包容、宠辱不惊、善于思考、善于总结、善于与人合作、愿听别人意见等可贵的科学品质,磨炼并养成了人的科学思维方式,培养了人的科学精神。

科学追求的是真,给人以理性,科学使人理智;人文追求的是善,给人以悟性,人文中的信仰使人虔诚。我想,他是在用科学的精神延展人文行为实践,并形成了某种艺术。

创业再逐梦:建立青岛海洋生物医药研究院

在葡萄牙最西端,也是整个欧洲大陆最西点的罗卡角上,耸立着一座天主教碑,上面刻写着葡萄牙历史上最著名的诗人卡蒙斯的名句:陆止于此,海始于斯。说尽了这里的一切。15世纪末到16世纪初,欧洲人开辟了横渡大西洋到达美洲、绕道非洲南端到达印度的新航线以及首次环球航行的成功,史上称为"大航海时代"。那是一段属于探险家的历史,至今仍让无数人向往乃至血脉偾张。而青岛海洋生物医药研究院,则是我的恩师作为冒险家,开辟的另一个"大航海时代"。

研究院建立的目的,是着力贯通"科学→技术→工程→产业→市场"的链条,构建起链接上游科研机构和下游企业之间的桥梁和纽带。它是海大在国家海洋药物工程技术研究中心和医药学院的基础上创办的,按现代企业制度管理、具有独立法人资质的海洋药物研发协同创新基地。研究院主要从事海洋创新药物与海洋大健康制品的研究与开发,以及高科技主导下的各种技术转让、咨询与服务。在恩师心中,研究院应建设成为海洋生物医药产业新技术、新产品的创新源头与孵化器,成为引领行业发展的技术引擎、辐射源,成为本领域国际的学术交流中心。

在开始酝酿成立研究院这个事情时,他反复征询大家的意见。当时有两种意见,一是为他的身体健康考虑,很多人建议不做,因为他很认真,此事极难,前景难料;二是从海洋药物学科和产业发展的角度,走出去意味着破颈发展的可能。他认为:与海洋资源的质与量相比,海洋药物的贡献还远远不够;学科之间固有的形态和壁垒限制了事业前行;应用学科的科技工作者,不应该只在实验室里,而应走出来大胆探索;应用学科产生的科技成果,也不应该躺在图书馆的柜子里,应走出来主动接受市场的检验……于是,他成为中国历史上为数不多的年龄颇长的创业者。其实,大家也知道,任何不同的建议,都动摇不了他的决心,改变不了他内心认得准、判得对的方向。

他坚持研究院的建设和发展既要顶天、又要立地:"顶天"就是推进源头创新,努力在科技研发和关键技术上取得重大成果;"立地"就是要用新产品、新技术引领行业发展,把科技成果转化为现实生产力。他坚持"科技研发和技术服务"双轮驱动的宗旨,围绕技术创新和体制改革,打造创新型的研发机构。为打破学科之间固有的壁垒,他以产品创制和技术创新为导向,牵头设计了六大产品研发平台和四大公共技术平台,以促进学科交叉,强化技术嫁接与融合。不仅如此,还和他商业学科、工商界人士密切融合,了解科技成果的市场真正需求究竟是什么,探寻"以市场为导向"的真正内涵。他组织了一支以海洋生物医药科技成果转化和产业化为核心任务的创新创业队伍,为了技术革新和加速药物成果产出,他倡导构建"基于智能超算耦合生物学实测的海洋药物虚拟筛选技术体系"为代表的核心技术体系。在这个平台上,各种科技思想、技术创新、产品思维、商业模式、资本意识等观点不断碰撞、融通,凝结成助推发展的合力。

他不断坚持着科技创新和模式革新,着力探索海洋生物医药工程技术背后的科学问题,尝试在实现以科技创新引领产业发展的道路上不断探索。他提出的青岛海洋生物医药聚集开发计划,就是他"产学研"思想深度融合的体现,即在青岛,每年同时部署十个一类海洋创新药物、十个2~6类化药和海洋中药(含原有技术的改良升级、改旧创新)、十个高端引领性的海洋功能制品。这一计划核心思想是"聚集开发",是政府引导下的社会资本的主动介入,为的是实现海洋生物医药科技成果梯次、井喷产出的态势和良好局面。他提出,聚集开发计划,应用非传统的思维执行,用非常规的组织模式实施。也许,这与业界、商界达成统一共识尚需过程。但他所希望为"产学研"融合走出一条非凡路径的决心,始终如一。

在研究院的工作中,从他身上看到的是他内心的洞察、执着与坚毅,看到的是他的坚定认知和坚强的领导力,看到的是他"行到水穷处,坐看云起时"的思想和行为魄力,以及"不畏浮云遮望眼,风物长宜放眼量"的态度和精神追求。他就是这样,始终有个清晰的目标,然后,执着地迎上去。我们期待着,把 PSS、海洋寡糖等海洋药物织就的这一年轻旗帜,牢固地植根于百年药学学科的土壤上,再发芽、结硕果,在新时代造福世界。

偶然习得一段话:"一个大学、一个时代、一个民族最宝贵的财富,莫过于独立、自由的精神,以及这些精神滋养出的伟大的人。他们各自躬耕于自己的领域,抵御住世俗的狂躁,专注于跟从内心,理应值得我们肃然起敬。"这就是父辈的旗帜,这面独立和自由的旗帜,代表着"海药人"最美好的一面。父辈旗帜的力量和精神,鼓舞着后辈、激励着后辈。愿旗帜永远飘扬,愿恩师耄耋之年健康、平安、快乐!

（孙杨,2012 年中国海洋大学硕士毕业,在读博士,师从管华诗院士,中国海洋大学党委校长办公室秘书）

人生楷模，当如恩师

▌夏萱

　　自大学四年级有幸得见，蒙管院士赏识成为他的学生，毕业后又同他一起工作、创业，算来已近九年。值院士八十大寿之际，作为在他身边参与了十分之一人生的学生，给恩师说说心里话，总有些近乡情怯之感。

　　踟蹰执笔，遥想当年。在我迄今三十年的人生里，我的学业和事业仅经历过两次重大自主选择，一是读研申请做管院士的学生，二是毕业选择了留下。当时的我，并不知这两个选择的深远意义。时至今日，我学会了觉察自我的成长，学会分析我如何成为今天的我，才体悟到人要有所成就，点睛之笔往往不在于自身的努力。遂常有感叹，我有此造化得遇恩师的教导与提携，何其幸哉！

　　恩师不仅是"传道授业解惑"之师，更是改变我命运的贵人。九年前在医药学院 A 楼二楼会议室的匆匆一面，恩师干脆利落地给了我准入券，新世界的大门向彼时的丑小鸭倏然打开。之前的我，从未幻想过变成天鹅，更从未想过丑小鸭有变成天鹅的机会，而硕士期间恩师对我的鼓励与支持，给了我充足的自信和挖掘潜能的理由，让我有了挑战高峰的勇气。临近毕业时，恩师又给了四处求职的我一个机会，让我留在了他的身边工作。丑小鸭懵懵懂懂踏足，凭着一股子执着和蛮劲横冲直撞，转眼六年过去，天鹅虽未长成，好歹已敢于冲上蓝天。

　　蜕变之路是艰辛的，但好在我一直有恩师的引领与扶助。作为院士，恩师的学术地位和造诣自不待说，更让我慨叹的是恩师的为人。记得 2014 年，恩师重启四个保健食品的产业化工作，亲自带着我们重新解读和改良配方。那时候，我们常穿着白大褂，在 A 楼的会议室解构配方，观其色，闻其味，力求找到最佳原料和配比。恩师教我用四角法混匀，一丝不苟地重复着简单的混合操作。在此之前，我从未想

2012年，夏萱与
管院士

过一位院士竟会亲自动手做这样的实验；联想到身边诸多眼高手低的年轻人，特别是联想到自己在取得一些小成绩时的沾沾自喜、洋洋自得，不禁惭愧万分。

2013年7月，恩师筹备注册成立青岛海洋生物医药研究院，2014年7月正式运营，恩师的工作强度陡增。无数次看到恩师晚上七八点钟还没吃上饭，无数次逢年过节听说恩师又没有休息。这几年，恩师同我们欢聚的时间越来越少，憔悴的时候却越来越多。然而，再疲惫，再艰难，恩师对我们这些学生总是和蔼可亲。我在工作上遇到迈不过去的坎，受了觉得天要塌下来的委屈，只要找到他，他总会鼓励、总会宽慰，还会告诉我他曾经的处理方式。我的母亲来青岛，恩师都会过问行程，关心她是否过得愉快……恩师说这都是小事，而这些小事对年轻的我来说都是震撼。此后我每日三省吾身，自问工作是否尽心尽力，待人是否恭敬真诚。若谓人生楷模，当如恩师。

九年弹指一挥间。回首来路，是恩师锻造了我，改变了我。想恩师从教五十五年，又锻造了多少人、成就了多少人？这大海般的事业，学生感激涕零。

拜谢恩师！愿恩师福如东海、寿比南山！恩师的远大理想，学生不才，唯愿鼎力！

（夏萱，2012年中国海洋大学硕士毕业、博士在读，青岛海洋生物医药研究院市场部部长）

祝管老师身体康健

▍王世欣

在喜迎管老师八十大寿之际，首先祝愿老寿星，松鹤长青，春秋不老；福如东海，日月昌明！老师作为共和国老一辈教育家，是对全民族做出巨大贡献的人，作为老师的学生，借此机会来说说学生的心里话。

时间如白驹过隙，来到中国海洋大学已经快九年了，是缘分安排我做了管老师的弟子，是我生命中非常荣幸的事情之一。初见管老师，笑靥，温润如玉，恰似寒冬腊月的一场暖阳；话语，谦和而温暖，宛若拂面而过的一缕春风。至今，老师的教

2012 年，王世欣（左三）与管院士

导犹在耳边,工作中生活上已不记得老师多少次的谆谆教诲:"提高效率干有用的事情""年轻人该多学多看""低调做人,高调做事""凡事要举一反三"……也记不清多少次老师鼓励我:"实验没有一次成功的,要吸取教训,总结经验,从头再来。"学生生涯其实是我比较困难的阶段,学习工作开展并不好,但是管老师并没有放弃我,而是在百忙之中时时关注我的学习情况,定时听取报告,给予鼓励,这让我一直心怀感激,充满动力,保持着执着追求学术之心。博士毕业后我又留在了老师身边,现在工作越来越顺利了,老师说我像变了一个人,其实是老师一直的信任让我变得越来越好。每天只要想到有老师的期待,工作上就保持着满满的动力,希望在未来的工作中多为研究院、多为老师分担一点儿……

我的老师,已经八十岁高龄了,依然奔波在新药研发第一线;虽然功成名就,却依然奋斗不已。

我的老师就是我的榜样。

（王世欣,2015年中国海洋大学博士毕业,师从管华诗院士,青岛海洋生物医药研究院工程师）

写给我尊敬的导师管华诗院士

▌李全才

2015年，李全才（右一）与管院士

海纳百川，取则行远。

壁立千仞，立地擎天。

寻理求真，正德惟和。

悬壶问药，海济苍生。

黑发积霜，已织日月。

粉笔无言，尽授春秋。

春来桃李，播遍千圃。

秋去硕果，落满神州。

谆谆教诲，不敢言忘。

薪火相传，上下求索。

（李全才，2015年中国海洋大学博士毕业，师从管华诗院士，青岛海洋生物医药研究院工程师）

心怀美好，处处皆景

❚杨文哲

　　记得第一次与管老师相遇，是在 2013 年 4 月份。当时，我怀着忐忑不安而又无比激动的心情参加了中国海洋大学医药学院研究生调剂复试。复试当天，作为上午面试组的倒数第四个考生，就在我抱着"已经中午了，面试速度应该加快，老师们应该也不会提太多问题"的侥幸心理时，突然，走廊里传来了稳重的脚步声，大厅里的嘈杂声音也戛然而止。我坐在小马扎上猛然回头，但见一位长者，高大魁梧，精神矍铄，身披黑色大风衣，头戴黑色鸭舌帽，右手提着黑色公文包，气度不凡，沿楼梯徐步向上走来。"这不就是旁边墙上照片那个人吗？"我旁边的考友小声说道。"是管院士！管院士来了！面试肯定要变得严肃而又艰难了！"又有另一位考友紧张地嘟囔道。由于我本科所学专业为化学工艺，对药学学科的了解可谓知之甚少，仅限于面试前两周的熬夜突击，内心无比煎熬。待我进入考场时，只见教授们坐了一圈，不由得让人想起法庭开庭的场面。我按照准备好的腹稿开始了自我介绍，就在我讲到自己的籍贯是山东德州的时候，管老师突然发话了，而且是一句标准的"德普"——"德州普通话"："哎哟，还跟我是老乡啊。"顿时，场内严肃紧张的氛围伴随着院士的"德普"和教授们的笑声而散去，我的内心也轻松了，并以非常放松的心情完成了面试。面试过程中，我提到了自己虽然不是药学背景，但本科所学的化学工艺与药学在很多方面有交叉，并表达了如有幸求学于海大，自身或可发挥化学工艺方面的基础与特色的愿望。同时这一点也是我极为担忧的，因为跨专业的学生在考研时往往不受待见。然而，出乎我意料的是，管老师却对我的观点给予了肯定。最终，我如愿以偿，顺利成为一名中国海洋大学的学生，并且有幸成为管老师的学生。从化工这个"传统产业"到海洋药物这个"新兴产业"，因为遇到了管老师，我顺利完成个人的"新旧动能转化"，在实际工作中也深刻领略到学科之间交叉协同的重要性。研究生面试是我第一次近距离接触到管老师，与想象中的那种威严的样子不一样，他是那样的和蔼可亲，那样的平易近人；并且，管老师那种包容的胸怀，如同海大校训那样，海纳百川，如此博大。

2015年10月，青岛市组织召开高端发展论坛，管老师应邀做了题为"海洋生物医药产业发展现状、趋势与建议"的报告。早就听说管老师对待工作极为认真，而这次在该报告的成文过程中，我深切体验到了管老师对待工作的认真程度。管老师先是在白纸上，亲自用笔写下一页页内容，画出一幅幅示意图，我们再将相关内容制作成PPT。在后期的不断完善过程中，对于每一部分内容，管老师都反复推敲，字斟句酌，甚至具体到每一个标点符号。管老师在执笔时，精神是高度集中的，我在进去添加茶水时，管老师仍沉浸在对文稿的思索中，竟浑然不觉有人进出。在临近报告的前几天，管老师曾修改材料直至晚上八点多，当抬头望到窗外，才发现时间已晚。管老师笑道，是自己看错了表。随后，一包方便面，一根火腿肠，一袋榨菜，便成为这位年近八十岁老院士的美味晚餐。匆匆吃完，管老师便又深深沉浸到文稿审修当中。在此过程中，我第一次全面、系统地了解了海洋药物的历史与现状及未来的发展趋势，更是第一次明白了以后应该如何对待工作。

管老师曾谈笑道，自己现在"睡得好，吃得香，就是运动不达标"。因此，管老师在上班时，只要天气适宜，总会先绕着浮山研究院大楼散散步，转几圈。散步之际，会时不时地评论一下周边的美景，"小杨，你看这棵树，独自成景，长得真好"，"你看这个小院，多有特色"。其实，对于很多人来说，这些景物在平日里匆匆而过都无暇多看一眼，然而管老师却有一双善于发现美的眼睛。经管老师一提，我才恍然反应过来，原来自己错过了生活中这么多美好的细节。其实，生活也好，工作也罢，都是一些不起眼的细节，往往才是决定着人生发展的关键。

今年4月，管老师去山东德州考察，在平原火车站流连许久。对于我这个土生土长的平原人来讲，平原车站，年代久远，是落后的象征。管老师却兴奋地笑道，平原车站还是那样，连厕所的位置也都没变，六十年前的场景历历在目。是啊，有谁又能想到，六十年前，一个二十岁的夏津小伙儿，冒着瓢泼大雨，满脚泥泞地赶到这里，踏上了人群拥挤的火车奔赴青岛。殊不知，这里却成为日后通往开启我国海洋药物事业的蓬勃发展与高水平特色大学建设等丰功伟业新征程的一个起点。自此，平原车站，对于我而言，也不再是一处破旧的建筑，而是一处可激励着我不断奋进

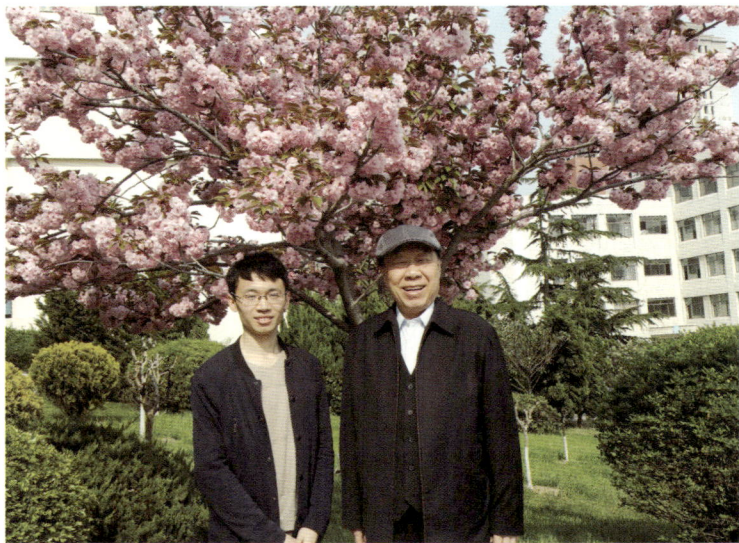

2017 年，杨文哲与
管院士

的、具有重要历史意义的独特风景。

　　管老师的眼睛真的不大，尤其是笑眯眯的时候，简直是眯成了一条缝，但其深邃的目光确实是看得深远、看得透彻。听前辈们说过，现在海洋学科领域内诸多顶梁柱式的人才，都是管老师培养或发现、提携的。此外，管老师对我国海洋药物事业的发展所做出的贡献，那更不用多说。试问在茫茫海洋中，管老师是如何去发现、利用那可以造福于人类的资源物质？又试问在茫茫人海中，管老师如何能发现并无私地培养人才？我觉得，靠的正是管老师那双深邃的目光，那双能够穿透岁月沧桑、看明世间百态的眼睛，那双真正能够善于发现美好的眼睛。而在这双眼睛的背后，折射出的是管老师那堪比海洋般的博大胸怀。如此的胸怀，因心存美好，澄明透彻，故而处处美景。

　　在恩师八十寿诞之际，学生恭祝管老师福如东海，寿比南山；牙好胃好，笑口常开；事事顺心，幸福永伴！

　　（杨文哲，2015 年中国海洋大学硕士毕业，在读博士，师从管华诗院士，青岛海洋生物医药研究院办公室秘书）

如海的管爷爷

▌田潇

　　正值一个难得温暖的深秋午后,朵朵白云在天空碧蓝的怀抱中悠闲漫步,黄海微荡着涟漪,轻吟着海蓝,浮山校区在黄海的臂弯里温厚安然。阳光洒在青岛海洋生物医药研究院的玻璃大楼上,"正德惟和,海济苍生"八个大字正熠熠发光。

　　就在这样一个美好的时刻,我再一次怀着激动的心情来到浮山校区,来到青岛海洋生物医药研究院的楼前。在此之前,我已来过两次,每一次都怀着不一样的心情,有着不一样的体验。初见,惊艳。大二时,我怀着对研究院的向往,作为"三下乡"省重点团队领队来此调研,在老师的热情带领下第一次见到了医药领域各种高端的仪器设备,第一次感受到了海洋生物医药产业的独特魅力,第一次得到了管院士的亲笔签名。再见,留恋。大三下学期,我再次来到这里,深入了解各大平台的实验内容,与各位老师细致深入地交谈,为这里的专业水平所震撼。又见,感动。而这一次,我以记者的身份而来,在海风的轻吟中,倾听到了一个又一个动人的故事,为管院士的精神情怀所深深打动。

　　在此之前,一提起管院士,诸如"中国工程院院士""现代海洋药物学先驱""我国首个海洋药物创造者""老校长"等一系列光鲜耀眼的字眼立刻会在我脑海中一一浮现。然而,此次研究院之行后,我想从心底里亲切地叫声:管爷爷!

如海浪,无限激情与热爱

　　黄海上,层层叠叠的海涛前推后涌,凌空跃起,开放成一簇簇的激情与热爱。

　　研究院会议室里,杨文哲老师在向我们讲述着管院士的故事。一提起管院士,杨老师的目光便流露出深深的敬畏,他激动地感慨道:"我从未见过比管院士更有激情、更认真的人!"有谁会想到一位院士虽已年过七旬,却仍亲力亲为,身赴海药事业的第一线？有谁会想到一位院士对提交上来的每份材料都认真审查，逐字逐句修改甚至包括修改符号标点？又有谁会想到一位七旬的老人依然工作劲头十足，激情不减？管院士每天准时上班，加班加点也是家常便饭。去年 10 月份，管院士在为某重大研发计划的汇报工作做准备时，一个人在办公室用笔和纸将 PPT 的思路与构图一页页画出，一直伏案忙到深夜。窗外，月亮偷偷地探着头，星星在夜空中眨着眼，海浪轻轻抚摸着海岸，共同陪伴着窗内的管爷爷度过潜心工作的夜晚。

管院士对待工作认真负责、严谨细致，年已七旬的他虽饱经沧桑，却依然声音浑厚，精神抖擞，思路清晰。为海洋医药事业奋斗五十多年的他如今依然步伐矫健，激情不减，热忱认真。当被问及到底是什么力量使他仍保持如此大的激情时，管院士便放下手中的笔，将目光投向远方的大海，深邃的眼眸里透着年轻人才有的光芒，脸上的沟壑缓缓舒展开来，嘴角轻轻扬起，露出灿烂的笑颜，边笑边回应道："我热爱大海，热爱海洋医药事业，我想把这份事业一直做下去。"并调侃说，"这份工作就像上套一样，套住了就出不来啦！"听到这里，我竟有些许哽咽。原来，正是这份"海药人"的热爱与执着，陪伴着他度过了五十多个寻梦海洋的年头，陪伴着他度过了两万多个不畏艰辛、向海寻药的日日夜夜。

"管院士的工作强度大，休息时间却很少，很少能有一个完整的周末，其繁重的工作量，对于年轻人来说都会觉得很累，但管院士从未抱怨。"杨老师说到这里，突然停了下来，会议室里一片寂静。大家不约而同地望向窗外的海边，恰巧海浪在阳光下跃动着碎金，一艘航船在破浪向前。

如海风，无限柔和与温暖

黄海边，柔和的海风徐徐吹来，捎带着远方的亲切问候和如阳光般的温暖。

管院士，一位富有人情味的院士，一位温暖宽容的长辈。毕业于清华大学的孙天文博士动情地说道："在科研上，管院士是现代海洋药物学的先驱、开拓者，我对他'高山仰止，景行行止'；但在生活中，他是一个真正富有人情味的院士！"管院士的平易近人与和蔼可亲总是令人感动，"在我刚来研究院工作时，管院士还十分热情地给我介绍对象，十分关心学生的个人生活；在我结婚时没有办婚席，但是管院士还特意捎来红包，使我感受到如家人般的温暖"。

管校长，一位倾情文字的"金庸迷"，一位极具人文情怀的老校长。空闲时，他会信手取来"飞雪连天射白鹿，笑书神侠倚碧鸳"中的一本，悠闲地读上几个章节。当然,他对文字的倾情并不仅限于此,巴金的《激流三部曲》,大仲马的《基度山伯爵》,他读了几十年都还感新鲜。他经常说:"我们做研究工作,不能蛮干,而是应该像《金庸》中的武林大侠闭关修炼一样,需要及时做好反思工作,这样才能更上一层楼!"

管爷爷,一位礼贤下士的科学家,一位和蔼可亲的老爷爷。2014年,研究院正式运营,管院士在请专家们吃饭时,他会亲自给专家们夹上每一道菜;每一次接受记者采访后,他都会主动和记者握手,并声声道谢,本来内心忐忑的记者往往会被管院士的平易近人所感动;即便平时理发、乘车、购物等,他也会很恭敬地向服务人员道谢……

或许是受故事的吸引,一抹余晖偷偷溜进了会议室,一跃到桌前,伴随着一阵微风随即扑向我们的脸颊,好亲切,好温暖。

如航船,海纳百川行更远

不知不觉中,故事还没有讲完,夜幕已轻轻低垂,我怀揣着满满的收获与感动走出研究院大门。再次回望"正德惟和,海济苍生"这八个大字,才真正懂得什么是真正的海药赤子,才真正感受到这八个字沉甸甸的分量。

我想,这些细节与故事只是管爷爷生活工作中的很小一部分,在其闪闪发亮的光环背后,殊不知隐藏着多少常人难以忍受的艰辛。在海洋医药长征之路上,管爷爷的背后还有着千千万万个精诚团结的"海药人",相信努力就有希望,相信坚持就会胜利,相信我们终能实现"海济苍生"的蓝色梦想。

"路漫漫其修远兮,吾将上下而求索。"习总书记说过,不忘初心,继续前进。身为海药大家庭的一员,我为我是"海药人"而自豪,也必应为"海药人"而争光。海洋梦,医药情,早已下定决心:只为滴水入海向蓝梦,要做执着无悔医药人。眺望远方,海面上已闪烁着星星点点的灯火,我仿佛看到一艘蓝色海洋医药的航空母舰在崛起,看到如海般的管爷爷的身影更加伟岸而亲切。

(原文登于《中国海洋大学报》,2016年11月10日)

(田潇,中国海洋大学医药学院药学系2013级研究生)

管老师教会我的几件事

▌李玥嬴

2015 年,在管老师的支持下,我申请到美国做联合培养博士生。同年底完成了一系列烦琐的申请手续,静候美国签证时,我便去帮忙准备明年春季毕业的研究生答辩用的教室。在等待答辩评审组专家到来的间隙,我手里拿着一会儿答辩时给专家准备的文件材料,轻靠在门边休息。一阵脚步声,几个人随同管老师边说边朝教室的方向走来。作为学生,我们几个很自然地让开走廊,退到了旁边的办公室,却见管老师跟旁边的老师说了两句话之后,径直朝我走过来,问道:"小李,你是来找我的吗?还有什么要我签字吗?"我愣了一下,随即便反应过来,应该是这段时间经常需要签出国材料的原因,管老师注意到了我手里拿着的文件,便以为我今天来是有急事。我无法用言语表达出当时的感动。为了这个机会,四个月以来我去过很多部门,等待过数不清的签字、邮件和见面,也遇到了让人无语的"不着急"和冷漠,身心俱疲。而管老师却能在匆忙之中留意到我,留意到我手里的资料,我不过是他的一个普通学生而已。

到了美国之后,我选修了一门天然产物药学的研究生课程。一次课上,在讲到《海洋药物》这一章时,屏幕上出现了熟悉的 PSS 化学结构式。授课老师是一位在国际天然产物界有着极高声望的老教授。他指了指后排对着电脑做笔记的我说道:"这个是玥嬴中国导师的成果,他是一位中国海洋药物研究的领军人物。"随即整个班的学生都回头朝我的方向看来,那其中有羡慕,有敬佩。我朝教授和同学们笑了笑,淡定地继续做着笔记,因为这两年的生活中,我已经被无数人问过这一问题。组会上,院会上,甚至会有人专门来到办公室问我:"你是从管院士实验室过来的吗?"在这个美国海洋领域最高殿堂之一,我见过本院学生的傲慢,更见过无数人膜拜这里时的自卑,而我一直谨记着出国前管老师叮嘱我的四个字:不卑不亢。这

2016年,管院士与美国专家

四个字,不仅带我走过了独自一人面对新环境时的胆怯和担心,更让我体会到口国人的谦逊和自信,从而让我每次向来自世界各地的同学介绍美丽的青岛和中国海洋大学时,都是无比骄傲和自豪。因为,我们就是强大,就是优秀。

实验室每天忙碌的环境下,经常有老师问,导师给我定了什么要求。每次我都回答两个字:尽力。这是我对管老师在我临行前叮嘱的理解:注意身体,注意安全,好好学习。就这样简简单单的一句话,不仅让我感受到管老师对学生的关心和信任,感激于他对年轻学生的深切了解,更感叹于他切实地为学生利益考虑的良苦用心。基于管老师的大智和大爱,在这两年多的时间里,我心无旁骛地选修优质的研究生课程,学习国外先进的科研思想,尝试先进的实验方法,在走过弯路的同时也获得宝贵的知识和经验,避免了急功近利可能造成的局限和遗憾。

这是我这个普通学生眼里的管老师,虽然所记都是生活中的小事,但我一直坚信细节决定成败。管老师之所以受人敬仰,绝不是仅仅是因为他拥有无数的荣

2016 年，李玥赢在美国

誉，更源于他生活中给大家带来的温暖。我深知自己一生都无法达到管老师科研成就之万一，也没有达到这般受众人景仰的能力，但在追随管老师的五年研究生生涯里，我学会了怎样做人，怎样做学问，内心里收获了满满的温暖。学高作我师表，身正为我垂范。是管老师让我对教师这个职业——一个在这与世沉浮，随波逐流的年代仍抱有初心——产生了向往，用最严谨的态度面对工作，用最温暖的方式对待学生。这是管老师教会我的，也会成为我今后追求的理想。

在此庆幸能用这样一种方式，让我将自己长久以来的感动和感激记录下来，并借此机会谨祝管老师寿比乾坤久，生当南山松！能作为您的学生，接受您的教导，是我一生之幸！

（李玥赢，中国海洋大学在读博士生，师从管华诗院士，现在作为联合培养生在美国加州大学圣地亚哥分校斯克里普斯海洋研究所就读）

我的导师管院士

┃ 马赫

我非常荣幸也非常幸运，2014 年 9 月，在外地上大学的我回到了家乡青岛，到中国海洋大学攻读硕士，成为管院士的学生。从那时起至今，让我最为自豪的事情就是：每当别人问起我的时候，我都会自信地告诉他，我是管院士的学生。那一年，正值老师从教五十周年，刚刚入学不久的我也有幸参加了"管华诗院士从教五十年座谈会"，通过师兄师姐们回顾管院士不同时期为师从教的难忘瞬间，以及其在海洋药物的研究和发展中所取得的辉煌成就、做出的巨大贡献，坐在台下的我听得

2017 年，马赫（左四）与同学看望管院士

心潮澎湃。作为管院士的学生我感到非常骄傲和自豪,更激起我拼搏向上探索知识的决心。管院士所经历的风风雨雨,时时刻刻地影响和教育着我们每一代人,我深深地感受到了一位资深学者对事业的追求和执着。

在后来的学习工作中,无论是在大型的毕业生答辩还是小范围的课题讨论,我感受到的不仅仅是管院士严谨的教学作风和锐意创新的科研精神,更是老师那宽容和豁达的胸怀。每次开会老师对我们极少批评,总是用和蔼的语气鼓励我们,遇到疑问的地方,更是耐心讲解,消除了距离感,增强了我们的自信心。后来,我转为硕博连读。在我博一的时候就在研究院做实验,我惊讶于整个研究系统的庞大和复杂,我无法想象这一切的管理者,竟然是一位年近八十的长者,我的老师。作为管院士的学生,我们更关心他的身体。虽然不能时刻陪在他身边,但真的希望他把自己的身体养得棒棒的。管院士是我们的导师更是精神领袖,需要老师为我们指出更光明的前景和未来。

我一直觉得,师生是一种缘分,是天赐的缘分。能成为管老师的学生,真的是我们的福分,我们的幸运。

在我的导师管院士八十华诞之际,我祝福老师生日快乐,身体健康,福寿满堂。

(马赫,中国海洋大学在读博士,师从管华诗院士)

我的父亲

■ 管 谊

2018 年的春节来得晚，在我的印象中，这个春节也是奋斗了大半辈子的父亲真正在家里完整度过的一个假期。以往，不管是国庆长假，还是春节假期，基本上能在家里休息三天左右，就会去办公室查查资料、写写材料的。作为家人，我们已习以为常了，有时会开玩笑说："老爷子在家里是待不住的。"尽管已是将工作融入生活习惯成自然了，但每年正月初一的下午父亲是有一个固定下来的"保留节目"——去给他的老师拜年。在我的记忆里，这个"保留节目"从他还是一名普通教师开始，延续到后来当上院士，担任学校领导职务，再到卸任行政职务，几十年如一日保留下来的。这应该是父亲心中对老师的一种敬重感。往年父亲都是要和母亲一起去的，有时家中也有来拜年的客人，父亲也会在送走客人之后携母亲一起去的。今年由于母亲腿脚不便，父亲只好只身前去给老师拜年。

今年从老师家回来，父亲略有担心地对我们说："老师今年的精力不如以前了。"第二天早晨，就接到老师去世的噩耗。父亲的老师是位九十六岁高龄的老人，父亲听闻，很是难过。

在震惊之余，也触动我从另一个角度来审视父亲的行为。能几十年如一日雷打不动固定时间给老师拜年，应是父亲心存感恩的具象映射。再重新检索父亲的言行，一点一滴的细节就像铺落在宣纸上的墨迹，一丝一缕渲染放大开来。

一

古人有言："君子隆师而亲友。"父亲对老师的尊崇执礼，也是对老师传道授业之恩的感激。从一个负笈求学的农家子弟进入高等学府深造，对诸位师长的教育

2005年,管谊(右一)与父母

培养,父亲应是铭刻在心的。父亲的住所在学校附近,偶有闲暇,父亲也会放松休息一下去菜市场买菜,经常能碰到学校里的老教授们。有时相隔马路,因为车多路窄,父亲都会隔着马路大声招呼老师驻足不动,自己穿过人流和车辆来到老师身边,和老师寒暄问好。回到家,有时也会跟我们讲一下这位老师当年教过哪门课,那位老师带过什么专业课,忆起老师上课时的形体腔调也是生动如昨,历历在目。

每逢老师的生日,父亲都会亲自安排好庆生的活动;有时出差,也会提前布置,买好鲜花,订妥蛋糕。我想,正是对老师的这份感恩,才会化作父亲一路前行的动力,在岁月更替中,时代变迁下,始终孜孜不倦地求学问,攻苦食淡地克难关,将对老师教诲的感激化作对科研的探求,化作对事业的奋斗。

每年春节,除了给老师拜年,有时父亲还会张罗一次老同学、老朋友们的聚会。最早都是在家里,母亲会一早起来忙活备菜,然后下厨烹炒煎炸一番。按惯例,也会保留一道大菜由父亲亲自下厨掌勺。父亲一早则会系上围裙,帮母亲做小工,每当客人来家,都惊讶于父亲不但科研专业,厨艺也了得。父亲口才也很好,每一道菜经过父亲的讲解,顿时有了宫廷御膳的高大上,且营养与技巧交融,火候并刀功贯通,哪是在一般饭店所能尝得的?朋友、同学们岂有不知,心知肚明之下,也乐于配合,顿时演变为群口相声。众人七言八语地捧哏,父亲则当仁不让成了逗哏的男一号。其乐融融之下,一年里工作生活中的酸甜苦辣随着一餐美食也就咽下、消化了。厨艺暂且不说,我倒觉得父亲还可以转行为我国的文化演艺事业做出一定贡献。后来生活条件好了,聚餐也就改为去饭店了,每次聚会父亲没有厨艺展示环节,就会在家里提前备妥好酒。这个伯伯喜欢喝点白酒,那位叔叔倒可以喝点红酒,精挑细选,并不因他的男主角分量减轻有丝毫失落。我想,父亲除了对这些同辈好友怀有共同走过青春岁月、艰苦生活打拼过来的欣慰和感念,更有对峥嵘岁月下这些志同道合朋友们的支持和帮助的感谢。

在我记忆里,我们家有一个脸盆架,从烟台一直用到青岛,有十年左右的时间。尽管身处角落,却会默默发光,让人未尝有片刻遗忘。父亲曾自豪地跟我讲过,这是他的作品。那还是在烟台,生活拮据。父亲从收集原料开始,经过多方留意,潜心搜索,终于在一个黄道吉日大功告成,攒齐三根拖布棍。当时的父亲已是浸淫过化学试验的武林高手,运筹帷幄之下,刀削锯断,锉磨漆润,一个三足鼎立、熠熠生辉的脸盆架就横空出世。这还不足以体现出父亲的功力,细节之处方显英雄本色,父亲点评的落脚点是三个支架上端他亲自打磨出的小圆球,不仅使脸盆架功能齐备,小圆球质朴的纹理和圆润的线条使得它具有了极高的艺术欣赏价值。我暗自揣摩,父亲这是要给我普及欧洲新古典主义风格的艺术理念了。最后父亲补充说,他的木工手艺也曾得到他当时同事的指点。这一点父亲一直秉持实事求是的原则,从不贪天之功。当时的木材质量也极是过硬,再加上父亲的匠人精神,历久弥新,陪伴了我的少年时光。寻后来,这些同侪好友工作生活中的大事小情父亲都非常上心,遇有求医看病、入学就业之事,父亲都是出主意,想办法,相携相助。我想,父亲这种乐观和豁达的精神,如果没有感恩之心为支撑,断不会使我们在那艰苦时期也能发现生活中的诸多乐趣来的。

二

"谁言寸草心,报得三春晖。"父亲的孝顺是有口皆碑的。我想,那是对我祖父母养育之恩魂萦梦系的报答。我和弟弟出生在 20 世纪 70 年代,那是一个物质条件较为匮乏的时期。我们年幼,母亲工作也不稳定,一家的重担全落在父亲一人身上。当时,他的工资每月也就 50 余元。后来听母亲说起过,就在那种条件下,父亲也是每月要按时给老家寄钱的。而他曾仅以玉米粥为早餐过了好多年。时至今日,父亲对玉米粥的熬煮和鉴别能力那是无人可及的,基本功应拜当时所赐。正是这种感恩之心,激励父亲在那艰苦的岁月里仍能举重若轻,笑对生活。在别人听来好似吃了"饕餮大餐"的玉米粥后,父亲会骑上他那辆除了铃铛不响哪儿都响的自行车赶往实验室,去完成他那乐此不疲的试验。

到了春节,父亲会用提前谋划攒下的钱买好回家的车票,拖着沉重的行李,携妻抱幼地挤上开往老家的绿皮火车,一路哐当地回家与父母团聚尽孝。后来,生活条件好了,首先想到的也是祖父母。青岛的钙奶饼干、桃酥对于年事已高的老人极为适合,父亲就按时供应,自己回去时算好数量买回去,再掐指记好时间,感觉应快吃完了,就或托人带回去,或自己回家时带回去。工作再忙,这事是头等大事。后来祖父母因腿脚不便,需用拐杖,父亲也是去店里按身高和尺寸精心选出,送回老家。同时也发挥他精益求精的精神,不仅要实用,还要俏色巧雕的精美工艺方可。"羊羔跪乳,乌鸦反哺"的传统文化内涵就在父亲一言一行于细微处得以全面展示。时至今日,有时老家来人,谈到家乡故闻趣事,父亲仍会感兹念兹祖父母在世时的点滴。

岁月的流逝是无言的,当我们对岁月有所感悟时,大多是在深深的回忆中。父亲对我们的教诲,就体现在老人家对老师,对朋友,对同事,对父母心存感恩的一言一行中,如涓涓细流的身体力行,只有在我们精读细品中方能咀嚼出那丰沃的滋味。如果说乐观、豁达、勤奋是父亲奋斗结出来的绚丽花朵,那深深融化于骨子里的善良和感恩的心就是它最雄厚的根基。它激励着父亲的奋斗,也会激励着我们后辈接力前行。

谨以此文献给即将迎来八十华诞的我的父亲。

(管谊,管华诗长子,青岛海生洋润生物科技有限公司总经理)

家风

▌管永礼

　　我的家乡在鲁西北平原的一个小村庄。古老的京杭大运河、通向田野的弯曲小路、高大的白杨树遮掩的座座老屋……像是诉说着村子的历史。村子里有320多户人家，约1 300口人，多数是管姓，管氏族谱记载系管仲后裔。人们世世代代以种地为生，长期的劳作造就了人们质朴、善良、勤俭的品格，也产生让后代改变命运的美好愿景。那个年代，经济落后，人们日子过得贫穷，让孩子读书成为实现愿望的唯一出路。穷人家的孩子早当家，孩子们都知道父母的不易，有条件读书的孩子都非常珍惜，我的伯父管华诗院士就是其中的一个。伯父姊妹五个，他排行老大，弟兄两个，还有三个姑姑。医家境贫寒，都去读书是不现实的，所以伯父更加珍惜读书的机会。学有所成是爷爷的嘱托，更是家庭的期盼。

爷爷

　　爷爷是村里普普通通的农民，没上过学。但我很佩服爷爷，在他的身上，我学到了许多做人的道理。他虽然不识字，他说的话却富有哲理，至今还指导着我的工作、学习和生活。

　　在我的记忆里，爷爷整天忙碌着，往地里拉土肥、耕地、耙地、播种、锄草，每种农活爷爷都有要求，样子要对，用力要到位，不能糊弄，否则就"人糊弄地，地糊弄人"。爷爷经常教育我们，做什么事都不能糊弄，要不然什么事都搞不成，白白浪费工夫。我上小学的时候，和爷爷一起去耕地，刚刚刨了玉米秸，地里还有剩余的干枯的叶子，爷爷让我拣一拣，要不然会塞犁。我很不情愿，觉得没有必要那样做，潦潦草草去弄完。爷爷生气了："不像干活的样！大人说你的话，你不听，迟早会吃亏的。大与小一样，小事做不好，大事也做不好……"

爷爷很注重节约，因为每粒粮食来之不易，不允许我们浪费粮食。谁饭吃不干净，他就会说起1960年的事。那年月没有粮食，树叶和野菜都吃光了。爷爷靠吃咸菜喝开水过了好多天，吃得满身虚肿。我们村里饿死了十多个人，活着的人没有力气抬尸首……那年母亲在整理爷爷奶奶的遗物时，发现一大包袱花花绿绿的布条，是爷爷奶奶积攒的做衣服余下的边料。我的眼睛一下子湿润了……

在和人交往方面，爷爷有他的一番道理。他说，无论到什么时候都不能小看人，对人要有礼数，要广交朋友，但要心中有数。爷爷常说起年轻时在运河捕鱼的经历。爷爷年轻时，河中鱼很多，爷爷和村中的伙伴摆着小船在河里捕鱼，换些钱贴补家用。随着捕鱼的人越来越多，鱼就少了，爷爷和伙伴商量办法，就顺着运河向北捕，一直捕到德州市。爷爷和运河两岸的买鱼人及一些当地的官员关系处得很好，有的还给他们这些捕鱼人送饭吃，用爷爷的话说，混得很"响"。

爷爷大概不知道"君子爱财，取之有道"这句古训，但爷爷给我们讲的与此有异曲同工之妙。爷爷说，在外边混事，不能太爱财，谁不知道钱是好东西，要看来得是不是正路，要是正路，当然是好事；如果不是正路来的，多少钱咱也不要。不要看别人，别人不走正路，会遭老天爷报应的，咱不要跟别人学，学坏了，会遭罪。

法国作家罗兰曾说过："生命不是一个可以孤立成长的个体。它一面成长，一面收集沿途的繁花茂叶。它又似一架灵敏的摄像机，沿途摄入所闻所见。每一分每一寸的日常小事，都是织造人格的纤维。环境中每一个人的言行品格，都是融入成长过程的建材，使这个人的思想感情与行为受到感染，左右着这个人的生活态度。环境给一个人的影响，除有形的模仿以外，更重要的是无形塑造。"爷爷的处世原则、人生感悟和乡间名言，为我们营造了朴实家风，一直感染着我，也感染着伯父，伯父今天的成就是与爷爷营造的朴实家风分不开的。

伯父

我和伯父相差三十多岁，我出生的时候，伯父已经在青岛工作，共处的时间并不多。好多关于伯父的事都是听爷爷奶奶、父辈及村里的人讲的。伯父初中是在武城运河中学就读的，那时候交通不便，步行三十多里去学校，再加上家里不富裕，伙食也跟不上，其中的辛苦可想而知。据说村里的学生陆续辍学了，只有伯父坚持了下来。伯父在上大学期间，暑假回家迎酷暑拔草挣学费的事在村里广为流传。

伯父的勤勉和对学习、对事业的执着一直激励着我。

最初的记忆是伯父一家回老家过年的情景。爷爷提前好几天收拾好房间，准备好年货。奶奶提前把被褥晒好，当天还把炕烧热。爷爷站在胡同口等着。老宅的堂屋里炉火烧得旺旺的，喝着热茶，嗑着瓜子，吃着糖果，爷爷、伯父、父亲及本家的爷爷叔叔等在外屋聊着村里发生的事，总结一年的得和失。奶奶、伯母、母亲及本家的婶子等在里屋嘘寒问暖，说说孩子们的成长，规划未来一年的生计，憧憬未来梦想的生活；孩子们在院子里放起鞭炮，打打闹闹。那情、那景，既祥和又安康，是一个充满温馨的画面。老家的年，讲求的是一次团聚，一种平实，一种风俗的延续；心里挥之不尽的是乡情亲情，是永恒不变的家的情结。

伯父不忘初心，对老家有深厚的感情，深深爱着那片美好童年时代的故土。伯父因科研成就突出获山东省政府重奖，担任了学校校长职务，又当选为中国工程院院士，被乡里乡亲传为美谈。人人都在谈论着伯父，伯父成为他们心目中的"大官"，说是我家祖坟上冒了青烟。伯父回老家时总是一进村就先下车，和村里的人打招呼、握手问候。村里人说，他们心目中的"大官"一点架子也没有，平易近人。伯父不忘看望左邻右舍，前邻成奶奶曾对我说："你大爷还是原来那样懂事，每次回来还拿东西看我……"村庄通向乡里的土路，晴天尘土飞扬，下雨天满路泥泞，出行相当不便。伯父自己捐出部分资金，费尽周折协调修了一条柏油路，命名"思源路"。老家乡里乡亲家里有事情，这家的儿子考学、那家的闺女毕业找工作，这亲戚要到城市大医院看病、那亲戚在老家买不到的东西要到城市里买，甚至一些不着边际的要求都提出来，伯父都非常耐心地答复，能办到尽量帮助人家。伯父对家乡有一种割舍不断的情感，家乡的一草一木曾陪他走过深深浅浅的风华岁月，他愿意倾听家乡的人们平凡而坎坷的人生经历，喜欢品咂那片土地上曾发生的点滴故事。

爷爷近八十岁时，身体不太好。伯父虽工作繁忙，仍经常挤出时间回老家看望，伯父对爷爷的关照细致入微，在村里还未普及电视的时候，就给爷爷购买了电视机，精致的拐杖、痒痒挠、必备的药品，冬天用的暖袋，夏天用的凉席，吃凉面用的麻汁酱……爷爷因牙齿脱落不能吃肉食了，伯父还特意捎来肉松，拌在稀饭里吃。每次回来伯父都和爷爷谈家常，搀扶爷爷出院子走走，在老家的几天一直陪在爷爷身边。爷爷的身体日渐消瘦，卧床不起，被确诊为肝癌晚期。伯父隔三岔五看望爷爷。爷爷也时常惦记着伯父，一听见汽车的鸣笛声，就猛地睁开眼睛，担心伯父又要回青岛了。后来爷爷已不能进食，也不能说话了，瘦得皮包骨头、眼睛深陷，靠打点滴和输血浆维持生命。那天晚上,正在济南参加省政协会议的伯父突然来叫我,说赶紧回老家,爷爷走了。在伯父看来,爷爷是家的建立者,也是守候者,是儿女的主心骨,是避风港。爷爷带着对伯父的思念离开了,也成了我心底永不能触及的痛。每年清明去祭奠爷爷,我总会告诉他大家庭发生的事,告诉他生活中的喜怒哀乐,回忆爷爷平凡而深刻的人生智慧。

习近平总书记说:"不论时代发生多大变化,不论生活格局发生多大变化,我们都要注重家庭建设,注重家庭、注重家教、注重家风……使千千万万个家庭成为国家进步、民族进步、社会和谐的重要基点。"爷爷营造的朴实家风,伯父得以继承和发展,是我们家珍贵的精神财富,帮我树立了朴素的人生观、价值观和世界观。家风,像一把火炬,照亮我人生的路,也为管氏后代照亮未来的路。

(管永礼,管华诗侄子,山东大学出版社总会计师)

我的爷爷

▌管一颖

　　如果你问我，幸福是什么？我会毫不犹豫地告诉你："幸福不就是吃好、喝好、玩好、睡好吗？"但自从去年底经历了一件发生在爷爷身上的事，我便彻底改变了对"幸福是什么"的认识。

　　我的爷爷，是一位科技工作者，也是一位迎八十高寿的老人。从我记事起，印象中爷爷就始终是忙碌的。后来听爸爸妈妈讲，爷爷从事教育工作已经超过五十年了。在爷爷奶奶家，我最经常看到的就是爷爷在奋笔疾书写材料，或者在修改他学生的论文。家里人劝爷爷休息时，爷爷的口头禅就是："这就写完了，这就好了。"小一点的我，当时一直纳闷，爷爷真不会享受，为什么总是工作，那么辛苦？

　　去年下半年，爷爷的眼睛因长期看书写东西得了白内障，需要动手术。手术后仍需要住院治疗几天。有一天，我和妈妈去看爷爷，到了病房，发现房间里有客人在，我和妈妈就坐在一边。爷爷开始时只是和客人闲聊寒暄着，说了一会儿后，爷爷就问到工作上的事情了。尽管我听不太明白，但看到爷爷和客人谈话的神情严肃认真起来，那肯定就是在谈工作了。待客人离开后，我听到家人们都在劝说爷爷要好好休息，先别惦记工作了。爷爷还是乐呵呵地说："没事，我这都好了。是不是啊，颖颖？"后来再去看爷爷时，我发现病房门口已由医院给贴上了提醒探视时间的通知，问爸爸妈妈，大人解释也是要让爷爷好好休息。

　　爷爷出院后，本来医生是让爷爷在家继续休息的，可爷爷就像没得病一样，又开始了每天按时工作。一天，爷爷晚上加完班回到家已经九点多了，可他不顾疲惫，休息了几分钟，就又坐到书桌前看材料。我走过去，对爷爷说："爷爷，您的眼睛还没完全好，看这么多材料眼睛会累的……"还没说完，爷爷就满不在乎地摆了摆手

2018年,管一颖与
爷爷

说:"没事没事,很快就好!"过了几分钟,我又去劝爷爷休息。爷爷边看边说:"还有一点儿,马上就好!"这次倒是说话算数。不长时间,爷爷来到客厅后,我问爷爷:"爷爷,您为什么总是这么忙呀?"爷爷笑眯眯地说道:"等你长大就明白了,工作会让人感到很充实的。充实了,你就会感到快乐!所以,你现在要好好学习呀!"

我一直记着爷爷说的这些话。如果你现在再问我,幸福是什么?我的回答就变了:"幸福,应该就是努力学习,认真工作吧!"

习爷爷说:"幸福都是奋斗出来的。只有奋斗的人生才称得上幸福的人生,奋斗者是精神最为富足的人,也是最懂得幸福,最享受幸福的人……"我想,这才是我想要的答案吧!

(管一颖,管华诗大孙女,现就读于大学路小学五年级二班)

寿桃献爷爷

管一霖

小孙女管一霖送给
爷爷的寿桃图

（管一霖，管华诗小孙女，现就读于大学路小学三年级二班）

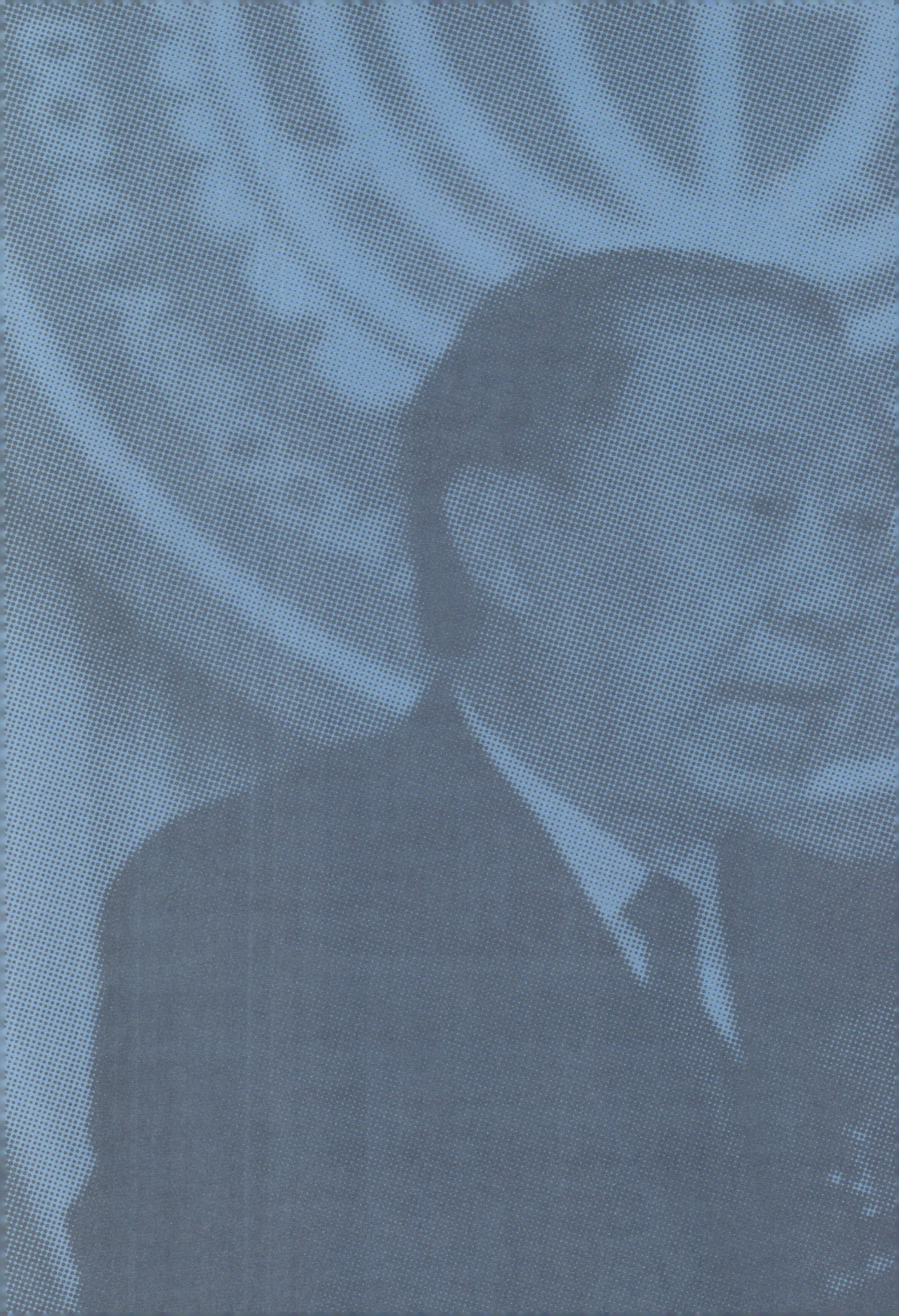

媒体篇／誉满
MEDIA ARTICLES

萃取海洋精华

1987 年 4 月 20 日,南斯拉夫萨格拉夫第 15 届新发明展览会上,中国新型防治心脑血管疾病的海洋药物 "PSS" 获得金牌。

当 "PSS" 的发明者管华诗拿到这块沉甸甸的金牌时,心中荡起了波澜。他没有想到去拿金牌,他想到的是发展祖国的海洋水产事业。

一

1939 年 8 月,管华诗出生在山东省夏津县管新庄一个农民家庭里。家乡热土赋予他吃苦耐劳的优秀品质,培育了他淳朴、宽厚的性格。

1959 年,管华诗考入山东海洋学院水产系水产品加工专业。大学里,管华诗学习刻苦并任班里的团支部书记。1964 年他以优秀的学习成绩毕业留校任教,担任水产品加工专业的基础课教学工作,并兼任政治辅导员。他一丝不苟地备课、上课,赢得了学生的信任。他对工作充满了热情,积极肯干。参加工作的第二年,他光荣地加入了中国共产党。

管华诗思想开阔,勤于思考。在教学实践中,他不断地在思考读大学时就曾想过的问题:水产品加工专业不改造将面临困境,应当怎样改造呢?因为这个专业毕业的学生主要是运用腌、干、熏、冷冻等手段来加工鱼、虾、贝、藻等海产品,随着世界海洋科技的发展及各学科之间相互渗透与交叉,单纯搞海产品加工已经明显适应不了我国海洋开发的需要。

20 世纪 60 年代初,世界沿海国家纷纷建立起海洋药物研究机构。面对人类的陆地生存环境逐渐恶化和人类生存空间严重受限的形势,有些科学家预言:人类未来所需要的蛋白质、能源、药物等都要大量取自海洋。管华诗从中受到启发,心中豁然开朗。这个身高一米八的山东汉子,不甘于让自己从事的学科落后于时代前进的步伐。他彻夜不眠,苦苦思索,终于在脑海中绘就一张理想的蓝图:改造旧专业,拓宽专业面,研究水产资源的综合利用,创办海洋化工。

管华诗有一股认准路就要走到底的劲头。他在如浩瀚海洋一般宽广的胸怀中扬起了"风帆"，准备"起航"了。

1967年8月，管华诗有幸参加了化工部下达的"海带提碘研究"任务的后期工作。他来到青岛海洋化工厂海带综合利用车间，承担了海带提碘生产设计的调查任务。他和同志们一起，从营口到塘沽再到温州，跑遍了祖国的沿海，做了大量的调查，获得了许多宝贵的资料。通过两年的实际锻炼，他更加坚定了自己的信念，急切地等待着施展抱负时机的到来。

二

命运总爱捉弄人。1971年3月，山东海洋学院水产系归入烟台水产学校，管华诗也随着到了烟台。这里没有实验室，没有实验设备，他十分失望。然而，他却没有因为条件差而放弃自己追求的目标。他到处察看，终于看中了学校的一间厕所。困难总是挡不住有心人。经过管华诗的一番改造，厕所变成了实验室。他在烟台的七年间完成的几项科研成果，都诞生在这间厕所改造成的实验室里。

管华诗到烟台后，妻子也从农村迁到那里。不久，他们的孩子出生了。新的生命既给管华诗带来了无限的欣喜。但生活的拮据又使他一筹莫展。一家三口的生活全靠他每月54元的工资来维持，这位丈夫、父亲的担子实在太重了。他常常做实验做到很晚，回到家里只能简单地吃点干粮充饥。生活的艰辛没有动摇管华诗忘我工作的决心，他从攻破的一个个科研难题中体味到了另外一种幸福。

1978年10月，秋风送爽，管华诗又随着自己热爱的专业的回归回到山东海洋学院。经过十几年知识的积累和科研工作的实践，此时的他对改造老专业的设想更加成熟了；尤其受海带提碘研究的启示，他提出了综合利用水产资源进行海洋药物和海洋食品研究的大胆设想。

对管华诗提出的设想，人们议论纷纷，多数人担心：搞海洋药物、海洋食品不是我们本学科所能解决的，需要学科交叉，要花很大气力，要承担风险和责任。强烈的事业心和责任感不允许他后退，他明确地表示不怕承担风险和责任。就这样，在校领导和有关部门的大力支持下，"海洋药物研究室"诞生了，管华诗的研究工作也全面展开了。

学校为管华诗提供了2 000元的科研经费，他开始了"PS型胃肠双重造影硫酸钡制剂的研究"和"降糖素的研究"等课题研究。他白天给学生上课，晚上做实验,连寒、暑假都是在实验室里度过的。为查资料、搞调查、搞协作,他废寝忘食、四处奔波。

管华诗在烟台水产学校主持及参与研究的两项成果"藻酸丙二酯研究"和"新型农业乳化剂研究"分别荣获 1978 年全国科学大会奖及山东省科学大会奖。

管华诗用 2 000 元科研经费开题的"PS 型胃肠双重造影硫酸钡制剂研究"和降糖素的研究",双双荣获 1984 年农牧渔业部科技改进二等奖。

<h1 style="text-align:center">三</h1>

管华诗在他为之奋斗的科研历程中,不仅充满了呕心沥血的奉献精神,而且展现着熠熠生辉的学术思想。

一次,管华诗在查阅资料时了解到,当今世界对心血管病的治疗药物虽然名目繁多,但疗效并无明显差异。虽然科学家们不懈地研究、探索,直至第 15 届普林斯顿国际脑血管会议召开,仍然没有发现理想的防治心血管疾病的新药。能不能在治疗心血管疾病的药物方面有所突破,为心脑血管病人解除痛苦?管华诗苦苦思考着,并不断地在寻找突破口。

1979 年的一天,管华诗正在实验室里进行实验,一个偶然出现的化学现象使管华诗眼前一亮:防治脑血管病的新药有望攻克!一个新的课题在向他召唤,一个新的攻关目标清晰地出现在他的脑海内——研究新药 PSS。

研制过程中管华诗发现,自 20 世纪初起,瑞典、加拿大等国的科学家就从动物体内提取肝素来作为防治脑血管病的药源,这种药物虽然疗效明显,但毒性很大,且继续研究下去难以有新的突破。前人的教训逼迫管华诗思考新的突破口。他研究了我国医药史后惊喜地得知,在公元前 3 世纪我国医学文献《黄帝内经》中就有"饮鲍鱼治血"的记载;《神农本草经》中收录的海洋药物约 10 种,我国应用海洋药物已有悠久的历史。于是,管华诗大开思路,他闯入了前人未曾涉足的领域,将防治心脑血管病的药源研究由动物转向了海洋植物;在提取海藻有效成分的方式上,他不走老路而是另辟蹊径,采取了分子改造法。

一种治疗脑血管疾病的新药 PSS 诞生了,临床验证工作全面展开。

青岛医学院脑血管研究的报告显示:治疗缺血性脑血管病例 120 例,其中急性脑梗塞 90 例,总有效率 97.78%,显效率 61.11%;近期疗效优于对照组,康复情况优于对照组。

青海人民医院神经内科的研究报告显示：治疗缺血性中风病 28 例，总有效率 85.67%，显效率 78.57%，对高海拔地区脑血管病及高山病防治都是较为理想的药物。

······

山东省立医院，山东医科大学附属医院以及安徽、北京等全国 10 多个医疗单位，也都传来了令人满意的药效验证报告。

1985 年 7 月 5 日，由青岛医学院附属医院韩仲岩教授主持的"临床验证科研协作组"提供了新药 PSS 二期临床验证总报告：治疗缺血性脑血管病 270 例，其中急性脑梗阻 233 例，总有效率 92.27%，显效率 65.24%，在高海拔地区显效率高达78.57%，近期疗效优于对照组。长期临床试用，未发现毒副作用。

新药 PSS 的问世给广大心脑血管疾病患者带来了福音。

一则则消息见诸报端，如：著名评剧表演艺术家新凤霞因患脑血栓，偏瘫十余载，其间于海内外遍觅苦药，一一试服终无起色。偶得新药"PSS"，连服数月，竟神奇般地走下床来，走下楼来，回到自己熟悉的生活之中。

管华诗从组织攻关到研制成功新药"PSS"并进入临床应用，只用了三年多一点的时间。我国医药局一位权威人士说："这一高水平药物的诞生，研究时间之短，生产速度之快，应用效益之好，在世界医药史上也属罕见。"新药"PSS"被专家们公认是目前治疗高凝性疾病较为理想的一种海洋药物。这一研究成果荣获 1986年山东省科技进步一等奖，在 1987 年南斯拉夫第 15 届国际新发明展览会上获得金牌。

四

管华诗事业上的成功不仅凝聚着他的过人的聪明智慧和坚韧不拔的奋斗精神，还展现着他不为名利的崇高思想品质。

作为新药发明者，管华诗设计了科学的合成路线，提出了合理的工艺方案，制定了可行的原料临床质量标准，组织指挥了新药研制的全部工作，但在名利方面，他从不计较个人得失。一次在拿到自己分到的部分收入时，他首先想到了党组织，当时生活并不宽裕的管华诗拿出了 100 元交了党费。

管华诗满腔热情地对待身边的同志，总是把别人的困难当作他自己的困难。1987 年，系里一位同志身患肝癌突然发病。管华诗得知后，在百忙中抽出身来，从住院、手术到陪床,自始至终忙前跑后。

　　管华诗培养的一位研究生说:"管老师特别关心和扶持年轻人,跟他在一起工作使人感到一种向上的力量,再累也感到愉快。"的确如此,管华诗从不埋没年轻人的才华,在一些研究工作中,他立了题便放手让青年教师挑头干,在一些研究课题的署名次序上,也主动让年轻同志排在前面。管华诗说,我们这一代人既有责任培养年轻的一代,更有责任为他们创造一个良好的学术环境,支持他们在事业上做出成绩。

　　管华诗具有深远的战略眼光。他主张坚持"教学、科研、生产三结合"的方针。他说:学校的中心任务就是培养四化需要的合格人才。教学是为了培养人,科研是为了促使学科的发展,生产是为了将科研成果尽快地转化为生产力,迅速变为商品,投入市场,为广大消费者服务;同时,将得到的收入用来支持科研,培养高层次的科技人才。

　　管华诗不断地开动脑筋,绘制出一张张五彩斑斓的办学蓝图,展现着创办新型学校的美好前景。

　　(原文刊于 1990 年 9 月山东科技出版社出版的《山东拔尖人才》,作者为单立群,有改动)

特色大学的特色校长
——管华诗

　　山不在高，有仙则名。东海之滨的崂山，海拔高度只有珠穆朗玛峰的八分之一，不及泰山的一半，却因为蒲松龄老先生一篇《崂山道士》而名扬天下。这里山秀岩奇水冽，终年游人如织，一向有"泰山虽云高，不及东海崂山"之说。

　　距崂山不到 20 千米的青岛海洋大学，虽然占地不大、规模不大，可是她已成为有志于海洋科学的学子们仰慕之所在。校长管华诗先生这样形容他的学校："我们是国家教委委属院校的小弟弟，又属于独生子女。"既是小弟弟，自然有长兄，怎么又属于独生子女呢？管校长解释道："说起它，就是从它的前身——山东海洋学院算起，也没过不惑之年。与其他名牌大学相比，海大是名副其实的小弟弟。但是这位小弟弟从出世那天起，就是全国 1 000 多所高等学校中的独生子女，它拥有门类比较齐全的海洋水产学科，不仅在中国是唯一的，全世界同类学府也不过一两所。由于它特色鲜明，所处环境得天独厚，现在国家海洋学科方面的 9 个博士点、海洋水产学的 2 个博士点以及国家海洋药物工程技术研究中心均设在这里。它代表着中国海洋科学的最高水平。"

特色鲜明的治学之道

　　喜欢阅读中国名家作品的管华诗校长，善于从文学作品中领会中国文化的博大精深，并将其精华演绎成治校之道。他认为海大要发扬和保持"独生子女"的优势，就得在"特"字上下功夫。他上任后，和同事们一起，千方百计使海大的海洋学、水产学的某些学科达到国际先进水平，在此基础上力争让学校的理、工、农（水产）、医（药）、文、哲、经济、法学等学科达到国内先进水平。

　　他们利用学校海洋学科、水产学科齐全的优势，拓展出海洋学、水产学的交叉学科，获得了一大批高水平的科研成果。国家自然科学基金会有关海洋、水产的获奖科研项目，大都出自青岛海洋大学。在这些优秀的成果中，校长管华诗利用海洋生物资源提取的海洋药物和海洋生物保健品系列成果更是效益显著、蜚声中外。

特色鲜明的新老学科

从 20 世纪 70 年代开始,许多疑难病症的治疗引起了世界上许多科学家的关注。人们把目光投向了大海。那时,管华诗已经是青岛海洋大学(原山东海洋学院)水产系的教师。他在别人忙着搞"大批判""大辩论"的时候,躲在一隅埋头搜集与海洋生物资源综合利用有关的资料。他和其他几位教师到工厂边劳动边进行科研,参与建立当时在我国尚属空白的海藻化工,并在首届全国科学大会上获得了两项大奖。

进入 20 世纪 80 年代以后,管华诗又瞄准了海洋药物这一世界制高点,几年间便推出了中国第一个能对心脑血管疾病产生良好疗效、具有国际先进水平的海洋药品——藻酸双酯纳(PPS),获得了包括 1987 年南斯拉夫国际发明博览会金奖、美国 1992 年发明会世界成果奖在内的 15 项国内外大奖。80 年代末到 90 年代初,他的课题组又推出了对心脑血管疾病疗效更加显著的甘糖酯以及对病毒性肝炎有治疗作用和对癌症有辅助治疗作用的海力特。他们研制的可以缓解糖尿病症的降糖宁等几种海洋药物以及利用海洋滩涂的养殖物研制成的保健品系列,全部获得国际发明金奖,甘糖酯还在美国申请了专利。

这一系列的研究成果,使管华诗成为中国研究开发海洋药物的先驱者之一,也使青岛海洋大学的"海洋药物"这一新兴学科站在了世界的前沿。通过这些事实,海大的老师和他们的校长管华诗产生了一个共识:如果让海大的所有学科都达到世界水平是不现实的,只有突出和加强海洋、水产这些特色学科,才能使其学术水平保持世界领先地位。

特色鲜明的管理方法

管华诗自 1993 年上任以来,对学校的改革紧抓不放,传统的学科结构得到了较大的调整,使其设置更加符合强化优势、整体发展的办学方针;调整后的学制则更加灵活,更加符合培养现代人才的标准。他下大气力提高师资的水平,舍得花重金聘请世界知名的学术大师到海大担任教授,舍得花钱送年轻人出去深造,使学校的师资水平得到了明显的提高。

青岛海洋大学地处风景胜地八大关旁的鱼山路上,离前海的栈桥步行不过十分钟。那些谈情说爱的情侣们,一掷千金的大款们,稍一溜达就到了学校的大门前。如何让学生们专心读书,不受社会不良风气的影响?对这一问题,管华诗和他的同事们着实动了一番脑筋。

　　严格学生管理是他们这几年一直没有放松的。学校规定新生入学，先要接受一年封闭式的教学和管理，以培养起良好的学习和生活习惯。早操时，学生自觉地集中在操场上，横成队，竖成行，动作规范整齐。在校园的条条甬道上，见不到一片纸屑，听不到喧哗声，整个校园整洁、美丽而宁静。

　　严格的纪律、明确的要求使学生清楚地知道自己应该做什么，不应该做什么。青岛海洋大学这几年没有出现过一例考试作弊，因为学校明确规定，只要考试作弊，一律开除学籍。学校设立了各种奖学金，鼓励学生勤奋学习。我们在海大看到，每到夜幕降临，教室、实验室、图书馆灯火通明，到处是学生勤奋学习的身影。

　　在海大，学生的勤奋精神很多是受师长们的影响而形成的。管华诗说："海大的教师搞科研，一般都利用课余的早、中、晚三段时间，很辛苦。"可海洋药物研究所实验室的老师们告诉我们，要说勤奋、辛苦，当数管校长。当时搞科研，他是在厕所改造成的研究室、地下室改造成的办公室里进行的，有时为了得到一个数据，几天几夜不回家。当了校长以后行政事务多了，他一般都是在晚上10点以后到实验室里工作。你们看他的头发，前几年还又浓又密，现在已经稀疏了许多。

特色鲜明的董事长

　　在采访高等学校的校长时，"办学经费太少"几乎是校长们一致的苦恼。但是在青岛海洋大学，我们却听到了乐观的回答。"海大这几年已在办学经费上逐步走出困境，1995年偿还了国家大部分贷款，1996年学校将有望进入良性循环，经费将不再是严重困扰学校发展的障碍。"管华诗说这番话时很自豪。

　　大学校长是院士，这并不是新鲜事，但校长同时又是企业董事长，恐怕在全国难以找到第二位。管华诗出任董事长，说起来还有一段故事。

　　从20世纪70年代中期以后，管华诗科研成果迭出，他主持研制的PSS走进药厂生产后，濒临倒闭的工厂起死回生、财源滚滚而来，以他的PSS为主导产品建起的药厂也成为盈利大户。仅据1993年的统计，在全国就有七八十家企业在生产他发明的药品，年产值高达13亿元。反观青岛海洋大学，虽然是PSS的发源地，却因为办学经费紧张而发展步履维艰。为什么学校就不能办自己的药厂？为什么科研人员就不能当"老板"？为什么不能用办企业所获之利支持学校的发展？管华诗说，正是这几个"为什么"，使他和他的同事们下决心办起了以海大为依托的华海制药厂，他在大家的拥戴下做了董事长。

　　做惯了学问的管华诗，乍当"老板"还真有点不适应。但为了学校的发展，他学会了企业管理,学会了与外商谈判。管华诗说,华海制药厂的厂房是世界一流的,设备将随着产业的发展而更新,主要产品就是甘糖酯、海力特、降糖宁,每年产值可达 1.5 亿～2.2 亿元人民币,所得利润全部用来办学。华海制药厂因背靠海大,科研实力很强,新成立的国家海洋药物工程技术研究中心就设在厂内。现在华海制药厂已形成海洋药物产业群的核心,收入将更为可观。这些年来海大的学术水平提高很快,与经费投入充足大有关系。

特色鲜明的全国劳模

管华诗还有一个令人称道的特点,就是淡泊名利、朴实无华,从不居功自傲。早在 1991 年,管华诗因其卓有成效的工作成为全国"五一劳动奖章"获得者,1995 年又被评为全国劳模。他因创造出极高的价值而受到山东省政府隆重的表彰:奖励三居室住房一套、奥迪汽车一部、人民币 20 万元。这在当时被作为国家重视科技人员的创造、重视知识的一大新闻,在全国广为传播。

管华诗是如何对待获得的各种奖励和称号的呢?他认为,海大能有今天,是大家通力合作、领导团结一致的结果。他把奖给他的奥迪车给了学校,他说这几年虽然办学条件有所改善,但老师们的收入还太少,要随着学校经费的增加逐步改善教师的待遇。言语间,透露出管华诗的一片关爱之情。

我们在海大采访时,恰巧遇到两位农民装束的中年人来找管华诗。他们是管华诗中学时代的同学,从中央电视台《东方之子》节目中看到老同学当了校长、当了院士,便来找他一叙旧情,但不知如今的管华诗还认不认他们。没想到管华诗十分念旧,相见之时感情不减当年。校长办公室的方主任说:"经常有农村的人来找管校长,他总是热情招待,没有一点架子,还嘱咐我们不要怠慢客人。"管华诗说:"我的父母都是农民,五个孩子当中只有我读了书。我的姐姐现在还在农村,就是我老伴也是从农村来的,我没有任何理由看不起他们。"

管华诗出任校长三年,学校的喜事一件接着一件:经过几年的筹备,投资 1 亿元人民币的 3 500 吨海洋综合考察船(国家海上综合实验基地)已下水;海大的几个科研项目被列入国家"九五"社会发展规划中;去年学校又顺利通过了"211 工程"的预审。这一切都给海大教职工以莫大鼓舞。管华诗和他的同事们,为实现办"特色大学"的目标,踏踏实实地工作着。海大的前程,如大海般开阔。

(原文刊于 1996 年 11 月 25 日《中华英才》,记者为邢五一、任晓璐,略有改动)

青岛海洋大学：
向世界高水平特色大学挺进

　　2000 年 11 月 1 日，教育部部长陈至立在部分高校合并工作座谈会上介绍，8 年来已有 556 所高校合并调整为 232 所，此次的调整可以称得上是一次大融合；几乎所有著名高校都合并了相关学校，丰富了各自的学科，以向世界一流大学挺进。但在这其中，一所有着悠久历史的著名学府却打出了与众不同的"特色牌"。

背景篇：为高教体制改革拓新路

　　21 世纪曙光初照，知识经济的大潮正席卷着全世界。高等院校，作为知识生产和创新的场所、知识传播和人才培养之地、高新技术产业的辐射源，各国为发展知识经济而重点建设的基础工程，正从社会的边缘走向社会的中心，世界各国都在采取多种措施，加快发展本国的高等教育。

　　中国的高等教育，自改革开放以来，有了极大的发展："211 工程""面向 21 世纪教育振兴计划"等一系列重大举措相继出台，高教管理体制改革发展迅猛，建设世界高水平大学的呼声一浪高过一浪。1998 年和 1999 年更是中国高等教育管理体制大刀阔斧改革的两年，高校共建、合并风起云涌，从中央到地方，纷纷出政策、拨专款，重点建设一批高水平大学，以铸就 21 世纪带动中国社会经济发展的强劲引擎。

　　伴随 21 世纪而到来的是难得的机遇，中国的高等教育已走到了一个新的转折点上。怎样才能抓住机遇？学科门类齐全的综合性大学是否就是通向高水平大学的唯一通道？全国有 1 000 多所高校，各校层次不一样，积累不一样，怎样实现最大化发展？所有的高校都在思索着这些问题。大有大的好处，但并不是只有大而全才有发展前景。美国工学院只有 2 000 多名学生，但并没有妨碍它成为一所世界名校。办名大学，关键是要有特色，有名师。青岛海洋大学领导们仔细分析了自己的优势和劣势后，确定了一个明确的方向：根据现有的学科优势，建设高水平特色大学!

做出这么一个决定是需要勇气的。可能对学科单一化的恶果有深刻的认识与体会,近年来其他学校在设计自己的发展时都是向大而全发展。这种趋势是明显的,但似乎又走了一个极端。青岛海洋大学则走出这一思维定式,跳出了圈子:不是花大力气把"短的"补长,而是努力使"长的"更长,用"长的"来带动"短的"——不求规模,但求质量!

青岛海洋大学通过与相关的科研院所紧密合作,发展特色,为高校体制改革开辟出新的路子。

基础篇:七十七载造就一所特色名校

青岛,景色秀丽,气候宜人,是久负盛名的滨海旅游城市,享有"东方瑞士"之称。在青岛海滨风景区的小鱼山、八关山脚下,坐落着一所有着77年历史的高等学府——青岛海洋大学。

青岛海洋大学的前身是私立青岛大学,由高恩洪创建于1924年,1932年在此基础上组建国立山东大学。梁启超、蔡元培、张伯苓、黄炎培曾是学校的名誉理事,闻一多、梁实秋、老舍、王淦昌、童第周等名家曾在这里任教。经过20世纪50年代的院系调整,1958年山东大学主体迁注济南,余下部分成立山东海洋学院,并于1960年被确定为全国13所重点综合性大学之一。由此,一个以海洋和水产学科为特色的新型的大学,走上了独立发展的轨道。

改革开放后,山东海洋学院的发展步入了快车道。1988年1月,山东海洋学院更名为"青岛海洋大学"。1996年,学校通过了"211工程"部门预审并立项建设。今天的青岛海洋大学,有鱼山校区和麦岛校区两个校区,设有14个学院(系)、38个本科专业、15个博士学位授予点、41个硕士学位授予点,并设有5个博士后流动站、3个博士学位授权一级学科、2个工程硕士授权专业;学校有2个国家重点学科,1个联合国教科文组织中国海洋生物工程中心,1个国家海洋药物工程技术研究中心,1个国家理科基础研究和人才培养基地,3个教育部重点实验室,9省级重点学科,6个省级重实验室和70多个专业实验室,还有一艘3 500吨级的海洋综合调查船——东方红2号。目前,学校有全日制在校本科生6 800多人,研究生1 200多人,留学生200多人。在现有的1 000多名教学、科研及技术人员中,有两院院士3人,博士生导师76人,教授、副教授及系列高级专业技术职称人员570余人;学校与 35 个国家和地区的 50 多所高校和科研机构建立了合作交流关系。

七十七载风雨历程,几代人艰苦努力,多方的关怀和支持,一个以海洋和水产为特色的综合性大学业已建成,为学校在 21 世纪的进一步发展奠定了坚实的基础。

设计篇:建一所世界高水平特色大学

新千年在即。鱼山路 5 号院,天气虽然寒冷,但四周充满着生机。一个儒雅的学者穿行在青岛海洋大学充满异国风情的校园里。他脚步凝重,若有所思。一路上好几位向他问好的学生都不禁感到好奇:往常平易近人的校长,今天怎么了?

而此刻,他们的校长管华诗的大脑里反复翻腾着的是学校的发展构想。

一年多来,青岛海洋大学一直在加紧操办着与山东大学合并的事,两校有着很深的历史渊源,合并也是两校共同的愿望。按照规划,合并后的新山东大学的目标是——建设世界高水平大学,方案也几经修改。几天前,当山东省副省长邵桂芳亲自带队向李岚清副总理汇报时,李副总理指示说,异地办学没有成功的先例,青岛海洋大学是特色大学,要保留和发展她的特色。

管华诗反复琢磨着李岚清副总理的指示。是呀,为解决异地办学的困难,两所学校也曾伤了不少脑筋,说实在话,至今也没拿出一个好的解决方案。李岚清副总理真是一语中的。学校到底该向哪里发展?正如李岚清副总理所指出的,海大的办学特色非常鲜明,发展就应该着落在"特色"二字上!

一个新的、宏伟的构想渐渐在脑中成形,管华诗不自觉地加快了脚步,几乎是一溜小跑地赶到了办公楼,去找其他学校领导商议。

紧接着,学校召开了后来被海大师生称之为崂山会议的校党政和院系负责人的联席会议。在这次决定青岛海洋大学未来发展方向的重要会议上,大家的意见开始时并不统一;经过三天的辩论、研究,大家终于统一了认识,提出了新的奋斗目标——建设世界高水平特色大学!

数天后,青岛海洋大学的三位院士代表全校师生正式向青岛市提出报告,请求地方政府支持;学校一班人又马不停蹄地跑济南、奔北京,为办特色大学忙碌着。新千年伊始,青岛海洋大学新的战略构想得到了山东省、教育部和国家海洋局的肯定和支持。

"各方都给了超乎我们想象的极大的支持。"每个提到此事的海大人说起来都很兴奋。

2000年7月24日,教育部部长陈至立考察青岛海洋大学。在听取了校长管华诗和党委书记冯瑞龙对青岛海洋大学基本情况的介绍并考察了两个教育部重点实验室后,她说,我国有丰富的海洋资源,对海洋的研究是战略性的研究,海大为此做出了重大的贡献。陈至立生动地比喻,如果将高水平综合性的大学比作高原的话,青岛海洋大学就要在自己的优势领域形成高峰。陈至立指示说:"青岛海洋大学要在海洋特色方面'异峰突起',有所突破,要能够代表国家,站到世界海洋领域教学科研的前沿。"

陪同陈至立部长考察的山东省和青岛市的领导都说,虽然青岛海洋大学是教育部直属的全国重点院校,但我们一直将它看作山东的学校、青岛的学校。大家都表示,省、市将加大对海大的投入,以支持海大建设高水平特色大学。

10月13日,教育部给青岛海洋大学发出了《关于同意共建青岛海洋大学的函》。函中写道:"原则上同意山东省提出的由教育部、山东省人民政府、国家海洋局、青岛市人民政府对青岛海洋大学实施共建,以发挥青岛海洋大学的特色和优势,提高其办学水平和效益,优化国家海洋科教资源,并与驻青岛的相关海洋科研单位加强紧密合作的意见。"

按照初步的方案,教育部、海洋局、山东省和青岛市将每年各自投入3 000万元人民币共建青岛海洋大学,持续5年。

风帆劲鼓,大船已蓄势待发!

措施篇:大联合的办学体制

"突出现代海洋大科学概念,强化发展特色,协调发展综合,以综合促进特色,以特色带动综合,是我们的发展思路。"作为青岛海洋大学未来发展设计师的管华诗校长如是说。

根据规划,青岛海洋大学的办学体制是教育部、国家海洋局、山东省、青岛市四家共建,采取"科教联合、产学研结合、国际合作"的办学体制。

具体地说,一是按照"共建、调整、合作、合并"的方针,与驻青的海洋研究方面的研究院、所结成合作关系,通过共建实验室、共同培养研究生和合作研究等途径加强联合。

二是与相关企业共建不同层次的技术创新中心,发挥学校在产、学、研等方面的人才和技术优势。

三是加强国际合作办学,推进教育国际化。计划与美国加州大学等国外高校建立人才培养合作关系,互派教授授课,联合培养学生,并互相承认学分和学位,进一步拓展学校与世界名校的联系。

"青岛市有很多著名企业,比如海尔、海信、青岛啤酒、双星等,因此,除了取得各级政府部门的支持外,海大还正在积极与企业联系,酝酿成立有企业参与的校董会。因为,国家的支持是有限的,而企业的支持是长远的,更符合社会主义市场经济条件下高等教育发展的要求。"管华诗校长说。

规划篇:关于高水平特色大学的概念

管华诗校长解释说,高水平特色大学,就是以某些学科或学科群为显著特色的高水平综合性大学,即:就总体水平而言,不一定达到国内少数名牌大学的规模和实力,但学校有着自身显著的优势特点:具有较长的发展历史和深厚的文化底蕴,学科设置较为齐全,规模适中;办学质量与水平受到社会广泛的认可,有特色鲜明、优势突出的学科群和研究方向,具有较强的科研能力并取得有显示度的科技成果;相对集中一批学术造诣深、贡献大的国内外知名学者和学术带头人,人才梯队优化、合理;具有国内先进的教学科研体系;特色学科的学术水平、人才培养和创新能力居于国内或国际先进水平,有较强的解决国家经济建设、社会发展和科学技术问题的能力。

"'十五'期间,重点进行师资队伍、设备和基础设施建设,为学校发展奠定坚实的基础。在此基础上,再经过十到十五年的发展,学校人才培养质量大跨度提高,海洋和水产等优势学科的教学整体力量和主要研究领域达到国际先进水平,某些方向处于国际领先地位,其他学科达到国内先进水平,某些方向处于国内领先地位;学校整体水平居于国内高校前列,成为国内有较高声誉的德才兼备的高层次人才、特别是海洋学科及相关学科人才培养的主要基地,成为海洋科学和水产科学基础研究与高新技术创新的重要基地,成为有重要影响的国际海洋学术、文化交流中心之一,成为科教兴鲁、'海上山东'建设和青岛建设现代化国际城市的主要技术依托力量之一,成为国际上具有较大影响的高水平特色大学。"管华诗校长说。

根据发展规划,青岛海洋大学总体规模将控制在学生人数 1.2 万人左右;其中,本科生 8 000 人,研究生 3 000 人,留学生 500 人。重点学科、特色学科的研究生与本科生数之比为 1:2 至 1:1,一般学科的研究生与本科生数之比为 1:4 至 1:3。

根据已有的基础和优势,学校制订了详细的发展规划。

学科建设

结合社会发展与经济建设的需求,依照"有所为,有所不为"的原则,在今后五年内,重点建设现有的 11 个国家和省部级重点学科,使海洋和水产等优势学科的某些研究方向处于世界领先地位;使部分人文学科研究达到国内先进水平,其中在海洋法、海洋经济、海洋管理、海洋文化等研究领域取得有国际影响的研究成果;拓宽应用研究开发领域,加强海洋工程、信息和微电子技术、海洋生物技术、海洋信息技术、渔业工程、海水及海洋生物资源综合利用技术、环境工程和军事海洋学等相关学科的建设。

人才培养

以本科教育为基础,加速发展研究生教育。进一步强化特色学科的人才培养优势,加强海洋科学国家理科基础科学研究和教学人才培养基地建设,博士点、硕士点学科覆盖面和数量有大的发展和提高,并创建水产科学国家基础科学研究和教学人才培养基地。继续加强成人教育和职业教育,为地方经济建设和社会发展培养各类急需人才。

科学研究

在基础研究:重点研究资源、环境、灾害等与人类生存和发展密切相关的海洋科学重大基础问题,其中包括中国近海环流及其动力学,海洋生态系统与生态动力学,海洋生物、化学、矿产资源的可持续开发利用中的基础问题,海洋减灾与防灾等。力争在上述研究方面取得有显著特色的国际前沿性成果。

应用研究与技术开发:重点研究开发海洋工程勘察设计技术、海洋生物技术、海洋遥感技术、信息和微电子技术、水产养殖工程技术、环境工程技术、海洋探测监测技术,使学校成为有国际影响的海洋和水产等学科高层次人才的培养中心。开发海水及海洋生物资源综合利用技术等。推动产学研究结合,实施"高新技术产业化孵化工程",促进科技成果向现实生产力转化。力争在建设"海洋强国""海上山东"和开发"黄河三角洲"跨世纪工程中做出显著的成绩,在青岛市由海洋科技城向海洋产业城转换及建设现代化国际城市中发挥重要作用。

文科类研究:重点为海洋法、海洋经济、海洋管理和海洋文化等方面的研究。面向社会需求,紧密结合实际,注重学科前沿,使文科类研究与特色学科研究协调共进,实现跨越式发展。

研究中心和实验室建设

通过强化特色,加强合作,提高层次和水平。重点建设联合国教科文组织中国海洋生物工程中心、国家海洋药物工程技术研究中心、国家海水养殖工程技术研究中心以及三个教育部重点实验室和五个研究中心。将物理海洋、海洋遥感、海水养殖等三个教育部重点实验室建成国家重点实验室,将海洋经济与海洋文化研究中心和海洋法学研究与文献资料信息中心建成国内外均有影响的研究中心,创设"青岛文化"研究中心。

科技成果产业化基地建设

联合青岛市海洋科技力量:加快青岛海洋生物工程产业园的建设,使之成为我国海洋生物资源开发利用的示范基地;与青岛高新技术开发区等单位合作,加快青岛市软件产业园及青岛海洋大学大学科技园建设,加强小麦岛中试基地建设;与中海石油工程股份有限公司合作,对东方红 2 号进行工程勘测设备改装,使东方红 2 号在原有的实习、调查功能的基础上,形成良好的工程勘测能力,承担海底石油管线检测与维修、海底光缆铺设等工程项目和工程环境调查项目,使学校的海洋工程勘测和设计水平有较大提高,以强化特色大学服务于经济建设的能力。

师资队伍建设

通过兼职、客座、引进、培养等途径,使学校师资队伍的结构逐步趋于合理、规范,整体素质有较大提高:院士已达到 10 人,兼职院士 10 人,优秀学科带头人 50 人以上,优秀学术带头 100 人以上,青年骨干教师达 300 人左右;具有博士学位的教师占全校教师总数的 30% 以上。

展望篇:海洋世纪的召唤

海洋是生命的摇篮,风雨的故乡,五洲的通道,资源的宝库。海洋在一定程度上主宰着一个国家的兴衰。世纪之交,国际社会普遍认为,海洋是 21 世纪人类社会可持续发展的宝贵财富和最后空间,开发利用海洋资源是解决21世纪陆地资源逐渐匮乏、人口膨胀性增长的重要途径。21世纪,国际政治、经济、军事和科技活动都离不开海洋。世界上不少科学家预言,21世纪将是海洋世纪。

科学研究和技术创新在海洋开发利用中起着至关重要的作用。目前,科技创新对我国海洋经济增长率的贡献超过了60%,这远远高于陆地经济发展中科技创新的贡献率。目前,海洋高科技在海洋石油、天然气和其他矿产开采、海水养殖、海水淡化、海洋交通运输、海水综合利用、海洋能利用、海洋空间利用和海洋工程等领域蓬勃发展。21世纪,基础海洋学、应用海洋科学、海洋高新技术将不断取得重大进步,并将产生研究生命起源、地球起源、全球气候变化规律的"现代海洋大科学"。据国家海洋局王曙光局长预测,21世纪,人类对海洋的研究领域将进一步拓展,海洋高新技术的研制、开发和运用将使人类全面开发利用海洋的理想变成现实。

青岛共有海洋科研教学及管理机构25个,占全国的1/4;直接从事海洋科研、教学、管理的专业人员5 000多人,其中有10位中科院或工程院院士,高层次的专家占全国的一半以上。这些科研力量分属中科院、农业部、教育部、国家海洋局、山东省科委等十几个系统。青岛海洋大学是目前我国唯一的一所以海洋和水产为显著特色的综合性大学,海洋与水产学科配套齐全,优势突出,在推进海洋科技、促进海洋经济、孕育海洋文化、培养海洋人才、促进国家海洋事业的全面发展方面处于不可替代的位置。

整合学校力量,突出学科特色,加强与周边的海洋科研机构的紧密合作,形成整体优势,为我国和区域海洋经济、文化发展做出更大贡献,是青岛海洋大学义不容辞的责任和未来发展的立足点。

海洋世纪,青岛海洋大学将大有作为!

(原文刊于2000年12月3日《中国教育报》,作者为魏世江、赵新安、刘继安,略有修改)

海天辽阔任驰骋

——来自青岛海洋大学"211 工程"建设的报告

1 821 万元的投入使我国高校唯一的海上流动实验室——东方红 2 号进一步提高了海上综合调查能力，增强了承担国家任务和承揽国际合作项目的能力，为 21 世纪海洋科技人才的培养提供了优越的条件。

三年投入 1.3 个亿，经过"211 工程""九五"期间的重点建设，不仅使青岛海洋大学的硬件设施大变样，同时也为学校的整体办学水平打下了坚实的基础。

青岛海洋大学"211 工程"建设从 1997 年开始启动，"九五"期间先后投入 1.3 亿元用于重点学科建设、公共服务体系建设和配套基础设施建设，促使重点学科进一步优化，特色更鲜明、优势更显著，并取得一批标志性成果；公共服务基础厚实，公共教学科研装备水平得到明显提高；配套基础设施建设取得长足发展，极大地改善了办学条件和重点学科建设运行环境。

重点学科成就斐然

重点学科建设是"211 工程"建设的核心，是体现教学科研水平的重要标志，是带动学校整体水平提高的有效途径。经过"九五"期间建设，海大重点学科面貌发生明显变化，学科整体水平处于国内前列，若干学科达到或接近国际先进水平，物理海洋、海洋遥感、环境科学、水产养殖、海洋生物技术、海洋药物等六个学科进入国家长江学者奖励计划。物理海洋和水产养殖学科分别获得一项国家科技进步二等奖，海洋药物和物理海洋学科各获得三项国家科技进步三等奖。以"以特色带动综合，以综合强化特色"的学科建设的原则指导下，学校在重点进行特色学科建设的同时，调整了学科结构，加强了相关学科和文科的建设。以环境科学与工程学科成为博士学位授权一级学科点和具有鲜明的海洋特色的法学学科等一批文科专业成为硕士学位授权点为标志，学校的学科布局更加优化，综合实力进一步增强。博士学位授权一级学科点增加到 3 个，博士点增加到 15 个，硕士点增加到 41

个,并有博士后流动站 5 个。

师资队伍群星灿烂

重点学科建设带动了高水平教师队伍建设。"九五"期间,青岛海洋大学以实施长江学者奖励计划为契机,实施了"人才工程"和人事分配制度等一系列改革,建立了一支学历、年龄、知识结构趋于合理的师资队伍。其中,两院院士 3 人,博士生导师 123 人,国家有突出贡献中青年专家 10 人,享受政府特殊津贴 83 人;教师中教授、副教授 450 余人,中青年学科带头人和优秀骨干教师 160 余人,已形成一支以 3 名院士、3 名长江学者奖励计划特聘教授和 144 名校聘关键岗位为代表的在国内外有一定影响的高层次人才队伍。

教学改革学在海大

"九五"期间,青岛海洋大学办学规模稳步发展,研究生的比例逐步提高,办学层次明显提升。学校构建了具有学校特色的人才培养模式和新的课程体系;其中,三项教学成果获国家优秀教学成果二等奖,两项成果获山东省优秀教学成果一等奖。该校培养的学生以英语和计算机能力强、综合素质高、基础知识扎实而备受社会和用人单位欢迎,"学在海大"的赞誉久盛不衰。

科技工作顶天立地

通过"211 工程"建设,青岛海洋大学科研结构趋向合理,层次显著提高。科技经费由 1996 年的 1 734 万元增加到 2000 年的 4 002 万元,增长 1 倍多;科技服务和科技转化经费由 1996 年的 445 万元增加到 2000 年的 1 819 万元,四年增长约 3.1 倍;专职科研编制人均年度科技经费强度多年居部属综合性大学前列。"中国沿岸现代海平面变化及其应用研究"等四项国家科技进步奖的获得,标志着该校基础研究和应用研究取得了重大进展;以"新型海洋药物 PSS"为代表的一批高技术研究项目在全国推广并产生了显著经济效益,使该校直接服务于国家经济建设的能力进一步提高。

公共服务体系优势凸显

该校在大力加强重点学科建设的同时,集中财力、物力投入公共服务体系建设和配套设施建设项目，努力为重点学科建设需要提供优化的运行环境和必要的保障条件。"九五"期间，共投资 1.095 亿元，用于省级重点实验室、海上综合流动实验室（东方红 2 号海洋综合调查船）、人才工程、图书资料及信息中心、课程建设、文学艺术与文化素质教育中心、校园网等项目建设，并新建各类用房 83 448 平方米，大大改善了教学、科研、公共服务和生活条件。

青岛海洋大学"211 工程"经过"九五"期间建设，学校的办学思路和办学理念发生深刻变化，改革创新意识不断增强，教育质量、学科水平、办学效益得到明显提高，综合实力上了一个新台阶，为实施由教育部、山东省、国家海洋局和青岛市重点共建高水平特色大学构筑了一个新的平台，并为"211 工程"二期建设打下了雄厚基础，一个充满勃勃生机的高水平特色大学雏形已显。

（原文刊于 2001 年 5 月 25 日《中国教育报》，作者为刘继安、魏世江、赵新安）

向管理要效益

——青岛海洋大学"211工程"建设机制探析

"211工程"是我国最大的高等教育工程,国家直接投入过百亿元,这是中国教育史上前所未有的。但是,与坐在金钱堆上的西方发达国家的高等学校相比,与建设世界高水平大学所需的资金量相比,这样的投入仍是非常有限的。怎样利用有限的资金,使之发挥最大的效益,这将是中国高校需要长期探索、解决的一个命题。

不仅见成果,还要出机制,促进整体发展——青岛海洋大学以"211工程"建设为契机,加强与行业和地方的共建,形成了良好的自我发展机制。

青岛海洋大学"211工程"建设伊始,全校上下就形成了"管理出效益,管理上水平"的共识。学校在项目运行管理机制上形成了包括"科学管理与民主决策""特色与综合互动的学科发展""效益最大化的资源配置""以体制创新带动发展"在内的项目推进机制,从而保证青岛海洋大洋大学圆满地完成了"211工程"建设项目。

分级管理,各负其责——科学管理与民主决策机制

青岛海洋大学在"211工程"建设过程中形成了一整套科学管理与民主决策体系,这对确保资金使用方向和建设的顺利进行并达到建设目标起到了关键性作用。

青岛海洋大学的"211工程"建设实行项目法人责任制。学校成立了由党政主要领导和学科专家组成的"211工程"专家组,校长管华诗院士既是项目法人,也是专家组组长。项目实行分级管理制,各子项目都明确相应的负责人。专家组负责对建设学科的遴选、重点研究方向的确定与调整、相关子项目的建设、人力与经费的投向等进行全面的论证,提出决策意见,并对每个项目的进展情况进行检查评估,如果发现问题及时调整。

精心的组织确保了建设目标的实现。比如,在项目建设初期,学校决定购置大

型三维多普勒激光测速仪,价值 48 万美元。而近年来,随着新型测量手段的不断涌现,一套新型的场流测量技术系统只需要 15 万元即可达到要求,专家组对此进行了二次论证,并据此调整了方案。

以特色带动综合,以综合强化特色
——特色与综合互动的学科发展机制

"青岛海洋大学是一所以海洋和水产学科为显著优势的综合性大学,海洋特色不仅是我们的历史积淀和优势所在,而且是国家社会经济发展的需要。没有特色就没有地位,因而我们必须通过建设来不断地发展和强化特色。"在采访时,管华诗校长向记者谈起了学校的"特色观"。管校长接着强调说:"我们同时也清醒地意识到,综合是发展的基础,这不仅是由于当代科技发展日趋综合、新兴交叉学科的发展需要雄厚的综合为基础,而且由于海洋科学本身就是一门涉及数、理、化、天、地、生的高度综合的学科。特色的发展离不开综合,没有综合便没有真正的优势,更不能发展新的特色和优势。"

正是基于这样的认识,学校集思广益,适时地提出了"以特色带动综合,以综合强化特色"的学科发展思路,确定了以物理海洋、水产养殖、海洋药物、海洋化学四个"211 工程"重点建设的学科为核心,以海洋生物等九个省重点学科为支撑,以全校学科综合协调发展为基础的分层次、有步骤地进行建设的发展方案,逐步建立了特色与综合互动的学科发展机制。这一机制既保障了特色和优势学科的发展,又有效地推动了学科交叉与综合,从而带动整体的发展,使特色更加突出,使综合实力进一步增强。

环境科学与工程学科的发展就是一个典型例子。该学科原属物理海洋学科,以环境动力学为特色研究方向,在国内外有很大影响。以此为基础,通过与海洋化学、海洋生物、生态学等学科的交叉合作,创建了国内第一个环境海洋学博士点,逐步发展成为一个以海洋为优势和特色的环境科学学科,成为学校一个新的学科增长点,并于 2000 年成为"环境科学与工程"博士学位授予一级学科点。

在青岛海洋大学美丽的校园里,蕴藏着丰厚的文化底蕴,梁启超、蔡元培、张伯苓、黄炎培曾是学校的名誉理事,闻一多、梁实秋、老舍、王淦昌、童第周等名家曾在这里任教。但 20 世纪 50 年代末山东大学主体迁往济南后,人文社会学科曾一度空白。80 年代,青岛海洋大学开始文科的复建工作,目前已建立了语言文化、经济、管理、法学等比较完整的人文社会科学学科体系。在文科发展的问题上，学校根据自身的实际，明确提出了"遵循文科发展的自身规律，秉承丰厚的文化底蕴，发掘和提炼海洋文化精神，实现超常规、跨越式发展"的思路。现在，海洋文化、海洋管理、海洋经济、海洋法学四个新学科生长点已露端倪。

以有限增量投入盘活已有存量资源——效益最大化的资源配置机制

"211 工程"建设为学科的发展提供了有力的资金支持，但与学校的实际需求相比毕竟是有限的。如何利用有限的投入以获得最大的建设成效，是"211 工程"建设的关键。学校按照"以有限的增量投入盘活已有的存量资源"的思路，以绩效是否显著和能否实现资源共享作为资金投入的评价原则，精心设计，严格论证。

例如，学校按照将测试中心建设与学科和重点实验室建设相结合、集中与分散相结合的新思路，在原测试中心基础上建成了仪器管理与测试技术培训体系，保持其原有的大型精密仪器面向全校服务的功能，强化了该体系大型仪器管理与维护职能，拓展其技术培训职能，同时将新购置的大型精密仪器，根据需要着重安排在重点学科，从而初步建成了具有鲜明学科特色的海洋科学监测体系、生命与水产科学测试体系、化学与海洋药物分析体系，在有效地提高仪器和资金利用效益的同时，有力地促进了海洋、水产等优势学科和新兴交叉学科的发展。

营造天时、地利、人和的内外部环境——以体制创新推进项目建设机制

"'211 工程'建设是一个系统工程，将该工程看作一个相对独立的系统，前面提到的三个机制则是这个系统良好运转的基础；而在这个系统之外，探索一种有效的项目推进机制，则是推动'211 工程'建设不断取得成效的关键。"管华诗校长在接受采访时说，"我们要努力创造一个'天时、地利、人和'的良好内外部环境，保证'211 工程'这个系统的有效运作。"

内部环境，核心是人

"就内部环境来说，核心要素是人。"管华诗校长说。因而，学校将建立一支综合素质高、能打硬仗的师资和管理队伍作为首要任务。

"人才工程"是该校"211 工程"建设的一个重要子项目，为搞好人才工程的建设，该校先后启动了人事制度和分配制度改革，旨在吸引人才、留住人才、培养人

才。该校还提出了"以人为本,建设学科特区"的概念,对特殊人才和特殊学科"特事特办",突破单一的人才评价和使用模式,一切以是否有利于学校的发展为标准。

在采访该校国家"长江学者奖励计划"的特聘教授宋微波博士时,他的一句话给记者留下了深刻的印象:"能否留人并不在于钱的多少,营造一个让人感觉很舒畅的环境最重要。"当被问及"舒畅"的定义时,宋微波说:"你可以尽情地做事,各种政策、措施和人、财、物的安排都有利于你做出成果。"在海大,很多人都用不同的表述方式表达了同样的意思。

"谁赢得了海大人的奉献精神,谁就赢得了海大的未来。"现在这已经成为海大管理层各项工作的行动指南。

外部环境,以服务求支持

为了创造一个良好的外部环境,青岛海洋大学做出了长期不懈的努力。学校积极推进"科教合作",与驻青海洋科研院所密切合作,共同承担国家重大基础研究规划项目、"863计划"项目和国家攻关项目,共同组建了海洋科学研究生教育中心,瞄准世界海洋科技的前沿,致力于为全国培养海洋科技人才,参与国家重大海洋科技项目,履行海洋大学对国家应尽的责任。

同时青岛海洋大学还积极融入区域和地方社会发展与经济建设中,实现了"以服务求得支持"。2000年,青岛海洋大学认真落实李岚清副总理的指示,在国家和地方政府的大力支持下,实现了教育部、国家海洋局、山东省和青岛市共建青岛海洋大学的新体制。从2001年开始,共建四方将每年各自向青岛海洋大学投入3 000万元,持续五年。这笔巨额资金的投入,必将使学校整体办学实力产生飞跃。"这是我校发展史上具有里程碑意义的大事,是高等教育办学体制的一个创新。这一创新有力地推动了我校'211工程'的建设。"管华诗校长说。

"观念创新是实现新发展的前提,而体制创新则是使设想成为现实的必经之路。"正是基于这样的理解,海大人不断实现体制创新,有力地推进着"211工程"建设。

（原文刊于2001年5月25日《中国教育报》,作者为王宣民）

世界高水平特色大学，我们这样建

——来自青岛海洋大学的报告

一年半之前，青岛海洋大学率先在全国打出了"建设世界高水平特色大学"的旗帜，在高等教育界开启了一条新的发展思路，成为一批正在向多科性大学发展的高校的借鉴对象。一些高校甚至将本报的相关报道，印发到每位中层管理干部的手中，作为学习资料，并制订出适合本校实际的发展规划，以求办出特色、办出水平。

2001年2月，教育部、国家海洋局、山东省人民政府、青岛市人民政府签署协议，共建青岛海洋大学，正式启动了该校"世界高水平特色大学"的建设之旅。一年多过去了，青岛海洋大学在迈向世界高水平特色大学的道路上，都采取了哪些措施，取得了什么成效？

尽管记者已经了解到，在相关部门和地方政府的大力支持下，这所大学的建设一定取得了新的进展，但当记者再一次来到这里采访，所见所闻的变化，仍感到喜出望外：2001年，在学科建设方面，海大的国家重点学科从原来的2个增加到5个，新增具有博士学位授权的一级学科点2个，新增博士点5个，新增硕士点13个；在人才引进方面，学校共引进海内外具有博士学位或具有副高级以上专业技术职务的高层次人才71人，其中院士1人、双聘院士1人；在科研方面，实到科研经费6 670万元，比2000年增长近60%，科研项目无论从数量还是层次上都有较大提高，SCI和EI论文大幅增长，并实现了山东省SCIENCE论文零的突破；在教学方面，获得国家教学成果奖二等奖2项……

更让人欣喜的是全校师生的精神面貌。在校园里随机采访，无论是白发苍苍的老教授，还是风华正茂的年轻学子，都能跟你畅谈上一段对建设世界高水平特色大学的认识和体会，那种自豪、自强之情令记者不禁生发出很多的感慨。一年多前，该校的师生们不无忧虑：在竞争日益激烈的高等教育领域综合性不够强、规模不大的青岛海洋大学，竞争优势在哪里？发展的方向又是什么？而今，宏伟而又切实的建设目标,已将师生们紧紧凝聚在一起。

学科建设篇:优势学科"异峰突起",薄弱学科跨越式发展

2000年7月,教育部陈至立部长在青岛海洋大学考察时曾生动地比喻说,如果将高水平综合性大学比作高原的话,青岛海洋大学就要在自己的优势领域形成高峰。要在海洋特色方面"异峰突起",有所突破,要能够代表国家站到世界海洋领域教学科研的前沿。怎样造就能够代表国家水平的"高峰",成为海大人思考的出发点。"要'异峰突起',我们一要强化特色,想方设法提高特色学科的水平;二要围绕特色学科适度发展相关学科,使特色建立在综合的基础之上。没有综合作为基础,缺乏学科交叉渗透的条件,特色很难达到真正的高水平。发展相关学科,我们不搞白手起家,而是要看国家的需要和我们现有的基础。"管华诗校长这样阐述特色与高水平、特色与综合之间的关系。紧紧围绕着"世界高水平特色大学建设"这个中心,青岛海洋大学进行了大刀阔斧的学科专业调整。

对于已有的优势学科,海大的办法是,重新整合这些学科,把原来相对比较分散的力量集中在一起,使强的更强。比如,根据教育部即将设立生命科学与技术人才培养基地的契机,把原来的强势学科——水产学院和生命科学学院两个学院整合成立海洋生命科学与技术学院,创建人才培养基地。在这个新基地中,阵容可谓"豪华":有3个国家重点学科、3个长江学者特聘岗位、8个博士点、13个硕士点、3个博士后流动站;45岁以下的教授占了78%以上,其中有一半以上有国外留学或工作经历,来自8个国家,各国的研究优势、学风和研究思路在这里将得到积聚、碰撞、融合和升华。整合后的新基地,更有能力承接跨学科的重大科研项目,学生可以按大的学科门类打通培养,实施新的课程体系、培养模式;教学、科研资源得到了进一步的优化配置,避免了重复建设。同时,学科重新组合后,建设目标更加明确,引进人才的目的更加明确。

据介绍,按照这一思路和模式,青岛海洋大学还将对原有的特色优势学科全面进行梳理,以期进一步优化资源。下一个要整合的是海洋物理、物理海洋学、海洋化学、海洋地质等学科,成立海洋科学学院,形成另一个"峰"。再下面要整合的则是目前还比较薄弱的海洋信息、海洋经济与管理、海洋文化等学科。

对于某些国家急需的、代表海洋学科未来重要发展方向的但目前学校还没有的学科,海大的办法是建设"学科特区",先建设研究机构,通过大力引进人才使这

个学科快速成长,在时机成熟时再发展本科专业。为建设"学科特区",学校在条件允许的范围内实行特殊优惠政策。例如,建设新实验室,优先安排科研启动费,采取灵活政策配备助手,创造良好的科研条件,提供较好的生活条件,尽量协助解决家属安置和子女入学等问题。材料科学就是"学科特区"政策结出的一个成果。经过两年的建设,材料学科凝聚起一支由15名博士或博士后组成、大部分人有国外学习和工作经历的研究队伍,一批在研项目都处于学科的前沿,保证了高起点的起步。在此基础上,学校今年创办了材料化学本科专业,并将申请硕士点和博士点。

平地起峰,高度有限;而高地上起峰,则可以达到很高。这就是为什么在强调特色的同时也不能忽视综合性的原因。同时,为了培养既具有科学精神又兼备人文素质的创新型人才,人文社会科学学科不可或缺。但是,作为一所长期以来以理为主的高校,青岛海洋大学的人文社会科学、工科等学科都是在近二十年间陆续恢复发展起来的,基础比较薄弱。学科的发展有自己的规律,但这并不等于不能跨越式发展。青岛海洋大学文学院,就是形象地阐释跨越式发展的典型例子。这其中,聘请德高望重、学贯中西的大师级人物加盟是关键。

4月1日,著名作家、全国文联副主席王蒙接过聘书,成为青岛海洋大学文学院的院长。有人说,海大请王蒙当文学院院长,最大的作用莫过于利用王蒙的威望和影响,聚集人气、文气,最容易产生的效果是通过王蒙延揽大批国内知名学者、作家到海大任教、讲学。《人民日报》记者在一篇相关报道中这样写道:"这种作用和效果,历史上屡见不鲜。蔡元培到北大当校长,吸引了众多名人飞驰北京;杨振声当国立青岛大学校长,广聘国内知名专家学者,闻一多、梁实秋欣然应聘;赵太侔为国立山东大学校长,老舍、洪深、童第周纷至沓来。"而王蒙为海大开列了一长串国内外知名学者、作家的名单。王蒙说:"国内的学者、作家,我请他们来讲学,不敢说请一个来一个,60%总有;国外的名家,40%没问题。"此次与王蒙同来任教的就有北京师范大学的博士生导师童庆炳教授,当代著名法语文学翻译家柳鸣九,文艺理论家何西来,英美文学研究专家和翻译家、博士生导师朱虹。诺贝尔文学奖获得者大江健三郎也将于近期到海大办讲座。管华诗校长说:"海大要设立'名人讲坛',请国内外名家来讲课;建立'驻校作家'制度,欢迎作家到海大写作。我们并不要求作家写海大,只要带来文气就行。"按照已有的计划,海大文学院的本科生将是最"享福"的,因为在全校学生中,给他们授课的教师里名家所占比例最大。

人才篇：实施人才战略，建设固定与流动人才队伍

高水平大学"高"在哪里？世界上比较公认的、最基本也最容易衡量的指标有两个：一是高水平的学科，另一是高水平的人才。而高水平的学科需要高水平的人才来建设和支撑，人才是最关键的因素。为建设世界高水平特色大学，青岛海洋大学在狠抓学科调整和建设的同时，将大力引进和培养高水平人才、建立并完善人才激励机制作为工作的重点。

长江学者奖励计划特聘教授、新近荣获"中国青年科学家奖"的宋微波教授，是众多由海大培养起来、在国外学习和工作后又回到海大的优秀人才中的一员。在德国波恩大学拿到博士学位后，宋微波一天也没耽搁就回到了母校。在采访时，他对记者说，这里有干事的环境："很多事情，有些是自己都没想到的，学校却为你想到了。你要做的，就是出成果。近几年，尤其是开始建设世界高水平特色大学以来，海大的办学经费大幅增长，科研条件明显改善，某些方面已不逊色于国外大学。"一大串科研成果、多项省部级科技成果一等奖，是不善言辞的宋微波给母校的回报。

海大制定的一系列政策，为优秀人才提供了良好的工作、生活环境，吸引了众多年轻优秀学术带头人来海大工作。在长长的引进人才名单中，有已经担任副校长的翟世奎，有长江学者奖励计划特聘教授崔承彬，有国家级科技进步奖获得者战文宾，有年轻的女博导耿美玉，还有人文社会科学领域的教授李扬、徐祥民、徐国君、张德禄、李志清……去年，海大进一步完善了原有政策。

在人才竞争日益激烈的国际大环境下，在各单位都采取积极措施吸引优秀人才的今天，人才引进工作中的体制创新就显得格外重要。"过去，人才的引进是刚性的，对有些学校特殊需要但又无法或一时难以引进的人才，原有的体制就无能为力了；而且，从现代人力资源开发的理论上来讲，成本与效益比是衡量人才引进工作成效的一个重要指标。转变观念，变刚性流动为柔性流动，实行固定编制与流动编制相结合的体制，可以解决原有体制无法解决的问题。"海大人事处长李建平介绍说。据介绍，海大的流动编制分三个层次。

第一个层次是大师级人才的引进。对于大师级的人才，刚性引进的难度很大，但引进大师级人物的智力和其他资源则相对要容易得多。上文提到的海大文学院引进大师级人才的办法即是一个典型例子。大师的柔性引进，不仅可以利用他们

的学识为某一学科的发展进行顶层设计,同时这些大师对提高学校的社会声誉和社会影响、吸引和凝聚其他资源也非常重要。

第二个层次是吸引优秀学术带头人,尤其是海外学者。青岛海洋大学海外教授团的组建是这一层次的典型。海大的海外教授团组建于 2001 年,现在已有 20 多人,来自十几个国家。他们都具有博士学位,在海外大学中已取得终身教职,比如已获得多伦多大学终身教席的段云波、任瑞士《分子》杂志(SCI 收录期刊)主编的林树坤。海外教授团的主要任务是培养研究生,进行学科建设与交流。这些人才的工作方式有两种:一是每年有一定时间到国内工作,另一种是海大将把一些研究机构设在国外。这一层次的人才,有些经过一段时间的工作,已决定来海大。如林树坤博士,他不仅自己回来,还准备将《分子》杂志带过来,作为中外联合出版的学术杂志,并以此为载体凝聚一批国际分子研究领域的精英人才来海大讲学、合作开展研究。

第三个层次是教学科研需要的特定人才。海大今年着力建设的是工程实验技术人才队伍。20 世纪 90 年代以来,由于种种原因,高校中的实验技术队伍流失严重,但为了不分散学术带头人的精力,充分发挥重大仪器设备的使用效益,加强实验等人才培养环节,以培养创新型人才,需要建设一支高水平的实验技术队伍。为了吸引和凝聚这支队伍,海大对实验技术人员设定岗位,明确岗位职责,提高岗位待遇,规定津贴甚至可以比同层次的教师略高,对这支队伍不以论文和研究成果为指标进行评价。

在加快引进人才步伐的同时,海大非常重视对优秀人才的培养,制定了《青岛海洋大学关于选拔培养学科带头人、跨世纪青年学科带头人、优秀青年骨干教师的意见》,为鼓励优秀人才尽快成长提供良好的工作和生活条件。学校还有计划地选拔推荐优秀青年教师到国内外的著名高校、科研机构做访问学者、学习进修和攻读学位,组织教学科研人员参加各类国际学术会议,选派优秀教师出国讲学、开展合作研究。

2001 年海大通过调整优惠政策加大人才引进力度、不断增加投入、扩大教师培训范围等方法,加强师资队伍建设,取得了显著的成果。2001 年,海大共引进和接收各类人才 138 人;其中,院士 1 人,双聘院士 1 人,具有博士学位或具有副高级以上专业技术职务的高层次人才 71 人。另外,海大还聘请了欧洲科学院和比利时科学院院士保罗·瓦努特教授等 38 位国内外专家担任名誉教授、兼职教授和客座教授。

　　加快人事制度改革,变身份管理为岗位管理,建立符合社会主义市场经济下人才市场规律的人力资源配置和激励机制,是当前高校人事制度改革的重点。早在 1998 年,青岛海洋大学就在全国大学中率先实行对具有硕士以下学历人员实行人事代理制度,到目前为止共为 130 多名青年教师办理了人事代理手续,解决了一般教师"易进难出"问题,促进了人员的合理流动。也是在 1998 年,为解决教授"只上不下"的问题,海大建立了教授职务阶段确认制度,迄今已有近 40 位教授参加了阶段确认,淘汰率为 5%。为建立有利于高层次优秀人才尽快成长的激励竞争机制,海大以实施教育部"长江学者奖励计划"为契机,进行了新一轮人事分配制度改革,通过实行岗位聘任,建立了人员能进能出、职务能上能下、待遇能高能低的竞争机制,建立了"按需设岗、以岗定薪、按劳取酬、优劳优酬"的激励机制。现已有 144 人获得了校聘关键岗位的上岗资格。

教学篇：改革教育模式，提高培养质量

　　"人才培养质量是高校的生命线,是衡量大学办学成效的根本尺度。青岛海洋大学多年来一直非常重视教育教学工作,去年更是将深化教育教学改革、提高人才培养质量作为建设世界高水平特色大学的重要内容,提出要培养具有创新思想和实践能力、具有优良科学素质和人文修养、具有强烈国际观念和全球意识的高素质人才,并采取了一系列措施。"海大负责教学工作的于志刚副校长向记者详细介绍了海大教育教学改革情况。

　　在多年探索的基础上,海大形成了"以学生为本"的人才培养模式,注重学生个性、特长和全面发展。其主要内容有:加强基础、拓宽专业口径、完善主辅修和双专业制度,鼓励学生跨学科选修课程;按照海大完善学分制的实施意见,继续推行弹性学习制度,实行鼓励学分;改革考试方法,采取多种形式评价学生的学习成绩;推进学籍制度的改革,从 2001 年起实施取消补考、实行重修制度;探索尖子人才培养的途径,从 2000 年起海大开始组建海洋学科和水产学科本硕连读班,2001 年又开办了"海洋管理"实验班,以满足国家对于海洋管理人才的需求。为培养学生的创新能力,海大进一步推行"奖励学分"制,设立了科技活动奖励基金,鼓励学生尽早参与科研、科技发明和社会实践活动。2001 年,海大学子获全国大学生数学建模比赛二等奖两项,全国大学生"索尼杯"电子设计竞赛二等奖一项;在第七届全

国"挑战杯"竞赛中获二等奖、三等奖各一项。在刚刚公布的全国英语八级统考成绩中,海大英语专业98级一次通过率为98%,比全国综合大学平均通过率高出37.9%,比全国高校平均通过率高出38.4%,创该项成绩历史新高,从一个侧面再次证实了海大的教学质量和水平。

改革教学内容和教学方法是保障教学质量的关键因素之一。海大以国家级名牌课程和省级试点课程的建设为基础,全面推进课程建设和改革,如《高等数学》改变以往的单一授课形式,请学生上讲台,锻炼了学生对知识的理解能力和自学能力;改革考试方法,如化学化工学院对院内开设的专业基础课,均采取开卷、闭卷加平时成绩的考核方法,高年级学生课堂讨论和小论文成绩占总成绩的30%~40%,以培养学生综合运用知识和分析、解决问题的能力。

为推动教学改革,海大通过基金资助形式,继续推动教材建设和教学研究工作,重新修订了教材、教研的立项、管理办法,调动广大教师参与教材建设和教学研究的积极性。2001年海大教师获得国家教学成果奖二等奖2项,山东省优秀教学成果12项。学校还积极推进教学与管理两方面的现代化,鼓励教师制作多媒体课件,加大网上教学的力度和多媒体教学比例,建成了13个大型多媒体教室和院系7个小型多媒体教室。

为树立优良教风,建设良好学风,海大进一步完善了多种形式的教学评估方法和评估指标体系,成立了教学督导团。一年里,教学督导员共听课百余门,几乎涉及全校所有本科生开设的课程门类,收到良好的督促效果。

科研篇:构建科研数据平台,提升研究和服务水平

科研成果和服务社会经济发展能力的高低,是衡量一个大学水平高低的重要方面,也是最具显示度的方面。主管科技工作的副校长翟世奎教授向记者介绍了建设高水平特色大学一年多来,海大科技工作取得的新进展。

据介绍,2001年海大实到科研经费6 670万元,比2000年增长近60%,其中纵向科研经费3 000万元,比2000年增长约37%,表明科研水平有了较大提高;技术开发服务经费3 670万元,增长幅度达102%,表明学校为国家经济建设服务的能力有了大幅度提高。

去年,海大在承担"十五"国家计划项目方面获得了可喜成绩,进一步确立了国家海洋科研主力军的地位:在国家"863"计划资源环境领域中,学校主持的A

类（面上）课题 18 项、青年基金 13 项,主持科技攻关课题 2 项;获得国家自然科学重点基金项目 2 项,面上项目 22 项;人文社科研究也取得了长足进步,申请到国家社会科学重点计划项目 1 项、科技部软科学项目 1 项、教育部人文社科"十五"规划项目 1 项。

2001 年海大共鉴定验收成果 26 项;SCI、EI 文章都有大幅增长,并在《Science》上发表论文,实现了山东省零的突破;获得省部级科技成果奖一等奖 5 项,其中 1 项被推荐申报国家自然科学奖,教育部科技进步奖数目居全国高校第 8 位。

通过加强科技成果转化和科技服务工作,一批高技术研究项目在全国推广并产生了显著经济效益。如管华诗院士主持研究的两个国家一类新药成果作价入股与山东中鲁远洋渔业股份有限公司组建的公司,已进入运营阶段;海大带头参与了青岛生物谷、青岛海洋生物工程产业化基地建设;为海尔等企业研制 20 多套高精度人工气候实验室;为青岛市环保贡献"碱厂白泥脱硫技术";在青岛港、海湾大桥及浮山隧道选址,济青、环胶州湾及青银高速公路的可行性研究、建设,促进山东省青岛市海水养殖等方面做了大量工作。

构建学科建设和科技工作的良好软环境,是科技工作的重要基础工作。据海大原主管科技工作的副校长吴德星教授介绍,近年来,海大已经和即将打造以下几个平台。第一,资料数据与信息的共享平台,避免资源建设重复浪费,提高科研工作效率。第二,数值模式开发与服务平台。组织自己的团队,根据不同科学家的要求,向用户提供适合其研究目的的数值模式,节省人力、物力。第三,集学校整体优势,构建更多、更高级别的科技服务资质支持平台。为改变科技服务工作规模较小、资质维护和升级工作跟不上发展的需要的状况,学校成立了专门资质管理与运行机构。第四,构建管理共享信息平台,以实现管理信息传递的无纸化、信息登录的远距离化、搜集信息的整体化等,提高管理工作效率。第五,注重标准的研究和制定。实施标准战略,重点做好资源库建设标准、实验数据与信息的计量标准和实验室的标准、科技服务数据的计量标准、科技成果的刻化标准等工作。

国际合作篇：拓宽合作领域，培养国际竞争力

建设世界高水平特色大学,国际声誉和国际竞争力是一个重要指标。加入WTO 后,我国高等教育国际化将成为一种必然的发展趋势。青岛海洋大学为此采取了多种措施。原主管科技工作的副校长吴德星教授对记者说,海大加速高等教

育国际化的思路和举措主要有：增强学校师生的国际化意识，以培养具有国际竞争力的人才；建设一支具有国际交往能力的高素质教师队伍和管理队伍；扩大招收国外留学生的规模；加强与境外高校校际的交流与合作；引入与国际接轨的高效率管理运行模式，等等。

最近，海大12名韩语专业本科生启程前往韩国的三所大学，开始了为期半年的留学生活。作为国际化的一个重要方面，青岛海洋大学近年来与日本、韩国、英国、德国、荷兰、俄罗斯、挪威、法国、比利时、美国、加拿大、澳大利亚等国家的84所高校建立了交流合作伙伴关系。去年以来，不仅派出教师和学生越来越多、越来越频繁，还采取多种措施吸引海外留学生，留学生数量翻了一番。

据介绍，2001年，海大在国际合作研究方面取得了突破性进展，在继续推进中德"渤海湾""胶州湾"合作研究项目、中澳海洋管理中的科学、法律和政策及区域合作项目的基础上，主持1项重大国际合作项目（全国共30项）、一般合作研究项目达到了31项，使得海大的国际合作从人员互访、互派发展到了开展实质性的合作研究。

（原文刊于2002年6月3日《中国教育报》，作者为刘继安、魏世江、赵新安）

托起蓝色的辉煌

——中国海洋大学"985工程"建设巡礼

高等学校作为国家高级人才培养、科学技术创新、先进文化发展的基地,在经济发展和社会进步中起着基础性、战略性作用。"985工程"是党中央、国务院在21世纪到来之际,站在时代需要和战略发展的高度做出的又一重大决策。"985工程"采取中央、部门和地方政府共同重点投入、高校自筹经费配套的方式运作,旨在加大投入力度,重点扶持一批已经具备相当实力的重点大学和若干重点学科冲击世界一流。经过三年(2001~2003)努力,一期建设任务已基本完成,使得一批大学脱颖而出,成为我国知识创新、理论创新、教育创新的排头兵,其中的知名大学在世界大学学术排行榜的位次明显提升,促进了我国高等教育的跨越式发展。

岁末年初,捷报频传。尤其引人注目的当属教育部2003年12月29日正式公布的一则消息:中国海洋大学与清华大学、北京大学等国内其他33所著名大学一起,将创建世界一流大学和高水平大学。据了解,我省只有山东大学和中国海洋大学进入这个行列。

这则消息对中国海洋大学来说,意义重大而深远。历经80年建设发展,在各级政府的领导、支持下,这所形成了鲜明的海洋和水产学科特色的高校迎来了又一历史性的发展机遇,必将迈上一个崭新的发展平台。

中国海洋大学的前身是私立青岛大学,始建于1924年,先后经历了国立青岛大学、国立山东大学、山东海洋学院、青岛海洋大学等历史阶段。经过几代海大人的不懈追求,到20世纪末,中国海洋大学已经发展成为以海洋、水产学科为显著特色,包括理、工、农(水产)、医(药)、管、经、文、法、教育等九大学科门类的国家重点综合性大学。2001年2月,在多方的大力支持下,教育部、山东省人民政府、国家海洋局和青岛市人民政府共同签署协议,决定加大投入,重点建设中国海洋大学(时称青岛海洋大学)。由此,他们在我国学界率先举起了高水平特色大学的大旗,正式进入"985工程"行列,拉开了"985工程"建设的帷幕。

中国海洋大学同进入这两项工程的兄弟高校一样，经过艰苦奋斗、不懈努力，在学科建设、人才培养、科学研究、科技服务和支撑条件建设等方面取得了累累硕果。

中国工程院院士、中国海洋大学校长管华诗教授说，学校已经进一步明确了未来 20 年发展的战略目标和任务，近期首要的任务是重点建设国家海洋科学中心、大学科技园、研究生院等工作。中国海洋大学在国家和地方政府的重点建设中，正向着高水平特色大学目标大踏步迈进。

学科建设：强化特色，构筑新高峰

学科建设是学校可持续发展的根本，也是直接影响国民经济建设和社会发展的重要因素。学科的水平，是一所高校办学水平的主要标志。中国海洋大学始终把学科建设作为"985 工程"的重中之重，坚持已经形成的"强化发展特色（学科）、协调发展综合（学科），以特色带动综合、以综合强化特色"的学科发展思路，本着"按需择优、有所为有所不为"的原则，在投入上加大倾斜力度，把学科建设总经费的 70%～80% 用于重点学科和优势学科，收到了明显成效。这使国家级重点学科由 2 个增至 5 个，扩大了原有的特色学科"高地"，巩固了这些学科国际国内的先进地位。最能表明该校重点建设决心的是，把用于特色学科建设经费的 60% 集中于重点学科中的重点研究方向，如物理海洋学科中的海浪理论与应用研究、浅海动力学研究、海洋化学中的界面化学、水产养殖学科中健康的养殖技术、海洋生物的遗传与育种研究、水产品加工与贮藏工程的海洋药物等，促使这些学科始终处于国内同学科的先进地位，在世界上的影响力不断扩大。

在充分考虑国家需要和学校自身特点等宏观、微观环境的前提下，经过几上几下的反复论证，中国海洋大学提出了"985 工程"一期建设的指导原则和总体目标。具体地说，就是积极适应 21 世纪国家和地方经济建设和社会发展的需要，坚持以发展为主题，以改革和创新为动力，遵循"按需择优、有所为有所不为"的原则，围绕强化优势学科建设这个重心，着力于实施"筑峰人才工程"，着力于提高教育教学质量，着力于提升实验研究平台水准三个层面；努力实现把学校发展成为我国海洋领域高水平创新人才的培养、高科技研究和成果转化、高层次决策咨询的重要基地这三项任务；继续扩展和增强特色和优势学科，使重点学科中更多的学科方向达到国内领先水平，其中部分学科达到或接近国际先进水平，进而带动学校整体学科建设、科学研究和人才培养等各项工作迈上新台阶。

优化资源配置,促进学科交叉,构筑新的学科"高地"。学校打破了在科学研究和人才培养上有着有机联系的水产学院和海洋生命学院原有框架,进行了重新整合,组建了生命科学与技术学部,投资 3 000 万元重点建设了海洋生物遗传学与种质工程、海洋生态学与海水健康养殖、生物化学与分子生物学、海洋动物营养与生理学、海洋微生物学与病害等五个国内先进水平的实验平台,凝练、强化了本学部的学科方向,在海洋生命科学与技术的学科"高地"上,几个具有明显特色的学科"高峰"即将拔地而起,可持续发展的能力显著增强。

注重在传统学科中培植新的学科方向,培育新优势,协调发展其他学科,也是中国海洋大学学科建设的应有之义。如在人文社会科学领域内,结合已有基础与特点努力培植自己的学科方向,对海洋管理、海洋经济、海洋法学、海洋文化四个交叉学科给予重点支持,促使其不断朝着优势学科的方向发展,现已在国内学术界产生了一定的影响。在"985 工程"的支持下,适时组建了以研究海洋材料为主的材料科学与工程研究院,已有 20 多位来自国内外博士加盟。三年的工作实践证明,这支年轻的队伍具有很大的学术潜力。

通过"985 工程"三年的建设,中国海洋大学国家级重点学科由 2 个增至 5 个,博士学位授权点由 15 个增加到 30 个,硕士学位授权点由 41 个增加到 76 个,博硕士学位点涉及的一级学科由 24 个增加至 32 个,其中一级学科博士授权点由 3 个增加到 6 个;新增 8 个工程硕士专业学位领域、1 个农业推广硕士专业学位领域和 1 个工商管理硕士(MBA)专业学位领域;博士后流动站由 5 个增加到 7 个,6 个学科设有"长江学者奖励计划"特聘教授岗位。显而易见,具有海洋与水产学科特色的学科高地在中国海洋大学得到进一步拓宽与增强。

人才工程:聚集人才,建立新机制

人才是事业发展之本,更是高校发展的根本。中国海洋大学一直将人才队伍建设作为事业发展的基础工程来规划建设,在多年发展积累的基础上,以实施"985 工程"为契机,加大投资力度,先后推出了"筑峰人才工程"和"绿卡人才工程",并着力于更新用人理念,建立新的用人机制和管理模式,取得了明显成效。

(1)坚持"刚性引进"与"柔性引进"相结合原则,初步构建了结构合理的师资队伍。中国海洋大学适时出台了《关于引进优秀留学人员来校工作的办法》《关于吸引国内外优秀学科带头人和具有博士学位优秀人才来校工作的办法》。三年来，共引进海内外具有高级专业技术职务和博士学位的学术骨干等急需人才300余人（有留学经历的占1/3），有力地改善了师资队伍的知识、年龄结构。在现任专职教师中45岁以下的教师占80%，具有博士学位的教师占专任教师总数的38%，海洋、水产等重点学科达50%～70%。师资队伍的基础明显加强，现已显现出学科筑峰建设的作用。同时，本着"不求所有、但求所用"的原则，聘请了院士4人，形成了包括5位诺贝尔奖获得者在内的80多位教授组成的国外"客座教授团"，不但强化了实质性、全方位的国际合作和科学研究，同时大大提高了研究生培养能力和水平。

（2）建立竞争、激励机制，留住人才，用好人才。中国海洋大学借助于"985工程"的实施，坚持"淡化身份、强化岗位"和"按劳分配、多劳多得"的原则，在2001年对人事分配制度进行了新一轮的改革，创造性地提出了基础津贴和业绩津贴相结合、津贴制和奖金制相结合的岗位津贴管理办法。通过实行岗位聘任，建立了"人员能进能出、职务能上能下、待遇能高能低"的竞争机制，建立了"按需设岗、以岗定薪、按劳取酬、优劳优酬"的激励机制。这一重大举措调动了广大教职工忠诚于党的教育事业、恪尽职守的能动性和自觉性，激励了教师特别是骨干队伍的奉献精神。

（3）建立新的用人机制和管理模式，促进人才流动。海大按照"有利于学科建设和人才梯队建设，有利于改善师资队伍的学历结构、学缘结构、职称结构和年龄结构"的原则，以教师编制的20%左右设置客座教师岗位，在国内外招聘需要的高层次人才和骨干教师，建立了固定编制和流动编制相结合的新的用人机制；同时，打破教授终身制的管理模式，在实行专业技术职务聘任的基础上，在全国高校率先建立了人事代理制度，已对260多人实行了人事代理，对50岁以下的教授实行了阶段性确认制度。

（4）加大骨干教师的培训力度，努力提高师资整体水平。中国海洋大学围绕着学科建设和教学需要，通过落实教育部"长江学者奖励计划""青年教师教学科研奖励计划"和"青年教师资助计划"等项目，有计划、分层次地对师资队伍进行培养。三年来，先后选派250多名学历层次较低的教师到国内外攻读博士学位，有200多名骨干教师到国内外进修、访问；遴选50名45岁以下具有博士学位的副教授进行重点培养，使他们很快在教学、科研中崭露头角，有的已成为所在学科的骨干或学术带头人。

通过"985工程"的实施,中国海洋大学师资队伍总量增长了近24%,专任教师与教职工总数的比例由32%提高到44%,教师中具有博士学位的人数增长到38%,在全国重点大学中名列首茅,重点学科中的这一比例达到50%～70%,45岁以下的青年教师占教师总数的80%,他们中有60余人获国家杰出青年基金、全国科学家奖、中国青年科技奖、教育部优秀青年教师教学科研奖;整个师资队伍的年龄结构、知识结构、学缘结构大为改善,干事创业、献身于高水平特色大学建设,服务于国家,已经成为他们的人生追求。

人才培养:质量立校,构建新体系

培养数以千万计的高级专门人才和一大批创新型人才,是高等学校中"国家队"的首要任务和历史责任。办学质量是学校的生命线,以质量立校一以贯之于中国海洋大学办学的全过程。

"985工程"实施期间,学校坚定不移地执行"通过高质量的课程建设来体现高质量的人才培养"的方针,大力加强全校性通识课、专业主干课、教学实践课三类课程的建设力度。在继续重点建设"两课"、数学课、外语课和计算机课的基础上,制定并实施了专业教学实验室建设规则,目标是通过分期立项建设形成一批实验教学条件国内一流、实验教学内容与国际接轨、实验教学功能与基础教学实验室衔接、与重点实验室互补的专业实验室及实验教学课程,形成覆盖各个学科、支撑不同专业的全校性实验教学平台,全面培养学生实践动手能力的质量和水平。目前,已连续两年投入专项经费1 400万元,新建、改建了25个专业教学实验室,改革改进了专业实验教学的内容和方法,专业教学实力显著提高。"985工程"实施期间,学校结合国家海洋学理科人才培养基地和国家生命科学与技术人才培养基地的建设,不仅投巨资更新了"东方红2号"海洋调查实习船的教学仪器设备,而且投资1 800万元建设了占地50亩的鳌山卫海洋生命科学与技术教学科研基地,构建起海洋生物研究开发和海洋生物产业经营管理创新型人才培养的专门化实训基地。

进入21世纪,借"985工程"的东风,中国海洋大学开始着手对本科教育教学运行机制和管理体系进行改革,旨在建立起一种动态的、自适应调节和可持续发展的新体系,以适应社会不断发展的需求,满足学生对优质教学资源的迫切需求。

新构建的教育教学运行管理体系包含两个方面的核心内容,即"有限条件的自主选课"与"毕业生识别确认制"。实行这种制度,可以依据学生的选课情况,科学合理和适时有效地调配教育教学资源,最大限度地满足学生为学习知识、培养能力对各类课程的需求;同时,对筛选课程、激励教师和专业评估等也具有重要促进作用。

三年来,中国海洋大学研究生培养规模不断扩大,由2001年的1 500余人增加到3 000余人,三年翻了一番;其中,博士生由2001年的450余人增加到2003年的900余人,三年也翻了一番。2004年计划招生1 600名,届时海大的研究生规模将达到4 000余人。与此同时,该校十分重视研究生培养的质量,按着现代研究生教育理念,着力于培养研究生的创新能力,经反复研讨、修改,施行了新的《研究生培养方案》;同时,加强研究生培养过程控制,对学位课教学及考核、中期筛选、开题报告、论文评审及答辩等各个环节都提出了严格、明确的规定与要求,完善了规章制度,使研究生的培养、管理逐步走向规范化、科学化,确保了研究生的培养质量。到目前为止,我国海洋、水产领域里80%以上的博士生出自中国海洋大学,学校已经成为名副其实的国家海洋和水产领域高层次创新人才的培养基地。

科学研究:瞄准前沿,促进科技创新

创新是一个民族进步的巨大动力,只有创新,特别是原创性创新,才能带来高速发展。中国海洋大学通过实施"985工程",调整科技创新战略,加强创新能力建设,努力提高核心竞争力。

高屋建瓴,学校瞄准科技前沿精心打造有利于科学家成长的良好环境和条件。调整科技创新模式,从注重单项创新转变到更加强调各种技术的集成,强调在集成基础上形成有竞争力的产品和产业;鼓励教师在高起点上服务于国家目标和国家的重大战略需求,寻求新的发现。

调整学科结构,大力发展应用学科。在组建信息科学与工程学院、环境科学与工程学院、材料科学与工程研究院的同时,又在其他学院增设地球信息科学与技术、航海技术、船舶与海洋工程等专业。在国家和地方经济建设急需的科研方向,设立"科技特区",特事特办,大力发展应用研究和高技术开发。

大力支持高新技术和产业技术领域的发明创造,鼓励教师掌握更多具有自主知识产权的核心技术和关键技术。实施专利战略,建立激励机制,调动创新积极性。

积极组织有自主知识产权和产业化前景的项目，重点投入，扶持成熟技术成果从实验室到中试放大的工作，在技术创新和技术服务方面形成技术群，同时探索技术参股等有利于科技成果转化的激励机制和相应管理体制，以调动教师投身于技术创新的积极性。

积极配合科技部等有关部委、山东省和青岛市政府，参与并推动"青岛国家海洋科学研究中心"筹建，大力推进国家实验室的建设。学校还投入巨资进行重点实验室建设，重点推进一批科技成果转化基地建设，主要包括"海洋防腐（蚀）防污（损）工程技术研究中心""海水养殖工程技术研究中心""海洋生物工程研究所"和"鳌山卫生命科学与技术教学科研基地"等。

科研经费连创新高。纵向科研经费由 2001 年的 6 670 万元增加到 2003 年的 8 000 万元，占学校总科研经费的比例由"九五"期间的 2/3 增加到"十五"前三年的 3/4 以上，而且呈现出继续增长的趋势。

科研能力显著增强。共主持国家攻关计划项目 14 项，"863"计划项目 70 项，主持国家重点基础研究发展规划项目（973）2 项、课题 14 项，国家自然科学基金重大项目 1 项、重点项目 2 项、面上项目 191 项，显示出作为国家海洋和水产学科科技计划项目主要承担者的实力。横向科研经费的增长，体现了学校服务于社会的能力显著增强。学校的人文社会科学研究在原有基础上也有了较大发展，承担国家社科规划重点项目 3 项，国家自然科学基金（管理学科）项目 4 项，科技部软科学项目 5 项，教育部社科规划重大项目 1 项、面上项目 15 项，山东省社会科学规划项目 23 项。特别是"十五"期间，学校主持了"中国典型河口——近海陆海相互作用及其环境效应"和"糖化学与糖生物学——特征糖链结构与功能及其调控机制"2 项国家重点基础研究发展规划（973）项目，主持 SOLAS 国家自然科学基金重大项目，主持 50 项"863"计划项目［承担课题数位居全国第七位，位居全国海洋科研机构（包括高校和研究所）第一位，其中在"资源环境领域"位居第一］，充分表明学校建设高水平特色大学以来科研的整体水平和竞争力又有显著提高。

科研成果丰硕。六年中，中国海洋大学共发表论文 7 164 篇，其中被 SCI、EI、ISTP 等收录论文 1 200 余篇，特别在国际著名刊物《Science》发表文章 1 篇，实现山东省零的突破；鉴定成果 117 项，申请专利 179 项，获准专利 45 项，比"八五"科技成果数量有较大增长；共获得省部级奖励 79 项，国家级奖励 5 项，特别是"新药藻酸双酯钠的研究""海浪数值预报方法""大型海藻生物技术及其研究"和"中国沿岸现代海平面变化及其应用研究"等4项成果获得国家科技进步奖,表明学校在科学研究与实践相结合方面取得了良好成绩。

科技服务:转化成果,服务地方经济

围绕我省"海上山东"和"黄河三角洲开发"跨世纪工程、建设山东半岛高新技术产业带和胶东半岛制造业基地计划以及山东省制造业信息化工程等重要部署,中国海洋大学大力发展应用学科,加强科技成果的转化,推动高新技术产业化,积极为地方经济建设服务。据不完全统计,六年来学校共承担山东省内科研项目620余项,为800多个企事业单位服务过,贡献技术190多项,创造直接经济效益近20亿元,并创造了巨大的间接经济效益和社会效益。

"海上山东"建设

"海上山东"建设计划实施十多年,已取得辉煌的成绩。2002年我省海洋产业总产值达到1 506亿元,是1997年的2.12倍;海洋产业增加值达到722亿元,占全省国内生产总值比重由1997年的5.5%提高到7%。其中,科技在海洋产业中的贡献率达50%以上,而中国海洋大学发挥了应有的作用。

国家在海洋方面共安排了7项重大基础研究(973)项目,我省主持了6项,其中该校主持2项,占1/3;在"九五"和"十五"国家"863"计划海洋第一批项目中,我省承担了130多项,其中该校主持50项,占38.5%。这些项目取得的部分成果已经在我省的海水养殖、环境修复和资源的持续利用方便发挥了重要作用。国家已在山东省建立的3个"863"海洋高技术产业化基地、5个国家科技兴海示范基地和5个海洋工程技术研究中心中,其中12个以海大为主要技术依托,3个有海大的技术股份,而国家海洋药物工程技术研究中心则建在该校。在沿海各地以养殖为主的海洋产业基地建设及发展过程中,都有海大教师工作的身影。这一切,为我省海洋高科技成果的迅速转化和规模示范奠定了良好基础。

"黄河三角洲开发"工程

多年来,黄河三角洲的开发建设一直受到省、国家乃至国际社会的重视和支持。1992年我省将黄河三角洲开发与建设"海上山东"一起列为全省两大重要的跨世纪工程,我国政府把"发展黄河三角洲高效生态经济"列入国家国民经济和社会发展第十个五年计划纲要。每大将黄河三角洲科技开发工作的重点放在盐碱地的改造、盐田综合开发等方面。"863"项目成果"盐碱土壤修复材料"已应用于莱州、东营、潍坊地区的盐碱土壤,应用品种包括小麦、玉米等7种作物,可使盐碱地年降盐量达30%以上、作物增产量达20%以上;"海洋多组分调节剂系列产品"通过协同作用可调节和改善生态环境,在沿黄河盐碱土壤改良、提高农作物的产量和质量方面发挥了显著作用;提出的沿黄低洼盐碱地以渔改碱综合治理技术,优选出5种适于盐碱地区水域的养殖模式,推广区实现总产值18 840万元、利税4 842万元。

胶东半岛制造业基地和高新技术产业带建设

配合我省胶东半岛制造业基地和山东半岛高新技术产业带建设计划,学校在相关共性关键技术应用开发方面投入了大量人力、物力,并给予优惠政策,在推动山东省及青岛市企业实施企业资源计划(ERP)、产品数据管理(PDM)、计算机合成制造系统(CIMS)以及智能交通系统、机器人制造、新材料研发和制造业信息化技术推广、咨询、培训等方面发挥了重要作用。学校建设的企业资源计划(ERP)实验室在科学研究和学生培养方面都取得良好业绩,成为金蝶软件公司的紧密合作伙伴;学校独立研制的产品数据管理(PDM)软件和企业分销管理信息系统软件已应用于十余个大型企业,在山东半岛的装机量居国内同行业首位,经海尔集团公司等企业实施转化,每年为地方增加利税近2 000万元;以学校作为技术依托的国家"十五"科技攻关项目"青岛家电制造业电子商务与现代物流示范工程",总投资1 800万,目前进展顺利,该项目约完成将大大加快家电制造业的信息化的进程。

"好雨知时节,当春乃发生。"中国的高等教育欣逢太平盛世,而国家对大学特别是若干所高水平大学,在其由于快速发展所带来的资源结构性短缺的关键时期给予重点支持,犹如禾苗久旱逢甘霖,使它们得以迅速而茁壮地成长起来。"985工程"实施三年来,中国海洋大学在建设高水平特色大学进程中所取得的重大进展、所蔚起的蓝色辉煌就是明证。人们完全有理由相信,只要这些大学继续保持艰苦奋斗、勇于创新、追求卓越的精神,只要重点投入成为国家对高等教育的长期性公共政策,不久的将来,若干所具有世界先进水平的一流大学一定会屹立于中华大地,而这也正是我们国家全面建设小康社会、实现中华民族伟大复兴所必需的。

(原文刊于2004年1月5日《大众日报》,作者为魏世江、李巍然、潘克厚)

海大的三次更名

在青岛的发展史上,有一所同样以海为名、与之共同成长的高校——中国海洋大学。从1924年其前身私立青岛大学成立开始,历经80年风雨,它见证了青岛高等教育的一步步发展。尤其是在中华人民共和国成立后,这所学校经历了三次更名:1959年由山东大学脱离出来更名为"山东海洋学院",1988年更名为"青岛海洋大学",2002年更名为"中国海洋大学"。每一次更名,都伴随着这所高校一次质的飞跃,也是青岛高等教育水平的一次提升。

山东海洋学院:扎下事业的根基

1958年,山东大学主体迁往济南,老山东大学的海洋系、水产系,及物理、化学、生物、地质四系的部分师生与数学、外语、马列主义三个教研室的部分师生成为"山东大学留青部分"。1959年,在"山东大学留青部分"基础上建立了山东海洋学院,当时学校有海洋水文气象、海洋物理、海洋化学、海洋生物、水产5个系。

青岛是一座以海洋命名的城市,全国半数的海洋科研机构都聚集于此。山东海洋学院,从它脱离母体独立之时起,就已经结下了与海洋、与青岛的不解之缘。虽然学院成立时只有区区5个系10个专业和3个直属教研室,全校师生千余人,但学校挂牌不久,就被列为教育部直属重点学校。而且在1960年国民经济遇到极大困难的情况下,教育部和有关部门仍然给学校批建了我国第一艘2 500吨级的"东方红"号海洋实习调查船。

经历了"青岛海洋大学"和"中国海洋大学"两次更名,这所高校始终没有脱离"海洋"两个字。这是这所学校的立校之本,也是这所学校的发展之本。在中国工程院院士、中国海洋大学校长管华诗看来,是山东海洋学院为这所学校的发展打下了坚实的基础,"山东海洋学院继承了老山东大学的海洋水产学科,并在当时就形成了系统的海洋学科门类。当时的海洋和水产专业到现在仍然是海大的强势学科,海大现在成为国内海洋研究领域的最高学府,基础就是在山东海洋学院时打下的"。

青岛海洋大学：奠定综合大学基础

名字改变的背后是内容的改变，从"山东海洋学院"到"中国海洋大学"的过程中，"青岛海洋大学"的阶段无疑起到了承上启下的作用。从一所单纯海洋类专业的高校到一所综合性大学，学科不断完善，科研能力迅速提升，青岛海洋大学完成了这个由量变到质变的积累。

从以下数字对比可以看出从 1959 年到 1988 年间这所学校的变化：1959 年，山东海洋学院共有 5 个系 10 个专业，招生 469 人；1988 年，青岛海洋大学共有 9 个系 25 个专业，招生 2 101 人，其中研究生 70 人。还有些变化是无法从数字中体现的，比如文圣常在这段时间对海浪理论的研究、管华诗在海洋药物方面的研究、冯士筰在海洋风暴方面的研究都已经取得了令人瞩目的成果——正是这些成果为这所学校取得了业内人士的高度认可。不过，从"山东海洋学院"更名为"青岛海洋大学"，最重要的是学校在学科建设上的改变。

"学校这一时期最根本的变化是实现了学科事业的战略性调整，即在加强海洋及水产特色学科的同时，新建了工、文、管理等学科的一批新专业，完成了由学科比较单一的理工学院向理、工、农、文、管理等学科门类比较齐全的综合性大学的转变。"管华诗记得，当时学校的招生简章上就明确了学校的定位：一所包括理、工、农（水产）、社会科学等学科的国家教委直属重点综合大学。"也正是这次改名，真正奠定了海大综合大学的基础。"管华诗说。

中国海洋大学：向名校迈进

当时间走到 2002 年，海大的发展也到了一个新的路口：四方共建给学校的发展提供了强劲的动力；"特色带动综合，综合强化特色"思路给学校指明了发展方向。一切都在等待一个契机，好让这所学校产生再一次飞跃。

这一年，海大把更名作为学校新的发展契机，而更名的过程更是出乎意料得顺利。8 月，时任教育部副部长的周济来到海大考察。在座谈中，周济对海大的发展思路给予了高度肯定，并对海大酝酿已久的更名表示了支持。与此同时，青岛市的主要领导也向周济明确表示支持海大更名。之后，周济回到北京向当时任教育部长的陈至立进行了汇报，陈至立表示同意。10 月，教育部正式下文批准海大更名。

从"青岛海洋大学"到"中国海洋大学",不仅仅表示这所学校的办学实力和科研水平达到了新的高度——海大现有 3 个校区,9 个学科门类,18 个一级学科共 49 个本科专业;4 名院士,200 余位博导,在校生接近 2 万人,科研经费 1 亿多人民币。更关键的是,这所学校通过更名向世人表露出了它要达到一个新高度的决心。

管华诗谈到,申请改名时,海大向教育部陈述的理由主要有三条,"其中最重要的一条就是海大已经在海洋教学研究领域处于国内高校不可替代的地位,新校名可以为学校的发展提供更好的平台,也有利于集中山东,特别是青岛的海洋科教力量,加快发展海洋科教事业,为地方经济社会发展做出更大的贡献"。

一座名城要有一所名校,中国海洋大学的发展历程证明了这一点。海大的三次更名,每一次都是青岛高等教育发展中的重要事件,每一次也都在青岛的发展中留下了自己的印记。

(原文刊于 2004 年 10 月 11 日《青岛日报》,记者为赵笛)

打造海洋科教"航母"

——纪念中国海洋大学建校八十周年

1949 年 10 月 1 日,中华人民共和国的成立开创了中国历史的新纪元,也开创了中华民族海洋观念的新纪元。如今,当新一代党和国家领导人高瞻远瞩关注海洋之时,一代海洋学子决心打造中国海洋科教航母,圆海洋强国之梦,实现中华民族的伟大复兴。

智者乐水,海大乎?!

中国海洋大学,这是一所历尽了八十年沧桑的老校。她在私立青岛大学之后,又后经国立青岛大学、国立山东大学、山东海洋学院等几个发展时期,于 1960 年 10 月被确定为全国 13 所重点综合大学之一,1988 年更名为"青岛海洋大学"。2001 年 2 月,由教育部、山东省人民政府、国家海洋局、青岛市人民政府共同签署协议,重点将青岛海洋大学建设为高水平特色大学。2002 年 10 月,经教育部批准,青岛海洋大学又更名为"中国海洋大学"(简称海大),标志着这所老校进入了发展建设的新时期。

回顾海大历史,记下了这样一些仁人志士的名字:蔡元培、张伯苓、黄炎培、杨振声、梁实秋、闻一多、老舍、沈从文、王统照、洪深,还有童第周、曾呈奎、朱树屏、赫崇本等。今天,又有中国科学院院士文圣常、冯士筰,中国工程院院士管华诗、李庆忠、刘鸿亮,中国当代著名作家三蒙等伴随海大前行。历史已经印证,海大以"教授高深学术,培养硕学宏才,应国家之需要"为宗旨而成为中国海洋科学家的摇篮。如今,中国海洋大学将继续在世界海洋史上谱写中华民族的蓝色文明。

传承:夯实人梯,抢占人才战略高地

高水平大学"高"在哪里?世界上比较公认的、最基本也最容易衡量的指标有两个:一是高水平的学科,二是高水平的人才。而高水平的学科需要高水平的人

才来建设和支撑，因此人才是最关键的因素。为建设世界高水平特色大学，海大在狠抓学科调整和建设的同时，大力引进和培养高水平人才，并以建立、完善人才激励机制作为工作的重点。

"长江学者奖励计划"特聘教授、荣获中国青年科学家奖的宋微波是众多由海大培养起来，并在国外学习工作后又回到海大的优秀人才之一。在德国波恩大学拿到博士学位后，宋微波一天也没耽搁就回到了母校。他说："这里有干事儿的环境，很多事情自己没有想到的，学校却为你想到了，你要做的，就是出成果。近几年，尤其国家实施'211工程''985工程'以来，海大的办学经费大幅增长，科研条件明显改善，某些方面已不逊色于国外大学。"一项国家科技进步二等奖、多项省部级科技成果二等奖，是不善言辞的宋微波对母校、对祖国的回报。

海大制定的一系列政策，为优秀人才提供了良好的工作、生活环境，吸引了众多优秀的学术带头人来海大工作。在长长的引进人才名单中，有中国工程院院士李庆忠，有"长江学者奖励计划"特聘教授麦康森、崔承彬，有已经担任副校长的翟世奎，有国家级科技进步奖获得者战文宾，有年轻的女博导耿美玉，还有人文社会科学领域的教授徐祥民、徐国君、李扬、张德禄、李志清……他们都在各自的岗位上做出了骄人的业绩。

在人才竞争日益激烈的国际大环境下，在各行业都采取积极措施吸引优秀人才的今天，人才引进工作中的体制创新就显得格外重要。过去，人才的引进是刚性的，对学校特殊需要的但又无法或一时难以引进的人才，原有的体制就无能为力了；而且，从现代人力资源开发的理论上来讲，成本与效益比是衡量人才引进工作成效的一个重要指标。所以，必须转变观念，变刚性流动为柔性流动，实行固定编制与流动编制结合的体制，这样就可以解决原有体制无法解决的问题。

海大的流动编制分三个层次。第一个层次是大师级人才的引进。对于大师级的人才，刚性引进的难度很大，但引进大师级人才的智力和其他资源则相对要容易得多。著名作家王蒙，两院院士高从堦、张福绥、胡敦欣等大师级人才的引进，以及严家炎、袁行霈等哲学社会学科领域的知名学者的任教，都是海大大手笔的经典之作。领军人才的柔性引进，不仅可以利用他们的学识为某一学科的发展进行顶层设计，同时这些大师对提高学校的社会声誉和社会影响、吸引和凝聚其他资源也起到了重要作用。

第二个层次是吸引优秀学科带头人，尤其是海外学者。海外教授团的组建是这一层次的典型。它组建于 2001 年,现有 40 多人,来自十几个国家。他们都具有博士学位,在海外大学中已取得终身教职。海外教授团的主要任务是培养研究生,进行学科建设与交流。这些海外学者中一部分人是每年有一定时间来中国工作,还有一部分人是在海大设在国外的研究机构中工作。这一层次的人才,有些经过一段时间的工作,已决定来海大。如林树坤博士,他不仅自己回来,还将《分子》杂志带过来,作为中外联合出版的学术杂志,并以此为载体凝聚了一批国际分子研究领域的精英人才来海大讲学、合作开展研究。

第三个层次是教学科研需要的特定人才。海大着力建设的是工程实验技术人才队伍。20 世纪 90 年代以来,由于种种原因,高校中的实验技术队伍流失严重。为了不分散学科带头人的精力,充分发挥重大仪器设备的使用效益,加强实验等人才培养环节,以培养创新型人才,需要建设一支高水平的实验技术队伍。海大为吸引和凝聚这支队伍,对实验技术人员设定岗位,明确岗位职责,提高岗位待遇,不以论文和研究成果为指标进行评价,使其发挥了重要作用。

在加快引进人才步伐的同时,学校极其重视对优秀人才的培养,制定了《关于选拔培养学科带头人、跨世纪青年学科带头人、优秀青年骨干教师的意见》。

加快人事制度改革,变身份管理为岗位管理,建立符合社会主义市场经济下人才市场规律的人力资源配置和激励机制,是当前高校人事制度改革的重点。早在 1998 年,海大就在全国大学中率先实行对具有硕士以下学历人员实行人事代理制度,解决了一般教师"易进难出"的问题,促进了人员的合理流动。也是在 1998 年,为解决教授"只上不下"的问题,海大建立了教授职务阶段确认制度,迄今已有近 40 位教授参加了阶段确认,淘汰率为 5%。

为建立有利于高层次优秀人才尽快成长的激励竞争机制,海大以实施教育部"长江学者奖励计划"为契机,进行了新一轮人事分配制度改革;通过实行岗位聘任,建立了"人员能进能出、职务能上能下、待遇能高能低"的竞争机制,建立了"按需设岗、以岗定薪、按劳取酬、优劳优酬"的激励机制。目前,海大师资队伍总量增长了近 24%,专任教师与教职工的比例由 32% 提高到 44%,教师中具有博士学位的人数增长到 38%,在全国重点大学中名列前茅;重点学科的比例达到 50%～70%,45 岁以下的青年教师占教师总数的 80%,并形成了以 7 位院士、6 位"长江学者奖励计划"特聘教授、60 余位国家杰出青年科学基金获得者以及"千百万人才计划"一二层次入选者等高水平人才为核心的固定编制与流动编制相结合的、结构合理的师资队伍。

创新：集海洋科学学科之大成

2002年7月，教育部部长陈至立在海大考察时，曾生动地比喻说，如果将高水平综合性大学比作高原的话，青岛海洋大学（当时尚未更名）就要在自己的优势领域形成高峰；要在海洋特色方面"异峰突起"，有所突破，要能够代表国家，站到世界海洋领域教学科研的前沿。

怎样造就能够代表国家水平的"高峰"，成为海大人思考的出发点。"要异峰突起，一要强化特色，想方设法提高特色学科的水平；二是要围绕特色学科适度发展相关学科，使特色建立在综合的基石上。没有综合作为基础，缺乏学科交叉渗透的条件，特色很难达到真正的高水平并长久保持。发展相关学科，不搞白手起家，而是要看国家的需要和现有的基础。要强化发展已有的特色优势学科，协调发展综合学科，以特色带动综合，以综合强化特色。"管华诗校长精辟阐述了特色与高水平、特色与综合之间的关系。借助于"211工程""985工程"的重点支持，物理海洋、水产养殖、海洋药物、海洋化学及海洋遥感等特色学科进一步加强，巩固并提高了在国际国内的学术地位；海洋管理、海洋法学、海洋工程、海洋经济等交叉学科长足发展；重点学科、博士点、硕士点的数量都翻了一番还多；海洋和水产领域国家所设的硕士点、博士点、博士后流动站等，海大已全部覆盖，有些博、硕士点还是全国唯一的。紧紧围绕着"世界高水平特色大学建设"这个目标，海大还进行了大刀阔斧的学科、专业调整。

对已有的优势学科重新整合，把原来相对比较分散的力量集中在一起，使强的更强。根据教育部即将设立生命科学与技术人才培养基地的契机，把原来的强势学院——水产学院和生命科学学院整合成立海洋生命科学与技术学部，创建人才培养基地。在这个新基地中，海大阵容可谓"豪华"：有3个国家重点学科，3个长江学者特聘岗位，23个博士点，22个硕士点，4个博士后流动站。整合后的新基地，更有能力承接跨学科的重大科研项目，学生可以按大的学科门类进行培养，实施新的课程体系、培养模式。目前，学部已与美、日、英、法、德等20个国家和地区有关机构建立了学术交流与合作关系，与十多个国家的有关机构建立了合作研究项目。

对于某些国家急需、代表海洋学科未来重要发展方向、但目前学校还没有设立的学科,海大的办法是建设"学科特区",先建设研究机构,通过引进人才,使这个学科快速成长,在时机成熟时再发展本科专业。为建设"学科特区",学校在条件允许的范围内,实行特殊优惠政策。经过两年的建设,材料学科凝聚起一支由15名博士或博士后组成的,且其中大部分人有在国外学习和工作经历的研究队伍,一批在研项目都处于学科的前沿,保证了高起点。在此基础上,学校创办了材料化学本科专业,现正努力申请硕士点和博士点。

平地起峰,高度有限;而高地起峰,则可以达到更高。在强调特色的同时,也不能忽视综合性,既培养具有科学精神,又兼备人文素质的创新型人才,人文社会科学学科不可或缺。但是,作为一所长期以来以理科为主的高校,海大的人文社会科学、工科等学科都是在近二十年间陆续恢复发展起来的。学科的发展有自己的规律,但这并不等于不能跨越式发展。海大文学院,就是形象地阐释跨越式发展的典型例子,而聘请德高望重、学贯中西的大师级人物加盟是成功的关键。

2002年4月1日,著名作家、全国文联副主席王蒙接过聘书,成为海大文学院的院长。有人说,海大请王蒙当文学院院长,最大的作用莫过于利用王蒙的威望和影响,聚集人气、文气;最容易产生的效果,是通过王蒙延揽大批国内知名学者、作家到海大任教、讲学。王蒙在为海大开列的一长串国内知名学者、作家的名单中,严家炎、袁行霈、童庆炳、铁凝、毕淑敏、张抗抗等赫然在目。管华诗校长说:"海大要设立高水平论坛,请国内外名家来讲课;建立"驻校作家"制度,欢迎作家到海大写作,我们并不要求作家写海大,只要带来文气就行。"

开拓:改革教育模式,提高培养质量

人才培养质量是高校的生命线,是衡量大学办学成效的根本尺度。海大把深化教学改革、提高人才培养质量作为建设世界高水平特色大学的重要内容,提出要培养具有创新思想和实践能力、具有优良科学素质和人文修养、具有强烈国际观念和全球意识的高素质人才;不断改进学生培养模式,注重学生个性、特长和全面发展,先后推出了加强基础、拓宽专业口径、完善主辅修和双专业制度,鼓励学生跨学科选修课程和弹性学习制度、改进考试方法,采取多种形式评价学生的学习成绩;同时推进学籍管理制度的改革,从2001年又开办了"海洋管理"实验班,以满足国家对海洋管理人才的需求。为培养学生的创新能力,实行"奖励学分"制,设立了科技活动奖励基金,鼓励学生尽早参与科研、科技发明和社会实践活动。1999年,海大荣获全国大学生电子设计大赛一等奖,2000年获全国大学生数学建模比赛一等奖,2003年获第八届"挑战杯"全国大学生课外学术科技作品竞赛一等奖,连续三届"挑战杯"在全国大学生创业竞赛中获得银奖4项。1994年、2002年、2004年全国英语专业八级统考中,海大英语专业一次通过率分别为91%、98%和96%,比全国综合性大学平均值高出30多个百分点,从一个侧面再次证实了海大的教学质量和水平。

改革教学内容和教学方法是保障教学质量的关键因素之一。海大以国家级名牌课程和省级试点课程的建设为基础,全面推进课程建设和改革。近几年,学校坚持以学生为中心,以学生成才为目标,积极进行教育教学改革,全面推进素质教育。海大目前有在册学生19 000人,其中研究生4 000多人、留学生500余人;现专任教师中有教授300余名、副教授250名;45岁以下的教师占86%,具有博士学位的占39%。学校设有理学、工学、农学、医药学、经济学、管理学、文学、法学、教育学等9个学科门类,拥有20个学部、院(系)和30余个重点研究机构。教学改革和教育创新稳步推进,适应时代要求的课程体系和教学运行机制已初步形成。

进取:打造科研平台,提升研究和成果水平

科研成果和服务社会能力的高低,是衡量一个大学水平高低的重要标准。海大的科技工作始终以国家和地方经济建设为主战场,瞄准世界科学发展前沿,承担了国家大量科技攻关项目如"973计划"、国家自然科学基金、"863计划"等科研课题和技术开发项目等,其水平和层次不断提升。

据介绍,海大纵向科研经费由2001年的6 670万元增加到2003年的8 000万元,占学校总科研经费的比例由"九五"期间的2/3增加到"十五"前三年的3/4以上,而且呈现出继续增长的趋势;师均科研经费一直处于教育部直属高校前列,2003年海大科研经费达到1.2亿元,2004年仅主持的一个"973计划"项目经费就达2 800万元。

"九五"以来,海大发表论文8 000余篇,特别是近3年来,在SCI、EI检索刊物上发表文章630多篇,排在高校前列。首次在《Science》杂志发表论文,实现山东省零的突破,也是我国大陆物理海洋领域在该刊物发表的第一篇论文。海大在海洋和水产领域国际知名学术期刊上发表的论文数占大陆学者在相应期刊上发表论文总数的34%;近年来,获国家级奖励9项,省部级100多项,迄今为止海洋界

获国家自然科学奖共 7 项,海大就占了 4 项。

20 世纪 90 年代以来,海大共申请专利 400 余项,百余项获授权,其中发明专利占全部申请专利的 80％以上;2003 年申请专利 112 项,授权专利 31 项,列国内高校第 24 位和 21 位。承担国家哲学社会科学项目 4 项,体现出学校向综合性拓展的新成效。社会服务能力明显增强,承担了大量科技工程项目,研发出多种新技术、新产品。在国家海洋科技规划、海洋综合开发、海洋功能区划、海洋管理及法规的制定等方面做了大量工作。在"海上山东"建设、"黄河三角洲开发"工程和半岛制造业基地和高新技术产业带建设中承担了大量的课题,为推动区域经济建设、产业结构调整做出了应有的贡献。

构建学科建设和科技工作的良好软环境,是科技工作的重要基础工作。据海大副校长吴德星教授介绍,近年来海大已经和即将打造几个平台。第一,资料数据与信息的共享平台,避免资源建设重复浪费,提高科研工作效率。第二,数值模式开发与服务平台。组织自己的团队,根据不同科学家的要求,向用户提供适合其研究目的的数值模式,节省人力、物力。第三,集学校整体优势,构建更多、更高级别的科技服务资质支持平台。为改变科技服务工作规模较小、资质维护和升级工作跟不上发展需要的状况,学校成立了专门资质管理和运行机构。第四,构建管理共享信息平台,以实现管理信息传递的无纸化、信息登录的远距离化、搜集信息的整体化等。第五,注重标准的研究和制定。实施标准战略,重点做好资源库建设标准、实验数据与信息的计量标准和实验室标准、科技服务数据的计量标准、科技成果的刻化标准等工作。

海大还将联手中科院海洋所、国家海洋局第一海洋研究所、水产科学院黄海所、国土资源部海地所建立青岛国家海洋研究中心,其功能是共建海洋科学研究平台。它将以项目为纽带,通过部门与地方共建而成为公益类科研机构,围绕国家需求和海洋科技发展前沿,开展海洋科技的基础性研究和前沿高技术研究。它将成为我国海洋科研基地和科技原始性创新的源泉,主要研究领域暂定为物理海洋学、实验海洋生物学、海洋地质学、海洋生物资源综合开发利用、海洋渔业生物资源可持续利用、海洋生态环境科学与工程等。

该研究中心将围绕国家海洋权益和海洋开发利用的战略目标,针对海洋科技发展前沿和海洋经济发展的重大科技问题,开展创新性研究,获得原始创新成果和自主知识产权,为保卫海洋国土和发展海洋经济提供技术支撑。

有为：加快科研成果转化，推进中国海洋产业化进程

多年来，海大的科技工作始终坚持"大科学、主战场"的战略，积极参加国家技术创新。在发展高科技面向经济建设主战场方面，取得了非凡业绩；在加强技术创新、发展高科技、实现产业化方面，给予积极的支持，努力为科研人员创造一个良好的内部环境；坚持"以特色带动综合，以综合强化特色"的方针，适当调整在基础研究、应用研究和技术开发方面的科研力量，努力达到一个合理的最佳配置；在科技处成立了专门负责科技成果转化部门，向学校科研人员宣传国家在科技成果转化方面的方针政策，并对外与企业积极联系、沟通，在市场和学校之间架起了桥梁；在科研项目选项、立项方面，加大对产业化前景好的项目的支持力度。

近年来，海大在青岛港、海湾大桥及浮山隧道选址和建设以及在济青、环胶州湾及青银高速公路的可行性研究、建设等方面，都做出了应有的贡献。海洋水产养殖素有"蓝色农业"之称，如何使海洋这个"天然牧场"高产和稳产是关系到国计民生的大事。海大从事水产养殖的科研人员在注重水产养殖基础理论研究的同时，坚持每年有近半年工作在沿海养殖第一线，研究在人为控制条件下繁殖和培育水生经济动植物，水产动植物与环境的关系，鱼、虾、贝、藻繁殖技术，苗种培育技术和各种疾病病理学，诊断防治技术，以及水产资源遗传多样性、水产动物营养学与饲料配制技术等。海大为我国水产养殖业的持续、快速、健康发展做出了重要贡献。

高精度人工环境模拟研究中心的科研人员利用流体力学理论和计算机自动化控制与数据采集技术，为青岛海尔集团、澳柯玛集团、海信集团等大型企业先后研制了20多套高精度人工气候实验室（累计项目经费2 000多万元），其中有多个实验室一次性通过了国家级实验室认证。

海大工业水回用技术研究所的科研人员，使用发明专利Xp水处理絮凝剂，已为青岛即发、大宝等10余个企业建立了污水处理站；与青岛四洲集团、青岛碱厂等合作进行的"碱厂白泥脱硫技术"，作为青岛市市长项目日前已通过专家验收。

海大通过自行产业化、技术转让、技术合作和股份合作等形式进行成果转化，产学研结合，使科学技术转化为现实生产力；对学校产业化力量强、资金较有保障、市场把握性较强的技术成果，进行自行产业化，如：将海洋药物PSS、甘糖酯、海力特和降糖宁散，海洋保健食品排铅奶粉、四海回春、降糖乐和海利欣等自行产业化，建立华海制药厂，累计产值已过亿元；以海水素、水质测试剂和水质改良剂等为核

心产品的海水素厂,产品的国内市场占有率已超过 50%,并开始批量出口;海洋仪器厂生产的直读式海流计、数字式海流计和多功能水质仪等产品均成为国产主导产品。这些企业已成为校办高科技产业的骨干力量,并对学校产业化力量弱、社会需求迫切的技术成果,进行技术转让,如:将海洋药物 PSS、甘糖酯和海力特转让给原青岛第三制药厂,使其扭亏为盈,并发展成为现在的海尔药业;转让给青岛天人环境工程公司的海上溢油处理剂已进入工业化试验阶段,并得到科技部"中小企业创业基金"的支持;因含有海洋活性物质而呈现优良品质的"海洋丽姿"化妆品,已成为山东省化妆品第一品牌;与天津东海燃气集团合作成立的生物工程技术开发有限公司,应用先进的生物技术,从海洋生物中筛选生物活性物质,开发海洋生物制品及绿色农业的生态肥料和生物农药等系列产品,企业的发展呈现出高速发展的强劲势头,自 2000 年成立至今已联合开发了"海状元 818""草坪宝""大棚宝""果蔬宝""花王伴侣"等产品,公司在总资产、净资产、产值、利税、市场占有率等方面获得了快速增长。

海大还将科技成果评估作价入股,与企业组建股份公司。实践证明,这是目前实现科技成果向现实生产力转化的最佳选择。科技成果转化的任何方式不可回避的问题就是利益分配问题。加强技术创新,发展高科技,首先是创造效益,创造效益就要正确进行利益分配,股份合作是目前最合适的形式。股份合作对科研人员本身来说是一个学习、促进;对企业来说企业搞技术创新,尽可能地回避风险,一个产品从实验室到真正走向市场还有一个工程化过程和市场化过程,股份合作把高校和企业利益捆绑在一起,对产品系列化开发及产品的不断升级,可以起到很大的推动作用。

21 世纪,新挑战。目前,海大人正以海纳百川的胸襟,广纳各类英才;以国际化的标准,全面建设高水平特色大学:到 2010 年将基本完成高水平特色大学的建设任务,奠定研究型大学的基础;到建校百年或再长一段时间,把海大发展成为世界知名、特色显著的综合性、研究型高水平大学。

我们有理由相信,中国海洋大学这艘海洋科技的"航空母舰",一定会乘风破浪、坚定而不可阻挡地驶向胜利的彼岸。

(原文刊于 2004 年 10 月 22 日《中国海洋报》,记者为李明春)

中国海洋大学：强特色，争一流

  2001 年 2 月，教育部、国家海洋局、山东省、青岛市签署协议，共建中国海洋大学，中国海洋大学"985 工程"一期建设由此拉开帷幕，学校率先在国内举起了建设"高水平特色大学"的旗帜。如今，三年多过去了，许多人都在期待着一个答案：这条"高水平特色"之路究竟能不能引领中国大学走向世界一流的殿堂？

  秋天是收获的季节。2004 年的秋天，对中国海洋大学来说意义更加不同寻常。之所以这样说，不仅仅是因为在这个秋天，历经风雨沧桑的中国海洋大学迎来自己的八十华诞；更重要的是，经过"985 工程"一期建设，中国海洋大学在人才培养、科技创新、社会服务等方面都迈上了一个新台阶，学校发展进入一个崭新的历史时期。

  中国工程院院士、中国海洋大学校长管华诗在接受笔者采访时欣慰地说："八十载薪火传承，中国海洋大学在学科、人才、信息、设备、校园文化等方面都积淀了较雄厚的基础，形成了自己的特色和优势。尤其是'985 工程'建设三年多来，中国海洋大学坚持走高水平特色发展之路，取得了长足的进步，目前学校已经基本搭建起综合性研究型特色大学的框架。"

发展思路篇：独辟蹊径，建设高水平特色大学

  世纪之交，科学技术日新月异，知识经济初现端倪。伴随着社会经济发展的脚步，高等学校作为人才培养的摇篮、科技创新的基地，正逐渐从社会的边缘走向社会的中心，为越来越多的人所关注。从 20 世纪 90 年代末开始，中国高等教育迈开了跨越发展的步伐。"211 工程""985 工程"相继拉开帷幕；高校招生收费改革，高校后勤社会化改革，高等学校内部管理体制改革一浪接着一浪。尤其是 1998 年开始的高教管理体制改革，高歌猛进，席卷全国。高等学校合并、共建之风一时蔚为壮观，一批学科门类齐全的综合性大学应运而生。中国高等教育走在了一个新的转折点上。

　　站在决定发展方向和命运的十字路口，中国海洋大学何去何从？作为一所有着七十余年历史积淀、在海洋和水产学科有显著特色的高等学校，海大是靠规模求发展，还是靠特色求质量？怎样才能让中国海洋大学在全国 1 000 多所高校中独树一帜，成为中国高等教育界不可或缺的一员？在中国特色社会主义建设事业的进程中，在中华民族全面建设小康社会的伟大征程中，海洋大学如何更积极地发挥自身独特的作用？这一系列问题都摆在了海大人的面前。

　　"凡事预则立，不预则废。"关键时候，只有创新思路才能抓住机遇、实现跨越式发展。对于这一点，海洋大学的领导层非常清楚。回顾世界一流大学的发展历史，如剑桥大学、洪堡大学、斯坦福大学、伯克利大学等，可以清楚地看出，关键时刻办学思路的创新决定了这些学校历史上具有重大意义的跨越式发展。20 世纪 50 年代，斯坦福顺应时代潮流调整办学思路，提出将大学办成研究与科技开发的中心，从而创造了有名的"硅谷奇迹"，也使斯坦福迅速跻身世界一流大学。20 世纪 70 年代，剑桥大学把科研的重点目标锁定在重大高新技术研究方面，同时注重产业化和科技成果转化，创办了剑桥科技园，实现了世界知名的"剑桥飞跃"。

　　创新发展思路，前提是要给学校一个科学的定位。对此，管华诗校长有自己的认识和思考："定位问题是关系学校生存和发展的根本问题。确定学校定位有几个条件。第一，要看自己多年积淀下来的基础。这个基础包括学科基础、人才基础、设备基础、信息基础甚至办学理念等，这是明确学校定位的基础条件。第二，要考虑国家需求，也就是大学所承担的社会责任。第三，要明确在国内乃至国际上你的学科优势是什么。"中国海洋大学是一所特色大学，几十年的办学过程中形成了海洋和水产学科的明显优势，学科整体水平代表了国家水平，学科方向与国家需求基本吻合，有一支过硬的学科队伍，也有相应的硬件设施和平台，同时在特色优势学科领域有相当的国际影响力。在综合考虑种种因素，并经过充分讨论和深入论证之后，海洋大学提出了新的发展目标，在国内率先举起了建设高水平特色大学的旗帜。海大要在强化已有特色、发展已有特色的基础上，不求规模但求质量，先做强再做大。

　　2001 年 2 月，教育部、国家海洋局、山东省人民政府、青岛市人民政府共建中国海洋大学协议签署，风劲帆满，中国海洋大学的建设"世界高水平特色大学"之路由此铺就。

科学建设篇：凝练方向，强化发展，特色协调，发展综合

建设高水平特色大学，高水平是目标，特色是特点。一所大学的建设和发展，如果没有特色，就缺乏竞争力和生命力。在接受笔者采访时，管华诗阐释了自己对于特色的理解，"特色"即一所学校在长年办学过程中形成的比较持久稳定的、显著区别于其他院校的风格和特点。只有当这种风格和特点成为广泛认同的优势，且这种优势达到其他大学短时期内难以企及的程度时，才构成一所大学的特色。而在构成一所大学特色的所有元素当中，学科的布局和水平是核心，它决定着一所学校的质量和水平。大学的人才培养、科学研究和社会服务，都是以学科为基础进行的。因此在学校的整体建设中要坚持以学科建设为主线，以重点学科建设为核心，抓住了这个核心，就好像抓住了纲，可以纲举目张，带动学校其他各方面工作的开展。

按照这种理解，海洋大学提出并坚持了"强化发展特色，协调发展综合，以综合强化特色，以特色带动综合"的学科发展理念，在充分考虑特色学科发展趋势和学校自身的比较优势的基础上，对学科发展方向进行凝聚和锤炼。一方面，按照"有所为，有所不为，有所少为"的非均衡发展战略，强化发展特色优势学科，同时促进各学科的交叉与融合，在特色优势学科领域不断创造新的特色学科，形成良性发展；另一方面在高水平特色学科体系带动下，使整体学科体系朝着综合性、全面性、开放性方向发展。

重点学科重点建设，确保学科优势地位。对于学校确定的重点建设学科，一方面，大量引进海内外学术骨干等急需人才，使专任教师中具有博士学位者占到一半以上；另一方面，在投入上加大倾斜力度，把学科建设总经费的70％～80％用于重点优势学科，把用于重点优势学科建设经费的60％用于重点研究方向，如物理海洋学科中的海浪理论与应用研究、浅海动力学和物质长期输运研究，海洋化学中的界面化学，水产养殖学科中的健康养殖技术、海洋生物的遗传与育种研究等，使得这些学科始终处于国内领先地位，在国际上的影响也不断扩大。

优势学科强强联合，构筑新的学科高地。海洋生命学院和水产学院曾经是中国海洋大学的两个学科"高峰"。为了优化资源配置，学校打破了两个学院原有框架，组建了生命科学与技术学部。强强联合构筑起一片新的学科"高地"。目前，学部拥有海洋生物学、水产养殖学和水产品加工与贮藏3个国家重点学科，1个国家生命科学与技术人才培养基地，设有联合国教科文组织中国海洋生物工程中心、

国家海洋药物中心、教育部海洋药物重点实验室、教育部水产养殖重点实验室等；具有生物学、水产养殖学、水产加工与贮藏3个一级学科博士学位授予点，23个博士点，22个硕士点；设有生物学、水产学、食品科学与工程和海洋科学4个博士后流动站；目前在读博士和研究生1 200人，研究生与本科生之比达到1：1.4。在此基础上，学校进一步凝练学科方向，投资3 000万元重点建设了生物化学与分子生物学、海洋动物营养与生理学等5个国内先进的实验平台。如今，在海洋生命科学与技术的学科"高地"上，几个具有明显特色的学科"高峰"即将拔地而起，可持续发展的能力显著增强。

大力扶持交叉学科，培育新的学科优势。考虑到学校的海洋特色和已有的基础，结合社会经济发展的需要和科技发展的现状，海洋大学大力扶持交叉学科，形成了海洋地球化学、海洋地球物理学、海洋信息探测与处理等一批新兴学科。在人文科学学科方面，海洋经济、海洋管理、海洋文化、海洋法学、环境规划与管理、海洋资源与权益综合管理等交叉学科已成为学校新的优势，在国内学术界产生了一定影响，也使学校学科特色更加突出。

开辟"学科特区"扶植学校紧缺的重要学科。对于某些代表海洋学科未来重要发展方向但目前学校还没有的学科，海洋大学开辟了"学科特区"。学校先建设研究机构，通过大力引进人才，使学科快速成长，待时机成熟时再发展专业教育。为建设"学科特区"，学校在条件允许的范围内实行特殊优惠政策，如对特别需要引进的人才，优先安排科研启动费，创造良好的科研和生活条件，尽量协助解决家属安置及子女入学问题等，使其安心工作。材料学科就是"学科特区"政策的成果。几年来，该学科已有20多位来自国内外的博士加盟并取得了一批学科前沿的科研项目，科学研究工作十分活跃。

协调发展基础支撑学科。特色优势学科如果没有基础学科作支撑，则难以达到国际先进水平。正因为如此，海洋大学采取了积极的措施，使基础性学科同样得以提高和发展。如文学院就是通过聘请王蒙等大师级人物的加盟领衔，使其得到跨越式的发展。

凝练学科方向，强化学科特色的举措使中国海洋大学学科结构更加优化、定位更加准确、重点更加突出、特色更加鲜明。据介绍，"985工程"一期建设3年多来，海洋大学国家级重点学科由2个增加到5个，博士学位授权一级学科由3个增加到6个，博士点由15个增加到30个，硕士点由35个增加到76个；尤其值得一提的是,我国在海洋科学,水产学所设的硕士点、博士点、博士后流动站及国家重点学科,海大全部覆盖,有些博士点、硕士点还是唯一的。学校构筑起了由国家重点学科及特色优势学科、比较优势学科、新兴交叉学科、哲学社会学科及基础支撑学科等层次组成的特色显著的"生态群落"型学科体系,既强化了特色优势学科,又符合综合性研究型大学的学科基础,真正做到了异峰突起。

科技创新篇:立足前沿,提高整体水平和核心竞争力

在当代社会,大学承担着人才培养、科技创新和社会服务三大职能。那么,拿什么来区别世界一流和高水平研究型大学与其他高等学校呢?教育部部长周济认为,一个重要的标志就是大学的科技创新能力和重大社会贡献。也就是说,高校能不能在科技创新和知识服务中搭建大平台,培育大团队,承接大项目,创造大成果,涌现出新的大师,在原始性创新和关系国家战略利益的关键领域中取得重大突破、做出重大贡献,这是评判高水平一流大学与普通大学的一个重要标准。

那么,让我们先通过几组数字透视中国海洋大学的科研水平和创新能力。

截至目前,中国海洋大学主持"十五""863计划"课题80项,承担的课题数位居全国第七位,在资源环境领域位居第二。这不仅标志着学校科研重心的战略转移,而且稳固了学校承担国家高技术研究计划的"国家队"地位。

学校目前主持"973计划"项目2项,占海洋科学领域的25%,并参与了其他6个项目。"973计划"项目增强了学校承担国家重大基础性研究计划的"国家队"地位,同时标志着学校实施"985工程"以来整体科研水平和核心竞争力显著提高。

学校承担国家自然科学基金项目成绩显著,由2001年的24项增加到2004年的45项。尤其值得一提的是,学校在承担国家基金项目上实现了两大"突破":一是在国家基金委设置的五大类别的资助项目上,由过去的在部分类别上获得项目资助到所有类别中都获得项目资助;二是首次在全部学部里都获得了项目资助。这充分表明学校在海洋学、生命科学、水产之外,在其他基础性研究中的创新能力也在不断增强。

在人文社会科学研究方面,海大承担国家社科规划项目3项,国家自然科学基金(管理学科)项目4项,科技部软科学项目5项,教育部社科规划重大项目1项,面上项目15项,山东省社会科学规划项目23项。

中国海洋大学目前的科研经费是"九五"初期的5倍多,师均科研经费在部署

高校中名列前茅。

数字是无声的,但数字的背后是海大建设高水平特色大学以来科研整体水平和竞争力的显著提高,是学校科技工作所取得的巨大成绩。

"985工程"一期建设中,海大通过实行科技创新战略,加强原始性创新,努力提高学校的核心竞争力。一方面,着力营造有利于科学家成长的良好环境和条件,让科学家能心情舒畅地干事、干成事;另一方面,调整科技创新模式,从注重单项创新转变到更加强调各种技术的集成,强调在集成基础上形成有竞争力的产品和产业;鼓励教师在国家需求和科学前沿的结合上开展基础研究,寻求新的发现;大力支持高技术和产业技术领域的发明创造,鼓励教师掌握更多具有自主知识产权的核心技术和关键技术。另外,学校借"985工程"二期即将启动的契机,主动配合科技部等有关部委、山东省和青岛市政府,与驻青其他海洋科研单位一起,积极参与推动"青岛国家海洋科学研究中心"的筹建,大力推进国家实验室的建设,将学校的科技创新平台建设汇入山东省、青岛市的整体建设中,以此搭建更高水平的科技创新平台。

这几年来,学校在海洋科学方面取得了一批原创性成果,如中国现代海平面变化及其应用研究、海浪与小尺度海气相互作用、新的空气阻塞理论、北太平洋副热带逆流与海洋－大气相互作用、系统海洋生物地球化学研究、纤毛虫原生动物研究等,深化了人类对海洋的认识。在海洋高新技术开发方面也取得了长足的进步。如"大型海藻生物技术研究及其应用"项目、海洋药物开发、海洋糖库的构建、海水利用与防腐等,为人类开发和利用海洋、促进经济社会的发展做出了贡献。学校的科技成果共获得国家级奖励5项,有4项是国家科技进步奖,其中"中国现代海平面变化及其应用研究"是迄今为止我国物理海洋领域中获得的最高奖励。另外,学校还获省部级奖励79项。

搭建大平台,承接大项目,创造大成果,在原始性创新和关系国家战略利益的关键领域中取得重大突破。中国海洋大学用科技创新的累累硕果,向国人证明了自己在海洋特色学科中的领先地位。

社会服务篇:瞄准需求,服务国家和地方经济建设

"985工程"一期建设以来,中国海洋大学在科研方面的一个显著变化是,应用性科研比例由30%上升到70%,从而使应用于基础研究的总体比例调整为7:3,

这种变化向人们传达着这样一个信息：在市场经济条件下，海大直接服务于经济建设和社会发展的能力与潜力大大提高。"为现代化建设服务，为国家和地方经济社会发展做贡献，这是中国海洋大学义不容辞的责任。"管华诗校长如是说。

管华诗认为，高等学校的社会服务功能，首先体现在学科和专业设置上。中国海洋大学根据开发海洋、管理海洋的国家需求，根据区域、行业经济发展的需求，开设了 69 个本科专业；在海洋、水产等优势学科，国家所设的硕士点、博士点、博士后流动站及重点学科，海大全部覆盖，有些博士、硕士点到目前还是唯一的。这种学科和专业结构布局本身就体现了海大社会服务的功能。海大毕业的学生，几年来的一次性就业率一直都在 92％以上；他们在我国的海洋战线上发挥了巨大的作用，做出了无可替代的贡献。

在直接服务于地方经济建设方面，海大的成绩可圈可点。学校积极参与"海上山东"建设计划。2002 年，山东省海洋产业总产值达到 1 506 亿元，海洋产业增加值达到 722 亿元，其中，科技的贡献率达 50％以上，而海大在其中居功至伟。学校的许多科研成果已经在山东省的海水养殖、环境修复和资源的持续利用等方面发挥了重要作用。海大全面参与了国家在山东省建设的 3 个"863 计划"海洋高技术产业化基地、5 个国家科技兴海示范基地和 5 个海洋工程技术研究中心，并在其中做出了重要贡献，为山东省高科技成果的转化和规模示范奠定了良好基础。

在黄海三角洲开发工程方面，海大将重点放在盐碱地的改造、盐田综合开发等方面。"863 计划"项目成果"盐碱土壤修复材料"已应用于莱州、东营、潍坊地区的盐碱土壤，可使盐碱地年降盐量达 30％、增产量达 20％以上。沿黄低洼盐碱地以渔改碱综合治理技术，优选出 5 种适于盐碱地区水域的养殖模式，推广区实现总产值 18 840 万元、利税 4 842 万元。

配合胶东半岛制造业基地和高新技术产业带建设计划，海大在相关共性关键技术应用开发方面发挥了重要作用。如学校独立研制的产品数据管理软件和企业分销管理信息系统软件，已应用于 10 余个大型企业，每年为地方增加利税近 7 000 万元。

人文社会科学科研与咨询等方面，学校先后参与了青岛市"十五"规划设计，主持制订了青岛市"十五"外贸发展规划，起草了青岛市应对入世行动纲领、入世对青岛社会经济的影响与对策等专项报告；同时，通过承担青岛市重大项目等，为青岛市政府提供经济社会发展的思路与对策。

据不完全统计，近六年来，学校共承担山东省内科研项目 620 余项，为 800 多个企事业单位服务过,贡献技术 190 余项,创造直接经济效益近 20 亿元,并创造了巨大的间接经济效益和社会效益。

队伍建设篇:外引内培,夯实人才强校基础工程

清华大学前校长梅贻琦说:"大学者,非大楼之谓也,乃大师之谓也。"哈佛大学名誉校长陆登庭说:"在大学中,没有比发现和聘用教师更重要的问题。"兴校强校,人才为本。对于高等学校来说,无论是教学、科研,还是其他事情,人才都是基础、前提、关键和保证。

中国海洋大学在建设高水平特色大学的过程中,始终把师资队伍建设作为关键环节来抓。在"以环境揽人、以感情留人、以事业树人"的人才工作原则指导下,本着"柔性引智、讲求实效"的原则,实行了以"筑峰工程""绿卡工程""繁荣工程"等为主要内容的人才强校战略,顺利完成了人才队伍特别是师资队伍的代际转移和强化建设。

"刚柔并济"引进人才。对于一些重点学科、经济建设继续发展的学科以及具有潜力和发展前景的学科,海大加大了高水平、高学历、高层次人才的引进力度。1999 年以来,学校共引进高层次人才 300 余人,占现有教师总数的 46%;有留学经历的占 1/3,有力地改善了师资队伍的知识和年龄结构。在现任专职教师中 45 岁以下教师占 80%,具有博士学位的教师占专任教师总数的 39%,海洋、水产等重点学科达 50%～70%。与此同时,学校创新人才管理模式,本着"不求所有,但求所有"的原则,5 年来聘任了 300 余名兼职教授,组建了以 5 位诺贝尔奖奖金获得者为首的 140 余人的海外教授团;双聘了 3 位院士作为学术"旗帜"到校工作。刚性引进与柔性引进并重、固定编制与流动编制结合的人才引进模式,为学校实施人才强校战略奠定了基础。

培养培训提高素质。5 年来,海大围绕学科建设和教学需要,通过落实教育部"长江学者奖励计划""青年教师教学科研奖励计划""青年教师资助计划"等,采取国外进修与国内培养相结合的方式,加大了教师培养培训力度。学校先后有 300 余人次到国外进修、访学;有 200 余名教师在校内外在职攻读博士学位,至今已有 100 余人获得博士学位。如今,一批 45 岁以下的中青年教师已经在教学科研中崭露头角,有的已成为所在学科的骨干或学术带头人。

目前,海大已经形成了以 7 位院士、6 位"长江学者奖励计划"特聘教授、50 余位国家杰出青年科学基金获得者、跨世纪人才和"千百万人才计划"一二层次入选

者等高水平人才为核心骨干,结构合理,规模适当,充满活力的师资队伍。

人才培养篇:以学生为本,建立学有所长和 全面发展相统一的人才培养体系

一所学校办学水平的高低,归根结底要看人才培养质量的高低。一所大学的社会声望,也主要取决于它培养的学生在推动社会进步和发展中所取得的成就和做出的贡献。正因为如此,海大一直坚持以学生为本的教育理念,把办学质量看作学校的生命线。

"985 工程"建设期间,中国海洋大学经过反复探索,建立起了以"有限条件的自主选课"与"毕业专业的识别确认制"为核心内容的新的本科教育教学运行机制和管理体系。实行这种制度,可以依据学生的选课情况,科学合理和适时有效地调配教育教学资源,最大限度地满足学生学习知识、培养能力和塑造素质时对各类课程的需求。

学校还大力加强全校性通识课、专业主干课、教学实践课三类课程的建设力度,形成了通识教育与专业教育相渗透、一般教育与特色教育相结合,融知识、能力、素质培养于一体,学有所长和全面发展相统一的人才培养体系。学校集中力量重点创建了一批精品课程和优秀教材,率先在全国高校文学院推出"名家课程体系"。

三年来,海大研究生教育也借助"211 工程"和"985 工程"一期建设,迈上了一个新台阶。在校研究生规模 4 500 人,与本科生的比例达到 1:2,重点学科达到 1:1,基本达到研究型大学的学生结构要求。与此同时,学校十分重视研究生培养质量,着力于培养研究生的创新能力,经反复研讨、修改,实行了新的《研究生培养方案》,加强研究生培养过程的控制,对学位课教学及考核、中期筛选、开题报告、论文评审及答辩等各个环节都提出了严格、明确的规定与要求,完善了规章制度,使研究生的培养、管理逐步走向规范化、科学化,确保了研究生的培养质量。截至目前,我国在海洋科学领域的两篇优秀博士论文出自海大;海洋、水产领域里 80% 以上的博士生也出自海大,学校已经成为名副其实的国家海洋和水产领域高层次创新人才的培养基地。

国际合作篇:加强交流,搭建起国际科技创新平台

高水平特色大学发展到一定程度,必须积极参与高等教育领域的国际合作与

竞争,这既是高校增强国际学术影响力和知名度的需求,也是赢得国际社会承认的需要,同时还是提高学科水平和学校核心竞争力的需要。

中国海洋大学依托学科特色优势和地域优势,借助"211工程"和"985工程"的重点支持,积极开展并大幅度提高了合作交流的层次和影响力,使国际合作与交流渗透到教学、科研等各项工作的各个环节中去。学校始终高度重视教师出国学习、研究工作,目前已先后与30余个国家和地区的100多所高等院校及科研机构建立了合作交流关系。几年来,派出考察、讲学人员及访问学者占学校教师人数的50%以上。学校今后仍将通过多种途径,特别是鼓励和积极推进学校与国际著名大学的强强合作和强项合作,选派大批有较大发展潜力的青年教师赴国外高水平大学从事博士后研究或攻读博士学位,以此不断培养具有国际视野和国际竞争力的人才。

以先进的设备、良好的学术气氛和较高的学术地位吸引国内外优秀科学家来校开展独立或合作研究,努力建立"以我为主,广泛合作"的国际合作新模式,也是学校国际交流与合作的战略之一。近年来,学校紧抓历史机遇,充分利用中德、中法、中美、中加、中日、中韩等国在科研与教学上的强有力合作,积极联合国际优势力量,不断开展学校间国际合作项目,不仅使海洋、水产等学科与国际上的强势院校、专业进行了强强联合,而且在促进我国海洋事业发展的同时,基本搭建起国际科技创新平台,极大地提高了中国海洋大学和我国海洋科学研究在国际上的地位。

在中国海洋大学八十年的发展历程当中,三年不能算太长。然而,在"985工程"一期建设以来的三年中,中国海洋大学却通过重点强化建设,在学校的发展史上书写了浓墨重彩的一笔。弹指一挥间,三年前的许多蓝图如今已变成了现实。回顾刚刚走过的不平凡的三年,中国海洋大学校长管华诗说,学校连续几次抓住了重要历史契机,在发展中解决了学科的结构性问题,完成了人才队伍特别是师资队伍的代际转移和强化建设,科技创新能力显著增强,同时搭建了若干个硬件平台,并预留出未来发展的空间;学校的整体水平有了很大提高,实力有了很大增强,已经基本搭建起综合性研究型特色大学的框架,为今后"985工程"二期建设奠定了基础。

中国海洋大学的探索实践和所取得的成果再一次证明,建设"高水平特色大学"是中国高校走向世界一流大学的一条新途径。

（原文刊于2004年10月22日《中国教育报》,作者为魏世江、赵新安）

我们正待扬帆

——访中国海洋大学校长管华诗

10月25日，我国唯一一所以海洋为特色的全国重点综合性大学——中国海洋大学迎来了八十周年诞辰。在八十年中，学校经历了风风雨雨，现在正以积极向上的态势不断发展，中国海洋大学校长管华诗——这个海洋大学的掌舵人，日前在北京接受了记者采访。

记者：一所走过八十年风雨历程的大学，一定积淀了自己的办学理念和思维体系，传承了厚重的文化教育思想。特别是近年来海大又提出要创建一所一流大学的目标，请您谈谈海大在21世纪的定位及办学、育人的理念是什么。

管华诗：中国海洋大学在21世纪的定位就是高水平特色大学。大学的办学特色是大学持续发展的关键，如果没有自己的特色，就缺乏竞争力和生命力。我所认为的特色，主要是指一所学校在长年办学过程中形成的比较持久稳定的、显著区别于其他院校的风格和学科特色。特色不是自封的标签，而是在长期办学过程中不断追求、积累、充实、延续的过程。中国海洋大学是以海洋和水产为特色优势学科的综合性大学，也是国内海洋和水产类本科专业设置最为齐全、培养海洋和水产专业人才开始时间最早、持续时间最长、输送毕业生及专业师资最多、社会影响也最为广泛的高校之一。2000年7月，学校决定将自身发展目标定位在建设"高水平特色大学"上，2002年10月学校更名为"中国海洋大学"，开始了全面建设高水平特色大学的新历程。

多年来，中国海洋大学一直倡导"育人为本、学生为本"的教育理念，始终坚持"人才培养以教学为中心、教学工作以学生为主体、学生工作以成才为目标"的办学原则，在本科教育教学改革发展的实践中，确立了培养具有民族精神和爱国情操、具有科学素质和人文修养、具有全球观念和竞争意识、具有创新思想和实践能力的高级专门人才的本科人才培养目标，形成了"通识教育与专业教育相渗透""一般教育与特色教育"相结合，融"知识、能力、素质培养"于一体，使学生学有所长和全面发展相统一的本科人才培养体系,向社会输送了一批又一批的优秀人才,使"学习在海大"的理想不断成为"学习在海大、创新在海大、成才在海大"的现实。

记者:作为全国重点大学的校长,在治学方面,您最看重的是什么?

管华诗:我最看重人才。人才是事业发展之本。中国海洋大学一直将人才队伍建设作为事业发展的基础工程来规划建设。在多年发展积累的基础上,以实施"985 工程"为契机,加大投资力度,先后推出了"筑峰人才工程"和"绿卡人才工程",并着力于更新用人理念,建立新的用人机制和管理模式,取得了明显成效。坚持"刚性引进"与"柔性引进"相结合原则,三年中,共引进海内外具有高级专业技术职务和博士学位的学术骨干等急需人才 300 余人(有留学经历的占 1/3),有力地改善了师资队伍的知识、年龄结构。在现任专职教师中 45 岁以下的教师占 80%;具有博士学位的教师占专任教师总数的 38%;海洋、水产等重点学科达60% ~ 70%。师资队伍的基础明显加强,现已显现出学科筑峰建设的作用。同时,本着"不求所有、但求所用"的原则,聘请了院士 4 人,形成了包括 5 位诺贝尔奖获得者在内的 80 多位教授组成的国外"客座教授团",不但强化了实质性、全方位的国际合作和科学研究,同时大大提高了研究生培养能力和水平。

记者:改革和创新是目前我国教育事业的一个薄弱环节,也是高校发展的重点所在,海大在教育创新上有何思路、做法?

管华诗:中国海洋大学的改革就是要积极适应 21 世纪国家和地方经济建设和社会发展的需要,坚持以发展为主题,以改革和创新为动力,遵循"按需择优、有所为有所不为"的原则,围绕强化优势学科建设这个重心,着力于实施"筑峰人才工程",着力于提高教育教学质量,着力于提升实验研究平台水准;努力实现把学校发展成为我国海洋领域高水平创新人才的培养、高科技研究和成果转化、高层次决策咨询的重要基地的目标;继续扩展和增强特色和优势学科,使重点学科中更多的学科方向达到国内领先水平,其中部分学科达到或接近国际先进水平,进而带动学校整体学科建设、科学研究和人才培养等各项工作迈上新台阶。

进入新的世纪,中国海洋大学面临着新的发展机遇,担负起培养 21 世纪建设人才的历史使命。学校在国家"211 工程"建设和"985 工程"建设人才培养项目的实施过程中,确立了"顺应潮流、反映需求、优化学科、崇尚人本、加强综合、突出特色"的学科专业发展方针,以主动适应国家经济结构和产业结构调整,积极应对人才标准多样化、人才培养国际化和人才竞争全球化的挑战为出发点,以发展高新技术类学科专业和急需应用型学科专业为重点,系统地进行了学科专业调整。在继续保持海洋特色学科专业优势的基础上,增设了应用文科和工程技术前沿领域的学科专业。2004 年本科专业总数达到 69 个,涵盖理、工、农(水产)、医(药)、文、经、管、法和教育学 9 个学科门类,专业结构日臻合理,为学校学科专业生态化和人才培养多样化奠定了坚实的基础。

在进行学科专业调整的同时,学校全面修订本科教学计划,确立了"二四三"结构的课程体系,即全校本科课程分为"通识课"和"专业课"两大类,每个专业的课程按照"本科通识教育""学科基础教育""专业知识教育"和"工作技能教育"四个层面进行设置,每个层面分别设置"必修课""限选课"和"任选课"三种不同修课要求的课程。在本科通识教育层面,特别增设了认识论与方法论、历史学与传统文化、文学、自然科学、美学与艺术、社会与行为科学等 6 个领域的课程。修订后的教学计划从 2003 年开始实行并根据专业设置和课程更新情况适时进行调整。

新构建的教育教学运行管理体系包含两个方面的核心内容,即"有限条件的自主选课"与"毕业生识别确认制"。实行这种制度,可以依据学生的选课情况,科学合理和适时有效地调配教育教学资源,最大限度地满足学生学习知识、培养能力和塑造素质时对各类课程的需求;同时,对筛选课程、激励教师和专业评估等也具有重要促进作用。

学校注重将优质教学资源配置在本科教学上,制定了一系列相关政策保障本科教学质量。学校规定,年龄在 55 岁以下的教授、副教授每年要上一门本科课程;教师晋升技术职务,必须通过学校组织的本科教学评估且评估结论为良好以上;教学工作中有不良教学记录的教师,当年不能晋升技术职务。学校倡导学生参加学校教学过程监督和教学质量监控工作,接受学生关于改进教学工作的意见和建议,受理学生有关教学工作的质询、投诉和检举,努力办好让国家、社会、家长和学生都满意的本科教育。

记者:一所高校立足发展的根本特点是有特色,即张扬个性、发挥优势、突出特色、以特色带动整体发展。海大在这方面是如何做的?特别是在学科建设方面,有哪些特色和优势?

管华诗:建设一流的特色学科体系是建设高水平特色大学的核心。中国海洋大学按照"强化发展特色,协调发展综合,以综合强化特色,以特色带动综合"的学科发展思路,在不断整合优势学科的基础上,积极发展国家急需的新兴边缘学科,构筑起了由海洋科学、水产养殖、水产品加工与贮藏工程、海洋生命科学与技术、海洋药物科学与工程等国家级重点学科及特色优势学科,环境科学与工程、信息科学与工程、海洋工程等比较优势学科,应用海洋学、海洋资源与权益综合管理、海洋信息探测与处理等新兴交叉学科,海洋经济、海洋管理等哲学社会科学和实力雄厚的基础支撑学科五个层面组成的学科体系。

首先,根据国家与区域性经济与社会发展的需求,学校布设了 69 个本科专业。这 69 个专业覆盖了理、工、农、医、文、经、管、法、教育、历史等十大学科门类;博士点覆盖 4 个学科门类,9 个一级学科,硕士点覆盖 9 个学科门类,32 个一级学科;博士点和硕士点覆盖 76 个二级学科,以此强化了综合性大学的牢固基础,并千方百计地保证了本科生教育质量。

在此基础上,重点进行学科建设,强力发展了研究生教育。三年来,重点学科和学位点数量翻番,国家级重点学科由 2 个增加至 5 个,博士学位授权一级学科由 3 个增加至 6 个,博士点由 15 个增加至 39 个,硕士点由 35 个增加至 76 个。学科和专业覆盖面进一步扩大,应用学科的比重已占到 70% 以上,并形成明显的高峰态势,学科结构更加适应社会和学校自身发展的需要。值得提出的是,我国在海洋科学、水产学所设的硕士点、博士点、博士后流动站及国家重点学科,学校全部覆盖,有些博士点、硕士点还是唯一的;另外,在自然科学与社会科学两大学科领域交叉融合中,在学校人文社会科学学科领域,又派生出像海洋法学、海洋经济、海洋管理、海洋文化等富有勃勃生气的新兴的学科点,更加突出了我校的学科特色。研究生规模三年增长了三倍,使研究生与本科生比达到 1：2(重点学科达到 1：1),接近或基本达到了研究型大学的学生结构要求。

记者:应该说,高校的发展与整个社会的发展是息息相关的,海大在国家重点建设中发挥了哪些作用,做了哪些工作？特别是为促进海洋事业发展、海洋科技进步、海洋经济腾飞发挥了哪些作用？请您谈谈海大未来教育发展的设想,如何实现办学规模、效益和水平的跨越式发展？

管华诗:科学研究方面,我们对科研结构进行了较长时间的战略性调整,直接服务于经济建设的应用性科研比例由 30% 上升到 70%,从而使应用与基础研究的总体比例调整为 7：3,科研能力显著增强。

承担国家重大科技计划项目的能力明显增强。承担"863"计划项目成绩突出。目前我校主持"十五""863"课题52项,总经费达5 000多万元,承担课题数位居全国第七位,位居全国海洋科研机构(包括高校和研究所)第一位,其中在资源环境领域位居第一。这不仅实现了学校科研重心的战略转移,而且稳固了承担国家高技术研究计划的"国家队"地位。目前主持"973"计划项目2项,占海洋科学领域的25%,并参与了其他6个项目,总经费达5 800万元。"973"项目增强了学校承担国家重大基础性研究计划的"国家队"地位,同时标志着学校实施"985工程"以来整体科研水平和核心竞争力的显著提高。

承担国家自然科学基金项目成绩显著,项目经费由2001年的785万元(24项)增加到2003年的2 083万元(42项),增长了165%还多。更可喜的是,在承担国家基金项目上实现了两大"突破":一是在基金委设置的五大类别资助项目(杰出人才、重大基金、重点基金、面上基金、青年基金)上,由过去在部分类别上获得项目资助到所有类别中都获得项目资助;二是首次在国家基金委全部7个学部里均获得了项目资助。这充分表明学校除海洋科学、生命科学外,在其他基础性研究中的创新能力也在不断增强。同时,人文社会科学研究在原有基础上也有了较大发展,承担国家社科规划重点项目3项,国家自然科学基金(管理学科)项目4项,科技部软科学项目5项,教育部社科规划重大项目1项,山东省社会科学规划项目23项。特别是"十五"期间,我校主持了"中国典型河口—近海陆海相互作用及其环境效应"和"糖化学与糖生物学—特征糖链结构与功能及其调控机制"2项国家重点基础研究发展规划(973)项目,主持SOLAS国家自然科学基金重大项目,主持52项"863计划"项目(承担课题数位居全国第七位,位居全国海洋科研机构第一位,其中在"资源环境领域"位居第一)。

围绕山东省"海上山东"建设和"黄河三角洲开发"跨世纪工程、建设山东半岛高新技术产业带和胶东半岛制造业基地计划以及山东省制造业信息化工程等重要部署,中国海洋大学大力发展应用学科,加强科技成果的转化,推动高新技术产业化,积极为地方经济建设服务。据不完全统计,近6年来学校共承担山东省内科研项目620余项,为800多个企事业单位服务过,贡献技术190多项,创造直接经济效益近20亿元,并创造了巨大的间接经济效益和社会效益。

按教育部的部署,今年启动"985工程"二期建设。国家"985工程"二期建设的目标非常明确,就是要创建若干所世界一流大学和一批一流的重点学科。具体的措施是:通过搭建一批和国际接轨的科技平台,汇聚国内外的优秀科技工作者,建设一支在国际上有竞争力的创新队伍,从而提高各个高校的综合实力及学术水平。为此,将学校"985工程"二期建设有效地融入青岛海洋科技城建设目标中去,与青岛海洋科研机构一起在青岛组建我国海洋科技创新平台,亦即推动海洋科学中心的建设;通过此平台建设,汇聚国内外优秀学者,让海大伴随着青岛走向世界,使海洋、水产学科等一大批相关学科的若干方向接近或达到国际先进水平。

　　记者:最后想问一下,您对想进海大和正在海大求学的学生有哪些要求和期望?

　　管华诗:我希望他们好好读书,好好做人。当他们奋斗时,牢记母校与他们同在;当他们成功时,不忘母校在他们身后。

　　(原文刊于2004年10月26日《中国海洋报》,记者为戴路)

管华诗院士：一面是海

管华诗是一位地道的"金庸迷"，空闲时，他会信手取来"飞雪连天射白鹿，笑书神侠倚碧鸳"中的一本，悠闲地读上几个章节。当然，他对文字的倾情并不仅限于此，巴金的《激流三部曲》、大仲马的《基度山伯爵》，他读了几十年都还感新鲜。

这种庞杂的阅读习惯，是管华诗三十年前养成的。

那时，此类阅读很有些风险，书店买不到，图书馆也借不出，除了彼此信任的朋友间私下交流，就只能从书库中"偷"，然后悄悄地读。这也大抵是那个时代"逍遥派"的最大乐趣。这些书未必是敲开管华诗海洋情怀的那块砖，却伴随他度过了激情年代。

在采访管华诗前，我努力寻找与海相关的记忆——渤海微黄，黄海澄清，东海碧绿，南海蔚蓝，比较海水颜色是我看海时的习惯。但说实话，大海于我，一直有一层神秘的面纱。我很想知道，我眼中的蔚蓝世界对于管华诗意味着什么。从20世纪60年代投身于海藻中提取碘的协作，到70年代率先接触海洋药物，再到80年代研发海洋生物工程制品、90年代开创我国海洋药物化学学科，管华诗的毕生情感所系都在"生命摇篮"的水域深处。如今的更多时间里，他在考虑的是：如何将陆地微生物利用的技术成果嫁接到海洋生物开发上。

"开发海洋资源是解决陆地资源逐渐匮乏、人口膨胀型增长的重要途径。"管华诗这样说。他和青岛海洋大学也以此为任，代代不息。其实，管华诗给我留下的最深刻印象是他的细致。采访那天，他的夫人身体不适，管华诗的关照语调轻柔。

我有几位年轻时在海上工作的"忘年交"，如今都已在重要岗位做领导，他们很怀念海上的日子，怀念那时的人情世故，尽管他们的记忆中，与海相关的部分艰苦而又寂寞。想起2003年的酷暑中，从钓鱼岛海域宣示主权归来的冯锦华在温州对我说的一句话：从钓鱼岛，我们将走向海洋。事实上，我们一直走在通往海洋的路上，为此我们开发海洋，利用海洋。

沧海桑田和物是人非，总让人类自觉轻微，所以，保护海洋更为重要，为我们自己，也为我们的后人。

2005 年, 管院士在办公室接受记者采访

记者：我很想知道，对于人类而言，海洋究竟意味着什么？

管华诗：科学技术的发展使人们对于自然世界的认识不断深入，今天我们都知道，海洋是生命的摇篮，是资源的宝库，也是地球环境的天然调节器。我们栖息的地球面临着很多问题，有资源问题、人口问题、环境问题，也正因此，开发海洋、利用海洋、保护海洋的意识越来越强烈，人类已经意识到海洋在人类生存中所发挥的重要作用。

实际上，我们都要记住，人类是完全依赖于其他生物的存活而生存的，我们的衣、食、住、行都源于生物的多样性，我们开发海洋生物资源是为了人们更好地生活。因此，在资源开发的每一个环节，都要从保证这个生机勃勃的生命世界的环境，保证这个人类赖以生存的资源宝库的持续利用出发，去完善自己的技术体系。没有健康的技术开发体系，资源开发是盲目的、有害的，其后果是很难挽回的。

记者：也就是说，开发海洋和每个人的关系都是密切的？

管华诗：科学家和科学工作者致力于此空间的研究是一个贡献，因为海洋资源的开发对整个经济有巨大的影响力，也是解决 21 世纪陆地资源逐渐匮乏、人口膨胀型增长的重要途径。

记者：您长期从事海洋药物研究，目前这方面的情况如何？

管华诗：海洋生物生活在特殊的、特定的生活环境中，所以它具有其他生物所没有的特性和物质。没有研究性成果的积累，难以有技术上跳跃式的发展，在将海洋活性物质开发为药物的过程中，药源是一个制约因素。为此，各国科技工作者进行了许多方法学研究，方法之一就是利用基因工程手段，将产生活性物质的基因导入可养殖的海洋生物中进行养殖，以培育新的药源生物。但在开展工作时，我们又发现，我们对海洋微小生物、无脊椎动物等分子遗传学的知识十分贫乏，因而就延缓甚至制约了此项研究的进展。在海洋生物技术诸领域中，此种现象带有相当的普遍性，因此，在海洋生物资源开发过程中，既要注意陆上成熟技术的嫁接，更要做一些踏踏实实的有关海洋生物技术的基础性研究工作，这样才能保证海洋生物技术的健康、快速发展，才能保证海洋生物资源的持续有效利用。

记者：您的空闲时间怎么过？是不是也在考虑专业研究？

管华诗：我喜欢看文学作品，这是从小到现在都没变的爱好，像金庸、梁羽生的小说我都看过，而且还不止一遍。此外，巴金的作品《激流三部曲》，大仲马的《基度山伯爵》，我也很喜欢。在"文革"期间书籍管理很严格，很多书很难看到，都是我悄悄偷出来看的。

记者：您在海大读书时，校名还是山东海洋学院，做校长前您离开过这所学校吗？

管华诗：从1971年到1978年，这差不多七年的时间由于调整我离开过海大，但这七年我也在搞专业研究，后来就一直在这儿。

记者：在您的经历中，有过理想与现实反差很大的阶段吗？

管华诗：20世纪六七十年代我刚刚毕业那会儿，的确觉得遭遇的现实与自己的理想反差很大。

记者：在经历不顺利时，您怎样度过那段时间？

管华诗：在那段时间，我读书比较多，"书中自有黄金屋"嘛。此外的感受是，从事业务中自己感兴趣的部分一样能够感受到快乐，现在想想能坚持那么多年的确不容易。

记者：是挺不容易的，以这段经历为参照，您认为成功的必要条件是什么？

管华诗：这是人类的共性问题。我想，影响的因素主要有两个：惯性和劳动代价。说到惯性，我举个例子，就是遗憾的积累，在"文革"时期，对一位科学工作者而言主要是积累的过程，是唤醒进步的过程，这对人的事业成功起到很重要的基础作用。再说自己付出的劳动代价，这其中一定有长期积累的成果，比如说工作经验，但只有自己付出劳动才有突破自己的可能，才能在自己关注的领域中有属于自己的积累。

记者：机遇不重要吗？

管华诗：机遇不是主动的，要你自己去抓住，它来自社会需求和科学需求。只有付出了辛勤劳动的人，在经验实践的基础上，在不断执着追求的情况下才能抓住机遇。在大环境中，一个人有了机遇，他做事成功会更快，而现在的大环境为年轻人提供了一个很好的机遇。

记者：就像您说的，现在的环境为年轻人提供了很好的机遇，但在机遇面前年轻人的表现常常不令人满意？

管华诗：现在的年轻人，无论是智力情况还是环境情况都很好，在这样的一个优越的环境中，他们容易缺乏对目标和事业的执着追求的毅力。他们的心理状况和心理素质不太稳定，一遇到困难就很容易退缩，这样就缺乏克服困难、克服阻力的能力。另一方面，他们又过于相信自己的实力，没有把自己的实力和实际情况结合起来，存在着一个眼高手低的问题。这些孩子们都是可造之才，但通常在更艰苦的条件之下更容易出成果，优越的环境下反而没有太大的紧迫感。

记者：海洋大学的特色从校名中就可以看得出。在全国高校的序列中，海大在什么位置？

管华诗：青岛海洋大学是一所以海洋和水产学科为显著特色的综合性大学，海洋与水产学科配套齐全，优势突出，在推进海洋科技、促进海洋经济、孕育海洋文化、培养海洋人才、促进国家海洋事业的全面发展方面，在国内高校中处于举足轻重的位置。

建设高水平特色大学，青岛海洋大学的优势就在于海洋与水产学科门类比较全，代表着中国海洋科学教育的最高水平。目前，国家海洋学科的 9 个博士点，水产学科的 5 个博士点都设在海洋大学。尤其是近几年，海洋大学产生了许多领先于全国甚至世界的海洋科技成果，文圣常院士的海浪理论、冯士筰院士的近海动力学理论都具有创造性。

记者：学科特色和综合发展是否存在矛盾呢？

管华诗：就学科而言，我的理解是，一所学校的社会地位更多地决定于大学的定位和它所处的位置，而一所大学的定位又取决于这所大学的社会影响力，社会影响力取决于社会的贡献,贡献关键在于社会的需求类别,类别又决定着学科的专业设置。

因此,一所大学要在社会上有自己的地位,必须要有自己的优势学科,所有的大学校长都看到了这个问题。学科特色是学科建设的一个核心问题,因为特色学科是推动社会发展的基础。青岛海洋大学就是以海洋和水产为特色的。我们在教学中也对学生强化这个特色,使它更为鲜明,更加突出。但要知道,为了配合特色学科的发展必须加强综合学科的建设。我们的理念是"强化特色,加强综合,以特色带动综合,以综合强化特色"。没有综合的话,培养出来的学生综合素质就不行。

记者: 我理解这种关系,但我还是想知道,青岛海洋大学是定位于综合性大学还是专业院校,这是很多学校面临的选择。

管华诗: 海大的定位是建设以海洋和水产学科为显著特色的高水平综合性大学。我们希望,经过"十五"期间的建设,使海洋和水产等优势学科的主要研究方向达到国际先进水平,某些领域处于国际领先地位;其他学科达到国内先进水平,某些领域处于国内领先地位;充分发挥海洋和水产学科的特色和优势,使海大整体水平居于国内高校前列,并成为在国际上具有一定影响的高水平综合性大学,成为国内有较高声誉的高层次人才特别是海洋和水产学科人才培养的主要基地,成为海洋科学和水产科学基础研究与高新技术源头创新的重要基地,成为有重要影响的国际海洋学术、文化交流中心之一。

记者: 我在查阅背景资料时才知道,青岛海洋大学建校之初并不是以海洋学科为特色的学校。

管华诗: 青岛海洋大学的前身是私立青岛大学,创建于 1924 年,近八十年以来,海大形成了极具特色的文化底蕴。你可能不知道,著名教育家蔡元培、著名科学家童第周、著名文学家老舍都在海大工作和生活过;还有中国第一个登上南极的科学家董兆乾、中国第一个徒步考察南极的海洋科学家蒋嘉伦、中国第一个踏上南北两极的海洋科学家赵进平,也都是海大培养的。今天的海大已经成为我国海洋科技的承载者和传播者。

记者: 几乎每一所大学都在打造自己的人才计划,我听说你们也在实施一个人才工程,是什么样的计划?

管华诗: 叫"1211"人才工程,就是组成以 10 位海洋与水产学科领域院士为带头人,20 名国外青年客座教授、100 余名博士生导师、100 名青年教授为核心,300

名博士为基础的教学科研骨干力量,形成年龄结构和知识结构较为合理的专兼职相结合的师资队伍。我们现有 3 位院士,还将聘请驻青岛的其他 7 位海洋与水产学科领域的院士担任青岛海洋大学的客座教授,以有效的机制使他们在高水平特色大学建设中发挥"旗帜"作用。

我们国家在实施"长江学者奖励计划",这是我们的契机。我们也在筹划吸引国内外优秀人才来校工作的事情。针对国外高级学者的学术活动规律和特点,我们想邀请海外学者来校进行长期或短期的研究与教学活动。

记者:不仅仅是青岛海洋大学,现在各高校都在想尽办法吸引优秀的学科带头人,但对实验技术人才的重视似乎普遍不够。

管华诗:的确,我们对实验技术人才缺乏应有的重视,目前这类人才严重缺乏,已成为制约高校教学、科研的瓶颈。不光是青岛海洋大学,我国的高校都有必要采取措施,下功夫去建设一支高水平的实验技术人员队伍。

我们国家重点高校的实验技术人员队伍目前存在普遍的问题,就是缺编严重;如果要凝聚一支高水平的实验技术队伍,必须提高对这支队伍在高等教育中特殊地位的认识。对紧缺的实验技术人才,要提高他们的待遇,让他们感受到自己的价值。对这支队伍,不能以论文和研究成果为指标进行评价,而要以能不能创造性地制作开发出相应的设备,能否充分发掘原有设备的效益,能否有利于提高学生的实验技能为评价标准。

记者:今后青岛海洋大学的科研重点会在哪里?

管华诗:我们将重点研究海洋资源、海洋环境、海洋减灾与防灾等与人类生存和发展密切相关的海洋科学重大基础问题,重点研究开发海洋工程勘察设计技术、海洋生物技术、海洋遥感技术、信息技术和微电子技术、水产养殖工程技术、环境工程技术、海洋探测监测技术、海水及海洋生物资源综合利用技术等。

记者:我常听到这样的说法:"新的世纪是海洋的世纪。"您如何看呢?

管华诗:海洋是一个多化合物的世界,海洋生物具有陆地生物无法比拟的特殊生理机能。世界上不少科学家预言,21 世纪是海洋世纪。实际上,随着知识经济的迅猛发展,世界海洋经济的发展速度也将大大加快,海洋世纪是可以实现的事实。现在高新技术的迅猛发展会带来许多新概念,海洋生物技术可以形成新的产业群体。

20 世纪 80 年代以前,生物技术在海洋方面的应用几乎是空白,目前世界上对海洋生物技术研究发展最快的国家是美国。这20多年间,我国在海洋生物学方面已做了大量的工作,在海洋生物资源的调查和引种、遗传育种和人工养殖等方面都取得了一系列成就。在有效开发我国的海洋生物资源的过程中,多学科的交叉是重要因素,我们在陆地微生物或动植物资源的综合利用上形成的技术成果应尽快地嫁接到海洋生物开发上来。

记者:在海洋生物技术的研究中,我们国家又处于什么位置?

管华诗:尽管我国海洋生物技术起步较晚,与先进国家相比技术相对落后,但我们对传统的水产品加工业还是产生了重大影响。当前,综合加工利用海洋生物资源已经有了一定的技术基础,加之近年国家各种科技计划的支持,以海洋生物为研究对象的基础及应用研究成果亦有了相当的积累。我们应该在我国筹建带有标志性的海洋生物工程制品工业园区,通过该工业园区的建设,以促进开发海洋生物资源工业技术体系的形成,带动相关传统产业的改造,提升海洋生物资源工业开发利用的技术水平。由于海洋生物自身的特点及其特殊应用价值,该工业园应以多层次、多方位综合利用某种海洋生物为宗旨,以海洋制药为技术制高点,生产各种功能不同的海洋生物工程制品,这其中包括保健制品、工业制品、功能饵料、农用肥料、农药。

（原文刊于 2005 年 2 月 4 日生物谷）

人文管华诗

他虽然不是医生,但是他研制的海洋药物挽救了许多患者的生命;他虽然是工程院院士,但是他绝对是地道的"金庸迷";他虽然从学校领导岗位上退下来,仍壮心不已,决心为我国海洋药物事业奉献一生。他就是中国工程院院士、中国海洋大学博士生导师管华诗教授。9月6日,刚刚荣获山东省科技最高奖的管院士向记者展现了他作为科学家的另一面——

拼命拔草挣学费

记者:您在 17 岁的时候,到德州二中读书。您父亲送您上学,还说了这样一句话:"今后全凭你自己了。"您现在自强自立的精神,是否受您父亲的影响特别大?

管华诗:人生成长的道路,所受的教育包括家庭教育、学校系统教育、社会感化教育。这些教育中,家庭教育是基础,虽然是孩童时期,留下的却是终生的记忆。我出身的家庭不是很富裕,也不是很贫寒,但我是一个农家子弟。我感觉受益最大的是,受到了农民那种勤劳朴实的性格长期的陶冶。直到如今,我时刻提醒自己,做人要真诚。王蒙先生也给我写了两个字"真诚"。真诚是我对人、对事、对物、对事业的一个宗旨,也是我交朋友、搞科研遵循的原则。

我感到,成长过程中,家境稍微贫寒一些对性格的形成是有益的。我兄弟姐妹五人,我排行老大,家中仅有的积蓄只能供我一个人读书。如果家庭富裕的话,我的弟弟妹妹也能走出来。生活在这种家庭里,如果小孩懂事,他会记住这种在农村家庭成长的不(容)易,会产生一种发自内心的前进的驱动力,鼓舞他去拼搏去奋斗。

初中阶段,在武城县运河中学时,我属于一个比较调皮的学生。受到老师严厉的批评后,有时候我就不想去上学了。那时父亲就非常严厉地批评我,督促我去上学。

由于家境困难,自我 17 岁上高中,一直到大学,在暑假中我都是拼命拔草挣学费。大热的天,光膀子上蒙个包袱,穿着短裤,我就到田间地头拔草。日头也毒,晒得皮肤都褪了皮,玉米、高粱、谷子叶子刺得身上一道一道的;中午也不回家,午饭就由妹妹送到地里。一天能拔三四百公斤鲜草,晒出干草垛成垛,等到来年春天卖出去,够我多半年的学费、生活费。1962年我弟弟结婚,其中大部分钱就是卖的干草得来的。

记者:您为何干得那样起劲呢?

管华诗:一个是尽量给家里减轻负担,再一个就跟现在的学习入迷一样,深入进去就出不来了,越干越有劲儿;主导思想还是多拔一些草,少让家里操心,但是当时并没有意识到"减轻负担"这个词。

这种经历养成了我不怕吃苦的性格,能吃苦,遇到困难,至少不会叫苦连天;同时也培养了自己的忍受力、耐力和柔韧性。由于钱是自己辛辛苦苦挣来的,花起来也格外珍惜。

"我是海洋药物研究较早的科技工作者"

记者:您虽然不是医生,但是您研制的海洋药物挽救了许多患者的生命。1985年,您主持研制的我国第一个海洋药物"藻酸双酯钠"(PPS)问世。这项成果获得了山东省、青岛市的科技重奖以及第十五届国际博览会新发明金牌奖等15项大奖。当成功降临的时候,您是什么感觉?

管华诗:当一项工作得到大家和社会的认可时,我总会想到两点:一是,噢,这个事情我们成功了;第二个想到的是,这个成功也不是属于我个人的。因为我们海洋药物是多学科的结晶,几百人在为它努力。

患者服用我们的海洋药物后,变得健康起来,对我们研制者来说自然是很大的欣慰,就感到自己是做了一大善事,做了一点好事。

记者:可不可以称呼您是"中国海洋药物大师"?

管华诗:我称不起大师,也千万不要自称大师,我自己的学识也没有达到大师的水平。我对自己的定位是,在我国从事海洋药物研究较早的科技工作者。

记者:您从校领导岗位上退下来,工作作息表是怎样安排的,在工作、科研方面有何打算?

管华诗:今年7月从校长岗位上卸任以后,应该说完成了我那一段任职的历史使命。退下来以后,包括教育部、山东省和青岛市,上级领导和同志们给了我很大的鼓励。我身体还不错，我想集中精力投入海洋药物的研究开发中，和我的同事、学生一道，为我国的海洋药物事业再做点工作和贡献。为此我做了些计划，而且这些计划也报到了国家有关部门，他们也很重视。我想在这些方面多做一些贡献，其中包括国家海洋科技研究中心的工作。

诚聘王蒙

记者：2004 年 11 月，海洋大学组织"科学•人文•未来"讲座，17 名知名科学家和 10 名人文学者面对面研讨。王蒙先生说您对发展人文教育倾注了极大的热情，对于人文学科抱着近乎浪漫主义的热情和追求。您是怎样与王蒙先生结缘的，学校是如何聘请到王蒙先生的？

管华诗：当初聘请王蒙先生是出自几方面考虑。其中一个就是我们中国海洋大学的发展，从 1999 年学校定位于建设高水平特色大学，其中强调要协调发展综合。校领导意识到，在过去发展理科和工科的基础上，如果强化我们的特色的话，没有大文科（文、经、管、法）进行综合不行。虽然过去老山东大学曾经有一些底蕴，但是现在我们的大文科起步晚、积淀比较薄弱。在这种情况下，我们想到要请大师，借用大师的影响力，用他们的智慧、才识来汇集一些国内领军人物，使文学院能够实现一个相对跨越式的发展。于是，我们就决定聘请王蒙老师。

记者：中间有没有曲折的经历？

管华诗：基本没有，我们学校的老师对王蒙文学有些研究，与他有一面之识，我们就贸然拜访王蒙先生，说了我们的想法。

后来我就直接和王蒙先生接触。我们非常坦诚地向他介绍了情况，还邀请王蒙先生到学校来开了两次座谈会，到会的教师和学生表达了对王先生的尊敬，表达了邀请他加盟海大的迫切心情和殷切求知的愿望。王蒙先生出于对我们国家的文化事业和教育事业的关心，非常痛快地答应了海大的请求。王先生就这样"屈就"来到我们海大，担任顾问、教授和文学院院长。这在海洋大学文科发展史上是一个里程碑。

王蒙先生就任文学院院长以后，确确实实将文学院发展向前推进了一大步。利用王先生的影响，我们组建了名家课程体系，建立了驻校作家制度，以至于我们将这两项制度由国内推到国外。昨天我们邀请了加拿大皇家学会院士、中国古典诗词专家叶嘉莹教授做客海大，马上还有一位俄罗斯学者到校访问讲学。我们已经把汉学研究推向广邀国际领军人物讲学的水平,让我们的学生不出校门就能享受到国内一流大家的知识熏陶、开阔视野。我们的校领导和教授都得到了以王蒙先生为首的大文学家的启迪。

2004年11月学校举办了"科学·人文·未来"的科学家和文学家的对话。这种对话不是凭空讲出来的,是我们近距离接触王蒙先生后被他的智慧所感染、所启发所得来的。我们两人一接触的话,就好像很激动,思想交融非常默契,激动的火花不时闪现,心情格外舒畅。王先生对事物的剖析和看法比较深刻,在学校发展的思路上,我们从王蒙先生身上学到很多东西,受益匪浅。

小说、京剧含哲理

记者:您以前有没有做过作家梦呢?

管华诗:我初中以后比较喜欢文学,看了一些小说,像巴金的《激流三部曲》,大仲马的《基度山伯爵》等。文章当中一些漂亮的句子,我都摘抄下来,总感觉到里面有很多哲理,特别是像金庸和古龙的武侠小说哲理性非常强,每个故事都说明了一些社会道理,看后受到很多启发。我虽然比较喜欢文学,但是缺乏作家细胞。

记者:我看到您听讲座的时候,非常仔细,就像小学生一样。

管华诗:我听他们任何一个学者的讲座都做笔记,而且很认真。昨天听了叶嘉莹教授精彩的讲演后,借助她的逻辑思维,我就给一名研究生勾画了一个研究题目。叶教授解释一首词,她可以引用若干词来解释,而且追溯的时间跨度非常远。在理科中,一个现象、一个概念的形成,同样要有充分的根据。我们的海洋药物研究,在过去的发展过程中,有它形成和存在的一些观点,如果把这些观点罗列出来,从中发现它发展的轨迹和逻辑,就会发现与当代研究相联系的点。

对任何一个讲座,我都是比较认真去听,聚精会神地听,不放过任何一个细节。我给同事们和学生讲,会议,请大家都不要放过,无论是领导还是科学家,层次越高越要听。为什么,任何人的发言,都是经过深思熟虑,经过相当艰苦的组织,是他思想当中在这个问题上的精华的反映。我们应该捕捉每个人的思想亮点。

就像政治家有政治敏感一样,科技工作者要有科技敏感。这种科技敏感来自大家的启迪。只有敏感了,才能捕捉到科技的机遇、捕捉到闪光点。认真听每个人的讲话,是得到闪光点和机遇的机会,这些机会不能放弃。

记者:听说您除了喜爱读武侠小说之外,还有听京剧和音乐的爱好。

管华诗：京剧会听不会唱。京剧作为国粹，其美妙的唱腔，听起来真是人生中的享受。京剧的台词不仅漂亮，还富含哲理。想一想，我们中华民族的智慧是非常高的。

记者：您从小说和京剧里都读出了人生哲理。

管华诗：其实，人生哲学是交织在各行各业当中。王蒙先生写的《我的人生哲学》，我也拜读了，然后跟王先生交流，非常受益。

海洋文化是底蕴

记者：您从运河走向海洋，与海洋打了一辈子交道，请谈谈您心目中的海洋。

管华诗：从上大学到现在，一直与海洋打交道，学习海洋知识，从事海洋研究事业，在老师的启发之下，我为自己选择了这样一个工作而感到非常自豪。

21世纪是海洋世纪，海洋苷给我们的是持续发展的资源宝库，带给人类的是优质的环境，海洋也是我们人类生存的第二疆土……然而，海洋的未知数太多，需要我们科技工作者去研究、去探索。

记者：这些是从科学方面谈海洋，请您从人文方面谈谈海洋。

管华诗：人文海洋方面，海洋是开放的，首先给人一种非常开阔的胸怀，海洋文化应该更适于担纲当代文化。当代社会是一个开放的社会，就像中国海洋大学的校训"海纳百川，取则行远"一样，要有海纳百川的容量。从文化角度讲，海洋汹涌澎湃，容易给人以激情，给人以遐想，给人以刺激。海洋的无边无际，实际上就像人们开阔的心胸，能克服一些小团体、小利益、自我封闭的思想的影响，容易打破学科壁垒。长期受到海洋文化的陶冶之后，很容易融合，能容识容人。海洋文化更适合当代社会进步的要求。如果说文化底蕴的话，应该说海洋文化是底蕴。

记者：您研究大海又靠着大海，是不是经常去海边走走，放松一下心情？

管华诗：生活在海边，如果有朋友来做客，陪朋友到海边漫步，自然是心旷神怡。有时候也和家人一块到海边敦散步，领略海洋的风采。

寄语贫困生

记者：一个人的精力是有限的，对工作倾注多了，对家人的倾注自然就少了。您觉得有时候是否对家人有些歉次？

管华诗：我有个美满幸福的家庭，很温馨。我老伴非常支持我的工作。她跟我同乡,也是农家子女,和我一起到了青岛。有个温馨的家庭,工作生活中遇到不顺心的事在家中可以得到安慰和释放。

记者:您多年来资助了30多名贫困女童重返课堂,并且鼓励她们自强不息。

管华诗:我觉得资助这些学生是应当的,因为我是从农村家庭走出来的,哪怕是一分钱,对她们来说也能起作用。其实,不光我这样做,大部分有条件的人都这样做,这是我们国家和谐社会的一种体现,也是我们中华民族美德的体现。我有了条件以后,资助贫困的学生,资助贫困地区的小孩,这是我应该做的,而且做得还不够。我还将省委、省政府给我的一些奖金,设立海洋药物奖学金,奖励研究生。

记者:现在大学新生入学了,作为从事教育事业几十年的前辈和长者,作为从农家子弟到院士的成功典型,您对新生尤其是来自农村贫困家庭的大学生有什么建议和忠告?

管华诗:国家出台了资助救助贫困生的政策,学校也会非常恰当、忠实地执行这些政策。但是作为这些同学,不要因为家境贫困而气馁。困难是一时的,用不着在这些问题上消耗自己的精力特别是自己的意志;应该记住国家的恩惠,记住父母的艰辛,沉下心来,把自己的学习搞好。我想任何有出息的学生,都不会因为自己的一时的贫困或困难而消极,反而会增加自己的内部驱动力。

(原文刊于2005年10月14日《大众日报》,记者为薄克国,略有改动)

中国海洋制药业第一人
——管华诗

十九年前,当时任国务院副总理的万里同志,到青岛与海洋科学家们共商开发海洋大计。当他得知青岛海洋药物研究所教授管华诗研制的海洋生物新药藻酸双酯钠(PSS)奇迹般地治愈两个脑血管弥漫性堵塞、类似"植物人"的患者且其中一人下地后竟能搬动一箱肥皂健步登上四楼时,高兴地连声赞叹,并鼓励管华诗再接再厉,多研制一些海洋药物和海洋保健食品,走出开发海洋的新路,多为人类健康造福。

发明我国首例现代海洋新药

十九年来,管华诗院士无论以往担任中国海洋大学校长,还是现任中国海洋大学医药学院院长,都没有间断对挚爱的海洋生物资源综合开发利用及海洋药物与食品工程的教学和科研工作。

在研制、发明了我国第一个现代海洋新药藻酸双酯钠(PSS)之后,他带领一班人又相继成功研制"甘糖酯""藻力特""降糖宁"等海洋药物以及"降糖乐""海利心藻维微胶囊"等系列海洋生物工程制品。

管华诗已获授权国内外发明专利 13 项,获得全国科技大会奖、国家科技进步三等奖、山东省最高科学技术奖等科技奖励十余项,荣获"国家有突出贡献的中青年专家""全国五一劳动奖章""全国先进工作者"和"山东省劳动模范""山东省拔尖人才"等称号,享受"国务院政府特殊津贴"。

科研硕果累累,创新不断升级

20 世纪 70 年代,许多疑难病症引起了国际上医药界的注意,并有一些有识之士提出了"回归大自然,向海洋要药"的口号。

从此,国际上掀起了现代社会第一次研究海洋生物活性物质的热潮。

当时,为解决制约我国海藻制碘工业发展的关键因素——碘的联产品褐藻胶、甘露醇过剩(1吨碘联产60吨褐藻胶、10吨甘露醇)的问题,我国有关部门先后设立了若干研究课题。

1972年,以管华诗为主的课题组承担了"褐藻胶、甘露醇工业再利用"国家课题,成功研制出"农业乳化剂""石油破乳剂""食用乳化增稠剂——藻酸丙二酯"。

该成果拓宽了褐藻胶、甘露醇的工业用途,在一定程度上解决了当时我国制碘工业发展的制约因素,在当时起到了巩固并推动我国海藻制碘工业发展的作用。更重要的是,该成果对海洋生物资源的综合开发利用具有重要的启迪作用,为后来开拓的海洋药物的研究奠定了良好的基础。

20世纪70年代末,由于样品采集困难,分离和生物实验繁杂,国际海洋药物研究步入低谷,有人甚至提出"海洋药物是神话还是现实"的疑问。但管华诗认为,海洋生物技术是生物技术的生长点,是开发海洋生物资源的关键技术。为此,他果断地把自己的研究重点放在海洋生物制药新领域,并组建起高校系统第一家海洋药物研究室。

改革开放带来了中国科学研究高速发展的春天。也正是从这一时刻起,管华诗如鱼得水,开始了他科学研究的辉煌历程。

十多年海藻化学研究的丰富实践,奠定了他走向海洋药物研究与开发的基础。他以更大的热情和精力,投入到攀登海洋生物制药技术制高点的奋斗中。

他与课题组的人员去海上采样品,进行海洋生物活性物质的筛选,从中获得具有药效的新化合物。

经过几年努力,以管华诗为首的课题组推出了一项项重要研究成果。其中,我国第一个海洋新药藻酸双酯钠(PSS)于1985年通过山东省科委等主持的技术鉴定,被全国知名专家评价为达到国际先进水平。仅"藻酸双酯钠(PSS)"自1986年以管华诗设计的工艺顺利投产以来,至今全国累计总产值已超过35亿元,利税达10亿元,获得了巨大的经济效益与社会效益。

让科研辐射出最大的社会效益

管华诗把成功当作新的起点,又开始向着更高的目标迈进。

针对海洋生物制药的特点及国际海洋生物技术发展的趋势,他调整了原科研结构,创建了中国海洋大学海洋药物专业。为了聚集学校在海洋药物和生物技术研究开发方面的学科和人才优势,他主持成立了海洋药物工程研究院并出任研究院院长,旨在抢占国际海洋生物制药的前沿。该院与学校食品工程系的海洋药物专业形成了海洋药物科研与高层次人才培养学科体系和研究体系,在科学研究、高层次人才培养、队伍建设、学术交流、实验室建设及工程化研究方面都有了较大的发展,产生了较大的影响与效应,显示出了广阔的前景。

系列海洋药物和生物工程制品研制及产业化的实现,激起并带动了国内海洋药物研究与开发的热潮。

在此形势下,管华诗与国内同行一起向国家有关部门建议,将海洋药物的研究列入国家科技计划。这项建议被接受了。首先是海洋药物的研究被列入"八五"国家科技攻关计划,自"九五"开始又被列入国家高新技术研究发展计划(国家海洋"863")。

弄潮儿总在潮头立

2000年8月,管华诗主持研制的具有我国自主知识产权的抗艾滋病海洋药物"泼力沙滋"、抗脑缺血海洋药物"D-聚甘酯"两个国家一类新药,获得国家药品监督管理局批准进入临床研究。2001年8月,国家一类新药抗动脉粥样硬化海洋药物"几丁糖酯"又获准进入临床研究。目前,三个一类新药均已顺利进入二期临床研究。

在此过程中,此类药物的药代动力学研究亦取得了一定的突破和进展。

药源问题,是制约海洋药物研究开发的瓶颈因素。这是由于海洋生物体内的活性物质含量低微、结构复杂且季节性、区域性差异显著,难以大量获取。

经过长期的探索与积累,管华诗提出了以天然资源丰富易得或可规模养殖的海洋生物为药源的思路。这一思路在一定程度上解决了制约海洋药物研究开发的瓶颈因素——药源问题,同时又催生了海水养殖业结构调整及海洋农牧化发展的新方向。

管华诗通过对海洋多糖化学结构和生物学活性系统的深入研究,发现了具有各种生物活性的海洋多糖的化学本质——多糖的分子骨架、分子大小、阴离子化程度、官能团类型、取代位置等是凸显某一生理活性的关键因素,如褐藻酸经不同修饰后显示出抗病毒、抗炎、抗凝、降脂、抗氧化等多种生理活性。以此发现为指导,他研制出我国第一个海洋药物"藻酸双酯钠（PSS）"及后续的三个海洋新药,并研制出抗病毒、抗心血管等三个国家一类海洋糖工程候选药物。

在此基础上,他还初步建立了海洋糖类化合物成药的基础理论。该理论为海洋糖类药物的研究与发展奠定了基础。

在对海洋糖类化合物成药的基础理论探索研究过程中,管华诗通过几个海洋糖工程药物的开发,综合运用现代生命科学理论、技术和方法,逐步建立和完善了海洋糖工程药物研发技术体系。

该技术体系主要包括:

海洋糖类化合物分离、提取、纯化及结构鉴定技术;

海洋低聚糖、寡糖的结构修饰及鉴定技术;

海洋低聚糖、寡糖的活性筛选与评价技术;

海洋糖工程药物药理、药效、分子作用机制等生物学评价技术;

海洋糖工程药物工程化、产业化研究技术。

构建我国首个海洋糖库

这期间,历经二十余年的积累,管华诗初步构建了我国第一个海洋糖库。

该库包括海洋低聚糖、寡糖及其衍生物共 200 余个,并含有这些化合物的基本信息（命名、分子式、结构式、来源、制备方法、理化性质等）、结构信息（MS, UV, CD, IR, 1H-NMR, 13C-NMR, 1H-1HCOSY, HMQC, HMBC 等）和生物学功能信息（抗癌、抗病毒、抗老年痴呆、抗心脑血管疾病等）。

该糖库为抗肿瘤、病毒感染、心脑血管疾病、神经退行性疾病等方面生物学的系统研究提供了有力的物质支持,进而为海洋糖工程创新药物的开发奠定了药学基础。

建成海洋药物研究源头创新基地

管华诗在 1980 年组建的我国高校最早的海洋药物研究机构——山东海洋学院海洋药物研究室,已发展成为以海洋糖化学与糖生物学、天然产物化学、海洋药物工程为主导研究方向,硬件设施与国际接轨的海洋药物教育部重点实验室。

该实验室已完成"九五"国家科技攻关"重中之重"项目、海洋"863 计划"项目、国家攀登计划 B 项目、国家自然科学基金项目等 20 余项,正承担国家重点基础研究发展计划"973 计划"项目、国家重大基础研究前期研究专项、国家自然科学基金重点项目、"十五"国家"863 计划"项目、"十五"国家重大科技专项等国家和省部级项目 40 余项,成为我国海洋药物研究的重要源头创新基地之一。

言传兼身教,桃李皆成才

管华诗于 1994 年,经教育部批准,创建了我国第一个海洋药物化学专业,使海洋药物研究领域人才的培养纳入正轨。此后,又相继设立生药学、药物化学硕士点及药物化学博士点,形成了海洋药物药学本科、硕士、博士完善的人才培养体系,成为我国海洋药物领域高层次人才培养基地。

截至目前,管华诗院士已培养博士 26 名、硕士 25 名,现有在读博士生 17 名、硕士生 6 名,绝大多数毕业生已成为我国海洋药物研究开发的骨干力量。

强调科技成果服务社会,直接投身现代企业建设

1995 年当选为中国工程院院士的管华诗,不仅依然重视科技创新,而且十分看重、强调科技成果产业化。

他于 1996 年在国内率先组建了山东省海洋药物工程技术研究中心;1999 年在此中心基础上建成了我国唯一的国家海洋药物工程技术研究中心,此中心承接了一批国内同行的工程化项目,成为我国海洋药物研究开发的技术辐射源和中试基地之一。

管院士于 1994 年设计并筹建了我国第一个海洋药物专门生产企业——青岛华海制药厂;2001 年又以此企业为基础,与内蒙古兰太实业有限公司合作组建了现代企业——海大兰太药业有限责任公司,该企业拥有通过国家 GMP 认证的三个生产车间、共六条自动化生产线,是我国海洋药物科研成果产业化的重要基地之一。

（原文刊于 2005 年 11 月 8 日《中国青年报》,记者为张荣大,有修改）

管华诗：中国海洋药物学的奠基人

管华诗，1939年8月生，山东夏津人，我国海洋药物研究与开发领域的开拓者和奠基人之一；1964年毕业于山东海洋学院（现中国海洋大学）水产品加工专业后留校任教至今，曾任中国海洋大学校长；1995年当选为中国工程院院士，2005年获山东科技最高奖；现任山东省科学技术协会主席。

脑血栓、癌症、艾滋病等各种恶疾深深困扰着人类，如何摆脱病魔的威胁？管华诗找到了一条新路。他把目光对准了海洋，从海洋里找药物，相继研制出了我国首创海洋新药抗心脑血管疾病PSS等一系列海洋药物，为患者祛除了病痛，并拉开了我国海洋药物研究的序幕。

管华诗出生于一个普通的农民家庭，提到当时并不宽裕的家境，他认为这对人的成长有利，田间劳作促使他形成了吃苦耐劳、朴实真诚的性格。1964年，管华诗从山东海洋学院（现中国海洋大学）水产品加工专业毕业后留校，几年后他参加了"海藻提碘新工艺的工程化"研究工作，研制成农业乳化剂、食品添加剂等相关制品。

一次实验让他产生新的灵感。1979年的一天，管华诗在实验室里为了降低硫酸钡制剂的黏稠度伤透脑筋，已经试了很多办法都不行，怎么办？他随手加了点从海藻中提取的分散剂，黏结现象瞬间消失。

这个偶然的现象触动了他的神经：能解决硫酸钡的黏结，是否也能解决心脑血管病中血液黏稠的问题？能否把这种来自海洋的生物活性物质制成防治心脑血管疾病的新药？研制海洋药物！一个大胆的设想在管华诗头脑中生成。

对于医药学，管华诗当时还算个门外汉，怎么把设想转化成实际成果呢？他首先做的就是咨询医学专家。他频繁往来于青医附院、海军401医院等权威医院，成了许多老专家、老教授的熟客。

20世纪70年代末，国内海洋药物的研究一片空白，但管华诗毫不退缩，缺仪器、缺设备，就想方设法解决；有些问题国内无法解决，就与国外合作；需要多学科、多部门协作，就积极向同行寻求支持、联合攻关。

终于,他成功了!只用了三年多时间,管华诗和他的课题组就成功研制出海洋新药PSS,并进入临床应用。这开辟了一个新的海洋学科研究领域,使得中国的海洋药物研究和海洋资源利用与国际先进水平一下缩短了距离。PSS抗心血管新药经过多年的用药实践,现已成为全国乃至世界许多国家药店和医院的常备药和非处方药,造福了数以万计的患者。

靠着坚韧不拔的毅力和对事业的执着追求,他带领课题组又先后完成了甘糖酯和海力特等新药的研制,开发了东海三豪、海利心藻维微胶囊等保健食品。1992年,管华诗获山东省科技重奖。1995年5月,他当选为中国工程院院士。2005年,他又获得山东科技最高奖。

科研要造福于社会,就要转化为生产力,管华诗践行了这个真理。他建立起青岛华海制药厂,走出了一条"产学研一体化"的道路。华海制药从1993年开二至今,已经拥有固定资产几千万元,主要生产PSS、甘糖酯等,已有4个海洋药物和5个生物工程制品投放市场。在他和助手们的努力下,中国海洋大学建成了国家海洋药物工程技术研究中心,该中心成为中国海洋制药方面的研究基地。

现在,管华诗仍然在中国海洋大学科研一线忙碌,正指导10名博士生,主持着国家海洋局908项目中海洋药用生物的调查,还主持着千余万字的《中华海洋本草》《海洋天然产物》的编著工作。在科学的海洋中,这个泳者不知疲倦。

(原文刊于2008年10月5日《齐鲁晚报》,记者为殷亚楠)

"这项发明研究了二十多年"

——管华诗解读"国家技术发明一等奖"

中国海洋大学"海洋特征寡糖的制备技术（糖库构建）与应用开发"项目获得2009 年度国家技术发明一等奖，这一研究是中国工程院院士管华诗及其研究团队自 20 世纪 80 年代以来海洋药物研究方向的主要内容。

"经过二十多年的研究，能有今天的结果挺高兴的！"11 日下午 5 点左右，刚刚在北京领完奖，通过手机，项目领军人物管华诗院士在机场匆匆表达了自己获奖的心情。

今年 71 岁的管华诗是山东夏津人，中国工程院院士，1964 年毕业于山东海洋学院（现中国海洋大学）水产品加工专业后留校任教，曾任中国海洋大学校长，现任中国海洋大学医药学院院长，在业界有着"中国海洋药学第一人"的美誉。

2010 年，管院士在国家科学技术奖励大会获奖现场

管华诗院士向记者透露,下一步,这个项目要进入产业化阶段,开始进入生产性研究。

寡糖具有重要的制药功能。海洋寡糖是干什么用的?跟食糖有啥区别?

相关专家解释说,我们吃的普通食糖,像葡萄糖是单糖,是由单个小分子组成的;两个单糖"单位"到20个单糖"单位"组成的是寡糖糖链;而几十个甚至上百个单糖"单位"便组成了多糖的长分子糖链。

寡糖是相比多糖而言的,具有更好的水溶性和体内吸收特性。据项目组成员、中国海洋大学药学院教授于广利介绍,褐藻胶寡糖及其衍生物具有抗心脑血管疾病、抗老年痴呆等功效,卡拉胶寡糖及其衍生物具有抗病毒、抗肿瘤活性等功效,甲壳胺寡糖及其衍生物具有抗动脉粥样硬化与提高机体免疫活性等功效,琼胶寡糖则具有抗氧化和抗糖尿病活性等功效。这些结构和功能独特的海洋寡糖具备十分广阔的开发应用前景。

据了解,该项目构建起了国际上第一个海洋糖库。

(原文刊于 2010 年 1 月 2 日《齐鲁晚报》,作者为王毅,有修改)

管华诗：穷究"寡糖"之妙折桂

2006 年，管院士在办公室

海大管华诗院士团队摘得国家技术发明一等奖

2009 年度国家科学技术奖励大会于 2010 年 1 月 11 日在人民大会堂隆重召开。党和国家领导人胡锦涛、温家宝、李长春、习近平、李克强出席大会并为获奖代表颁奖。

在本届大会上，中国海洋大学申报的、由我国知名海洋药物学家管华诗院士领衔完成的项目"海洋特征寡糖的制备技术（糖库构建）与应用开发"，获得 2009 年度国家技术发明一等奖。

管华诗院士简介

管华诗,1939年8月生,山东夏津人,1964年毕业于山东海洋学院(现中国海洋大学)水产品加工专业,1995年当选为中国工程院院士,曾任中国海洋大学校长。管华诗是我国海洋药物研究与开发领域的开拓者和奠基人之一,成功研制出"藻酸双酯钠(PSS)""甘糖酯"等海洋药物海洋生物工程制品,并成功实现了产业化。管华诗被誉为"对适应我国加入WTO后医药产业从仿制药品转移到创新药物研制的战略需求做出了奠基性贡献"。据不完全统计,PSS投入生产迄今,创造的产值超过35亿元。

管华诗:穷究"寡糖"之妙

"海洋特征寡糖的制备技术(糖库构建)与应用开发"是什么意思?这其中几个常人难懂的词语,在管华诗眼里却是些可爱的"小玩意儿":"寡糖"是短的小分子糖链,具有信息传导功能,而不仅仅是传统意义上作为能量物质和结构物质的糖。尤其是海洋寡糖,结构特殊,生物学活性广泛,和人类健康、重大疾病的发生发展关系密切。

1月11日,由我国知名海洋药物学家管华诗院士领衔完成的"海洋特征寡糖的制备技术(糖库构建)与应用开发"项目,在北京获得2009年度国家技术发明奖一等奖。

在国家科学技术奖励体系中,国家技术发明奖一等奖奖励的是具有国际领先水平和巨大市场价值的原始性创新成果,体现了国家原始创新能力,历史上曾出现过多年空缺。对于管华诗的这一成果,专家的评价是"为我国海洋制药业的兴起与发展奠定了坚实的基础"。

1月8日,即管华诗院士启程去北京参加国家科技奖励大会的前一天,记者在中国海洋大学采访了这位年近七旬的长者。

截至目前,管华诗和他的团队依据海洋寡糖的研究,已经开发了四个上市海洋新药,分别作用于抗病毒、抗心血管病等领域,还有四个一类海洋新药正处于不同临床阶段。对于我国一直以仿制为主、缺乏原始创新的医药产业来说,这样的成绩非常让人振奋。

尽管近年来在海洋药物领域成果颇丰,但管华诗仍感觉成果"出得还是慢"。

"我们的糖库中现在有 300 多个海洋寡糖的化合物，里头至少有 100 多种具备开发成药物的潜质"，"不开发出来'负担'很重，这么好的研究基础、研究成果，不用好太愧对党和国家、愧对百姓。"管华诗说。

除了对海洋药物产业的贡献，这些结构和功能独特的海洋寡糖在其他领域还具备广阔的开发空间。用管华诗的话说，随着糖化学和糖生物学等学科的进步，海洋寡糖"还会有大用"。

而且，海洋寡糖的来源——海洋多糖，产量丰富，易于取得，管华诗等对由海洋多糖制备海洋寡糖的关键技术问题进行了工程化的研究，并奠定了产业化基础。

他说，这一研究建立的糖库，还将为多个产业提供基础原料，选择适合的海洋寡糖加以修饰，作为食品的功能因子，可以满足人们的保健需求；用到化妆品上，则可以实现保湿、防辐射等功效；在海水养殖里，利用寡糖可以提高抗性，做到天然环保……

当记者感慨竟然是这么复杂的一个大成果时，管华诗看出了记者的疑惑，"如果单纯为了报奖，这个成果可以拆成 5 个、6 个，甚至 15 种酶每种都可以报一个，但为什么不能那么做呢？"管华诗自问自答道："大成果才有大效益。"

从 1985 年发明并投产我国首例现代海洋新药——藻酸双酯钠（PSS）至今，管华诗全心投入科研，只要不开会，他每天都在药物学院的小楼上做试验、搞研究。他说，科研工作者要潜下心来搞研究，不要太着急，太急功近利，要注意积累，在科学的世界里根基不牢只能是昙花一现。

管华诗很忙，从现在开始要全身心投入糖库的产业化开发。他说，在现代海洋药物领域，中国在国际上是处于前沿位置的，而山东，要实现从医药大省向医药强省的跨越，现代海洋药物正是一个有力的突破点。

管华诗向记者描述了他正在为之努力的产业蓝图：一是利用糖库中 300 多个化合物生产以毫克计费的标准品，供全球科学家进行研究、探讨，"春节前有望拿出一批来"；二是利用海洋寡糖生产中间体，为各行各业提供基本原料；三是研发药物及其他终端产品。

他说，制药是一个很大的产业，一个很有潜力的产业，国际上一种药就能做到几百亿、几千亿的产值，我们要研究、要学习。

他还向记者透露了一个好消息：他们研发的一个抗老年痴呆的海洋新药在国内做完一期临床试验后，去年对美国一家公司成功实现技术转让，这是我国转让到国际上的第一个海洋药物,8100万美元的转让费也创下了我国药物转让的最高纪录,而且药物一旦上市还可享受利润分成。

海洋特征寡糖制备技术与应用开发

该成果为我国海洋制药业的兴起与发展奠定了坚实的基础,所制备的特征寡糖为医药、食品、化妆品、军工及农业等行业提供了活性寡糖原料,将为新产业的形成提供坚强的技术支持。该技术的开发应用延长了海水养殖产业链,并带动其健康发展。

糖是除蛋白质和核酸之外的另一类重要的生命物质,不仅是生命体内重要的结构和能量物质,更重要的是信息传导分子,参与了生命内几乎所有的生命过程。寡糖是指由2～20个相同或不同糖残基组成的生物分子,比多糖具有更好的水溶性和体内吸收特性。海洋寡糖与陆地寡糖相比,具有结构特殊和生物学活性广泛的特点。如海洋中褐藻胶寡糖及其衍生物具有抗心脑血管疾病、抗阿尔茨海默症等功效,卡拉胶寡糖及其衍生物具有抗病毒、抗肿瘤活性等功效,甲壳胺寡糖及其衍生物具有抗动脉粥样硬化和提高机体免疫等功效,琼胶寡糖则具有抗氧化和抗糖尿病活性等功效。这些结构和功能独特的海洋寡糖具备十分广阔的开发应用前景。

（原文刊于2010年2月3日《大众日报》,作者为王亚楠、薄克国、王毅、梁纯生,有修改）

管华诗：用海洋胸怀做海洋事业

　　二十多年前，有一种海洋生物新药叫"藻酸双酯钠（简称 PSS）"，一诞生便奇迹般地治愈了两个脑血管弥漫性堵塞、类似"植物人"的患者且其中一人下地后竟能搬动一箱肥皂健步登上四楼。这当然不是耸人听闻的广告，如今这个叫 PSS 的抗心血管新药已经成为全国乃至世界许多国家药店和医院的常备药和非处方药，造福了数以万计的患者。据不完全统计，自 1986 年投产以来，PSS 已创造了超过35 亿元的产值。

　　这个 PSS 的研制者不是医生，却挽救了无数患者的生命；他做研究的实验室最初是用厕所改造的，但成果斐然；他为了研制新药，喷出的高压热油与他擦身而过，险些丧命；他被称为最富有的工程院院士，仅 PSS 一项转让经费和奖励就有105 万元；他有着深厚的人文情怀，把"腹有诗书气自华"放在他身上恰如其分；他曾是中国海洋大学的老校长，对学生的告诫是：做事先做人，有多大胸怀就有多大事业。没错，他就是刚刚获得国家技术发明一等奖，在七十岁的高龄上谱写新章的中国工程院院士，我国海洋药物学的开拓者——管华诗。

"海洋寡糖"成就海洋新事业

　　在我国科学技术奖励体系中，对国家技术发明奖一等奖的奖励，一定是具有国际领先水平和巨大市场价值的原始性创新成果，历史上这一奖项曾多年空缺。

　　2010 年 1 月 11 日，在 2009 年度国家科学技术奖励颁奖大会上，由管华诗院士领衔完成的项目"海洋特征寡糖的制备技术（糖库构建）与应用开发"，获得了2009 年度国家技术发明一等奖。这是管华诗和他的团队自 20 世纪 80 年代开始，一直在研究的方向和内容。二十多年过去了，付出终得回报。专家们对这一成果的评价是"为我国海洋制药业的兴起与发展奠定了坚实的基础"。

　　如果单从项目专用术语去深究，普通人绝对一头雾水，但是管华诗觉得这是些可爱的小玩意儿："寡糖"是短的小分子糖链，具有信息传导功能，而不仅仅是传统意义上作为能量物质和结构物质的糖；尤其是海洋寡糖，结构特殊，生物学活性广泛，和人类健康、重大疾病的发生发展关系密切。

糖是除蛋白质和核酸之外的另一类重要的生命物质，不仅是生命体内重要的结构和能量物质，更重要的是信息传导分子，参与了生命内几乎所有的生命过程。寡糖是指由 2～20 个相同或不同糖残基组成的生物分子，比多糖具有更好的水溶性和体内吸收特性。海洋寡糖与陆地寡糖相比，具有结构特殊和生物学活性广泛的特点。如海洋中褐藻胶寡糖及其衍生物具有抗心脑血管疾病、抗阿尔茨海默症等功效，卡拉胶寡糖及其衍生物具有抗病毒、抗肿瘤活性等功效，甲壳胺寡糖及其衍生物具有抗动脉粥样硬化和提高机体免疫等功效，琼胶寡糖则具有抗氧化和抗糖尿病活性等功效。这些结构和功能独特的海洋寡糖具备十分广阔的开发应用前景，不仅能为医药、食品、化妆品、军工及农业等行业提供活性寡糖原料，也将为新产业的形成提供坚强的技术支持。

截至目前，管华诗和他的团队依据海洋寡糖的研究，已经开发上市了四个海洋新药，分别作用于抗病毒、抗心血管病等领域，还有四个一类海洋新药正处于不同临床阶段。对于我国一直以仿制为主、缺乏原始创新的医药产业来说，这样的成绩非常让人振奋。

尽管近年来在海洋药物领域成果颇丰，但管华诗仍感觉成果"出得还是慢"。"我们的糖库中现在有 300 多个海洋寡糖的化合物，里头至少有 100 多种具备开发成药物的潜质，""不开发出来'负担'很重，这么好的研究基础、研究成果，不用好，太愧对党和国家，愧对百姓。"管华诗说。

除了对海洋药物产业的贡献，这些结构和功能独特的海洋寡糖在其他领域还具备广阔的开发空间。用管华诗的话说，随着糖化学和糖生物学等学科的进步，海洋寡糖"还会有大用"。

而且，海洋寡糖的来源——海洋多糖，产量丰富，易于取得，管华诗等对由海洋多糖制备海洋寡糖的关键技术问题进行了工程化的研究，奠定了产业化基础。

他说，这一研究建立的糖库，还将为多个产业提供基础原料，选择适合的海洋寡糖加以修饰，作为食品的功能因子，可以满足人们的保健需求；用到化妆品上，则可以实现保湿、防辐射等功效；在海水养殖里，利用寡糖可以提高抗性，实现天然环保……

这绝对是一个浩繁复杂的大工程，用管华诗的话来讲，就是"如果单纯为了报奖,这个成果可以拆成 5 个、6 个,甚至 15 种酶每种都可以报一个,但为什么不能那么做呢?"管华诗自问自答道:"大成果才有大效益。"

他说,制药是一个很大的产业,一个很有潜力的产业,国际上一种药就能做到几百亿、几千亿的产值,我们要研究、要学习。

管华诗很忙,下一步,这个项目要进入产业化阶段,开始进入生产性研究。从现在开始,他要全身心投入糖库的产业化开发。他说,在现代海洋药物领域,中国在国际上是处于前沿位置的,而山东,要实现从医药大省向医药强省的跨越,现代海洋药物正是一个有力的突破点。

管华诗描述了他正在为之努力的产业蓝图:一是利用糖库中 300 多个化合物生产以毫克计费的标准品,供全球科学家进行研究和探讨,建立起国际上第一个海洋糖库;二是利用海洋寡糖生产中间体,为各行各业提供基本原料;三是研发药物及其他终端产品。

他还透露了一个好消息:他们研发的一个抗老年痴呆的海洋新药,在国内做完一期临床试验后,对美国一家公司成功实现技术转让,这是我国转让到国际上的第一个海洋药物,8 100 万美元的转让费也创下了我国药物转让的最高纪录,而且药物一旦上市,还可享受利润分成。

从未停止追求,也曾辉煌荣耀

早在 2500 年前,古希腊海洋学者狄米斯托克利就预言:"谁控制了海洋,谁就控制了一切。"海洋被誉为"生命的摇篮,风雨的故乡,五洲的通道,资源的宝库"。开发利用海洋是解决 21 世纪陆地资源逐渐匮乏、人口膨胀型增长的重要途径,而21 世纪中国的振兴和可持续发展必然越来越多地依赖海洋。

管华诗的每一步都有章可循,始终以国家需要为指导。他最初的研究是由于国家对碘的亟须,沿海各省、市迅速建起十几座制碘厂。但随着碘产量的增加,其附带产品褐藻胶和甘露醇的过剩开始困扰人们。生产 1 吨碘能产生 60 吨褐藻胶和 10 吨甘露醇,于是,褐藻胶和甘露醇的再利用问题便被抬上了桌面。1974 年管华诗开始承担这方面的研究课题。在艰苦的条件下,管华诗和同事们以苦为乐,先后研制出农业乳化剂、石油破乳剂、食用乳化剂、褐藻酸钠代血浆等多项成果,并因此于 1978 年获得中国科技成就的最高奖励——全国科技大会奖。

年轻的管华诗在科学界一鸣惊人。长期的积累和灵活的思路,让管华诗的海洋制药之路越走越宽。管华诗回忆说,在一次实验中,为了降低硫酸钡制剂的黏稠度,他用了很多办法都不奏效。沉思中,他随手添加了一点从海藻中提取的分散剂,结果黏结现象瞬间就消失了。海藻既然能降黏结,在人体内对血液是不是也有效呢?管华诗说,就是这个重要的科学积累,让他投身到了海洋药物的研制工作中去。

20世纪70年代末,由于样品采集困难,分离和生物实验繁杂,国际海洋药物研究步入低谷,有人甚至提出"海洋药物是神话还是现实"的疑问。但管华诗认为,海洋生物技术是生物技术的生长点,是开发海洋生物资源的关键技术。为此,他果断地把自己的研究重点放在海洋生物制药新领域。可是,海洋药物的研制在国内外都还是一个前沿课题,加上当时学校的条件有限,管华诗的研究面临着资金、设备和技术等一系列困难。1985年,万里副总理来到青岛海洋大学考察,称赞并鼓励管华诗要再接再厉,多研制一些海洋药物和海洋保健食品,走出开发海洋的新路,多为人类健康造福。

回忆起那段痛并快乐着的往事,管华诗仍心有余悸。他说,当时把厕所改造成实验室,需要的设备也必须靠自己动手造。有一次实验需要300℃的高温合成一种乳化剂,他和同事就自行设计制造了一个带夹层的油釜。没想到的是,这个自己亲手做出来的设备,由于交接班时气阀被误拧死,从腹部就炸开了,油从夹层里面唰地打出来形成一个扇面,高压高温的热油利如刀刃。虽然管华诗侥幸避过了,但是科研的危险和艰辛可见一斑。

经过不懈努力,管华诗只用了三年多的时间就成功研制出中国第一个海洋药物——藻酸双酯钠(PSS)。这一药物的研制成功不仅开辟了一个新的海洋药物研究学科,而且改变了中国医药产业长期以来仿制国外药物的落后局面。尤其让同行们赞叹的是:作为一位学者,管华诗的每个成果都能很快地转化成商品,摆上药店和医院的货架。从此,在工程院他多了一个名号:最有钱的院士。

管华诗在解释这件事情的时候说道:如果一个搞药物的科技工作者,一直没有药物推出,将来他自己对社会都感觉是歉疚。无论在哪一个环节上停住就是半途而废,只有社会化、商品化以后,在社会上流通了,作为一个产品成果的话这才算成功了。当时,PSS的转让经费大概有65万元,后来青岛第三制药厂又追加了30万元,加上奖励共有105万元,管华诗用这笔钱建起了现在的海洋药物研究所,当时是1988年。

靠着坚韧不拔的毅力和对事业执着追求的精神,管华诗带领课题组又先后完成了甘糖酯和海力特等新药的研究,完成了东海三豪、海利心藻维微胶囊等保健食品的研制和开发;"九五"期间,主持研制了具有我国自主知识产权的抗艾滋病海洋药物"聚甘古酯"、抗脑缺血海洋新药"D聚甘酯"、抗动脉粥样硬化海洋新药"几丁糖酯"等。他在1995年5月,当选为中国工程院院士。

PSS的成功产业化,使管华诗名利双收,不仅有了经费,产品还很实用。管华诗又多了一个名号"实用院士"。在谈到这个名号的时候,管华诗纠正说,实用是基础,研制出造福于人的各种各样的药物、产品,这才是最主要的。而要想把一个科技成果真正变成商品服务于社会的话,这个团队自始至终应该是一个和谐的、团结的团队,在每个单位当中,每个方面的科技力量都在起主导作用,只是阶段不同作用不同而已。这个过程如果组织得好的话,它就自然而然地成为一个产、学、研紧密结合的团队。

身担多种角色,初心始终如一

从20世纪70年代管华诗投身于海藻提碘,到80年代研发海洋生物工程制品,再到90年代开创我国海洋药物学科,管华诗的全部精力都寄托在了这片蓝色水域的深处。只要不出差不开会,他都在药物学院的小楼上做实验、搞研究。他说,科研工作者要潜下心来搞研究,不要太着急,太急功近利,要注意积累,在科学的世界里根基不牢只能是昙花一现。这是对他一生经验的总结。功成名就的管华诗不再是一名单纯的科研人员,他的身上肩负了更多责任和担子,作为大学校长,他无疑是优秀的。

对管华诗来说,一所大学要在社会上有自己的地位,必须要有自己的优势学科。学科特色是学科建设的一个核心问题,因为特色学科是推动社会发展的基础。中国海洋大学就是以海洋和水产为特色的,在教学中也对学生强化这个特色,使它更为鲜明、更加突出。但是,管华诗意识到,要配合特色学科的发展必须加强综合学科的建设,必须"强化特色,加强综合,以特色带动综合,以综合强化特色"。管华诗说,没有综合的话,培养出来的学生综合素质就不行。

或许是管华诗始终怀揣着造福苍生的情怀,他始终对于人文科学保持着浓厚的兴趣。在他担任中国海洋大学校长的十几年间,除了加强学校传统的海洋等理工类学科,他最重大的举措之一就是大力发展海大的人文学科,并且力邀著名作家、文化部原部长王蒙先生出任海大文学院的院长。

对此，管华诗表示："一个高校所以知名，不在于它的高楼大厦，而是名师名家。因此一个学校必须具备有位置的名家作为支撑。如果你问我这个校长第一个任务是什么，我第一个任务就是招揽相称的名家，这也是海大的历史重任。我们要马上实行一系列措施，在国内外招聘人才，人才来了之后才能建立一流的学科。"管华诗称 21 世纪海大要着重发展海洋生命科学、海洋信息学、海洋文化、海洋管理等学科，"让海大的'海洋科学'在中国异军突起，就像珠穆朗玛峰那样。"

2005 年 7 月，管华诗离开了他工作 12 年的校长岗位，然而，他对海洋的探索并没有就此停止，如今他考虑更多的是如何让人们更多地认识和利用海洋。

比如说药源问题，这是制约海洋药物研究开发的瓶颈因素。由于海洋生物体内的活性物质含量低微、结构复杂且季节性、区域性差异显著，难以大量获取。经过长期的探索与积累，管华诗提出了以天然资源丰富易得或可规模养殖的海洋生物为药源的思路。这一思路在一定程度上解决了制约海洋药物研究开发的瓶颈因素，同时又催生了海水养殖业结构调整及海洋农牧化发展的新方向。

在谈到什么是成功的必要条件时，管华诗说："这是人类的共性问题，我想，影响的因素主要有两个：惯性和劳动代价。说到惯性，其实就是积累。对一位科学工作者而言要有积累的过程，这是唤醒进步的过程，对人的事业成功起到很重要的基础作用。再说自己付出的劳动代价，这其中一定有长期积累的成果，比如说工作经验，但只有自己付出劳动才有突破自己的可能，才能在自己关注的领域中有属于自己的积累。"

在对待海洋事业的问题上，管华诗始终如一，他关注的也是国家迫切需要的。管华诗说，海洋是一个多化合物的世界，海洋生物具有陆地生物无法比拟的特殊生理机能。世界上不少科学家预言，21 世纪是海洋世纪。实际上，随着知识经济的迅猛发展，世界海洋经济的发展速度也将大大加快，海洋世纪是可以实现的。现在高新技术的迅猛发展会带来许多新概念，海洋生物技术可以形成新的产业群体。

管华诗说，尽管我国海洋生物技术起步较晚，与先进国家相比技术相对落后，但我们对传统的水产品加工业还是产生了重大影响。20 世纪 80 年代前，生物技术在海洋方面的应用几乎是空白，目前世界上对海洋生物技术研究发展最快的国家是美国。这 20 多年间，我国在海洋生物学方面已做了大量的工作，在海洋生物资源的调查和引种、遗传育种和人工养殖等方面都取得了一系列成就。在有效开发我国的海洋生物资源的过程中,多学科的交叉是重要因素,我们在陆地微生物或动植物资源的综合利用方面形成的技术成果应尽快地嫁接到海洋生物开发上来。

对于我国海洋生物技术目前的发展状况,管华诗介绍说:"当前,我国综合加工利用海洋生物资源已经有了一定的技术基础,加之近年国家各种科技计划的支持,以海洋生物为研究对象的基础及应用研究成果亦有了相当的积累。"管华诗认为,我国应该筹建带有标志性的海洋生物工程制品工业园区,通过工业园区的建设促进开发海洋生物资源工业技术体系的形成,带动相关传统产业的改造,提升海洋生物资源工业开发利用的技术水平。由于海洋生物自身的特点及其特殊应用价值,该工业园应以多层次、多方位综合利用某种海洋生物为宗旨,以海洋制药为技术制高点,生产各种功能不同的海洋生物工程制品,这其中包括保健制品、工业制品、功能饵料、农用肥料、农药。

（原文刊于 2010 年 2 月 15 日《科技创新》,记者为李璇,有改动）

管华诗院士：
引领中国海洋药物研发潮流

中国海洋大学申报的由中国工程院院士管华诗领衔完成的"海洋特征寡糖的制备技术（糖库构建）与应用开发"项目，获得了2009年度国家技术发明奖一等奖。自1999年国家科技奖励制度全面改革以来的十年间，共有七项成果被授予国家技术发明奖一等奖。

二十多年前，管华诗团队成功研制出我国第一个海洋新药藻酸双酯钠（PSS），其后又相继成功研制甘糖酯、海力特、降糖宁等海洋药物，及降糖乐、海利心藻维微胶囊等系列海洋生物工程制品。在这二十多年里，管华诗无论是作为一名科研人员、一名院长还是一名校长，他都没有间断对海洋生物资源综合开发利用及海洋药物与食品工程的教学和科研工作，一直引领着我国海洋药物研究和发展的潮流。

从"门外汉"到发明海洋新药

管华诗一开始是研究海洋水产的。在一次实验中，他发现从海藻中提取的分散剂能够降低硫酸钡制剂的黏稠度。这个偶然的化学现象极大地触动了管华诗：能解决硫酸钡的黏结现象，是否也可以解决心脑血管疾病中血液黏稠的问题呢？一个大胆的设想在管华诗头脑中生成：向海洋要宝，研制海洋药物。

20世纪70年代末，由于用于提取海洋药物的样品采集困难，分离和生物实验繁杂，国际海洋药物研究步入低谷，有人甚至提出"海洋药物是神话还是现实"的疑问。但"门外汉"管华诗认为，海洋生物技术是生物技术的生长点，是开发海洋生物资源的关键技术。

尽管面临重重苦难，管华诗毫不退缩。缺仪器、缺设备，就想办法自己解决；有些问题国内无法解决，就与国外科研机构合作；需要多学科、多部门、多层次协作，就积极向国内同行寻求支持，联合攻关。经过多年努力，以管华诗为首的课题组推出了一项项重要研究成果。其中，我国第一个海洋新药藻酸双酯钠（PSS）于1985

2009年，管院士在山东省
科协大会上

年通过技术鉴定，被评价为达到国际先进水平。仅藻酸双酯钠（PSS），自1986年以管华诗设计的工艺顺利投产以来，至今全国累计总产值已超过35亿元，利税达10亿元，获得了巨大的经济效益与社会效益。

海洋特征寡糖制备技术与应用开发

海洋特征寡糖的制备技术（糖库构建）与应用开发，对于大家来说也许很陌生。管华诗介绍说："寡糖是短的小分子糖链，具有信息传导功能，而不仅仅是传统意义上作为能量物质和结构物质的糖。尤其是海洋寡糖，结构特殊、生物学活性广泛，和人类健康、重大疾病的发生发展关系密切。"

据介绍，糖是除蛋白质和核酸之外另一类重要的生命物质，不仅是生命体内重要的结构和能量物质，更重要的它是信息传导分子，参与了几乎所有的生命过程。寡糖是指由2～20个相同或不同糖残基组成的生物分子，比多糖具有更好的水溶性和体内吸收特性。海洋寡糖与陆地寡糖相比,具有结构特殊和生物学活性广泛的特点。如海洋中褐藻胶寡糖及其衍生物能够抗心脑血管疾病、抗阿尔茨海默症(Alzheimer's Disease)等,卡拉胶寡糖及其衍生物具有抗病毒、抗肿瘤活性等特性,甲壳胺寡糖及其衍生物具有抗动脉粥样硬化(atherosclerosis)和提高机体免疫等特性,琼胶寡糖则具有抗氧化和抗糖尿病活性等特性。这些结构和功能独特的海洋寡糖具备十分广阔的开发应用前景。

评审专家表示,海洋特征寡糖的制备技术(糖库构建)与应用开发项目为我国海洋制药业的兴起与发展奠定了坚实基础,所制备的特征寡糖为医药、食品、化妆品、军工及农业等行业提供了活性寡糖原料,将为新产业的形成提供坚强的技术支持;该技术的开发应用延长了海水养殖产业链,并带动其健康发展。

截至目前,管华诗和他的团队依据海洋寡糖的研究,已经开发了四个上市海洋新药,分别作用于抗病毒、抗心血管病等领域,还有四个一类海洋新药正处于不同临床阶段。对于我国一直以仿制为主、缺乏原始创新的医药产业来说,这样的成绩让人振奋。

管华诗表示,除了对海洋药物产业的贡献,这些结构和功能独特的海洋寡糖在其他领域还具备广阔的开发空间,随着糖化学和糖生物学等学科的进步,海洋寡糖"还会有大用"。

中国海洋大学有关负责人表示,该项目获得国家技术发明奖一等奖充分体现了该校在"强化发展特色,协调发展综合,以特色带动综合,以综合强化特色"学科发展思路的指引下,原始创新能力得到了很大的发展与提升,有力夯实了学校在我国海洋、水产研究领域的学术地位,进一步提高了我国海洋、水产学科在国际同行中的影响力。

"根基不牢只能是昙花一现"

从 1985 年发明并投产我国首例现代海洋新药——藻酸双酯钠(PSS)至今,管华诗全心投入科研,只要不出差不开会,他每天都在中国海洋大学药物学院的小楼上做试验、搞研究。

管华诗说:"科研工作者要潜下心来搞研究,不要太急功近利,要注意积累。在科学的世界里,根基不牢只能是昙花一现。"

当记者感叹其成就卓越时,管华诗说:"我们的成果还是出得很慢,现在糖库中有 300 多个海洋寡糖的化合物,里头至少有 100 多种具备开发成药物的潜质。这么好的研究基础、研究成果,不用好太愧对党和国家、愧对百姓。"

管华诗现在全心投入糖库的产业化开发。他说,在现代海洋药物领域,中国在国际上是处于前沿位置的,而山东,要实现从医药大省向医药强省的跨越,现代海洋药物正是一个有力的突破点。

最后,管华诗向记者描述了他正在为之努力的产业蓝图:一是利用糖库中 300 多个化合物生产以毫克计费的标准品,供全球研究人员进行研究、探讨;二是利用海洋寡糖生产中间体,为各行业提供基本原料;三是研发药物及其他终端产品。

（原文刊于 2010 年 5 月 11 日《科学时报》,记者为廖洋,实习生:安春艳、寇大鹏）

孜孜不倦，向"大海"求医问药

——记我国海洋生物制药开拓者管华诗

正值暑期，紧临青岛小鱼山的中国海洋大学校园内十分安静，唯有树丛中的知了声此起彼伏。医药学院楼上，一位白发老人正专注地阅读实验结论。他就是中国工程院院士、中国海洋大学原校长、我国现代海洋药物研究的开拓者与奠基人之一——管华诗。他将毕生精力献给海洋药物研究，在海洋科研、治学育人、个人修养的"大海"中孜孜不倦。

"碘危机"：催生海洋生物制药研发

我国中医历史源远流长，人们的典型印象就是郎中背着竹篓上山采药，但中国海洋大学医药学院楼上的这位老者历史性地将中国人取药的范围从山林延伸向蔚蓝色的大海。这项突破源于一场"碘危机"。

1939 年出生于一个普通农民家庭的管华诗，25 岁大学毕业后留在母校山东海洋学院（现中国海洋大学）任教。1967 年，特殊的历史时期导致全国陷入"碘危机"，每年纯碘缺口从哪里补成为难题。

"为此，当时国家组织科研工作者尝试从各种可能资源中寻找碘源，但未能奏效。"管华诗向记者回忆道，"最后大家发现海带中碘含量不低，是一个相对较好的碘源，于是国家组织成立了一个跨行业的海带提碘研究小组。1969 年提碘新工艺研制成功，并很快产业化。当时海藻工业快速发展，但发展中新的问题又出现了，那就是海带提碘过程中产生的大量的甘露醇和褐藻胶联产品的再利用问题，成为制约以海带提碘为基础的海藻工业再发展的瓶颈。"

全程参与海带提碘产业化的管华诗接受了"褐藻胶、甘露醇再利用"的研究课题。但 1971 年 3 月，管华诗任教的山东海洋学院水产系按上级部署与烟台水产学校合并，当时烟台水产学校是中等专业学校，以教学为主，科研氛围较淡。在没有实验室的情况下，管华诗与误题组成员一起将学校一个不常用的男厕所改造成实验室,在教学时间外刻苦钻研、讨论、攻克一个个难题。

功夫不负有心人。管华诗课题组在 1974 年就拿出了再利用的产品。"当时我们利用甘露醇和褐藻胶制成了石油破乳剂、农业乳化剂、食用乳化增稠剂,后两项成果获得 1978 年科技大会奖;两项成果均成功产业化,现仍在广泛应用。"

这个科研难题的攻克对管华诗来说,仅仅是一个开端。1978 年,水产系回归山东海洋学院。回归后的水产系,百废待兴。"大学的科研环境较好,领导也很重视,在条件有限的情况下给予了经费等多方面的支持。"这让管华诗等科研工作者受到极大鼓舞。1982 年,管华诗的课题组又以褐藻胶为基础原料研制成功糖尿病的辅助治疗剂降糖素和胃肠双重造影硫酸钡制剂,这两项成果的投产上市正式掀开了管华诗海洋生物制药的新篇章。

PSS:开启我国海洋药物研制大门

"当时胃肠双重造影硫酸钡制剂的分散剂研制是我负责,因为硫酸钡加水后黏度很大,要让它分散开来均匀地附着在胃壁上,分散剂的性质与效力是关键。当分散剂研制成功后,我想它是否可以用来解聚血栓,治疗心脑血管疾病。"管华诗说。

1982 年下半年,管华诗马不停蹄地开始了利用分散剂的新药研究。他组织青岛海洋大学不同专业教师、青岛第三制药厂工程技术人员和青岛医学院教授专家一起成立了课题组。"我们还是以褐藻胶为原料,在以上分散剂的基础上,对其分子结构进行改造等多项药学研究,并在药学研究的基础上进行毒理和药效学试验研究,以期达到毒性最低、药效最大的目标。"管华诗说。

对于药学知识,管华诗当时是门外汉。他恶补医药学知识,查阅大量相关资料,并向国内外医学专家和权威请教。1985 年 8 月,管华诗主持研制成功藻酸双酯钠(PSS),通过了山东省科委组织的专家鉴定,专家们称其为我国首创的海洋新药,是预防和治疗缺血性心、脑血管疾病的安全、高效药物,随之被卫生部和山东省重点推广。

经山东、青海、安徽、重庆的 40 余家医院临床研究确认,PSS 具有强分散性能且不受外界因子影响,能阻抗红细胞之间或红细胞与血管壁之间的黏附;能使凝血酶失活,阻止血小板对胶原蛋白的黏附,抑制释放反应所致的血小板聚集,因而具有抗血栓、降血黏度、改善微循环、静脉解痉、红细胞及血小板解聚等作用。

此外,临床应用研究结果表明,PSS 对高凝性梗塞症和高血黏度综合征如脑血栓、脑栓塞、脑动脉硬化症(老年性痴呆、假性球麻痹症)、冠心病以及上述病症所引起的功能障碍性失语、精神失常、头痛、记忆力减退、肢体瘫痪等,均有显著的预防和治疗效果。

1993 年,藻酸双酯钠(PSS)投产七年后,研究人员对其进行了临床上治疗脑梗塞症 1195 例的统计,总有效率达 93%,与研究过程中临床试验观察结果一致。

1986 年,PSS 获山东省科委科学技术进步一等奖和山东省优秀新产品一等奖,1987 年获南斯拉夫萨格勒布第十五届国际发明博览会金牌,1988 年获国家技术开发优秀成果奖和全国百痔克星大赛金奖。迄今为止,PSS 已获得国内外大奖近 20 项,为我国医药工业在国际上争得了荣誉。

在首个海洋药物研制成功后,管华诗为我国现代海洋药物研发打开了大门。管华诗先后研制、发明了包括 PSS 在内的十个海洋药物及多个系列海洋生物功能制品,并先后投产,取得几十项国内外发明专利,荣获全国科技大会奖、国家科技进步三等奖、国家技术发明一等奖等国家和省部级科技奖励十余项;初步建立了海洋糖类药物研究开发的基础理论,建立了海洋糖工程药物研究开发技术体系,建成了海洋药物产学研一体化研发基地。

掌舵海大:走自己特色办学之路

就在管华诗填补我国海洋生物制药空白的同时,他还组建了我国首个海洋药物研究机构——青岛海洋大学海洋药物研究室。这个研究室现在已经发展成为中国海洋大学医药学院。其实,管华诗对大学和教育的贡献不仅仅如此,因为他曾掌舵中国海洋大学十三载。

两年副校长,十三年校长,自 1993 年开始担任青岛海洋大学校长的管华诗,对大学校长感悟是:一定要把校长的职责作为第一要务。"我从一个农家孩子到普通教师,当上校长是出乎意料的,而且力不从心,刚开始一切都要学,从学规范的批文件到治学、办学。但在当校长后的诸项工作中,一定要把校长的岗位职责放在第一位,因为他承担着对几千名教职员工和几万名学生的责任。"他说。

同时,管华诗将青岛海洋大学到现在中国海洋大学的发展归功于整个国家高等教育的大发展。"我当校长这些年很有福气,因为这期间国家对教育的需求带来了高等教育的大发展。"管华诗说,"1994 年,国家启动'211 工程',海大成为首批

'211 工程'高校。"

管华诗说:"经过高教体制调整,一些院校合并重组后,学校规模已相当大,学科也相当齐全,弱的变强,强的更强。在这样一种态势下,青岛海洋大学该如何发展,怎样才能突出重围,没有现成的经验可供借鉴,只有自己闯!"

管华诗积极促使部委与地方共建海大。2011 年 2 月 27 日,教育部、山东省人民政府、国家海洋局、青岛市人民政府重点共建海大的协议正式签署,标志着海大正式步入"985 工程"建设行列,高水平特色大学建设正式启动。

这一时期,学校围绕高水平特色大学建设开创性提出了"重特色、求质量,先做强、再做大"的总体发展策略和"强化发展特色、协调发展综合,以特色带动综合、以综合强化特色"的学科发展思路。2002 年 10 月,青岛海洋大学以近八十年建设所形成的显著特色和综合实力为基础,获教育部批准更名为"中国海洋大学"。

在谈到当大学校长的感悟时,管华诗说:"真诚待人,热情工作,让大家的心往一处想,劲往一处使,用集体智慧,走特色办学之路。"

(原文刊于 2011 年 8 月 14 日新华网,记者为张旭东)

管华诗：向"大海"求医问药

管华诗主持研制的中国首个海洋药物——藻酸双酯钠（PSS），至今仍是无数心脑血管病患者的福音。

台风"梅花"过后，中国海洋大学的几座德式建筑似乎更加美丽。在该校的医药学院楼，本刊记者见到了中国海洋药物学的领军人物管华诗。

这位中国工程院院士、中国海洋大学原校长，几乎将毕生精力倾注到海洋药物研究，但在谈及所获得的荣誉时，他说得最多的却是："所有的科研成果不是我一个人的，是一个课题组、一个区队完成的，他们在最后成果上发挥的作用并不一定比我小，所以荣誉并不属于我自己。"

在"碘危机"中成长

管华诗 1939 年出生于一个普通农民家庭；25 岁从山东海洋学院毕业后，留校任教。

"文革"时期，管华诗没有参加任何运动，只是跟着老师继续做科研。1967 年，特殊的历史时期导致中国陷入"碘危机"。管华诗说："当时国家组织科研工作者尝试从各种可能资源中寻找碘源，但未能奏效。"

据他回忆，后来大家发现海带中碘含量不低，相对是一个较好的碘源。于是，国家组织成立了一个跨行业的海带提碘研究小组。1969 年，提碘新工艺研制成功，并很快产业化。该项工艺奠定了中国海藻工业的基础，但海带提碘产生的大量的甘露醇和褐藻胶联产品的再利用问题成为制约海藻工业再发展的瓶颈。

1972 年，管华诗领衔的课题组承担了"褐藻胶、甘露醇再利用"这一研究课题。1974 年，他们就拿出了再利用的产品。"当时我们利用甘露醇和褐藻胶制成了石油破乳剂、农业乳化剂、食用乳化增稠剂，后两项成果获得 1978 年科技大会奖；两项成果均成功产业化，现仍在广泛应用。"

现在看来，这只是管华诗科研生涯的一首序曲。

　　1982 年,管华诗课题组又以褐藻胶为基础原料研制成功糖尿病的辅助治疗剂——降糖素和胃肠双重造影硫酸钡制剂。恰是这两项成果的投产上市,正式开启了管华诗海洋生物制药的新篇章。

中国首个海洋药物

　　管华诗介绍,根据分工,胃肠双重造影硫酸钡制剂由他的老师负责,降糖素和硫酸钡的分散剂研制由他负责。"硫酸钡加水后黏度很大,要让它分散开来均匀地涂附着在胃壁上,分散剂的性质与效力是关键。当分散剂研制成功后,我想它可否用来解聚血栓,治疗心脑血管疾病。"管华诗说。

　　1982 年下半年,管华诗开始了在分散剂启示下的新药研究。

　　管华诗说,他当时组织青岛海洋大学不同专业的教师、青岛第三制药厂工程技术人员和青岛医学院的教授专家,共同参与课题研究。"我们还是以褐藻胶为原料,在以上分散剂的基础上,对其分子结构进行改造等多项药学研究,并在药学研究的基础上进行毒理和药效学试验研究,以期达到毒性最低、药效最大的目标。"

　　此时的管华诗,还是药学知识的门外汉。为此,他恶补相关知识,并向国内外医学专家和权威请教。1985 年 8 月,管华诗主持研制的藻酸双酯钠(PSS)通过了山东省科委组织的专家鉴定。PSS 被评价为中国首创的海洋新药,它是预防和治疗缺血性心脑血管疾病的安全、高效药物。该药得到卫生部和山东省的重点推广。

　　山东、青海、安徽、重庆的 40 余家医院临床研究确认,PSS 具有强分散性能且不受外界因子影响,具有抗血栓、降血黏度、改善微循环、静脉解痉、红细胞及血小板解聚等作用。

　　临床应用研究结果还表明,PSS 对高凝性梗塞症和高血黏度综合征如脑血栓、脑栓塞、脑动脉硬化症(老年性痴呆、假性球麻痹症)、冠心病以及上述病症所引起的功能障碍性失语、精神失常、头痛、颈强、记忆力减退、肢体瘫痪等,均有显著的预防和治疗效果;对脑梗塞症的显效率为 66.3%,总有效率为 93.1%,治疗高原地区高凝和高血黏度梗塞症的显效率高达 78.57%。

　　1993 年,在 PSS 投产七年后,研究人员对其进行了临床上治疗脑梗塞症 1195 例的统计,总有效率 93%,与研究过程中临床试验观察结果一致。

　　自 1986 年获山东省科委科学技术进步一等奖以来,PSS 已获得国内外大奖近 20 项,为中国医药工业赢得了国际性荣誉。

管华诗先后研制发明了包括 PSS 在内的四个海洋药物及多个系列海洋生物功能制品,并相继投产上市,取得几十项国内外发明专利,荣获全国科技大会奖、国家科技进步三等奖、国家技术发明一等奖等国家和省部级科技奖励十余项。

管华诗的"福气"

管华诗还组建了中国首个海洋药物研究机构——青岛海洋大学海洋药物研究室,该研究室现已成为中国海洋大学医药学院。

自 1993 年起,管华诗在青岛海洋大学校长的位置上干了十三年。他的感悟是:"我从一个农家孩子到普通教师,当上校长是出乎意料的,而且力不从心,刚开始一切都要学,从学规范的批文件到治学、办学。但在当校长后的诸项工作中,一定要把校长的岗位职责放在第一位,因为承担着对几千名教职员工和几万名学生的责任。"

管华诗自认在其当校长的这些年里很有"福气",因为此期间国家对教育的需求带来了高等教育的大发展。管华诗说,在教育大发展时期,校长争取不失去每个发展机遇,就会得到看得见的快速发展。比如 1994 年,国家启动"211 工程",青岛海洋大学与山东大学一起努力争取实行省部共建体制。这种体制促进了学校的发展,使青岛海洋大学成为首批入选"211 工程"的高校之一。

1999 年 12 月 15 日,当时的国务院副总理李岚清指示:青岛海洋大学要保留发展它的特色,可以由教育部与山东省、青岛市共建,有些事还要和国家海洋局沟通。

管华诗审时度势,积极促成四家共建,使该校成为中国第一所由中央部门、行业和地方共建的高水平大学。2001 年 2 月 27 日,教育部、山东省人民政府、国家海洋局、青岛市人民政府重点共建青岛海洋大学的协议正式签署,标志着该校正式步入"985 工程"建设行列。

2002 年 10 月,青岛海洋大学以近八十年建设所形成的显著特色和综合实力为基础,获教育部批准更名为"中国海洋大学"。

2005 年 7 月,管华诗从中国海洋大学校长的岗位上退下,但他仍然担任中国海洋大学医药学院的院长,仍然是博士生导师,仍然忙碌在海洋药物研究的第一线。

集成管华诗领导的团队三十年来的研究项目——"海洋特征寡糖的制备技术

（糖库构建）与应用开发"荣获 2009 年度国家技术发明一等奖。

2009 年，他主持编纂了中国首部大型海洋药物志书《中华海洋本草》。

除投身海洋药物科研外，管华诗还倡议并出资 30 万元发起成立了华实海洋药物奖励基金，以激励广大学子和青年教师积极投身海洋药物研究。

（原文刊于 2011 年 8 月 15 日《瞭望》，记者为张旭东，略有改动）

"海的儿子"管华诗

1959 年 9 月,山东省夏津县一个农民家庭的儿子走进了山东海洋学院(现中国海洋大学)的大门。此后的半个多世纪中,他再也没有离开过这所学校。

对中国海洋大学来说,管华诗是像"教父"一样的人物。但这位做了十二年校长、十六年中国工程院院士的七旬老人却总是说:"我只是一个非常普通的科技工作者而已。"

"门外汉"敲开海洋药物之门

管华诗大学学的是水产品加工专业,现在却是中国现代海洋药物的开拓者和奠基人之一。

20 世纪 60 年代,我国外交关系陷入僵局,使得全部依赖进口的碘出现了供应危机。1967 年 8 月,刚参加工作不久的管华诗就参与了我国第一座大型海带制碘厂的建设,投入"海藻提碘新工艺的工程化"研究工作。

两年后,新的碘提取工艺研制成功,并很快产业化。这项工艺奠定了中国海藻工业的基础,"海带提碘产生的大量甘露醇和褐藻胶等产品的再利用问题,却成为制约海藻工业再发展的瓶颈"。

1971 年,管华诗所在的水产系并入烟台水产学校。在条件极差的环境中,管华诗承担了国家"褐藻酸、甘露醇工业再利用"课题,先后研制出农业乳化剂、石油破乳剂、食用乳化增稠剂、褐藻酸钠代血浆等多项成果。七年后,管华诗等人研制出的食品乳化增稠剂和农业乳化剂,获得了当年的全国科技大会奖。

1979 年,管华诗在做食品加工实验时,为了降低硫酸钡制剂的黏稠度,他尝试添加了一点从海藻中提取的分散剂,一种多糖类溶质,黏结现象竟神奇般地瞬间消失了。

这个意外的结果极大地触动了管华诗:"既然这种物质能解决硫酸钡的黏结现象,是否也可以解决心脑血管疾病中血液黏稠的问题呢?"

可对于医学,管华诗是门外汉。"当时去申请课题,人家第一个问题都是问我,你又不是搞药物的,来凑什么热闹?"

但管华诗的决心并没有因为质疑而动摇。40 岁的他开始恶补医药学知识,查阅了大量相关资料,并向国内外十余位医学专家和权威请教。

1980 年 4 月,我国第一个海洋药物研究室在烟台水产学校的一间厕所里诞生。"当时我们水产系迁到烟台,与烟台水产学校合办烟台大学。但烟台水产学校是所中专,条件很简陋。我在楼里转了几圈,发现了一个废弃的男厕所,就把它改造成了实验室。"管华诗告诉《科学时报》的记者。

在这间小屋里,管华诗凭借着区区 2 000 元科研经费,选择了 PS 型胃肠双重造影硫酸钡以及降糖素的研究。他白天给学生上课,晚上十点以后做实验,寒暑假也在实验室里度过。1983 年,这两项研究通过农业部及山东省的技术鉴定,投产上市。

1985 年,管华诗主持研制的藻酸双酯钠(PSS)通过专家鉴定,成为我国第一个现代海洋药物。PSS 是一种预防和治疗缺血性心脑血管疾病的药物,它的疗效高、副作用小,上市之后即被卫生部和山东省重点推广。1990 年 PSS 转为地方正式标准后,全国有近 40 家工厂生产制剂,创造的产值以数十亿元计。

进入海洋药物研究领域三十年来,管华诗先后研制了十余个海洋药物及生物功能制品,取得几十项国内外发明专利,获全国科技大会奖、山东省最高科学技术奖、教育部技术发明奖一等奖、国家技术发明奖一等奖等国家和省部级科技奖励十余项。

"我的亲身经历告诉我,学科之间的交叉是多么的重要。"虽然身在科研一线,但管华诗没有忘记自己还是一名教育者。他所肩负的责任,不仅是要发展祖国的海洋药物,还要让几万海大学子受到更优质的教育。

建设刚柔相济的海大

管华诗 1991 年担任中国海洋大学副校长,1993 年担任校长,至 2005 年卸任,其间正逢中国高等教育改革。"当时国家对高等教育的需求增长很快,不少高校都采取了合校的方式扩大规模。但我始终觉得,在发展这个问题上不能够盲目,一定要遵循规律。海大是非常有特色的,如果随便合并,反而容易失去自己的特点。"管华诗说。

于是,中国海洋大学打出了"特色立校"的招牌,并得到了教育部等国家部委的支持。

海洋学科是中国海洋大学的特色,管华诗积极牵头筹建青岛海洋科学与技术国家实验室,并打破行政壁垒,实现了在青六家海洋科研单位的资源整合和力量集成。

但渐渐地,管华诗发现学校里似乎缺了点什么。"海大原来是理科学校,但我认为,一个学校要真正提高水平,就要多学科发展,尤其不能偏废文科。文科的发散性思维和理科的逻辑思维要结合起来,科学和人文要有充分交流的机会。"管华诗说。

2001 年,中国海洋大学步入"985 工程"建设行列,高水平特色大学建设正式启动。

在这样的契机下,管华诗聘请中国作家协会副主席、著名作家王蒙担任教授、文学院院长。在其影响下,著名文艺学专家童庆炳、文艺理论家何西来、英美文学研究专家和翻译家朱虹、著名现当代文学家严家炎等名家大师也先后到海大讲学,毕淑敏、尤凤伟、余华、迟子建、张炜等作家相继成为驻校作家,开创了国内"驻校作家制"的先河。

2004 年,在管华诗的倡议下,"科学·人文·未来"学术论坛在中国海洋大学开幕,中国探月工程首席科学家欧阳自远、中科院院士文圣常等自然科学界的领军人物,与王蒙、方方、张炜等知名作家、学者一道谈天说地、碰撞思想。

"当时的场面非常轰动,礼堂里挤得满满的,很多市民都去参加了。"管华诗回忆说。在论坛的闭幕式上,王蒙由衷地感慨,在几天时间里聆听近 30 位科学家及文学同行的演讲和讨论,"这样的好事、这样的快乐并不常有","科学与文学都来源于人类生存的世界,来源于人的本体,是对世界乃至人本身的不同角度的发现与理解,二者都可以启发人的认识、思维和心智"。

2005 年 7 月,管华诗谢绝了教育部和师生的挽留,从校长岗位退了下来。海大师生自发为他制作了一张镶刻着铁锚的《耕耘》匾,上面签满了师生的名字,以此表达对这位老校长的感激和敬仰。

他却说:"海大的发展,归功于广大教职工智慧的凝聚,不是我一个人的力量;科研成果更是团队成员共同努力得来的,所有的成绩都是集体的成绩。"

如今,管华诗仍然在中国海洋大学的科教一线忙碌着。不论是在讲台上,还是在实验室里,抑或在科考船上,这个古稀老人仍像五十年前一样,抒写着自己的诗意人生。

（原文刊于 2011 年 10 月 14 日《科学时报》,记者为丁佳）

管华诗：倾注于大海的事业

"海纳百川，取则行远"是中国海洋大学的校训，也是该校原校长、现代海洋药物研究开拓者之一管华诗的人生写照。

四十余年执着于海洋科教事业，从一名助教成长为校长；仅用三年时间首创了我国第一个现代海洋药物藻酸双酯钠（PSS），为无数心脑血管病患者带去了福音——可以说，是宽广博大的胸怀和奋斗不息的激情成就了管华诗的辉煌事业。

"门外汉"进军海洋药物研究

一次偶然发现，使学水产品加工出身的管华诗矢志不渝地走上了现代海洋药学研究之路。

1979年的一天，管华诗正在做食品加工实验。为了降低硫酸钡制剂的黏稠度，他尝试添加了一点从海藻中提取的分散剂，随后黏结现象瞬间消失。这个化学现象极大地触动了管华诗：能解决硫酸钡的黏结现象，是否也可以解决心脑血管疾病中的血液黏稠问题呢？

1980年4月，管华诗白天给学生上课，晚上做实验，寒暑假也在不足20平方米、由厕所改建的实验室里度过。实验需要300 ℃的高温合成一种乳化剂，管华诗就和同事自行设计了一个带夹层的油釜——没想到，就是这个设备差点让他送了命。"当时我正在交班，就听着这个油釜咯噔、咯噔地响。我对同事说快去拉闸。刚拉下闸来，油釜就爆炸了，如果我站的这个地方稍有差池，头就被切掉了。"谈起当年触目惊心的一幕，管华诗记忆犹新。

功遂身退获赠"铁镐"

在管华诗办公室的墙上，挂着一幅镶嵌铁镐的牌匾，取意"耕耘"，上面签有300多位教师和干部的名字——大家以此表达对老校长的敬仰之情。

1993年担任校长，2005年7月卸任，十几年来，管华诗为中国海洋大学的改革和发展倾注了大量心血。

1999 年,时任国务院副总理的李岚清同志指示:青岛海洋大学(现中国海洋大学)要保留发展它的特色,可以由教育部与山东省、青岛市共建,有些事还要和国家海洋局沟通。管华诗审时度势,抢抓机遇,积极促成四家共建,使中国海洋大学成为我国第一所由中央部门、行业和地方共建的高水平特色大学。

如今的管华诗,依然每天忙碌在教学科研一线。为了给中国海洋界争取到象征着科研实力和学术地位的首个国家实验室,年逾七十的管华诗终日忙碌。"只要能把实验室争取下来,就心满意足了!"管华诗表示。

(原文刊于 2012 年 1 月 5 日《光明日报》,记者为张蕾)

管华诗：一生做一个蓝色梦

一口地道山东话，似乎显露出管华诗的经历：这位海洋药物学家、中国工程院院士一直没有离开过生他养他的山东大地，在吹着齐鲁之风的大海边，他将人生事业融进了蓝色梦想。

1939年出生于山东省夏津县一个普通农民家庭的管华诗，1964年毕业于山东海洋学院（现中国海洋大学）水产品加工专业并留校工作，四十余年从未离开过海洋科研和他热爱的校园。

从海洋萃取菁华，迈上海洋药物研究之路

20世纪80年代初，管华诗从一次偶然发现的实验现象得到启发，仅用三年时间首创了我国第一个现代海洋药物藻酸双酯钠，从此迈上了现代海洋药学研究之路。1985年，管华诗主持研制的藻酸双酯钠通过了山东省科委组织的专家鉴定，被称为我国首创的海洋新药，随之被卫生部和山东省重点推广。自1990年以来，全国有近40家工厂生产制剂，创造的产值以数十亿元计。藻酸双酯钠造福于千千万万心脑血管疾病患者。

进入海洋药物研究领域三十年来，管华诗先后发明并研制了十余种海洋药物及生物功能制品，取得几十项国内外发明专利，并主持编纂了我国首部大型海洋药物志书《中华海洋本草》。

遵循教育发展规律，带领建设高水平特色大学

管华诗1991年担任副校长，1993年担任校长，至2005年7月卸任。15年中，他为中国海洋大学的改革和发展倾注了大量的心血和精力，在学校前途的把握上体现出教育家的洞察力和善抓机遇的能力。

1997年，当时的青岛海洋大学首批进入国家"211工程"重点建设行列。2001年2月27日，教育部、山东省、国家海洋局、青岛市重点共建海大的协议正式签署，

这使海大成为我国第一所由中央部门、行业和地方共建的高水平大学。

此后，管华诗又推出一系列大手笔：在青岛崂山新区建设 1 800 亩的新校区；聘请作家王蒙担任海大教授、顾问、文学院院长，在其影响下一批人文学者和作家先后到海大开课、办讲座讲坛。

2002 年 10 月，拥有近八十年历史的青岛海洋大学，获教育部批准更名为"中国海洋大学"，在管华诗的带领下踏上了建设高水平特色大学的新征程。

在海大师生眼中，管华诗在关键时刻扮演了决定海大发展方向的关键角色，是一位成功的校长。

人生能有几次搏，心血铸就华彩诗章

2005 年 7 月，管华诗谢绝了各方面真诚挽留，从校长岗位退下来。海大的师生自发为他制作了镶刻着一把铁镐的《耕耘》匾，上面签满了师生的名字，以此表达对老校长的敬仰之情。

值得敬仰的不只是管华诗当校长的"功绩"。他倡议并出资 30 万元发起成立了华实海洋药物奖励基金，以激励广大学子和青年教师积极投身海洋药物研究领域。他资助数十名海大贫困学子和校外 30 多名贫困女童重返课堂，并且鼓励他们自强不息。

为了心爱的海洋科教事业，不当校长的管华诗每天仍在教学科研一线忙碌。与其说是退下来休息，倒不如说是开始了人生的二次创业。他对事业非但没有丝毫松懈，反而更有劲头。

"人生能有几次搏？"如今年过七旬依然奋斗不休的管华诗说，这句话很简单，但正是他的座右铭。

（原文刊于 2012 年 1 月 6 日《人民日报》，记者为余建斌）

管华诗院士：寻宝大海惠人类

管华诗院士在糖工程实验室指导研究生做实验

向大海寻医问药

1967年，特殊的历史时期导致全国陷入"碘危机"，每年纯碘缺口从哪里补成为难题。

"在寻找碘源的过程中，科研人员发现海带中碘含量高。于是，国家组织成立了一个跨行业的海带提碘研究小组。1969年，提碘新工艺研制成功，并实现产业

管华诗院士接受中国
经济网记者采访

化。"管华诗向记者回忆道,"但新的问题又出现了,那就是海带提碘过程中产生的大量的褐藻胶联产品和甘露醇,成为制约以海带提碘为基础的海藻工业再发展的瓶颈。"

1971 年,全程参与海带提碘产业化的管华诗接受了"褐藻胶、甘露醇再利用"的研究课题。三年后,管华诗课题组就拿出了再利用的产品。"当时我们利用甘露醇和褐藻胶制成了石油破乳剂、农业乳化剂、食用乳化增稠剂,后两项成果获得首届全国科技大会奖;两项成果均成功产业化,现仍在广泛应用。"管华诗对记者说。

1982 年,管华诗的课题组又以褐藻胶为基础原料研制成功糖尿病的辅助治疗剂——降糖素和胃肠双重造影硫酸钡制剂,这两项成果的投产上市也正式掀开了管华诗从事海洋药物研究开发的新篇章。

"当时我负责胃肠双重造影硫酸钡制剂的分散剂研制。硫酸钡加水后黏度很

管华诗院士接受中国经济网记者采访

大，要让它均匀地附着在胃壁上，分散剂的性质与效力是关键。"管华诗说，"当分散剂研制成功后，我就想它能不能用来解决心脑血管疾病中血液黏稠问题。"

对于医药知识，管华诗当时是门外汉。他恶补医药学知识，查阅大量相关资料，并向国内外医学专家和权威请教。

1982 年，管华诗开始了利用分散剂的新药研究。在他的组织下，一个由青岛海洋大学海洋药物研究室研究人员和青岛第三制药厂工程技术人员及有关医疗单位专家自愿组成的课题组成立了。

特色大学的特色校长

1993 年，在担任两年的副校长后，管华诗就任青岛海洋大学校长。

在担任校领导的十五年里，管华诗带领海大闯出了"高水平特色大学"建设新路子。

在 1997 年，学校首批进入国家"211 工程"重点建设行列。

2001年2月27日，教育部、山东省政府、国家海洋局、青岛市政府共同签署重点共建海大的协议，标志着高水平特色大学建设正式启动，海大正式步入"985工程"建设行列，海大也因此成为我国第一所由中央部门、行业和地方共建的高水平大学。

紧接着，管华诗又相继推出了一系列大手笔：在风景秀丽的崂山新区征地1 800亩建设新校区，拓展学校发展的空间；聘请中国作家协会副主席、著名作家王蒙担任海大教授、顾问、文学院院长，在其影响下一些名家大师先后到海大开课、办讲座讲坛，毕淑敏等知名作家成为驻校作家，开了国内高校先河；推出人才强校战略及其一系列"人才工程"，建立了"固定与流动相结合""刚性与柔性相结合"的人才队伍建设模式，对外吸引四海人才纷纷加盟，对内事业留人、感情留人、待遇留人；引进诺贝尔奖得主，聘任双聘院士，组建海外教授团等；对教学运行体系进行"变法"，形成动态的、具有弹性和自适应性的新教学运行体系，并以此为载体建立起本科现代教学体系，使"学在海大"提升为"学（习）在海大、创（新）在海大、成（才）在海大"，教育教学质量声誉日渐。特别是积极牵头筹建青岛海洋科学与技术国家实验室，大胆推进科技体制改革，打破行政壁垒，实现在青五家海洋科研单位的资源整合和力量集成。

这一时期，学校围绕高水平特色大学建设开创性提出了"重特色、求质量，先做强、再做大"的总体发展策略和"强化发展特色、协调发展综合，以特色带动综合、以综合强化特色"的学科发展思路，制订了《中国海洋大学发展战略规划》《中国海洋大学学科与师资队伍建设规划》《中国海洋大学校园建设规划》，确定了发展的长远目标和战略举措，为今后二十多年的发展描绘了宏伟蓝图。海大的快速发展，为推进海洋强国和蓝色经济建设提供有力支撑，被同行专家誉为国家"战略性大学"。学校的改革发展为国家高等教育改革进行了有益的探索，为众多特色大学的改革发展提供了可资借鉴的经验。

2002年10月，青岛海洋大学以近八十年建设所形成的显著特色和综合实力为基础，获教育部批准更名为"中国海洋大学"，在管华诗的带领下踏上了建设高水平特色大学的新征程。

谈及做大学校长的感悟时，管华诗说："作为校长，经常考虑的是如何提高全校教职员工和学生的积极性，让大家的心往一处想、劲往一处使，凝聚集体智慧建好这所大学。"记者问道："如何调动教师和学生积极性？"管华诗表示："真诚待人，热情工作。"

倾力于国家海洋事业

2005 年 7 月，因年龄原因，管华诗不再担任中国海洋大学校长。作为学科的创始人和带头人，回到了亲手创办、寄予厚望的医药学院，与他的研究团队一起，再次全身心投入自己所钟爱的海洋药物研究工作。对此，他感到浑身有使不完的劲儿。

他几乎每天都到实验室，与他的研究团队成员一起，根据国内外海洋药物研究领域的发展趋势与前沿，宏观谋划着海洋药物研究开发的总体思路，在系统梳理已有研究基础和成果的基础上，敏锐提出当前研发进程中存在的重大科学与技术问题，科学论证并推动形成可行的课题实施方案。在他的带领下，领衔完成的"海洋特征寡糖的制备技术（糖库构建）与应用开发"荣获 2009 年度国家技术发明一等奖，实现了学校、山东省乃至我国海洋水产领域国家技术发明一等奖零的突破；同年，他带领的研究团队成为教育部、山东省优秀创新团队。

根据国家"十一五"规划发展的战略部署，"重大新药创制"国家重大科技专项于 2008 年部署实施，以海洋经济发展为主题的"山东半岛蓝色经济区建设规划"等区域发展战略 2010 年先后上升为国家发展战略。作为我国海洋药物研究领域的开拓者之一、山东省半岛蓝色经济区建设专家委员会主任委员，管华诗敏锐地感觉到海洋药物研发及其相关产业乃至国家的海洋事业又迎来了大发展的新机遇，更深感作为海洋科技工作者的责任感和使命感。为此，他在学院内倡导成立了海洋药物产业化开发核心组，以国家技术发明一等奖为重点，制订并实施了由海洋特征寡糖标准品、功能寡糖中间体、生物功能制品和海洋药物等四大系列产品构成的产业化开发计划，目前已完成 50 余个海洋特征寡糖标准品的产业化开发、壳聚糖裂解酶的中试放大研究；2011 年，启动了在广大患者应用近三十年的防治心脑血管海洋药物 PSS 的二次开发工作……目前，他的一系列设想正在学院内逐步落实。

在当前海洋经济面临大发展、国家战略性新兴产业——生物产业培育即将启动之时，管华诗谈道："我们应该按照胡锦涛总书记在清华大学百年校庆讲话时提出的协同创新的理念为指导，在海洋药物研究及产业化发展的优势区域比如青岛筹建国家级海洋药物研发中心，联合国内从事海洋药物研究的优势研究机构和力量共同组建科技创新联盟，以优势互补形成集体协同攻关的合力和动力，加快我国海洋药物研发进程,不断提升自主创新能力和水平,成为国家海洋生物医药产业发展的主要推动者。"

在谈到当前我国海洋事业的发展时,管华诗欣慰地提到,"青岛海洋科学与技术国家实验室"在驻青海洋科研院所的共同努力推动下,历经十一年的筹划建设,目前已形成了完善的建设方案提交国家科技部,正在审批过程中。

"十年磨一剑"。回顾筹建推动的过程,他认为:"科技体制与机制创新是科技进步的重要驱动力;发展是硬道理,发展中出现的问题,只能在发展中解决,只有积极作为,才有解决问题的希望;资源的整合与共享是集中力量做大事的基础;机不可失,时不再来。"正是有了前期十一年的工作铺垫和当前国家海洋事业发展的战略需求,他对国家实验室的批准建设满怀期盼、充满信心。他说:"作为在一线工作的普通海洋科技工作者,为了推动国家海洋事业的发展,建设海洋强国,我愿意贡献毕生的时间和精力。"

（原文刊于 2012 年 1 月 6 日中国经济网,记者为苏琳）

管华诗：中国养殖业产量占全球 70%，渔业位居第一

管华诗院士在论坛
会上

2012 年 11 月 3 日，由中央电视台和青岛市人民政府共同主办的"经济转型的蓝色动力"全球实业论坛在青岛举行。

青岛实业论坛作为中国经济年度人物评选系列论坛的一场，之前分别举办过"中德实业发展论坛""厦门实业论坛""南京两岸实业论坛"，据悉，未来还将分别在上海和广州举办该主题论坛。第十三届中国经济年度人物评选的主题是"实业的使命"，因而本次论坛围绕实业主题，以蓝色经济为重点，进一步探讨中国经济转型与产业升级。在当天的论坛中，来自政府部门的政策制定者、经济专家、学者、企

业家代表等就"科技创新在产业升级中的作用""蓝色经济在经济转型过程中的重大意义"等问题进行了深入的探讨。论坛在华夏幸福基业支持下顺利举行。

论坛上，中国海洋大学教授、中国工程院院士管华诗在论坛嘉宾对谈提问中，对嘉宾提出的问题给予了解答。

和讯网：今天我们的主题是经济转型的蓝色动力，特别想问问，这个蓝色动力对于我们的经济转型而言，它的重要意义是什么？

管华诗：由于海洋资源的多样性和丰富性，特别是海洋资源获得的艰巨性，所以海洋的产业和其他产业比起来，它更依靠科技进步。现在发展海洋经济，我认为这是区域经济发展和我国经济转型升级的一个难得的机遇。

和讯网：您所渴望的超越它的前提一定就是创新，而事实上历史也告诉我们每一次工业革命给社会带来的进步的原因都是因为我们有很多的科技创新、科技发明。回到我们今天的这个蓝色的领域当中，管院士您从大学毕业开始就和海洋的科技创新一直打交道，有没有什么样的海洋创新是让你特别骄傲的，在这里可以给大家做一个展示的，也让我们知道中国在这个领域当中的创新实力到底如何？

管华诗：这一问题非常好，但就我个人谈我个人的话，比起国家的海洋科技成果来比确实很渺小。为了说明问题，我可以做一个例子说明一下。任何科学技术的发明都带有一定的生产目的和社会服务的目的，但把这个转化为现实的生产力必须经过一个过程，这一个过程在我们知识链条当中就是工程，它集成了多种技术和非技术因素。干什么？进行有效组合和创新，实现产业的活动，应该是这样一个过程。工程这个过程就决定这个成果成熟和推广的一个时间。

举个例子，20世纪80年代搞国家第一个用于治疗缺血性心脑血管疾病的PSS，在实验室里面发现了这个物质，这个物质确确实实有降低血液黏度降脂作用，但是要成药就需要一个复杂的过程。这个过程就是集成。集成什么？技术，除了化学技术以外还有大量的生物学技术。技术方面我想大家很容易理解，更主要的是非技术因素。包括什么？资金、场地、人力、环境、资源，甚至于包括管理和理念。这个非技术的因素和技术的因素搅在一起进行组合，这是一个复杂的过程。我就想说这个例子，持续多长时间？六年这个药才问世。整个科技成果到它成熟大概都是这样。从世界范围看，按常规，这么一个成果，药物成果，全部完成大概要十年到十五年时间。

和讯网：争夺海洋的表象之下其实是对于海洋当中资源的一种争夺。管院士是这方面的专家权威,你能不能告诉大家今天对海洋利用的状况到底如何?有人说在开发海洋方面我们中国已经远远落后我们的海洋邻国了,事实是不是真的如此?

管华诗:海洋资源是一个资源生成物,资源就是资源生成物。海洋资源是地球上很重要的资源生成物,按照资源属性来分海洋资源分为生物资源、矿物资源、海水资源、空间资源,还有能源。利用情况大概是这样,利用最好的是空间资源。空间资源就是刚才我们谈的那个话题,利用空间资源已经形成全世界包括我们国家的两个支柱产业。一个就是交通运输业,刚刚常总谈的这个。大家都知道国际上90%的货物是由海上交通来完成的,这是一个大产业,是各国的一个支柱产业,也是我们国家的支柱产业。第二个产业是滨海旅游业,利用海洋占领的空间。全世界著名的旅游目的地有40多个,沿海就有37个,所以这个资源利用得不错。再就是生物资源,90%的生物都是在海洋的。在近海,这个资源利用形成了全球的一个现代渔业。形成这个产业也是全球性的,包括我们国家的一个支柱产业。这个产业提供给人类30%到20%的动物油脂蛋白。这个产业当中,我们国家走在前面,我们养殖业产量占全球70%,我们的渔业位居全球第一位。不同资源有不同的资源的利用情况。还有矿业,矿业资源现在用的是化石资源、油气资源,目前全球从海上取的油气占整个全球的30%,也形成一个大的产业,同时这个产业也是全球包括我们国家的一个支柱产业。这是五个资源当中的三个资源,利用它们形成了目前全世界包括我们国家的蓝色经济的支柱产业。利用情况大概就是这样。其他的能源,包括现在的有关产业,都需要科技进步的推动,使它们升级换代。这面临着一个转型问题。大概情况就是这样。

(原文刊于 2012 年 11 月 4 日和讯网,记者为高山)

院士管华诗:
潜心科学探索,助力蓝色经济

　　他首创了我国第一个现代海洋药物——PSS(藻酸双酯钠),获得了巨大的经济效益与社会效益;他创建了我国第一个海洋药物化学本科专业,形成了我国海洋药物领域唯一的相对完善的人才培养体系;他组建的我国高校最早的海洋药物研究机构,是我国海洋药物研究的重要源头创新基地之一;他设计并筹建的我国第一个海洋药物生产企业,是我国海洋药物科研成果产业化的重要基地之一;他作为第一主编人,完成了国内首部大型海洋药物经典著作《中华海洋本草》,向中华人民共和国成立六十周年献礼……

　　他就是国家科技进步一等奖获得者、中国工程院院士、中国海洋大学教授——管华诗。

潜心科学探索,研制海洋药物

　　1959 年 9 月 1 日,管华诗成为山东海洋学院(现中国海洋大学)水产专业的学生。1964 年 9 月,他以优异成绩毕业留校任教。

　　1967 年,特殊的历史时期导致全国陷入"碘危机",每年纯碘缺口从哪里补成为难题。在寻找碘源的过程中,科研人员发现海带中碘含量高。于是,国家组织成立了一个跨行业的海带提碘研究小组。1969 年,提碘新工艺研制成功,并实现产业化。但新的问题又出现了,那就是海带提碘过程中产生的大量的褐藻胶联产品和甘露醇,成为制约以海带提碘为基础的海藻工业再发展的瓶颈。1971 年,全程参与海带提碘产业化的管华诗接受了"褐藻胶、甘露醇再利用"的研究课题。三年后,管华诗课题组就拿出了再利用的产品。"当时我们利用甘露醇和褐藻胶制成了石油破乳剂、农业乳化剂、食用乳化增稠剂,后两项成果获得首届全国科技大会奖;两项成果均成功产业化,现仍在广泛应用。"管华诗回忆道。

　　1982 年,管华诗的课题组又以褐藻胶为基础原料研制成功糖尿病的辅助治疗

管华诗院士在办公室

剂——降糖素和胃肠双重造影硫酸钡制剂，这两项成果的投产上市也正式掀开了管华诗从事海洋药物研究开发的新篇章。

"当时我负责胃肠双重造影硫酸钡制剂的分散剂研制。硫酸钡加水后黏度很大，要让它均匀地附着在胃壁上，分散剂的性质与效力是关键。"管华诗说，"当分散剂研制成功后，我就想它能不能用来解决心脑血管疾病中血液黏稠问题。"对于医药知识，管华诗当时是门外汉。他恶补医药学知识，查阅大量相关资料，并向国内外医学专家和权威请教。

1982年，管华诗开始了利用分散剂的新药研究。在他的组织下，一个由青岛海洋大学海洋药物研究室研究人员和青岛第三制药厂工程技术人员及有关医疗单位专家自愿组成的课题组成立。"我们还是以褐藻胶为原料，在以上分散剂的基础上，对其分子结构进行改造等多项药学研究，并在药学研究的基础上进行毒理和药效学试验研究，以期达到毒性最低、药效最大的目标。"管华诗说。

1985年8月，管华诗主持研制成功藻酸双酯钠（PSS），通过了山东省科委组织的专家鉴定，专家们称其为我国首创的海洋新药，是预防和治疗缺血性心、脑血管

管华诗院士在实验室

疾病的安全、高效药物。藻酸双酯钠（PSS）投产七年后，研究人员对其进行了临床上治疗脑梗塞症 1195 例的统计，总有效率达 93％，与研究过程中临床试验观察结果一致。该新药先后获得国际国内 15 项大奖。

在首个海洋药物研制成功后，管华诗为我国现代海洋药物研发打开了大门。管华诗先后成功研制了包括 PSS 在内的四个海洋药物及系列海洋生物功能制品并先后投产，取得几十项国内外发明专利，荣获全国科技大会奖、国家科技进步三等奖、国家技术发明一等奖等国家和省部级科技奖励十余项；初步建立了海洋糖类药物研究开发的基础理论，建立了海洋糖工程药物研究开发技术体系，建成了海洋药物产学研一体化研发基地。

高举特色大旗，建设特色名校

1993 年，在担任两年的副校长后，管华诗就任青岛海洋大学（现中国海洋大学）校长。在担任校领导的十五年里，管华诗带领海大闯出了"高水平特色大学"建设新路子。

在 1997 年，学校首批进入国家"211 工程"重点建设行列。2001 年 2 月 27 日，教育部、山东省政府、国家海洋局、青岛市政府共同签署重点共建海大的协议，标志着高水平特色大学建设正式启动，海大正式步入"985 工程"建设行列。海大因此成为我国第一所由中央部门、行业和地方共建的高水平大学。

紧接着，管华诗又相继推出了一系列大手笔：在风景秀丽的崂山新区征地 1 800 亩建设新校区，拓展学校发展的空间；聘请中国作家协会副主席、著名作家王蒙担任海大教授、顾问、文学院院长，在其影响下一些名家大师先后到海大开课、办讲座讲坛，毕淑敏等知名作家成为驻校作家，开了国内高校先河；推出人才强校战略及其一系列"人才工程"，建立了"固定与流动相结合""刚性与柔性相结合"的人才队伍建设模式，对外吸引四海人才纷纷加盟，对内事业留人、感情留人、待遇留人；引进诺贝尔奖得主，聘任双聘院士，组建海外教授团等；对教学运行体系进行"变法"，形成动态的、具有弹性和自适应性的新教学运行体系，并以此为载体建立起本科现代教学体系，使"学在海大"提升为"学（习）在海大、创（新）在海大、成（才）在海大"。特别是积极牵头筹建青岛海洋科学与技术国家实验室，大胆推进科技体制改革，打破行政壁垒，实现在青五家海洋科研单位的资源整合和力量集成。

这一时期，学校围绕高水平特色大学建设开创性提出了"重特色、求质量，先做强、再做大"的总体发展策略和"强化发展特色、协调发展综合，以特色带动综合、以综合强化特色"的学科发展思路，制订了《中国海洋大学发展战略规划》《中国海洋大学学科与师资队伍建设规划》《中国海洋大学校园建设规划》，确定了发展的长远目标和战略举措，为今后二十多年的发展描绘了宏伟蓝图。海大的快速发展，为推进海洋强国和蓝色经济建设提供有力支撑，被同行专家誉为国家"战略性大学"。学校的改革发展为国家高等教育改革进行了有益的探索，为众多特色大学的改革发展提供了可资借鉴的经验。

2002 年 10 月，青岛海洋大学以近八十年建设所形成的显著特色和综合实力为基础，获教育部批准更名为"中国海洋大学"，在管华诗的带领下踏上了建设高水平特色大学的新征程。

科研成果频出，助力蓝色经济

2005 年 7 月，因年龄原因，管华诗不再担任中国海洋大学校长。作为学科的创始人和带头人，他回到了亲手创办、寄予厚望的医药学院，与他的研究团队一起，再次全身心投入自己所钟爱的海洋药物研究工作。对此,他感到浑身有使不完的劲儿。

他几乎每天都到实验室,与他的研究团队成员一起,根据国内外海洋药物研究领域的发展趋势与前沿,宏观谋划海洋药物研究开发的总体思路,在系统梳理已有研究基础和成果的基础上,敏锐提出当前研发进程中存在的重大科学与技术问题,科学论证并推动形成可行的课题实施方案。在他的带领下,领衔完成的"海洋特征寡糖的制备技术(糖库构建)与应用开发"荣获 2009 年度国家技术发明一等奖,实现了学校、山东省乃至我国海洋水产领域国家技术发明一等奖零的突破;同年,他带领的研究团队成为教育部、山东省优秀创新团队。

根据国家"十一五"规划发展的战略部署,"重大新药创制"国家重大科技专项于 2008 年部署实施,以海洋经济发展为主题的"山东半岛蓝色经济区建设规划"等区域发展战略 2010 年先后上升为国家发展战略。作为我国海洋药物研究领域的开拓者之一、山东省半岛蓝色经济区建设专家委员会主任委员,管华诗敏锐地感觉到海洋药物研发及其相关产业乃至国家的海洋事业又迎来了大发展的新机遇,更深感作为海洋科技工作者的责任感和使命感。为此,他在学院内倡导成立了海洋药物产业化开发核心组,以国家技术发明一等奖为重点,制订、实施了由海洋特征寡糖标准品、功能寡糖中间体、生物功能制品和海洋药物等四大系列产品构成的产业化开发计划,目前已完成 50 余个海洋特征寡糖标准品的产业化开发,壳聚糖裂解酶的中试放大研究;2011 年,启动了在广大患者应用近三十年的防治心脑血管海洋药物 PSS 的二次开发工作……目前,他的一系列设想正在学院内逐步落实。

在当前海洋经济面临大发展、国家战略性新兴产业——生物产业培育即将启动之时,管华诗谈道:"我们应该按照胡锦涛总书记在清华大学百年校庆讲话时提出的协同创新的理念为指导,在海洋药物研究及产业化发展的优势区域比如青岛筹建国家级海洋药物研发中心,联合国内从事海洋药物研究的优势研究机构和力量共同组建科技创新联盟,以优势互补形成集体协同攻关的合力和动力,加快我国海洋药物研发进程,不断提升自主创新能力和水平,成为国家海洋生物医药产业发展的主要推动者。"

青岛海洋科学与技术国家实验室在驻青海洋科研院所的共同努力推动下,历经十一年的筹划建设,目前已形成了完善的建设方案提交国家科技部,正在审批过程中。"十年磨一剑",回顾筹建推动的过程,他认为:"科技体制与机制创新是科技进步的重要驱动力;发展是硬道理,发展中出现的问题,只能在发展中解决,只有积极作为,才有解决问题的希望;资源的整合与共享是集中力量做大事的基础;机不可失,时不再来。"正是有了前期十一年的工作铺垫和当前国家海洋事业发展的战略需求,他对国家实验室的批准建设满怀期盼,充满信心。他说:"作为在一线工作的普通海洋科技工作者,为了推动国家海洋事业的发展,建设海洋强国,我愿意贡献毕生的时间和精力。"

摸底海洋宝库,编纂经典巨著

近年来,海洋工作得到了党中央和国务院的高度重视,中央领导同志多次在讲话和批示中强调海洋工作的国家战略意义。胡锦涛总书记 2009 年强调指出:"要大力发展海洋经济,科学开发海洋资源,培养海洋优势产业"。李克强也曾在今年年初指出:"海洋日益成为人类经济社会活动的重要空间和资源宝库。海洋事业关系我国发展的全局,在现代化建设中具有重要的战略地位。"

随着对海洋开发强度和深度的不断加大,对海洋资源、海洋环境、生物生态以及海洋运动规律的掌握也就自然成为保障沿海地区社会经济持续稳定发展的迫切需求。

为尽快摸清我国近海海洋资源的家底,全面推进"十六大"提出的"实施海洋开发"战略,促进海洋经济持续快速发展,实现"全面建设小康社会,加快推进社会主义现代化"目标,2003 年,国务院批准了"我国近海海洋综合调查与评价"即908 专项。908 专项的主要目标是突出发展海洋经济主题,立足为国家决策服务,为经济建设服务,为海洋管理服务。该专项是中华人民共和国成立以来,国家投入最大、调查范围最广、采用技术手段最先进的一项重大海洋基础工程。《中华海洋本草》就是其中的一项很有价值也很有显示度的重要成果,管华诗是这本书的第一主编。

管华诗指出,从 20 世纪 60 年代,国际上就掀起了一个向海洋要药的热潮,我国是利用海洋药物治病最早的国家之一,《神农本草经》《新修本草》《本草纲目》等古代的本草专著中记载着海洋药物 110 多种,另外还有数以千计的以海洋药物为主体的方剂,它们内含着丰厚的医学理论。

中国海洋大学作为《中华海洋本草》的主编单位,在管华诗院士的主持下,聘请了国内 20 余名医药领域两院院士和知名专家组成顾问委员会,力邀国内 40 余所高等院校和科研机构的 300 余名专家学者组成编纂委员会、编审委员会及各专业委员会,共同协作,鼎力攻坚.并由上海科技出版社、海洋出版社和化学工业出版社等高水平专业出版社策划编辑。

在时间紧、任务重、责任大、要求高的情况下,所有参编的专家学者本着为国家负责、为科学负责的精神,以高度的历史责和使命感,精诚合作,齐心协力,克服重重困难,历经千辛万苦,完成了具有划时代价值和历史意义的鸿篇巨制。

《中华海洋本草》全书由《中华海洋本草》主篇与《海洋药源微生物》《海洋天然产物》两个副篇构成,共9卷,引用历代典籍500余部、现代期刊文献5万余条,合计约1 400万字。其中,主篇收录海洋药物613味,涉及药用生物以及具有潜在药用开发价值的物种1 479种,另有矿物15种;附有1 500幅彩色图片、700余幅黑白图片和21幅具有代表性的重要药材的指纹图谱,并详细记载了物种的化学成分和药理毒理作用。本书是迄今为止我国收录信息量最大的海洋药物专著。

《海洋药源微生物》副篇收载了已研究的300余株典型海洋微生物及其次级代谢产物的生物学、化学、药理学等信息,为未来海洋天然产物和海洋药物研究与开发提供了基础资料。《海洋天然产物》副篇集20世纪初以来现代海洋天然产物研究已经获得的2万种化合物的来源、结构(波谱数据)、生物活性等全部数据信息,具有方便、快捷的检索服务功能,堪称国内外首部海洋天然产物大型工具书。

国家海洋局原局长孙志辉评价道,《中华海洋本草》是一部反映我国海洋药物发展全貌并体现最新科学进展,能够传承历史、惠及后代的权威性海洋药物志书;这是一部记录了近1500种海洋药源生物的采集、加工、储藏、炮制、制剂等技术,能够有助于人们防治疾病、强身健体的实用型中医药参考书;这是一部包含了众多海洋药物、微生物、天然产物等开发技术和数据信息,能够利泽千秋、造福人类的现代海洋本草。

(原文刊于2012年12月24日中国网)

管华诗：海洋生物医药产业化亟须资源整合

"海洋生物医药产业作为海洋战略性新兴产业之一,发展前景相当广阔。"在日前举行的"青岛海洋生物医药研究院"揭牌仪式上,中国工程院院士管华诗表示,提升海洋生物医药科技自主创新能力,特别是促进其产业化,是助推海洋事业全面健康发展的重要内容之一。

海洋已成为人类重要优质食物的生产地,同时也是人类解决疑难病症的医药宝库。目前,海洋已向人类提供了20%的优质蛋白,同时人们从海洋生物中发现了2.2万余个结构新颖的化合物,其中一半以上具有生理活性。

然而,"与海洋生物资源的质与量相比,其资源贡献度显得非常有限"。管华诗表示,大规模开发海洋生物资源的热潮正在形成,人们的开发视野不再局限于近海,极地、深远海成为大家共同关注的目标;开发的对象不再局限于生物物种本身,基因资源、化合物资源成为人们研发的热点;海洋药物及有特殊用途的生物资源的发现也成为此次热潮中的焦点。

我国是利用海洋生物药材防病治病最早的国家之一,医药典籍收载的海洋药物达百余种。中华人民共和国成立以来,《中华人民共和国药典》《中药大辞典》《中华本草》以及新出版的《中华海洋本草》等先后记载了海洋中药613味,药用动植物1 479种,以海洋本草为主药的经典方、验方3 100余方。我们祖先几千年积累下来的这些宝贵经验,是我国当前开发海洋生物药物的重要理论基础。

为应对国际海洋开发特别是海洋生物资源开发的挑战,适应国内海洋经济竞相发展的态势,青岛海洋生物医药研究院应运而生。管华诗希望,这一平台将来能汇聚国内外海洋药物创新资源,围绕海洋生物医药产业发展的需求,聚焦新产品、新技术的创新研发,培育并形成自己的核心技术,积极参与市场竞争,引领海洋生物医药及相关产业的发展。

据了解,青岛海洋生物医药研究院旨在架起青岛海洋科学技术国家实验室等

2014年8月27日《中国科学报》首版截图

上游科研机构与本领域高新技术企业之间的"桥梁"，疏通"发现—技术—工程—产业"科技链条，助推海洋生物医药产业的发展。

而青岛海洋科学与技术国家实验室，则由中国海洋大学、中科院海洋研究所、国家海洋局第一海洋研究所、农业部水科院黄海水产研究所、国土资源部青岛海洋地质研究所共同发起，由科技部等国家部委和山东省、青岛市共同建设，旨在建设国际一流的海洋科学与技术创新平台，驱动海洋强国建设。

在管华诗看来，对于海洋生物医药研究领域而言，上游的基础和应用研究成果最终要以技术和产品的形式流向市场,市场的信息同样要回馈到创新群体、实验平台和科技管理团队。

"在这一运行体系里,不仅有学术要素,还有市场、技术、人才、创新和产品要素,而且还要实现这些要素的有机配置和立体流动。"管华诗表示,海洋是一个复杂、开放的系统,需要不同学科单位的协同。资源的整合与共享是集中力量做大事的基础。

"海洋生物医药产业化发展之路就在我们脚下。谁掌握了它,谁就掌握了未来。"管华诗如是说。

(原文刊于 2014 年 8 月 27 日《中国科学报》,作者为崔雪琴、李华昌)

2014 年海洋生物医药高层论坛暨管华诗院士从教五十年座谈会隆重举行

在我国喜迎第三十个教师节之际，9 月 12 日，由中国海洋大学医药学院、食品科学与工程学院共同主办的九十周年校庆系列活动之一——"2014 年海洋生物医药高层论坛暨管华诗院士从教五十年座谈会"在学术交流中心隆重举行，会议的主题是"促进学术交流，畅叙师生情谊，共谋蓝色发展"。中国海洋大学党委书记孙也刚、副校长董双林到会祝贺并致辞，国家海洋局原局长王曙光、中国工程院院士麦康森、中国海洋大学副校长闫菊、农业部渔业船舶检验局局长李杰人、中国科学院上海药物研究所党委书记耿美玉等管华诗院士的学生、同学和朋友，以及医药学院、食品科学与工程学院的师生代表等出席了会议。会议由医药学院常务副院长于广利、食品科学与工程学院院长薛长湖主持。

校党委书记孙也刚在致辞中高度评价了管院士从教五十年来对中国海洋大学、我国海洋生物医药领域的持续健康发展所做出的卓越贡献。他强调，管华诗院士在担任校长期间，以其远见卓识、非凡的智慧和攻坚克难的勇气，在全国高等教育界首倡并实践了高水平特色大学建设发展之路；促成教育部、山东省、国家海洋局和青岛市四家共建，使学校首批跻身"985 工程"建设序列；成功实现学校更名为"中国海洋大学"，等等，带领学校在激烈竞争的态势下实现了具有里程碑意义的发展。他指出，管院士尽管已 75 岁高龄，依然身体力行地潜心于海洋生物医药领域相关学科的发展、科技创新与产业化推进，近年来率领研究团队荣获了我国第七个国家技术发明一等奖，建成了旨在疏通"发现—技术—工程—产业"科技链条的技术转化和工程化平台——青岛海洋生物医药研究院，为推动半岛蓝色经济、海洋生物医药产业实现创新驱动发展夯实了基础。董双林副校长在致辞中简要介绍了学校近年来取得的新突破、新进展。他指出："管院士对中国海洋大学的发展，对海洋生物医药学科建设,以及在海洋生物医药领域的原始创新和技术开发等方面所做出的突出贡献、取得的巨大成就,充分体现了老一辈科学家强烈的责任感、使命感和紧迫感,体现了管院士追求真理、孜孜以求的科学精神,学而不厌、诲人不倦的师道精神,坚忍执着、不畏艰难的可贵品格,正德惟和、海济苍生的博大情怀!"

会上,中国科学院上海药物所党委书记耿美玉、青岛大学副校长谢俊霞、苏州大学教授张真庆、鲁商集团总经理凌沛学,中国海洋大学食品科学与工程学院院长薛长湖、医药学院教授王长云等管院士培养的、长期在海洋生物医药领域工作的六位学生代表,围绕我国海洋生物医药领域的热点问题,从海洋生物医药的研究、开发与产业化发展等角度,汇报交流了各自所取得的主要成绩和最新的研究动态,并与与会人员共同分享事业长足进步发展的喜悦,共同谋划未来事业创新发展的对策建议。

会上,医药学院常务副院长于广利介绍了管华诗院士的从教经历;中国海洋大学人事处处长万荣、食品科学与工程学院党委书记林洪、医药学院党委书记魏军、水产学院党委书记王曙光,中国食品药品检定研究院研究员范慧红、青岛海大生物工程有限公司董事长单俊伟等管院士的学生、亲朋好友代表踊跃发言,回顾了管院士不同时期为师从教育人的难忘瞬间,表达了历久弥浓的师生之情、同学之感、同事之谊,对他从教五十年中所取得的重要成就、做出的突出贡献,表达了由衷的崇敬和钦佩之情。管华诗院士在讲话中,简要回顾了他五十年的从教历程,深情回忆了从教五十年来的发展之路,畅谈了从教五十年的感想和体悟。他谈道:"今天几位学生朋友代表做了精彩的学术报告。每每听到他们对社会进步做出的贡献,以及社会对他们的认可、赞扬,激动的热流一次一次地撞击着我,一种更加震撼的感受蒸腾而升——我认为那就是教师职业所特有的成就感、自豪感,更是一种幸福感!因为我有了一大批成功的学生朋友,所以,我要真诚地感谢我的学生朋友,感谢我的老师,感谢我的母校!是你们使我生活得如此充实,这么有意义!"他指出,作为一名教师,他所做的一切都是应该做的,感谢党和国家及学校给予他奉献。作为的机会,感谢各级组织在他取得每一项成绩时所给予的莫大的荣誉奖励和激励关怀。同时,他勉励各位学生朋友进一步发扬勤于钻研、甘于磨炼、勇于创新的精神,努力工作,在各自的工作岗位上做出更大的成绩和贡献。

教化雨露播四方,桃浓李郁满天下——管华诗院士从教经历

管华诗,山东夏津人。海洋药物学家,中国现代海洋药物研究的开拓者与奠基

2014 年,会议现场

人之一。1995 年当选中国工程院院士。1964 年毕业于山东海洋学院(现中国海洋大学)水产品加工专业,历任山东海洋学院水产系助教、讲师、副教授、系副主任,青岛海洋大学水产学院教授、博士生导师、副院长,青岛海洋大学副校长、校长兼党委书记,中国海洋大学校长,第八、九、十届全国人大代表,第八届山东省政协副主席,第五、六届山东省科协主席;曾兼任国家重点基础研究发展规划第二、三届专家顾问组成员,国务院学位委员会第四、五届学科评议组成员。现任中国海洋大学校务委员会名誉主席、教授、博士生导师,国家海洋药物工程技术研究中心主任,中国海洋大学医药学院院长,青岛海洋生物医药研究院院长;兼任国务院食品安全专家委员会委员,中国药学会常务理事,海洋药物专业委员会主任委员,山东省半岛蓝色经济区建设专家咨询委员会主任。

春华秋实,岁月如歌!管华诗院士长期从事海洋生物资源综合开发利用、海洋药物、食品科学与工程学科的教学与科研工作:20 世纪 60 年代参加了"海藻提碘新工艺的工程化"研究工作;70 年代主持完成"海带提碘联产品褐藻胶、甘露醇再利用"重大研究课题,研制成功"农业乳化剂"等四个新产品并相继投产,为我国制碘工业的巩固和发展做出了突出贡献;80 年代研制了我国第一个现代海洋药物藻酸双酯钠(PSS),获得巨大的经济效益和社会效益,开创了我国海洋药物研究新领域,催生和带动了我国海洋药物这一新兴学科和新兴产业;90 年代又相继成功研制了甘糖脂、海力特和降糖宁散等三个海洋新药和系列生物功能制品,系列海洋药物及生物功能制品产业化的实现,为我国海洋制药业的兴起和发展做出了基础性贡献;进入 21 世纪以来,带领团队突破了许多糖类研究的技术难题,系统建立了海洋特征寡糖规模化制备技术体系,并构建了国内外第一个海洋糖库,以该糖库为基础,目前有四个国家一类海洋药物进入 Ⅱ／Ⅲ 期临床研究,其中抗老年痴呆药物 971 以 8 100 万美元的合同额成为我国转让给国外的第一个海洋药物;开拓了我国海洋中药研究新领域,组织完成了对我国近海海洋药源生物的全面、系统调查,并主持编著了我国首部大型海洋药物典籍——《中华海洋本草》巨著(9 卷,1 400 万字;收集海洋生物 1 479 种,3 100 个优选方),以此为基础获批主持了我国第一个海洋中药研究开发为主要内容的"863 计划"主题项目;创建了我国高校最早的以海洋药物为特色的药学本科专业,已成为国家特色专业建设点,形成了本科专业、硕士学位授权一级学科、博士学位授权一级学科构成的相对完善的药学创新人才培养体系,在历次"全国一级学科整体水平评估排名"中均名列前 10 位,培养了我国海洋药物方向的首位博士,迄今为止共培养了 55 名博士、28 名硕士,他们已经成为我国海洋生物医药领域领军人才和中坚力量。目前,管华诗院士还培养着博士生 10 名、硕士生 13 名,每年还为新生讲授开学第一课——"海洋药物研究与开发进展""海洋——人类未来的希望"等讲座。

　　由于管华诗院士在的突出贡献,他荣获了迄今为止我国生物医药领域唯一的

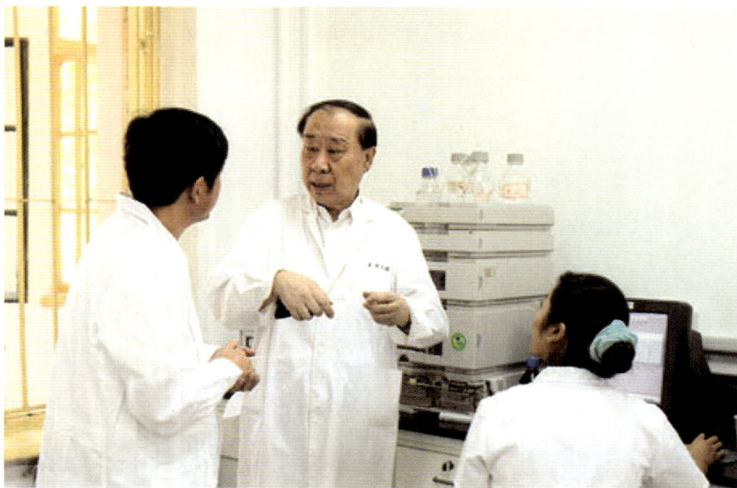

管华诗院士在实验室

国家技术发明一等奖,以及全国科技大会奖、国家科技进步三等奖、山东省科技进步一等奖、山东省最高科学技术奖、教育部技术发明一等奖、何梁何利奖等国家和省部级科技奖励十余项。

向"大海"求医问药——引领医药学科发展

作为中国海洋大学海洋药物学科的奠基人,管华诗院士为中国海洋大学海洋药物学科的创立和发展,辛勤耕耘,殚精竭虑,做出了开拓性和奠基性的贡献。在学科建设方面,管华诗院士自 1980 年在我国高校率先成立海洋药物研究室开始,伴随着海洋药物学科的不断发展,带领团队于 1988 年建立了海洋药物与食品研究所;1991 年率先招收海洋药物方向的研究生,并培养了我国海洋药物研究方向的第一批博士生;1994 年创建了我国高校第一个以海洋药物为特色的药学本科专业;2003 年成立了药学系;2005 年成立了医药学院;2006 年设立生药学博士点,建成药学硕士学位授权一级学科;2007 年设立药学博士后流动站;2011 年建成药学博士学位授权一级学科。在创新平台建设方面,以管华诗院士为学科带头人,于 1998 年建立了我国唯一的国家海洋药物工程技术研究中心,2003 年建立了海洋药物教育部重点实验室,2008 年建立了山东省糖科学与糖工程重点实验室,2013 年建立了山东省海洋药物研究开发协同创新中心;近两年来,又领导并亲力亲为建立了青岛海洋生物医药研究院,构建了海洋药物研发工程化平台,形成了独具特色的海洋药物科学研究、技术开发、工程化的研发体系,建立了海洋药物研发上、中、下游贯通的发展模式。

另外,我校药学学科拥有一支院士领衔,国家"千人计划"入选人、山东省"泰山学者"海外特聘教授和教育部 21 世纪优秀人才组成的学科覆盖较为全面、学缘结构和年龄结构较为合理、充满活力的人才队伍。这支队伍已入选教育部"长江学者奖励计划"创新团队和山东省优秀创新团队,成为代表国内海洋药物领域最高水平并具有较强国际竞争力的研究群体。

目前,海洋药物学科呈现出良好的发展势头,总体水平和影响力不断提升,处于全国领先地位。在科学研究方面,2009 年以来,医药学院主持承担"973"计划、"863"计划、"重大新药创制"科技重大专项、国家自然科学基金委联合基金重点项目等国家级、省部级纵向课题 41 项,立项经费达 15 660 余万元,我校医药学科已成为国家海洋药物研究领域重大科技计划的主要承担单位之一;发表 SCI 收录论文426篇,其中IF>3.0的论文138篇,为我校地球科学、植物与动物学、化学、农学、生物学与生物化学等学科进入ESI前1%做出了重要贡献;获授权国内外发明专利37项;编著了《海洋药物学》和《糖药物学》等特色教材。

面向未来,医药学院将在进一步巩固我校海洋药物学科整体水平并保持国内领先的基础上,力争在特色优势方向海洋糖化学与糖生物学领域达到国际先进水平;在比较优势方向海洋天然产物化学方向上达到国内领先水平;同时,将着重加强药物化学、药理学和药剂学方向的学科建设,为药学学科水平的整体提升提供支撑。另外,医药学院将在继续保持和不断提升基础研究和应用基础研究水平的基础上,强化应用学科功能,着重加强海洋药物的研发力度,依托国家海洋药物工程技术研究中心和青岛海洋生物医药研究院,通过机制体制创新,激发学科、人才、科研、平台等创新要素活力,打造海洋生物医药技术转移过程中的技术、工程熟化平台,架起基础研究、应用基础研究与科技成果产业化之间的桥梁,提高成果转化率,推动海洋生物医药产业发展,为蓝色经济建设服务;通过特色学科优势方向的不断拓展和海洋药物研发的不断深入,逐步把医药学院发展成为我国海洋生物医药领域的高层次人才培养基地、科学研究中心、国际学术交流中心,以及海洋药物的创新源头与孵化器,使其成为引领行业发展的技术引擎与辐射源。

研海博法怀德勉行——引领食品学科发展

管华诗院士除创建并发展了中国海洋大学海洋药物学科外,长期以来,对中国海洋大学食品科学与工程学科提升学科水平、拓展研究方向做出了突出贡献,中

2014年,管华诗院士
与各位专家

国海洋大学食品科学与工程学院已成为我国食品科学领域最具品牌影响力和竞争力的教学科研机构之一。中国海洋大学食品学科源远流长,是我国水产品贮藏与加工学科的诞生地。学科在 1946 年面向全国招收了第一届本科生,培养出我国第一位水产品加工及贮藏工程专业的博士和博士后,也培养出了第一位水产品加工及贮藏工程外国留学生博士。自始至终,管华诗院士对学科的发展倾注了大量心血,其高屋建瓴的学科建设布局和发展思路长期引领着学科快速发展。1988 年,食品学科建系后的首届系主任就由管华诗担任。2002 年管华诗带领学科参加第一次全国学科评估并取得全国第三名的辉煌成绩,并在以后历次全国学科评估中都名列前茅。在学科点的布局和规划方面,管华诗结合国民经济和社会发展的需要,很早就提出海洋食品安全的学科发展方向。2004 年,管华诗前瞻性地提出了工科发展思路"工科院系应该建设自己的中试车间和技术转化平台",由此学院建设了食品工程中试基地,该基地目前已成为山东省海洋食品工程技术与技术中心,为学院与产业对接,孵化成果和支撑教学提供了国内少有的平台。2005 年,在管华诗的大力推动下,学科独立建制发展成为食品科学与工程学院,由此中国海洋大学食品学科的发展进入一个新的历史时期。

(原文刊于 2014 年 9 月 19 日华禹教育网)

管华诗院士组建青岛海洋生物医药研究院探索科研成果转化新路径

导读：科研、资本、市场，我们在这个平台上集聚了这么多要素，就是要打通"发现—技术—工程—产业"这条成果转化的链条。近日，75 岁的管华诗院士组建青岛海洋生物医药研究院探索科研成果转化新路径。

在青岛创新创业的大军中，最近又多了一个熟悉的身影——75 岁的中国工程院院士管华诗。

日前，随着青岛海洋生物医药研究院的成立，管华诗又有了董事长的头衔。

20 世纪 80 年代他和同事们一起首创我国第一个治疗脑血管病的海洋药物 PSS（藻酸双酯钠），获得巨大的经济效益和社会效益，带动了我国海洋药物研究的兴起与发展；90 年代发明研制了甘糖酯、海力特和降糖宁散等三个海洋新药和藻维胶囊等五个系列的功能食品且全部投产。

如果说投身科研并取得累累硕果，是作为我国海洋药物学的开拓者和学术带头人之一的管华诗的首次创业，那么组建研究院，将目光转向成果转化的"二次创业"，对管华诗来说，既是顺势而为，也颇有几分"无奈"。

2009 年，管华诗团队研发的一款抗老年痴呆药物，以 8 100 万美元的价格转让给美国 Sinova 公司，成为我国转让费最高的药物和第一个转给国外的海洋药物。

不少人问管华诗：这样的成果，为什么不在国内转化呢？而他总是很无奈：我也想在国内转化，但是找到人来投资确实很难啊！

组建青岛海洋生物医药研究院，正是管华诗对这一困境的破题之举。

研究药的却搞不出药，你让别人如何评价你

"抗老年痴呆的新药已经进入临床三期的研究，这也是我们四个进入临床中后期研究的药物之一。除此之外，还有两个已完成临床前研究，近十个化合物进入

临床前成药性评价阶段。"管华诗说。

对于以管华诗院士为带头人的这支科研团队来说，近三十年对海洋生物的研究所产出的成果足够让人惊叹——178 项专利、我国首部《中华海洋本草》、全球第一个海洋糖库、国家技术发明一等奖。

这还只是海大医药学院一个学院的成果。从整个青岛来看，包括中科院海洋所、国家海洋局第一研究所以及海大其他的相关学院，在海洋生物医药领域锁在柜子里的成果还有很多。

"不用说还有每年上百篇的博士论文，里面都有很多好的想法，这些成果和想法，不能转化为产品，不能造福社会，这对我们搞海洋生物医药的人来说，对不起人们的期待。"谈到转化，管华诗的话有些沉重，"我们是搞海洋药物研究的，我们的使命就是研究出新的海洋药物，研究药的却搞不出药，你让别人如何评价你？"

虽然全世界范围内，海洋药物的产出率也不高——目前全世界共有海洋药物8 种，中国有 4 种，20 世纪 80 年代研发的 PSS 的转化被人们所熟知，但距今也有二十多年的时间了。

"成果转化在当下，无论从形式还是意义，都有了很大的变化。"管华诗告诉记者，一种新药，从最初的研发到最终投入市场，最少也要七八年的时间，投入的研发经费要接近几亿元人民币，不是非常有实力的大型药企，很难承担高风险、高投入的研发费用。

虽然管华诗在海洋生物医药领域德高望重，也有着丰硕的科研成果，但要找到一家愿意大手笔投入资金将他们的成果进行转化的企业却很难。

既然没有路，那就自己来走

在很长一段时间内，管华诗内心很无奈。

他没有怨天尤人，而是从自身找原因："我们搞海洋生物医药的，还没有拿出一个真正好的成果让企业、投资方认可。他们不相信你，自然也不会投钱给你。"管华诗说，科研人员是从逻辑来推导课题的，有时与市场需求并不一致，研究项目自然也得不到企业的认可。

面对现实的无奈，管华诗并不服气。廉颇老矣，尚能饭否？如何留住下一个"8 100 万美元"，年逾七旬的管华诗在认真地思考、积极地探索。

"按照一般的模式，我们高校等上游研究机构应该是完成临床前的成药性评价研究,由企业来承担临床的研发。"在管华诗看来,当前的高校院所与企业之间,产学研的路并没有完全打通,成果转化的链条缺失关键环节。

既然没有路,那就自己来走。从2013年,管华诗开始积极推进海洋生物医药研究院的建立。

本地没有资本,没有大企业,那就从外面引入;科研人员和高校的权益要得到保证;用企业而不是传统研究机构的模式来运营这些科研成果……在这种思路之下,青岛海洋生物医药研究院经过一年多的酝酿后,于7月26日正式建立。

"研究院是一个企业,这是一个全新的尝试,用新的机制体制来突破科研成果的转化难题,尝试着走出一条新路。"青岛市科技局海洋处处长杨爱民说。

为了支持研究院的发展,青岛市把研究院的平台建设纳入了全市公共研发平台建设计划中。"生物医药平台一期建设进入试运行阶段,未来还会在蓝色硅谷中拿出专门的场地用于支持研究院的发展。"杨爱民说。

为了增加研究院对高层次人才的吸引,中国海洋大学也给了研究院一定的事业编名额。据管华诗透露,研究院的团队中已经有多位院士,还有多名"千人计划"层次的人才前来工作。

"科研,资本,市场……我们在这个平台上集聚了这么多要素,就是要打通'发现—技术—工程—产业'这条成果转化的链条。"管华诗说。

至于"真正好的项目",管华诗毫不担心,"前期我们已经有一些成功的例子,对于哪些项目能进入研究院,必须经有市场运营专家、企业家、科学家等组成的专家委员会评审。目的在于保证成果产业转化率。"据他介绍,在几十个项目中他们已经选定十几个项目到研究院进行转化。

用新的体制机制,打破科研人员的"沉默"

管华诗描述的这一链条可以被简单描述成这样紧密联系的几个环节——

研究院与高校、科研机构签订合作协议,将高校和科研机构获得的前期基础性研究成果,由研究院选择有市场前景的项目进行进一步的研发;对于可以形成产品的成果,或者在资本市场上进行交易,或者自己进行产业化,或者引入其他社会资本成立新公司进行产业化,获得的最终成果按协议规定共享。

"在这条路径中,我们来做上游成果的进一步开发、研究;资本方负责资本的运营,保证成果的转化;企业方有自己的渠道,根据市场需求提出研发命题,还可把我们的产品推向市场。"管华诗这样来表述三方在研究院中扮演的角色。

对于新的体制，管华诗希望还能达到另一个目的，就是打破科研人员的"沉默"。"很多的科研人员，包括高校老师，他们脑子里有很多'想法'。每个想法都是一个成果的雏形，但很多想法都在'沉默'，其中很大一部分原因是体制机制问题。"他期待着研究院能打破这种"沉默"。"如何让科技成果产业化之路更顺畅，这是研究院始终探索的主题。我们力图通过体制机制的创新来找到一条合适的道路，从而推动更多想法去变成成果，实现海洋生物医药产业跨越式的发展。"

除了这些较为"现实"的因素外，毕生致力于海洋生物医药研究的管华诗也有着科学家的情怀。"海洋生物医药科技领域有着一个世纪的积累，我们希望能将成果变成实用的技术和产品，推向市场，以助人们的身心健康。这也是我们研究院'海济苍生'的核心理念所在，研究院有信心完成这一历史使命，造福人类。"这位老院士说。

（原文刊于 2014 年 10 月 14 日《青岛日报》，记者为赵笛）

"四不像"机制突破研发转化壁垒，管华诗院士和他的研发团队创新海洋生物医药产业化新路径

中国工程院院士管华诗这两天很忙碌。因为，今天青岛海洋生物医药研究院迎来了三周岁生日。

"运行三年的结果比我想象得要好，没有辜负大家！"管华诗像夸赞自己一手养大的孩子一样，目光慈祥，时而闪烁出兴奋的光芒。"我们进行了打通'科学→技术→工程→产业'科技链条瓶颈的尝试与探索，融合了事业、企业两类实体。三五年后你再看看，青岛的海洋医药产业一定会出现一个新的景象！"

2013 年 7 月，以"国家海洋药物工程技术研究中心"为基础的青岛海洋生物医药研究院股份有限公司注册成立。2016 年 4 月，海大、市科技局和崂山区共建成立了研究院事业法人实体。研究院采取"二元化"的法人治理模式，按照现代企业制度管理运行，管华诗院士是院长，也是董事长。这个被人们称之为"四不像"的科研机构，以大胆的突破与创新，在"海济苍生"的蓝色梦想征程上辟出了一条研发与转化的新路径。

硕果累累却说自己是个"失败者"

研究院的大楼原先是海大浮山校区的图书馆，1.4 万平方米的建筑仍散发着丝丝书卷气，而各个楼层密集排列的研究室里实验器皿的交错、产业合作契约的归档以及部分包装精美的样品陈列，则是这家研发机构"二元化"身份最写意的象征。

回首研究院的诞生历程，管华诗有些唏嘘，自嘲是一名"失败者"。作为我国著名的海洋药物学家，中国现代海洋药物研究的开拓者与奠基人之一，管华诗的每个具有代表性的科研成果都在业界赫赫有名——首创我国第一个治疗心脑血管疾

病的海洋药物 PSS（藻酸双酯钠）；研发了甘糖酯、海力特和降糖宁散等三个海洋新药以及藻维微胶囊等五个系列的功能食品，并全部投产；"海洋特征寡糖的制备技术（糖库构建）与应用开发"荣得国家技术发明一等奖，大型海洋医药典籍《中华海洋本草》编纂著成……如此硕果累累，怎么会是一个失败者？

"在海洋医药领域，长期以来，都是发现多、发明少，文章多、产品少！"管华诗感慨道。科学壁垒严重，缺乏交叉融合，技术难以集成，而海洋医药科技链条不顺畅最大的瓶颈在"工程"环节，"因为它所需要投入的资金太大了，需要的资源尺度也很广泛，这不单单是个科学、技术问题，还是若干个社会问题，归根结底是体制问题"。

市科技局科技服务处处长吴新特别理解管华诗，老院士不愿意让自己毕生的心血在实验室沉睡，但是企业以市场为导向，在漫长的研发过程中不会贸然投资，而高端科研人员重视平台，也不会随便进入企业。两股互相渴望的力量就这样拧巴着，怎么办？

"研究院的组建，是应运而生、顺势而为，它凝聚了政府、大学、社会三方面的共同期冀；它身上不仅流淌着科技创新的热血，骨子里更是蕴含着体制机制创新的基因。"市科技局局长姜波坦言，研究院是块"试验田"，它开启了依托事业法人进行科研创新、依托公司法人实现产业化的协同发展新模式，解决了科技与经济两张皮的问题，切实体现了"创新是引领发展第一动力"的理念。

两个"轮子"拧在一起才能高速运转

"人们把解决疑难病症的希望寄托于海洋，我们要对得起这份期盼。"从事海洋医药研究快半个世纪的管华诗，始终有一种"海济苍生"的使命感。如今，实现了"政、产、学、研、用、金"一体化运作的研究院，让他信心倍增。管华诗握着"海洋生物医药研究院"和"研究院股份有限公司"两块牌子，运筹帷幄。

据了解，研究院目前拥有海洋糖工程药物研发室、现代海洋药物研发室、现代海洋中药研发室等六大科技研发平台，以及新药筛选与评价中心等四大技术服务平台，面向全国所有海洋药物研发机构提供公益性基础科研服务。依托研究院新药筛选与评价中心建设的青岛海洋科学与技术国家实验室大型科研平台之一——海洋创新药物筛选与评价中心，也将于今年年底建成并投入使用。

同时，研究院下设海生洋润生物科技公司等五个子公司，既自己实现产业化开发,也针对其他企业的市场需求提供"订单式技术服务"。据了解,目前研究院与企事业单位合作项目已达110余个。当别人都担心"四不像"的海洋生物医药研究院能否生存下去的时候,这个实际运营才两年的新型研发机构已经获得了2 000多万元的营业收入。

管华诗说:"科技创新是个主轴,把'事业'和'企业'两个轮子紧紧地拧到了一起。事业的轮子用来集聚资源,提升创新能力;企业的轮子用来开拓市场,反哺创新。两轮驱动,我们才能跑得更快、更稳。"

很明显,"双轮驱动"下的海洋生物医药研究院比传统的高校科研机构或者单纯的企业研发更具活力。在管华诗的建议下,我市蓝色药库产业投资基金正在组建,政府出资2亿元作为引导基金,撬动社会资本18亿元注入,由此支撑"青岛海洋生物医药聚集(310)开发计划",每年同时部署10个一类海洋创新药、10个改良型创新药和10个具有引领作用的海洋生物高端功能制品的聚集开发。

一艘海洋生物医药的航母编队雏形初现。

"四不像"的目标是"什么都像"

体制上的"四不像"带来了身份的灵活适应性,两种实体的并行使研究院的经费投入形成了政府引导和社会募集相结合的势态,工程化投入问题迎刃而解。

平台自然形成学科交叉、协同创新的格局,突破了海大医药学院人才培养壁垒。"药学是个应用学科,攻克一个新药,需要天然产物化学、合成化学、有机化学、生物学、制剂学、工程学等多学科的交叉融合,以前不好解决的难题,在这个创新型的研究院里成了常规化的运行模式。"身为董事长的管华诗依然更多地有他学者和教育家的情怀。

而灵活开放的创新源头,出现了"人才"和"智力"的主动聚集。"以前都是我们向社会招聘人才,现在不断有高层次人才来主动应聘求职。"让管华诗津津乐道的引进人才,一个是整建制引进的美国何增国博士微生物工程团队,今年年底就将注册成立产业化公司,明年可形成过亿元的经济效益;另一个是整建制引进的美国克利夫兰医学中心杨金波教授的肿瘤药理学团队,这个团队甚至吸引了美国"三院院士"乔治•斯坦科今年秋天加盟,为研究院建设海药国际创新中心奠定基础。

海洋生物医药产业是国家战略性新兴产业,也是我市大力培育的新的经济增长点之一。姜波在接受采访时表示,虽然青岛以海洋特色著称,但之前我市的海洋生物医药产业一直处于"小、散、弱"的态势,缺乏龙头企业的引领,缺乏创新平台的支撑,更缺乏集聚发展的模式。因此,我市以海洋生物医药研究院为范本,在组织结构设计、法人实体组建、市场化运作模式等方面探索前行。"今年我市将以青岛海洋生物医药科技创新中心为首批试点,先行先试,将财政科技资金切块儿一部分给创新中心专门支持海洋生物医药创新发展,下放财政科技资金的管理与支配权,通过放权松绑,更大地激发科技创新创业活力。"姜波说。

"创新能力不是具体解决某个问题的小能力,而是整合资源的大能力。我们将最终从'四不像'进化成'什么都像',探索一种独特的商业模式,创造出我国海洋创新药物及其相关技术、产品簇生的繁荣景象。"进入新的发展阶段,管华诗更加掷地有声。

(原文刊于 2016 年 7 月 26 日《青岛日报》,记者为王娉)

传承教育思想，奋进宏伟事业

——管华诗入选"共和国老一辈教育家"座谈会举行

　　1月18日，中国工程院院士、中国海洋大学原校长管华诗入选"共和国老一辈教育家"座谈会在中国海洋大学鱼山校区胜利楼会议室举行，校长于志刚出席座谈会。

　　于志刚向管华诗表示祝贺。他强调，在如此辉煌的名册中有管校长的名字，这表明老校长掌校十多年间的办学理念、治学思想、科学研究等方面杰出的成就和卓越的贡献得到了高等教育界的肯定，也反映了高等教育界对中国海洋大学办学成绩的充分肯定，这将会对学校今后长远的发展有影响，实际上学校这些年所取得的成就也正是继承管华诗办学思想的体现。

　　对于"共和国教育家"这个崇高的荣誉，已是三十多年"老海大人"的于志刚说，管华诗校长作为一个教育家，有科学家的品格，在办学上不盲从，独立思考，勇于创新，在全国率先举起高水平特色大学的旗帜，为中国高等教育分层次发展开拓

学生在会上向管华诗
院士献花

出了一条新道路。他重视人才、培养人才,在全国高校中较早设立了系列"人才工程",通过"筑峰"与"绿卡"工程为海大引进来大批高层次人才和先进教育理念。他引进第一个"筑峰"人才就是吴立新,吴立新从一名普通的研究员到中国科学院院士只用了八年时间,可见当年管校长识人的眼光。作为一名校长,他的"高水平特色大学"办学理念和教育思想的提出原本就是超越当时的,意义深远,我们要做的是对管华诗教育思想传承、弘扬并发展、创新。

"作为教育家,管校长对学术、人才、国家这三个办教育核心要素知行合一,在治学、从教、育人、科研上一一得以践行。"在管华诗校长任上担任近十年党委宣传部部长的魏世江表示,"一个教育家,必须要解决教育的时代课题,回答教育的时代问题。在世纪之交,中国高等教育往哪里去、海大向何处去的十字路口,管华诗做出了回答,办高水平特色大学,走独立发展之路,不仅解决了海大的方向和道路问题,也为中国的高等教育分类指导提供了示范。他的人才工作理念,对学校发展的总体策略的制定,无一不深谋远虑,无一不具有前瞻性和正确性。"

"我们海洋药物学科走过一条从成果转化到药物所,到药学系,再到医药学院的发展之路,现在这个学科在全国学科 104 个同类中排名并列第十二名。老校长、老院长带领我们走出了一条康庄大道。"作为医药学院的院长,也是管华诗校长学生的于广利说。

"在海大九十多年历史上,能称得上教育家的屈指可数,管华诗校长就是其中之一。管华诗校长为海大确立的走高水平特色大学道路,不搞规模而走内涵发展道路,实践证明走对了。"校史馆主任杨洪勋从学校历史发展的角度阐释了管华诗的教育思想。

作为主角的管华诗表达了感激之情。"这个荣誉不仅是对我个人的夸奖,也是奖给海大九十多年事业的发展成绩的。海大的海洋特色,从 1932 年杨振声校长的一个想法开始,经过了一个专业、一个学科、一个学科群、一个领域到今天已是中国海洋教育的旗帜,这不是一个人而是一代又一代人的贡献。这个荣誉是对海大走过的道路的认可。我只是在海大九十多年的历史上的一个阶段做过校长,前有许多任校长,后还有两任校长,每一任校长都有独特的贡献,我个人做得还不够。"管华诗说,"党和国家越来越重视海洋事业,海大的发展得益于国家的关心,也得益于好的政策。是海大这片沃土培育了我。"

党委办公室、校长办公室、党委宣传部、医药学院、食品科学与工程学院,青岛

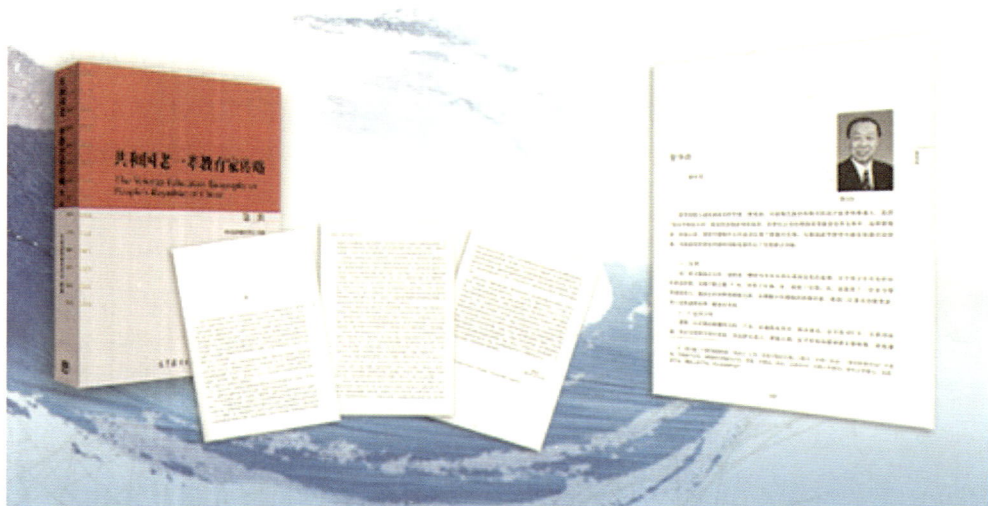

《共和国老一辈教育家传略》第三辑

海洋生物医药研究院等单位负责人、师生代表参加座谈，并纷纷发言，深情表达对老校长的崇敬之情，决心为学校的建设与发展努力奋斗。

与会人员合影

　　"共和国老一辈教育家"宣传活动是由中国高等教育学会于 2005 年 12 月启动,并于 2008 年出版了《共和国老一辈教育家传略》第一辑、2015 年出版了第二辑。管华诗与竺可桢、施平、钱伟长、何东昌、谷超豪等共 14 位教育家位入选 2017 年 11 月出版的第三辑。目前共 41 位教育家入选。传略旨在学习、研究和宣传那些中华人民共和国成立以来探索、建设中国特色社会主义教育事业的开拓者和创业者的教育思想,继承和弘扬他们成功的办学经验,推动我国高等教育事业的改革和发展。

　　（原文刊于 2018 年 1 月 21 日华禹教育网,作者为王淑芳,略有改动）

攻克阿尔茨海默症迈出关键一步
国产新药完成临床 3 期试验

上海绿谷制药有限公司 17 日宣布，由中国海洋大学、中国科学院上海药物研究所和上海绿谷制药联合研发的治疗阿尔茨海默症新药"甘露寡糖二酸（GV-971）"顺利完成临床 3 期试验。此次试验完成，意味着该新药研制已经迈过了最关键的一步。

阿尔茨海默症俗称老年痴呆症，以大脑认知功能进行性丧失为特征。根据国际阿尔茨海默症协会统计，目前全球共有约 4 800 万患者。

GV-971 的临床 3 期试验是一项在中国进行的随机双盲、安慰剂对照的 36 周研究，旨在评估 GV-971 治疗轻、中度阿尔茨海默症患者（简易智力状态检查量表评分为 11-26）的有效性和安全性。临床研究期间，患者口服药物 450 毫克/次，每

2018 年 7 月，在抗阿尔茨海默症原创新药 GV-971 3 期临床数据揭盲通报会上

日两次。主要疗效终点指标为用药 36 周后阿尔茨海默症评定量表认知部分的变化情况。结果显示，GV-971 在认知功能改善的主要疗效指标上达到预期，具有显著的统计学意义和临床意义。不良事件发生率与安慰剂非常相似，特别是未发现抗体药物常出现的淀粉样蛋白相关成像异常的毒副作用。

该药物是从海藻中提取的海洋寡糖类分子。不同于传统靶向抗体药物，GV-971 能够多位点、多片段、多状态地捕获 β 淀粉样蛋白（Aβ），抑制 Aβ 纤丝形成，使已形成的纤丝解聚为无毒单体。最新研究发现，GV-971 还通过调节肠道菌群失衡、重塑机体免疫稳态，进而降低脑内神经炎症，阻止阿尔茨海默症病程进展。

研发团队负责人介绍，GV-971 临床 3 期阳性结果是团队 21 年拼搏的结晶，早期研发源于中国海洋大学，进一步深度研发由上海药物研究所和绿谷制药接续完成。GV-971 新颖的作用模式与独特的多靶作用特征，为阿尔茨海默症药物研发开辟了新路径，并有望引领糖类药物研发新的浪潮，对提升我国创新药物研究领域的国际地位具有深远意义。

据悉，上海绿谷制药将按照流程，于年内向国家药品监督管理局提交 GV-971 用于治疗轻、中度阿尔茨海默症的上市申请许可。

（原消息刊于 7 月 17 日新华网，记者为陈芳、董瑞丰）

成果篇 / 果硕

MAJOR ACHIEVEMENTS

管华诗院士获奖目录

表 1 科技奖

时间	奖励名称	项目名称	等级	位次	授奖部门
197801	全国科技大会奖	制碘联产品褐藻胶甘露醇再利用：农业乳化剂		1	国家科学技术委员会
197801	全国科技大会奖	制碘联产品褐藻胶甘露醇再利用：食用乳化增稠剂—藻酸丙二酯		1	国家科学技术委员会
199712	国家科技进步奖	新药藻酸双酯钠的研究	三等	1	国家科学技术委员会
200912	国家技术发明奖	海洋特征寡糖的制备技术（糖库构建）与应用开发	一等	1	国务院
198410	农牧渔业部技术改进奖	降糖素	二等	1	农牧渔业部
198410	农牧渔业部技术改进奖	PS 型胃肠双重造影硫酸钡制剂	二等	1	农牧渔业部
198612	山东省科技进步奖	新药 PSS 及其制备的研究	一等	1	山东省科学技术进步奖评审委员会
198803	国家技术开发优秀成果奖	藻酸双酯钠（PSS）开发		1	国家经济委员会
199012	山东省科技进步奖	贻贝系列保健食品的开发研究	三等	2	山东省科学技术进步奖评审委员会
199703	国家教委科技进步奖	新药藻酸双酯钠的研究	二等	1	国家教育委员会
199712	山东省科技进步奖	新药甘糖酯的研究	二等	1	山东省科学技术进步奖评审委员会
200801	教育部技术发明奖	海洋生物糖库的构建及其开发	一等	1	教育部
201501	山东省科技进步奖	中国海洋药用生物资源调查、挖掘与开发应用	二等	2	山东省人民政府

国家科技进步三等奖证书

国家科技进步三等奖奖章

国家技术发明奖证书

表2 教学成果奖

时间	奖励名称	项目名称	等级	位次	授奖部门
200905	山东省高等教育教学成果奖	教学科研互动发展,培养药学创新人才	一等	1	山东省省级教学成果奖评审委员会
201407	山东省高等教育教学成果奖	"海洋药物学"特色课程内容体系的构建与实践	三等	2	山东省省级教学成果奖评审委员会
201801	山东省高等教育教学成果奖	海洋药物人才培养体系构建与实践	二等	2	山东省省级教学成果奖评审委员会

表3 个人奖

时间	奖励名称	授奖部门
199207	山东省科技重奖	中国共产党山东省委员会,山东省人民政府
200506	山东省科学技术最高奖	山东省人民政府
201010	何梁何利基金科学与技术进步奖	何梁何利基金评选委员会
201102	"十一五"国家科技计划执行突出贡献奖	国家科技部
201711	中国药学会突出贡献奖	中国药学会

表4 称 号

时间	奖励名称	授奖部门
198704	山东省优秀教育工作者和富民兴鲁劳动奖章	山东省总工会
198811	山东省专业技术拔尖人才	山东省人民政府
198910	山东省劳动模范	山东省人民政府
199012	全国高等学校先进科技工作者	国家教育委员会、国家科技技术委员会
199101	全国"五一"劳动奖章	全国总工会
199202	国家有突出贡献中青年专家	国家人事部

全国先进工作者奖章

五一劳动奖章

管华诗院士专利成果表

一、已授权专利

序号	申请日	申请号	名 称	申请人	发明人	专利号
1	1988-10-30	88109686.5	制取古罗糖醛酸丙酯硫酸酯钠盐的工艺	青岛海洋大学	管华诗	ZL88109686.5
2	1988-10-30	88109698.9	制取甘露糖醛酸丙酯硫酸酯钠盐的方法	青岛海洋大学	管华诗	ZL88109698.9
3	1993-06-18	93111311.3	制备藻酸双酯钠的方法	青岛海洋大学	管华诗	ZL93111311.3
4	1997-04-04	97105767.2	双纤维降糖粉及其制造方法	青岛海洋大学	管华诗	ZL97105767.2
5	1998-10-07	98110495.9	一种改善性功能增强免疫力消除疲劳的药物的制造方法	青岛海洋大学	管华诗	ZL98110495.9
6	1999-09-23	99112454.5	一种羧甲基壳聚糖碱式铝盐及其制备方法	青岛海洋大学	李英霞，赵峡，管华诗	ZL99112454.5
7	2000-07-07	00111178.7	一种河弧菌及用它生产褐藻胶裂解酶的方法	青岛海洋大学	江晓路，管华诗，刘岩	ZL00111178.7

序号	申请日	申请号	名　称	申请人	发明人	专利号
8	2000-09-07	00111363.1	单一聚合度的古罗糖醛酸的制备方法及应用	青岛海洋大学	管华诗,刘岩,江晓路	ZL00111363.1
9	2000-09-07	00111368.2	单一聚合度的甘露糖醛酸的制备方法及应用	青岛海洋大学	管华诗,刘岩,江晓路	ZL00111368.2
10	2000-09-15	00111372.0	一种聚甘露糖醛酸硫酸盐	青岛海洋大学	管华诗	ZL00111372.0
11	2000-09-29	00111398.4	无腥鱼油复合微胶囊及其制备方法	国家海洋药物工程技术研究中心	韩玉谦,管华诗	ZL00111398.4
12	2000-12-20	00129428.8	天然海洋生物硒制品及其制备方法	青岛海洋大学	毛文君,李翊,李八方,管华诗,林强	ZL00129428.8
13	2001-04-07	01107952.5	一种褐藻胶寡糖的制造方法	青岛海洋大学	管华诗,李桂玲,于广利,陈娥功	ZL01107952.5
14	2001-10-01	01127533.2	褐藻胶寡糖作为制备预防因东莨菪碱所致痴呆药物的应用	青岛海洋大学	管华诗,李桂玲,于广利,蒋新	ZL01127533.2
15	2002-07-22	02135275.5	卡拉胶低聚糖的制备方法	青岛海洋大学	王长云,顾谦群,管华诗	ZL02135275.5
16	2002-08-02	02135300.X	一种抗肿瘤的中药	青岛海洋大学	顾谦群,方玉春,辛现良,张向农,管华诗	ZL02135300.X

序号	申请日	申请号	名　称	申请人	发明人	专利号
17	2002-10-24	02135748.X	一种齐墩果酸乳糖缀合物及其制备方法和用途	青岛海洋大学	李英霞,曲峰,李春霞,褚世栋,宋妮,管华诗	ZL02135748.X
18	2003-08-04	03138969.4	一种海洋硫酸多糖的制造方法及其应用	中国海洋大学	耿美玉,辛现良,管华诗,李静	ZL03138969.4
19	2003-08-04	03138970.8	一种硫酸多糖类物质911寡糖片段的制造方法及应用	中国海洋大学	耿美玉,管华诗,辛现良,李静,李福川	ZL03138970.8
20	2003-08-04	03138968.6	K-卡拉胶寡糖单体及其制备方法	中国海洋大学	于广利,赵峡,王长云,管华诗	ZL03138968.6
21	2003-08-04	03138971.6	奇数琼胶寡糖单体及其制备方法	中国海洋大学	毛文君,管华诗	ZL03138971.6
22	2003-08-04	03138975.9	一种具有抗肿瘤活性的硫酸半乳低聚糖的制备方法	中国海洋大学	牟海津,江晓路,管华诗	ZL03138975.9
23	2003-08-04	03138974.0	硫酸半乳聚糖及其衍生物的应用	中国海洋大学	王长云,耿美玉,于广利,管华诗	ZL03138974.0
24	2003-09-01	03139190.7	一种组合低聚糖及其制备方法和应用	中国海洋大学	赵峡,于广利,吕志华,管华诗	ZL03139190.7
25	2003-11-22	200310105690.9	利用芬顿反应制备甘露糖醛酸寡糖的方法	中国海洋大学	管华诗,杨钊	ZL200310105690.9
26	2003-11-22	200310105693.2	利用芬顿反应制备古糖醛酸寡糖的方法	中国海洋大学	管华诗,杨钊	ZL200310105693.2

序号	申请日	申请号	名 称	申请人	发明人	专利号
27	2003-11-22	200310105694.7	利用芬顿反应制备古罗糖醛酸寡糖的方法	中国海洋大学	管华诗,杨钊	ZL200310105694.7
28	2003-11-22	200310105718.9	一种古糖酯及其制备方法和应用	中国海洋大学	管华诗,李桂玲,赵峡	ZL200310105718.9
29	2003-12-01	200310115556.7	枫杨素及其制备方法和用途	中国海洋大学	崔承彬,刘红兵,蔡兵,顾谦群,张冬云,管华诗	ZL200310115556.7
30	2003-12-01	200310115555.2	三环缩醛内酯素及其制备方法和用途	中国海洋大学	崔承彬,顾谦群,古静燕,蔡兵,张冬云,管华诗	ZL200310115555.2
31	2004-03-02	200410023656.1	用 Alteromonas sp.nov. SY37-12 菌株生产琼胶酶	中国海洋大学	江晓路,管华诗,王静雪	ZL200410023656.1
32	2004-11-30	200410036422.0	含海藻糖和玻璃酸的眼部用药传递系统及其制备方法	中国海洋大学,山东省生物药物研究院	凌沛学,管华诗	ZL200410036422.0
33	2004-12-29	200410075835.X	含海藻糖和透明质酸的烧伤用药传递系统及其制备方法	中国海洋大学,山东省生物药物研究院	凌沛学,管华诗	ZL200410075835.X
34	2005-02-25	200580009396.5	褐藻胶寡糖及其衍生生物及其制备方法和用途	中国海洋大学	耿美玉,辛现良,孙广强,管华诗,杨钊	ZL200580009396.5

序号	申请日	申请号	名　称	申请人	发明人	专利号
35	2008-12-07	200810238404.9	一种胆甾醇衍生物及其制备方法与应用	中国海洋大学	王长云,邵长伦,牟海津,刘海燕,管华诗	ZL200810238404.9
36	2009-09-18	200910177710.0	一种具有抗Ⅱ型糖尿病活性的海洋寡糖化合物	中国海洋大学	赵峡,于广利,管华诗,李广生,郝翠	ZL200910177710.0
37	2009-09-18	200910177711.5	一种具有防治胰岛素抵抗作用的海洋寡糖铬配合物	中国海洋大学	于广利,赵峡,管华诗,郝杰杰,郝翠,李广生	ZL200910177711.5
38	2010-10-08	201010280361.8	一种牡蛎壳提取物的制备方法和应用	中国海洋大学	管华诗,刘红兵,杨雪	ZL201010280361.8
39	2011-03-21	201110075811.4	一种静脉注射用抗血栓药及其制备和应用	中国海洋大学	管华诗,于广利,李桂玲,江晓璐,李春霞	ZL201110075811.4
40	2011-08-31	201110253845.8	低分子量藻酸双酯钠及其制备方法和应用	青岛海洋生物医药研究院股份有限公司	李春霞,管华诗,孙杨,李海花,何小溪,于广利	ZL201110253845.8
41	2011-10-25	201110327780.7	一种低分子卡拉胶寡糖及其制备方法和应用	中国海洋大学	王伟,管华诗,李春霞,张攀	ZL201110327780.7
42	2011-12-09	201110408962.7	一种寡聚甘露糖醛酸制备抗甲型H1N1流感病毒药物中的应用	中国海洋大学	王伟,于广利,郝翠,管华诗	ZL201110408962.7

527

序号	申请日	申请号	名　称	申请人	发明人	专利号
43	2012-04-18	201210114601.6	一种含有海洋深层水的保健饮用液在制备预防或治疗代谢综合征的药物或保健品中的应用	中国海洋大学	管华诗，何珊，李春霞，郝杰杰，刘红兵，李海花	ZL201210114601.6
44	2012-04-18	201210114479.2	一种含有海洋深层水的保健饮用液及其制备方法	青岛海洋生物医药研究院股份有限公司	管华诗，何珊，李春霞，刘红兵	ZL201210114479.2
45	2012-04-18	201210114603.5	一种含有海洋深层水的保健饮用液在制备预防或治疗高脂血症的药物或保健品中的应用	中国海洋大学	管华诗，何珊，李春霞，郝杰杰，刘红兵，李海花	ZL201210114603.5
46	2012-04-18	201210114478.8	一种保健饮用液在制备预防或治疗Ⅱ型糖尿病及糖尿病并发肾病的药物或保健品中的应用	中国海洋大学	管华诗，郝杰杰，何珊，李春霞，刘红兵，李海花	ZL201210114478.8
47	2012-06-18	201210201876.3	聚甘露糖醛酸丙酯硫酸盐在制备抗甲型H1N1流感病毒药物中的应用	中国海洋大学	王伟，李春霞，管华诗，于广利，王世欣	ZL201210201876.3
48	2012-08-24	201210302962.3	一种马尾藻甾醇的用途	中国海洋大学	刘红兵，应浩，陈震，管华诗	ZL201210302962.3
49	2012-11-06	201210439029.0	低聚甘露糖醛酸或其药用盐在制备防治白细胞减少症药物中的应用	青岛海洋生物医药研究院股份有限公司	管华诗，李春霞，李海花，胡婷，李全才，于广利	ZL201210439029.0

序号	申请日	申请号	名　称	申请人	发明人	专利号
50	2013-01-24	201310028146.2	一种利用微波辐射制备海藻酸寡糖单体的方法	中国海洋大学	管华诗,胡婷,李春霞,赵峡,李全才,刘红兵	ZL201310028146.2
51	2013-05-16	201310181032.1	全乙酰壳寡糖在制备治疗神经退行性疾病的药物中的用途	中国海洋大学	李春霞,管华诗,高丽霞,郝翠,张丽娟,于广利	ZL201310181032.1
52	2013 08 16	201310357173.4	一种低分子量甘露醛糖酸寡糖在制备预防或治疗帕金森症的药物或饮食的中的应用	中国海洋大学	郝杰杰,于广利,管华诗	ZL201310357173.4
53	2013-09-12	201310415934.7	低聚甘露糖醛酸在制备预防和治疗酒精性肝损伤的药物、保健品或饮食补充剂中的应用	中国海洋大学	郝杰杰,管华诗,李春霞,胡婷,李全才,于广利	ZL201310415934.7
54	2013-09-12	201310415154.2	低聚古罗糖醛酸在制备预防和治疗酒精性肝损伤的药物、保健品或饮食补充剂中的应用	中国海洋大学	李春霞,管华诗,胡婷,郝杰杰,李全才,辛萌	ZL201310415154.2
55	2013-10-16	201310488736.3	一种中药复方制剂,其制备方法及其应用	中国海洋大学	管华诗,李富玉,刘红兵,李静,杨雪,付志飞	ZL201310488736.3
56	2014-03-31	201410124202.7	低聚古罗糖醛酸盐在制备防治帕金森症药物或制品中的应用	青岛海洋生物医药研究院股份有限公司	管华诗,郝杰杰,胡婷,敖云楼,周晓琳,夏萱	ZL201410124202.7

序号	申请日	申请号	名　称	申请人	发明人	专利号
57	2014-04-29	201410183978.6	低聚甘露糖醛酸盐在制备防治肝损伤和各种肝炎、肝纤维化或肝硬化药物的应用	青岛海洋生物医药研究院股份有限公司	郝杰杰,管华诗,于广利,胡婷,敦云楼,周晓琳,夏萱	ZL201410183978.6
58	2014-04-29	201410180643.9	低聚古罗糖醛酸盐在制备防治肝损伤和各种肝炎、肝纤维化或肝硬化药物中的应用	青岛海洋生物医药研究院股份有限公司	管华诗,郝杰杰,于广利,胡婷,敦云楼,周晓琳,夏萱	ZL201410180643.9
59	2014-11-12	201410636618.7	红藻多糖、红藻寡糖及其衍生物在制备吸附大气污染物的吸附剂中的应用	青岛海洋生物医药研究院股份有限公司	管华诗,夏萱,王成,王世欣,庄波,高会旺,祁建华,刘晓环,姚小红	ZL201410636618.7
60	2014-11-12	201410636737.2	壳聚糖、壳寡糖及其衍生物在制备吸附大气污染物的吸附剂中的应用	青岛海洋生物医药研究院股份有限公司	管华诗,夏萱,王成,王世欣,庄波,高会旺,祁建华,刘晓环,姚小红	ZL201410636737.2
61	2015-01-07	201510005655.2	λ-卡拉胶寡糖在制备抗狂犬病毒药物中的用途	华中农业大学	赵凌,傅振芳,罗召晨,周明,管华诗,王伟	ZL201510005655.2

序号	申请日	申请号	名称	申请人	发明人	专利号
62	2015-01-14	201510018297.9	低聚甘露糖醛酸及其衍生物在制备抗疲劳和抗萎缩的药物和保健品中的应用	中国海洋大学	郝杰杰,管华诗,敖云楼,于广利	ZL201510018297.9
63	2015-07-14	201510409825.3	一种 β-1,3/1,6-葡聚糖及其制备方法和在制备免疫增强方法抗肿瘤药物和保健食品中的应用	青岛海洋生物医药研究院股份有限公司	于广利,郝杰杰,丛大鹏,赵峡,管华诗,吕友晶,胡婷	ZL201510409825.3
64	2015-10-15	201510665877.7	氘代双胍基脲类化合物及其制备方法和在制备抗肿瘤的药物中的应用	青岛海洋生物医药研究院股份有限公司	李文保,李峰,张良,赵建春,程贺娟,管华诗	ZL201510665877.7

二、申请的专利

序号	申请日	申请号	名称	申请人	发明人
1	1993-01-01	93100609.0	一种新药古罗糖醛酸丙酯硫酸盐	青岛海洋大学	管华诗
2	1993-01-01	93100608.2	一种新药甘露糖醛酸丙酯硫酸盐	青岛海洋大学	管华诗
3	1995-03-27	95110396.2	一种新药多聚糖醛酸硫酸盐	青岛海洋大学	管华诗
4	1996-06-05	96106351.3	排铅奶粉	青岛海洋大学	管华诗
5	1996-11-04	96116038.1	排铅豆奶粉	青岛海洋大学	管华诗

序号	申请日	申请号	名称	申请人	发明人
6	2000-04-20	00111079.9	高级脱腥鱼油的制备方法	国家海洋药物工程技术研究中心	韩玉谦,管华诗
7	2000-09-07	00111367.4	聚甘露糖醛酸多糖的制备方法及应用	青岛海洋大学	管华诗,刘岩,江晓路
8	2000-09-29	00111397.6	营养保健禽蛋制品的生产方法	国家海洋药物工程技术研究中心	韩玉谦,冯晓梅,管华诗
9	2000-09-29	00111399.2	海洋产物营养保健蛋的生产方法	国家海洋药物工程技术研究中心	韩玉谦,冯晓梅,李桂玲;管华诗
10	2001-04-07	01107953.3	一种K-卡拉胶寡糖的制造方法	青岛海洋大学	于广利,管华诗,赵峡,吕忠华,徐家敏
11	2001-07-31	01115185.4	全乙酰化壳寡糖单体及其制备方法	青岛海洋大学	李英霞,宋妮,褚世栋,管华诗
12	2001-08-13	01127323.2	一种乳糖胺脂及其制备方法和应用	青岛海洋大学	李英霞,宋妮,张一纯,褚世栋,管华诗
13	2001-11-15	01135114.4	β-D-甘露糖醛酸寡糖单克隆抗体的制备方法	青岛海洋大学	耿美玉,辛现良,管华诗
14	2001-11-16	01135122.5	聚甘古醛单克隆抗体的制备方法	青岛海洋大学	耿美玉,辛现良,陈昆,李福川,管华诗
15	2001-11-22	01135138.1	糖的荧光探针的合成方法	青岛海洋大学	耿美玉,李福川,李静,辛现良,管华诗
16	2002-07-30	02135288.7	海珍营养醒神药物	青岛海洋大学	方玉春,管华诗,顾谦群,王红云,李英霞,辛现良,刘红兵,朱天娇,赵峡,张运涛

序号	申请日	申请号	名称	申请人	发明人
17	2002-08-02	02135401.4	抗癌类斑蝥素－氨基葡萄糖偶联物及其制备方法与应用	青岛海洋大学	江涛, 左代姝, 管华诗
18	2003-08-04	03138967.8	还原端 1 位为羧基的古罗糖醛酸寡糖及其衍生物	中国海洋大学	管华诗, 杨钊, 张真庆
19	2003-08-04	03138966.X	还原端 1 位为羧基的甘糖醛酸寡糖及其衍生物	中国海洋大学	管华诗, 杨钊, 张真庆
20	2003-08-04	03138976.7	还原端 1 位为羧基的甘露糖醛酸寡糖及其衍生物	中国海洋大学	管华诗, 杨钊, 张真庆
21	2003-08-04	03138973.2	将低分子量琼胶用于制备药物和食品添加剂	中国海洋大学	毛文君, 管华诗, 吴立根
22	2003-08-04	03138972.4	一种绣凹螺琼胶酶的制备方法及其应用	中国海洋大学	毛文君, 管华诗
23	2003-11-25	200310105717.4	一种 κ－卡拉胶降解酶及其制备方法和应用	中国海洋大学	牟海津, 江晓路, 管华诗
24	2003-12-16	200310114498.6	一种甘露糖醛酸与古罗糖醛酸镶嵌片断寡糖及其制备方法	中国海洋大学	管华诗, 张真庆, 于广利, 江晓路
25	2004-03-24	200410023827.0	褐藻酸寡糖在抗糖尿病中的应用	中国海洋大学	耿美玉, 辛现良, 杨钊, 管华诗, 孙广强, 胡金凤, 范莹
26	2004-11-02	200410088731.2	超临界精制甲鱼油多膜胰胶囊及其制备方法	国家海洋药物工程技术研究中心	韩玉谦, 蒋新, 管华诗
27	2004-11-02	200410088730.8	一种精制甲鱼油的制备方法	中国海洋大学	韩玉谦, 蒋新, 管华诗

序号	申请日	申请号	名称	申请人	发明人
28	2005-11-05	200510119773.2	用 PANTOEA AGGLOMERANS KFS-9 菌生产 2,3-丁二醇及其在化妆品中的应用	中国海洋大学	江晓路,王洪媛,管华诗
29	2006-03-16	200610043221.2	一种牡蛎活性肽的制备方法	中国海洋大学	韩玉谦,冯晓梅,赵志强,蒋新,管华诗
30	2006-03-16	200610043222.7	从毛蚶中提取小分子活性多肽的方法	中国海洋大学	韩玉谦,冯晓梅,赵志强,蒋新,管华诗
31	2006-05-18	200610044195.5	聚甘露糖醛酸硫酸盐在制备治糖尿病药物中的应用	中国海洋大学	管华诗,吕志华,张丹丹,于广利
32	2006-05-26	200610044581.4	褐藻酸寡糖硫酸盐在制备防治糖尿病药物中的应用	中国海洋大学	管华诗,吕志华,张丹丹,于广利
33	2006-05-26	200610044583.3	古罗糖醛酸寡糖硫酸盐在制备防治糖尿病药物中的应用	中国海洋大学	管华诗,吕志华,张丹丹,于广利
34	2008-01-09	200810002580.2	用 PHYLLOBACTERIUM SP.NOV.921F 菌株生产新型细胞外多糖	中国海洋大学	江晓路,王鹏,管华诗
35	2008-10-21	200810170766.9	用 Phyllobacterium sp.nov.921F 菌株生产新型细菌胞外多糖	中国海洋大学	江晓路,王鹏,管华诗
36	2008-12-05	200810238301.2	一种二十碳四烯酸衍生物及其制备方法与应用	中国海洋大学	王长云,邵长伦,车海洋,刘海燕,管华诗
37	2009-02-25	200910006854.X	一种用液相色谱法测定羧甲基壳聚糖中杂质的方法	中国海洋大学	吕志华,王远红,姜廷福,管华诗

序号	申请日	申请号	名称	申请人	发明人
38	2009-09-05	200910018634.9	一种鱼头多肽的制备方法	泰祥集团技术开发有限公司	李桂玲,李泽瑶,管华诗,李钰金,邵鹏,郭玉华
39	2011-04-20	201110112993.8	一种海洋特征糖与胶原蛋白肽的复配物及其制备方法和应用	中国海洋大学	管华诗,任舒文
40	2012-07-27	201210261879.6	藻酸双酯钠在制备治疗肿瘤的新血管生成抑制剂和血管破坏剂中的应用	中国海洋大学	邱培菊,管华诗
41	2012-11-24	201210509602.0	一种新型植物营养补充剂的配制和应用	中国海洋大学	管华诗,夏萱,江晓路
42	2013-12-11	201310667141.4	一种携带膜海鞘素化合物的冻干粉针剂	中国海洋大学	王成,管华诗,于广利,吕志华,刘延凯,李明
43	2014-11-12	201410634852.6	褐藻多糖,褐藻寡糖及其衍生物在制备吸附大气污染物的吸附剂中的应用	青岛海洋生物医药研究院股份有限公司	管华诗,夏萱,王成,王世欣,庄洁,高会旺,祁建华,刘晓环,姚小红
44	2014-12-15	201410776626.1	低聚甘露糖醛在制备饲料添加剂中的应用	青岛海洋生物医药研究院股份有限公司	管华诗,朱文慧,李德发,张丽英,吴天开,夏萱,毕旺华,王建红
45	2015-01-14	201510018451.2	岩藻聚糖硫酸酯低分子量岩藻聚糖硫酸酯在制备降血脂和减肥的药物和保健品中的应用	青岛海洋生物医药研究院股份有限公司	郝杰杰,管华诗,敖云楼,周晓琳,于广利,夏萱
46	2015-01-14	201510019056.6	岩藻聚糖硫酸酯及低分子量岩藻聚糖硫酸酯在制备抗代谢综合征的药物和保健品中的应用	青岛海洋生物医药研究院股份有限公司	管华诗,郝杰杰,敖云楼,周晓琳,于广利,夏萱

序号	申请日	申请号	名称	申请人	发明人
47	2015-03-09	201510102665.8	一种低聚古罗糖醛酸磷酸酯及其制备方法和应用	中国海洋大学	李春霞,管华诗,李全才,辛萌,李海花,于广利
48	2015-06-02	201510293269.8	氘代脱氢基阿西斯丁类化合物及其制备方法和在制备抗肿瘤的药物中的应用	青岛海洋生物医药研究院股份有限公司	李文保,孙天文,王世潇,赵建春,蔡兵,管华诗
49	2015-07-13	201510407936.0	一种白背三七多糖及其在制备用于免疫调节和抗肿瘤的药物和功能食品中的应用	青岛海洋生物医药研究院股份有限公司	郝杰杰,管华诗,周晓琳,敦云楼,于广利,夏萱
50	2015-07-13	201510408907.6	一种明月草多糖及其在制备用于免疫调节和抗肿瘤的药物和功能食品中的应用	青岛海洋生物医药研究院股份有限公司	管华诗,郝杰杰,周晓琳,敦云楼,于广利,夏萱
51	2015-09-28	201510623466.1	聚古罗糖醛酸硫酸酯在制备抗乙型肝炎病毒的药物中的应用	青岛海洋生物医药研究院股份有限公司	赵峡,王伟,吴丽娟,于广利,李春霞
52	2015-12-14	201510919228.5	低聚古罗糖醛酸及其衍生物在制备预防和治疗高脂血症及其并发症的药物和保健品中的应用	青岛海洋生物医药研究院股份有限公司	郝杰杰,管华诗,于广利,敦云楼
53	2016-03-02	201610118796.X	褐藻酸硫酸酯及其在制备预防和治疗由人乳头瘤状病毒引起的疾病的药物和保健品中的应用	青岛海洋生物医药研究院股份有限公司	管华诗,王伟,王伏,李春霞,李鹏丽,王洪光,夏萱,张晓霜
54	2016-04-12	201610224674.9	氘代脱氢3-苯甲酰苯阿夕丁类化合物及其制备方法和在制备抗肿瘤的药物中的应用	青岛海洋生物医药研究院股份有限公司	李文保,丁忠鹏,王世潇,赵建春,管华诗

序号	申请日	申请号	名称	申请人	发明人
55	2016-04-12	201610224082.7	氘代脱氢苯基阿夕斯丁类化合物的酸加成盐及其在制备抗肿瘤的药物中的应用	青岛海洋生物医药研究院股份有限公司	李文保,孙天文,王世萧,赵建春,侯英伟,管华诗
56	2016-05-27	PCT/CN2016/083610	氘代脱氢苯基阿夕斯丁类化合物及其制备方法和在制备抗肿瘤的药物中的应用	青岛海洋生物医药研究院股份有限公司	李文保,孙天文,王世萧,赵建春,蔡兵,管华诗
57	2016-08-12	201610664088.6	一种高纯度脱氢苯基阿夕斯丁类化合物的制备纯化方法	青岛海洋生物医药研究院股份有限公司	李文保,丁忠鹏,王世萧,孙天文,侯英伟,管华诗
58	2016-08-12	201610665377.8	脱氢苯基阿夕斯丁类化合物的多晶型及其制备方法	青岛海洋生物医药研究院股份有限公司	李文保,王世萧,丁忠鹏,侯英伟,管华诗
59	2016-08-12	201610664196.3	氘代脱氢苯基阿夕斯丁类化合物的多晶型及其制备方法和应用	青岛海洋生物医药研究院股份有限公司	李文保,王世萧,丁忠鹏,侯英伟,管华诗
60	2016-08-17	201610688743.1	一种具有免疫调节活性的组合物、其制备方法和用途	青岛海洋生物医药研究院股份有限公司	刘红兵,管华诗,胡淑曼,付志飞
61	2016-08-19	PCT/CN2016/095989	一种葡聚糖及其制备方法和在制备免疫增强和抗肿瘤药物和保健食品中的应用	青岛海洋生物医药研究院股份有限公司	于广利,郝杰杰,丛大鹏,管华诗,赵峡,吕友晶,胡婷
62	2016-10-19	201610907125.1	一种水苏碱衍生物及其制备方法和在制备治疗心脑血管类疾病的药物	青岛海洋生物医药研究院股份有限公司	李文保,李峰,张良,张鹏,代龙,管华诗
63	2016-11-10	201610987871.6	一类靶向Bcl-2家族抗凋亡蛋白的BH3类似物及其应用	青岛海洋生物医药研究院股份有限公司	王树林,张传宽,刘珊,柳晓春,高江明,蔡兵,管华诗

序号	申请日	申请号	名称	申请人	发明人
64	2017-01-16	201710029357.6	基于凝血酶和凝血因子的双靶点抗凝活性物质的液相色谱-质谱筛选方法	青岛海洋生物医药研究院股份有限公司	许哲，刘若男，管华诗
65	2017-02-28	PCT/CN2017/075130	褐藻酸酯及其在制备预防和治疗由人乳头瘤状病毒引起的疾病的药物和保健品中的应用	青岛海洋生物医药研究院股份有限公司	管华诗，王世欣，王伟，李春霞，李鹏丽，王洪光，夏蕾，张晓霜
66	2017-04-14	201710243893.6	一株高效产壳聚糖酶的硅亚科胖杆菌菌株 QD-01 及其发酵方法和应用	青岛海洋生物医药研究院股份有限公司	毕旺华，王世欣，管华诗
67	2017-07-03	201710532289.5	聚古罗糖醛酸丙酯硫酸盐在制备抗凝血药物中的应用	青岛海洋生物医药研究院股份有限公司	管华诗，李春霞，辛萌，何小溪，李全才，丁广利，赵峡
68	2017-07-24	PCT/CN2017/094066	脱氢枞基阿夕斯丁类化合物的多晶型及其制备纯化方法和应用	青岛海洋生物医药研究院股份有限公司	李文保，王世潇，丁忠鹏，侯英伟，管华诗
69	2017-08-04	201710658738.0	杨梅素衍生物及制备方法，及其在治疗结肠炎、防治结肠炎癌转化和治疗结直肠癌中的应用	青岛海洋生物医药研究院股份有限公司	李文保，曲显俊，李峰，张良，王世潇，宋志玉，王枫，杨冲，管华诗
70	2017-08-04	PCT/CN2017/095925	杨梅素衍生物及制备方法，及其在治疗结肠炎、防治结肠炎癌转化和治疗结直肠癌中的应用	青岛海洋生物医药研究院股份有限公司	李文保，曲显俊，李峰，张良，王世潇，宋志玉，王枫，杨冲，管华诗
71	2017-09-15	201710835071.7	一种治疗肿瘤的药物组合物	青岛海洋生物医药研究院股份有限公司	李文保，邓孟彦，赵建春，王世潇，管华诗
72	2017-09-20	201710853006.7	转基因构建物及其应用	青岛海洋生物医药研究院股份有限公司	王树林，高江明，张明玲，刘珊，管华诗

序号	申请日	申请号	名称	申请人	发明人
73	2017-10-17	PCT/CN2017/106555	一种水苏碱衍生物及其制备方法和在制备治疗心脑血管类疾病的药物中的应用	青岛海洋生物医药研究院股份有限公司	李文保,李峰,张良,张鹏,代龙,管华诗
74	2017-12-12	201711313716.7	一类PTP1B多肽抑制剂及其制备方法和应用	青岛海洋生物医药研究院股份有限公司	张传亮,王树林,路晓,吴丽娟,柳晓春,蔡兵,管华诗
75	2018-01-23	201810638449	一种氨基糖苷类双功能修饰酶AAC(6')-APH(2")抑制剂的筛选方法	青岛海洋生物医药研究院股份有限公司	许哲,朱黎,管华诗
76	2018-03-08	201810181432.X	(Z)-3-(3-甲酰基苯亚甲基)-吡咯-2,5-二酮类化合物及其在制备抗肿瘤药物中的应用	青岛海洋生物医药研究院股份有限公司	李文保,付鲁玉,马明旭,王世潇,侯英伟,纪存朋,管华诗
77	2018-04-04	201810298534.5	一种肝素类药物生物效价的测定方法	青岛海洋生物医药研究院股份有限公司	许哲,刘若男,管华诗

管华诗院士发表论文汇总

[1] Lan-Ting Xin, Lu Liu, Chang-Lun Shao, Ri-Lei Yu, Fang-Ling Chen, Shi-Jun Yue, Mei Wang, Zhong-Long Guo, Ya-Chu Fan, Hua-Shi Guan and Chang-Yun Wang, Discovery of DNA Topoisomerase I Inhibitors with Low-Cytotoxicity Based on Virtual Screening from Natural Products[J], **Marine Drugs**, 2017, 15(7):217.

[2] Shi-Jun Yue, Juan Liu, Wu-Wen Feng, Fei-Long Zhang, Jian-Xin Chen, Lan-Ting Xin, Cheng Peng, Hua-Shi Guan, Chang-Yun Wang and Dan Yan. System Pharmacology-Based Dissection of the Synergistic Mechanism of Huangqi and Huanglian for Diabetes Mellitus[J]. **Frontiers in Pharmacology**, 2017, 8:694.

[3] Ying-Han Chen, Xue-Li Sun, Hua-Shi Guan, and Yan-Kai Liu. Diversity-Oriented One-Pot Synthesis to Construct Functionalized Chroman-2-one Derivatives and Other Heterocyclic Compounds[J]. **Journal of Organic Chemistry**, 2017, 82(9):4774-4783.

[4] Shi-Jun Yue, Lan-Ting Xin,* Ya-Chu Fan, Shu-Jiao Li, Yu-Ping Tang, Jin-Ao Duan, Hua-Shi Guan, and Chang-Yun Wang. Herb pair Danggui-Honghua: mechanisms underlying blood stasis syndrome by system pharmacology approach[J]. **Scientific Reports**, 2017, 7:40318.

[5] Lan-Ting Xin, Shi-Jun Yue, Ya-Chu Fan, Jing-Shuai Wu, Dan Yan, Hua-Shi Guan and Chang-Yun Wang. Cudrania tricuspidata: an updated review on ethnomedicine, phytochemistry and pharmacology[J]. **Royal Society of Chemistry Advances**, 2017, 7:31807-31832.

[6] 李峰,张良,杨冲,管华诗,李文保. 海洋抗神经退行性疾病候选药物 GTS-21 及其类似物的研究进展[J]. **中国海洋药物**, 2017, 36(2):84-90.

[7] 孙媛媛,敦云楼,胡婷,管华诗,蔡兵,郝杰杰. 褐藻胶寡糖对刀豆蛋白 A 诱导的急性肝损伤保护作用及机制初探[J]. **中国海洋药物**, 2017, 36(1):34-40.

540

[8] 任莉,薛依婷,王琳琳,李爽,管华诗,李春霞. 2 种方法测定藻酸双酯钠(PSS)中的铵盐含量 [J]. 中国海洋药物,2017,36(1):41-47.

[9] Xin Meng, Ren Li, Sun Yang, Li Hai Hua, Guan Hua Shi, He Xiao Xi, Li Chun Xia. Anticoagulant and antithrombotic activities of low-molecular-weight propylene glycol alginate sodium sulfate(PSS)[J]. **European Journal of Medicinal Chemistry**,2016,114:33-40.

[10] 胡淑曼,王聪,刘红兵,管华诗. 龙葵药材质量标准的研究 [J]. **时珍国医国药**,2016,27(10):2375-2378.

[11] 苏凯强,蔡超,于广利,管华诗,李春霞. 新型海参硫酸软骨素葡萄糖受体及葡萄糖醛酸受体的高效合成 [J]. **合成化学**,2016,24(10):843-848.

[12] 孙天文,丁忠鹏,王世潇,赵建春,管华诗,李文保. 海洋抗肿瘤候选药物普那布林(Plinabulin)及其类似物的研究进展 [J]. **中国海洋药物**,2016,35(4):79-86.

[13] 管华诗,潘克厚. 浅论海洋生物医药产业发展现状、趋势与建议 [J]. **中国海洋经济**,2016(1):3-13.

[14] 张晓霜,王妙妙,辛萌,管华诗,王伟. 褐藻多糖抗病毒作用研究进展 [J]. **中国海洋药物**,2016,35(2):87-94.

[15] 李全才,辛萌,杨程,李海花,管华诗,李春霞. 低聚古罗糖醛酸磷酸酯的制备及其对 RAW264.7 细胞的激活作用 [J]. **中国海洋药物**,2016,35(1):29-34.

[16] Yun-lou Dun, Xiao-lin Zhou, Hua-shi Guan, Guang-li Yu, Chun-xia Li, Ting Hu, Xia Zhao, Xiao-lei Cheng, Xiao-xi He and Jie-jie Hao, Low molecular weight guluronate prevents TNF-α-induced oxidative damage and mitochondrial dysfunction in C2C12 skeletal muscle cells[J], **Food & Function**,2015,6:3056-3064.

[17] Yi-Ting Xue, Chun-Xia Li, Xia Zhao and Hua-Shi Guan, HPLC Method for Microanalysis and Pharmacokinetics of Marine Sulfated Polysaccharide, Propylene Glycol Alginate Sodium Sulfate[J]. **Polysaccharides**,2015:1251-1264.

[18] 张帅,陈震,傅余强,宫会丽,管华诗,刘红兵,基于多元统计分析的 5 种海洋贝壳类中药微量元素比较研究 [J]. **中国中药杂志**,2015,40(21):4223-4228.

[19] 杨雪,马爱翠,陈震,付志飞,戚欣,李静,管华诗,刘红兵,基于体外抗肿瘤活性的海洋中药牡蛎提取物 HPLC 化学轮廓谱研究 [J]. **中国海洋大学学报**,2015,45(9):90-96.

[20] 胡淑曼,付志飞,张培育,李玥赢,管华诗,刘红兵,响应面法优化龙葵中澳洲茄边碱的提取工艺及其体外抗肿瘤活性研究 [J]. **化学与生物工程**,2015,32(4):21-25.

[21] 朱文慧,张丽英,李德发,夏萱,吴卉,管华诗,低聚甘露糖醛酸对断奶仔猪的安全性评价 [J]. **中国海洋药物**,2015,34(2):51-56.

[22] 周晓琳,敦云楼,辛萌,李鹏丽,管华诗,李春霞,郝杰杰. 藻酸双酯钠对 2 型糖尿病 db/db 小鼠的糖脂代谢及糖尿病肾病的影响 [J]. **中国海洋药物**,2015,34(1):40-46.

[23] Meng-Shan Tan, Jin-Tai Yu, Teng Jiang, Xi-Chen Zhu, Hua-Shi Guan, Lan Tan. Genetic variation in BIN1 gene and Alzheimer's disease risk in Han Chinese individuals[J]. **Neurobiology of Aging**,35:1781. e1-1781. e8.

[24] Shi-Xin Wang, Xiao-Shuang Zhang, Hua-Shi Guan and Wei Wang, Potential Anti-HPV and Related Cancer Agents from Marine Resources:An Overview[J]. **Marine Drugs**,2014,12(4):2019-2035.

[25] Tan Meng-Shan, Yu Jin-Tai, Jiang Teng, Zhu Xi-Chen, Guan Hua-Shi, Tan Lan, IL12/23 p40 Inhibition Ameliorates Alzheimer's Disease-Associated Neuropathology and Spatial Memory in SAMP8 Mice[J]. **Journal of Alzheimer's Disease** 2014,38(3):633-646.

[26] Ai-Cui Ma, Zhen Chen, Tao Wang, Ni Song, Qian Yan, Yu-Chun Fang, Hua-Shi Guan, and Hong-Bing Liu, Isolation of the Molecular Species of Monogalactosyldiacylglycerols from Brown Edible Seaweed Sargassum horneri and Their Inhibitory Effects on Triglyceride Accumulation in 3T3-L1 Adipocytes[J]. **Journal of Agricultural & Food Chemistry**,2014,62(46):11157-11162.

[27] Li Penglin, Li ChunXia, Xue YiTing, Li HaiHua, Liu HongBing, He XiaoXi, Yu GuangLi, Guan Hua-Shi, An HPLC Method for Microanalysis and Pharmacokinetics of Marine Sulfated Polysaccharide PSS-Loaded Poly Lactic-

co-Glycolic Acid（PLGA）Nanoparticles in Rat Plasma［J］. **Marine Drugs**，2013，11（4）：1113-1125.

[28] 朱文慧,管华诗,夏萱,褐藻提取物及其在猪、鸡生产中的应用研究进展［J］. **饲料工业**,2014,35（20）:1-6.

[29] 李大海,管华诗,我国海陆关联工程发展现状、问题及建议［J］. **海洋开发与管理**,2014,31（10）:1-4.

[30] 杨文哲,宫会丽,秦玉华,李玥赢,杨雪,杨宁,管华诗,刘红兵,近红外光谱法鉴别常见海洋贝壳类中药饮片的研究［J］. **中国中药杂志**,2014,39（17）：3291-3294.

[31] 曹玉,李萍,徐毅君,王春波,管华诗,糖尿病及其并发症患者血浆中左卡尼汀及其酰化物的含量分析研究［J］. **中国药理学通报**,2014,30（7）:952-955.

[32] 胡婷,辛萌,周晓琳,李全才,李春霞,管华诗,微波法制备甘露糖醛酸寡糖及其体外抗氧化活性研究［J］. **中国海洋药物**,2014,33（3）:27-33.

[33] 薛依婷,吴健,赵峡,李春霞,管华诗,藻酸双酯钠（PSS）分子量及其分布的测定［J］. **中国海洋药物**,2014,33（2）:1-5.

[34] 薛依婷,李春霞,管华诗,硫酸多糖类药物含量测定方法研究进展［J］. **中国药学杂志**,2014,49（4）:271-274.

[35] 薛依婷,李春霞,管华诗,离子色谱法测定藻酸双酯钠中游离和结合硫酸根含量［J］. **中国海洋药物**,2014,33（1）:1-5.

[36] 辛萌,何小溪,李海花,杨程,李春霞,管华诗,藻酸双酯钠（PSS）生物效价测定方法的研究［J］. **中国海洋药物**,2014,33（1）:65-69.

[37] Cao Yu, Hao Chuan-ji, Wang ChenJing, Li Peng-li, Wang Le-xin, Guan HuaShi, Li HuanTing, Urinary excretion of L-carnitine, acetyl-L-carnitine, propionyl-L-carnitine and their antioxidant activities after single dose administration of L-carnitine in healthy subjects［J］. **Brazilian Journal of Pharmaceutical Sciences**, 2013, 49（1）:185-191.

[38] 王淑民,赵秀丽,李健,管华诗,D-聚甘酯的分子量与抗 FXa/ 抗 FIIa 活性比值的相关性研究［J］. **中国临床药理学杂志**,2013,29（9）:695-697.

[39] 王坤,张鹏涛,李春霞,管华诗,神经节系列鞘糖脂氨基半乳糖模块的快速合成［J］. **合成化学**,2013,21（4）:469-471+475.

[40] 付志飞,管华诗,刘红兵. 褐藻糖胶的抗肿瘤作用及构效关系研究进展 [J]. 中国海洋药物,2013,32(4):76-82.

[41] 吴健,薛依婷,赵峡,李春霞,管华诗. 柱前衍生液相色谱法测定藻酸双酯钠的含量 [J]. 中国海洋药物,2013,32(4):1-7.

[42] 高丽霞,李春霞,王世欣,赵峡,管华诗. 不同聚合度的壳寡糖单体的制备及其分析 [J]. 中国海洋药物,2013,32(3):21-27.

[43] 李松,何小溪,胡松,孙波,李春霞,毛拥军,管华诗. 藻酸双酯钠与阿司匹林、氯吡格雷联合用药抗栓作用的对比研究 [J]. 中国海洋药物,2013,32(3):49-53.

[44] 曹玉,王晨静,赵霞,李存友,王宏广,王春波,管华诗. 四种海螺中左卡尼汀及其酰化物含量比较 [J]. 山东医药,2013,53(21):14-16.

[45] 姜登钊,刘见见,李辉敏,管华诗. 对叶百部多糖的相对分子质量测定及单糖组成分析 [J]. 时珍国医国药,2013,24(5):1144-1146.

[46] 鄢倩,张传鹏,李富玉,李海花,管华诗,刘红兵. 多指标优选抗疲劳体能茶的功效成分提取工艺 [J]. 化学与生物工程,2013,30(4):49-52.

[47] 李海花,李静,何小溪,管华诗. 低聚甘露糖醛酸免疫调节作用实验研究 [J]. 中国海洋药物,2013,32(2):7-11.

[48] 曾洋洋,韩章润,杨玫婷,李春霞,赵峡,于广利,吕志华,管华诗,邱培菊,张丽娟,海洋糖类药物研究进展 [J]. 中国海洋药物,2013,32(2):67-75.

[49] 李全才,李春霞,勾东霞,管华诗. 磷酸化多糖的研究进展 [J]. 生命科学,2013,25(3):262-268.

[50] 管华诗. 把握海洋药物研发的历史机遇 [J]. 中国海洋药物,2013,32(1):3-4.

[51] 王世欣,李春霞,赵峡,高丽霞,管华诗. 不同来源的壳寡糖产品的质量分析 [J]. 中国海洋药物,2013,32(1):30-36.

[52] Wang Wei, Wang Shi-Xin, Guan HuaShi, The Antiviral Activities and Mechanisms of Marine Polysaccharides: An Overview[J]. **Marine Drugs**, 2012, 10(12):2795-2816.

[53] Wang Wei, Zhang Pan, Yu Guang-Li, Li Chun-Xia, Hao Cui, Qi Xin, Zhang Li-Juan, Guan HuaShi, Preparation and anti-influenza A virus activity of kappa-

carrageenan oligosaccharide and its sulphated derivatives[J]. **Food Chemistry**, 2012, 133(3): 880-888.

[54] Yang Xue, Zhou ShiLu, Ma AiCui, Xu HaiTao, Guan HuaShi, Liu HongBin, Chemical Profiles and Identification of Key Compound Caffeine in Marine-Derived Traditional Chinese Medicine Ostreae concha[J]. **Marine Drugs**, 2012, 10(5): 1180-1191.

[55] 杨克宝, 李春霞, 王坤, 管华诗, 于广利. 褐藻胶寡糖甘露糖醛酸二糖的合成 [J]. 中国海洋药物, 2012, 31(6): 1-9.

[56] 管华诗. 发展海洋产业离不开科技进步 [N]. 经济日报, 2012-11-16(016).

[57] 李春霞, 孙杨, 管华诗. 海洋药物藻酸双酯钠研究进展及启示 [J]. 生命科学, 2012, 24(9): 1019-1025.

[58] 王淑民, 陈红艳, 王建华, 赵秀丽, 管华诗, D-聚甘酯对局灶性脑缺血再灌注大鼠脑组织内的血栓素 B2 和 6-酮-前列腺素含量的影响 [J]. 中国临床药理学杂志, 2012, 28(7): 522-524.

[59] 马爱翠, 杨雪, 姜莹, 李海花, 管华诗, 刘红兵. 海洋平肝潜阳中药石决明对血管紧张素转化酶抑制作用研究 [J]. 中国海洋大学学报(自然科学版), 2012, 42(Z2): 135-137.

[60] 许福泉, 管华诗, 冯媛媛, 郭雷, 阎斌伦. 基于化学成分的中药归经研究 [J]. 亚太传统医药, 2012, 8(5): 197-199.

[61] 张攀, 王伟, 李春霞, 管华诗. 卡拉胶抗病毒作用机制研究进展 [J]. 中国海洋药物, 2012, 31(2): 52-57.

[62] Wang Wei, Zhang Fan, Hao Cui, Zhang Xian-En, Cui Zong-Qiang, Guan Hua-Shi, In vitro inhibitory effect of carrageenan oligosaccharide on influenza A H1N1 virus[J]. **Antiviral Research**, 2011, 92(2): 237-246.

[63] 姜登钊, 吴家忠, 刘红兵, 管华诗, 百部药材的生物碱类成分及生物活性研究进展 [J]. 安徽农业科学, 2011, 39(31): 19097-19099.

[64] 李丽妍, 管华诗, 江晓路, 郝剑君, 海藻工具酶——褐藻胶裂解酶研究进展 [J]. 生物工程学报, 2011, 27(6): 838-845.

[65] 王淑民, 陈红艳, 王建华, 赵秀丽, 管华诗, D-聚甘酯注射液对大鼠局灶性脑缺血再灌注损伤的保护作用 [J]. 中国海洋药物, 2011, 30(3): 51-55.

[66] 金京, 邵长伦, 崔怡迪, 管华诗, 魏玉西, 王长云, 一种南海鼠尾藻次级代谢产物及其克生活性研究 [J]. **中国海洋大学学报**(自然科学版), 2011, 41(S1): 369-373.

[67] 赵杰, 侯改芳, 李秀保, 邵长伦, 刘洋, 管华诗, 魏玉西, 王长云, 一种中国南海枝网刺柳珊瑚次级代谢产物研究, **中国海洋大学学报**(自然科学版), 2011, 41(4): 103-108.

[68] 李鹏丽, 徐雪莲, 李春霞, 李海花, 何小溪, 管华诗, 口服藻酸双酯钠纳米粒的制备、体外释药特性及其药效学研究 [J]. **中国海洋药物**, 2011, 30(2): 19-24.

[69] 张天笑, 刘红兵, 张文竹, 李春霞, 管华诗, 复合酶提取灵芝多糖工艺及其抗氧化能力研究 [J]. **安徽农业科学**, 2011, 39(8): 4496-4498.

[70] 王淑民, 陈红艳, 王建华, 赵秀丽, 管华诗, D-聚甘酯对局灶性脑缺血大鼠的保护作用 [J]. **中国临床药理学杂志**, 2011, 27(2): 146-148.

[71] 何珊, 李春霞, 管华诗, 海洋深层水的药理活性研究进展 [J]. **中国海洋药物**, 2011, 30(1): 65-68.

[72] Fang Yi, Li LuJin, Wang Rui, Huang Feng, Song HaiFeng, Tang ZhongMing, Li YuZhen, Guan HuaShi, Zheng QingShan, Population pharmacokinetics of rhTNFR-Fc in healthy Chinese volunteers and in Chinese patients with Ankylosing spondylitis[J]. **Acta Pharmacologica Sinica**, 2010, 31(11): 1500-1507.

[73] Liu Xin, Wang Chang-Yun, Shao Chang-Lun, Fang YC, Wei Yu-Xi, Zheng CaiJuan, Sun LingLing, Guan HuaShi, Chemical constituents from the fruits of Ligustrum lucidum[J]. **Chemistry of Natural Compounds**, 2010, 46(5): 701-703.

[74] Wang ChangYun; Han Lei; Kang Kai; Shao ChangLun; Wei YuXi; Zheng, CaiJuan; Guan HuaShi, Secondary metabolites from green algae Ulva pertusa[J]. **Chemistry of Natural Compounds**, 2010, 46(5): 828-830.

[75] Li Rong, Jiang XiaoLu, Guan HuaShi, Optimization of mycelium biomass and exopolysaccharides production by Hirsutella sp in submerged fermentation and evaluation of exopolysaccharides antibacterial activity[J]. **African Journal of**

Biotechnolog,2010,9(2):196-203.

[76] 李蓉,张京良,江晓路,管华诗,红树林放线菌的筛选与抗真菌和抗肿瘤活性的测定 [J]. **食品与生物技术学报**,2010,29(1):94-97.

[77] 许福泉,刘红兵,罗建光,张京良,管华诗,萹蓄化学成分及其归经药性初探 [J]. **中国海洋大学学报**,40(3):101-104.

[78] 王斌,杨立业,李国强,管华诗,童国忠,蒙古鸦葱抗肿瘤三萜类成分研究 [J]. **中国药学杂志**,2010,45(10):727-732.

[79] 方翼,关鑫,顾景凯,陈欣,王茜,李玉珍,管华诗,国产氯沙坦钾片在中国健康志愿者的药动学及生物等效性研究 [J]. **中国药学杂志**,2010,45(20):1572-1577.

[80] 张敏,唐旭利,李国强,王长云,管华诗,海洋药用生物系列 HPLC 化学指纹图谱研究 I – 二色补血草 HPLC 化学指纹图谱研究 [J],**中国海洋大学学报**,2010,40(10):95-99.

[81] 卢伟伸,管华诗,徐珊珊,史大永,韩丽君,海洋溴酚类化合物的生物活性研究进展 [J],**中国海洋药物**,2010,29(6):56-63.

[82] 杨雪,刘红兵,管华诗,海洋中药海胆的资源分布与研究概况 [J],**中国海洋药物**,2010,29(5):54-56.

[83] Wang Bin, Zhang YangBai, Li GuoQiang, Guan HuaShi, Tong GuoZhong, Fingerprint Chromatogram Analysis of Radix Glehniae by LC Coupled with Hierarchical Clustering Analysis[J], **Chromatographia**,2009,70(5-6):811-816.

[84] Han-dong Jiang & Hua-shi Guan, MS80, a novel sulfated oligosaccharide, inhibits pulmonary fibrosis by targeting TGF-β1 both in vitro and in vivo[J], **Acta Pharmacologica Sinica**,2009,30(7),973-979.

[85] Fu Xian-Jun;Liu HongBin;Wang Peng;Guan HuaShi, A Study on the Antioxidant Activity and Tissues Selective Inhibition of Lipid Peroxidation by Saponins from the Roots of Platycodon grandiflorum[J], **The American Journal of Chinese Medicine**,2009,37(5):967-975.

[86] Li Liang, Wang ChangYun, Shao ChangLun, Guo YueWei, Li GuoQiang, Sun XuePing, Han Lei, Huang Hui, Guan HuaShi, Sarcoglycosides A-C,

New O-Glycosylglycerol Derivatives from the South China Sea Soft Coral Sarcophyton infundibuliforme[J]，**Helvetica Chimica ACTA**，2009，92（8）：1495-1502.

[87] Li Liang；Wang ChangYun；Shao ChangLun；Han Lei；Sun XuePing；Zhao Jie；Guo YueWei；Huang Hui；Guan HuaShi，Two new metabolites from the Hainan soft coral Sarcophyton crassocaule[J]，**Journal of Asian Natural Products Research**，2009，11（10）：851-855.

[88] 吕钟钟，张文竹，李海花，刘红兵，柳明，管华诗．海藻复合膳食纤维改善小鼠胃肠道功能的实验研究［J］．**中国海洋药物**，2009，28（6）：31-35.

[89] 郭立民，邵长伦，刘新，方玉春，魏玉西，孙玲玲，顾谦群，朱伟明，管华诗，王长云．海藻海蒿子化学成分及其体外抗肿瘤活性［J］．**中草药**，2009，40（12）：1879-1882.

[90] 王斌，徐银峰，李国强，管华诗．微波消解/ICP-MS法测定二色补血草中27种元素［J］．**光谱学与光谱分析**，2009，29（11）：3138-3140.

[91] 王斌，李国强，管华诗，杨立业，童国忠．蒙古鸦葱中的一个新三萜脂肪酸酯（英文）［J］．**药学学报**，2009，44（11）：1258-1261.

[92] 宋宁宁，武继彪，魏欣冰，管华诗，张岫美．丹皮酚减轻大鼠海马神经元缺糖缺氧损伤及抑制NMDA受体激活［J］．**药学学报**，2009，44（11）：1228-1232.

[93] 付先军，管华诗，刘红兵，徐静，姜登钊，邱培菊．129种归肺经中药的化学成分类别构成与其归经相关性分析［J］．**中国中医药信息杂志**，2009，16（10）：94-96.

[94] 于广利，胡艳南，杨波，赵峡，王培培，稽国利，吴建东，管华诗．海萝藻（Gloiopeltis furcata）多糖的提取分离及其结构表征［J］．**中国海洋大学学报**（自然科学版），2009，39（5）：925-929.

[95] 王长云，刘海燕，孙雪萍，李秀保，郑彩娟，韩磊，邵长伦，管华诗．一种短指软珊瑚Sinularia sp.克生活性筛选及其低极性成分GC/MS分析［J］．**中国海洋大学学报**（自然科学版），2009，39（5）：930-932.

[96] 刘新，邵长伦，孔雯，方玉春，魏玉西，管华诗，王长云．中药复方海藻制剂体外免疫调节、细胞毒和抗氧化作用［J］．**中国海洋药物**，2009，28（4）：13-16.

[97] 王淑民，赵秀丽，董旭东，李健，管华诗．D-聚甘酯的大鼠药代动力学研究

[J]．中国海洋药物，2009，28（4）：17-20．

[98] 李蓉，唐旭利，张敏，李国强，王长云，管华诗．海洋药用生物系列 HPLC 化学指纹图谱研究 I．海带药材的 HPLC 化学指纹图谱 [J]．中国海洋大学学报（自然科学版），2009，39（S1）：37-41．

[99] 焦杰颖，朱天骄，朱伟明，杜林，王长云，管华诗，顾谦群．海绵来源真菌的分离纯化及其抗肿瘤活性的筛选 [J]．中国海洋大学学报（自然科学版），2009，39（S1）：42-46．

[100] 吕钟钟，罗建光，管华诗．紫菜的生物活性研究进展 [J]．中国海洋大学学报（自然科学版），2009，39（S1）：47-51．

[101] 管华诗．优化海洋产业结构，全面提升海洋经济发展水平（代序）[A]．中国太平洋学会、中国海洋学会、中国海洋大学．2009中国海洋论坛论文集 [C]．2009：4．

[102] 傅秀梅，王长云，邵长伦，韩磊，武云飞，伍汉霖，钱树本，管华诗．中国海洋药用生物濒危珍稀物种及其保护 [J]．中国海洋大学学报（自然科学版），2009，39（4）：719-728．

[103] 李蓉，唐旭利，李国强，张敏，王长云，管华诗．海洋药用生物系列 HPLC 化学指纹图谱研究 II．三斑海马 HPLC 化学指纹图谱研究 [J]．中国海洋大学学报（自然科学版），2009，39（4）：729-734．

[104] 孙雪萍，刘海燕，黄晖，孙泠玲，陈敏，邵长伦，王长云，管华诗．蕾二歧灯芯柳珊瑚克生活性筛选及其低极性成分 GC/MS 分析 [J]．中国海洋大学学报（自然科学版），2009，39（4）：739-741．

[105] 傅秀梅，王长云，邵长伦，韩磊，李国强，曾晓起，管华诗．中国珊瑚礁资源状况及其药用研究调查 I．珊瑚礁资源与生态功能 [J]．中国海洋大学学报（自然科学版），2009，39（4）：676-684．

[106] 傅秀梅，邵长伦，王长云，韩磊，李国强，刘光兴，管华诗．中国珊瑚礁资源状况及其药用研究调查 II．资源衰退状况、保护与管理 [J]．中国海洋大学学报（自然科学版），2009，39（4）：685-690．

[107] 王亚楠，傅秀梅，邵长伦，王长云，李国强，刘光兴，孙世春，曾晓起，叶振江，管华诗．中国红树林资源状况及其药用研究调查 I．生态功能与价值 [J]．中国海洋大学学报（自然科学版），2009，39（4）：699-704．

[108] 王长云,邵长伦,傅秀梅,兰东,兰克信,李国强,武云飞,钱树本,管华诗.中国海洋药物资源及其药用研究调查[J].**中国海洋大学学报**(自然科学版),2009,39(4):669-675.

[109] 邵长伦,傅秀梅,王长云,韩磊,刘新,方玉春,李国强,曾晓起,刘光兴,管华诗.中国珊瑚礁资源状况及其药用研究调查Ⅲ.民间药用与药物研究状况[J].**中国海洋大学学报**(自然科学版),2009,39(4):691-698.

[110] 邵长伦,傅秀梅,王长云,韩磊,刘新,方玉春,李国强,刘光兴,管华诗.中国红树林资源状况及其药用调查Ⅲ.民间药用与药物研究状况[J].**中国海洋大学学报**(自然科学版),2009,39(4):712-718.

[111] 王长云,刘海燕,孙雪萍,李秀保,孙玲玲,刘新,邵长伦,管华诗.中国南海短指软珊瑚中化学成分的研究[J].**中国海洋大学学报**(自然科学版),2009,39(4):735-738.

[112] 付先军,刘红兵,李国强,管华诗.电感耦合等离子体质谱法分析14种归肺经中药无机元素[J].**时珍国医国药**,2009,20(6):1488-1490.

[113] 方翼,王睿,柴栋,崔文玉,汪海,管华诗.中国健康成年志愿者单次口服盐酸埃他卡林片耐受性研究[J].**中国临床药理学与治疗学**,2009,14(5):546-550.

[114] 王斌,姜登钊,李国强,管华诗.柽柳抗肿瘤萜类成分研究[J].**中草药**,2009,40(5):697-701.

[115] 冯晓梅,韩玉谦,赵志强,管华诗.牡蛎酶解产物中多肽的分离纯化及其结构研究[J].**中国海洋药物**,2009,28(2):1-5.

[116] 史雪凤,唐旭利,李国强,王长云,管华诗.中国南海高领类尖柳珊瑚 Muriceides collaris 化学成分研究[J].**中国海洋药物**,2009,28(2):18-21.

[117] 王斌,任舒文,李国强,管华诗.柽柳抗肿瘤甾体和黄酮类化合物研究[J].**中国药学杂志**,2009,44(8):576-580.

[118] 张文竹,刘红兵,管华诗.裙带菜的化学成分及其生物活性研究进展[J].**海洋科学**,2009,33(4):72-75.

[119] 刘瑞志,江晓路,管华诗.褐藻寡糖激发子诱导烟草抗低温作用研究[J].**中国海洋大学学报**(自然科学版),2009,39(2):243-248.

[120] 冯晓梅,韩玉谦,赵志强,管华诗.牡蛎中糖蛋白成分的分离纯化与理化性

质的初步分析［J］. **中国海洋药物**,2008,27(6):10-12.

[121] 谷彩霞,赵峡,于广利,李国强,付先军,管华诗. 藻酸双酯钠铬配合物的制备及其理化性质的初步研究［J］. **中国海洋药物**,2008,27(6):35-38.

[122] 姜登钊,刘红兵,李匡强,管华诗. 对叶百部根的无机元素与氨基酸成分分析［J］. **中国海洋大学学报**(自然科学版),2008,38(6):902-904.

[123] 谭兰,欧江荣,陈炜,李廷团,李桂玲,管华诗. 连续多次静脉滴注 D-聚甘酯注射液的 I 期临床安全性、耐受性研究［J］. **中国新药与临床杂志**,2008,27(10):754-758.

[124] 张样柏,唐旭利,李国强,管华诗. 北沙参的化学成分研究［J］. **中国海洋大学学报**(自然科学版),2008,38(5):757-760.

[125] 武继彪,隋在云,管华诗. 丹皮酚对大鼠脑缺血再灌注损伤的保护作用［J］. **中华中医药学刊**,2008,26(9):1887-1888.

[126] 冯晓梅,韩玉谦,赵志强,管华诗. 牡蛎中糖蛋白成分的分离纯化及其性质研究［J］. **天然产物研究与开发**,2008,20(4):709-712+716.

[127] 赵峡,付海宁,于广利,王金霞,李小军,管华诗. 固相酸解法制备古糖酯寡糖及其电喷雾质谱分析［J］. **高等学校化学学报**,2008,29(7):1344-1348.

[128] 王长云,刘海燕,邵长伦,王亚楠,李亮,管华诗. 软珊瑚(Sinularia flexibilis)和柳珊瑚(Plexaura homomalla)化学防御物质研究进展［J］. **生态学报**,2008,28(5):2320-2328.

[129] LanTan*,Jin-TaiYu,Hua-Shi Guan,Resveratrol exerts pharmacological preconditioning by activating PGC-1α［J］,**Medical Hypotheses**,2008,71(5):664-667.

[130] LanTan* Jin-TaiYu,Hua-Shi Guan,Intranasal anticonvulsive treatment:A prospective management of intractable epilepsy?［J］,**Medical Hypotheses**,2008,71(4):542-545.

[131] Zhao Xia,Fu Hai-Ning;,Yu Guang-Li,Wang Jin-Xia,Li Xiao-Jun,Guan Hua-Shi,Preparation of oligoguluronate sulfates by solid phase acid degradation and analysis by negative-ion electrospray tandem mass spectrometry［J］,**Chemical Journal of Chinese Universities**,2008,29(7):1344-1348.

[132] Li,Guo Qiang,Zhang,Yang Bai,Guan,Hua Shi,A new isoxazol from Glehnia

littoralis[J]，**Phytochemical communication**，2008，79（3）：238-239.

[133] Wu，Ji-biao[2]；Song，Ning-ning[1]；Wei，Xin-bing[1]；Guan，Hua-shi[2]；Zhang，Xiu-mei[1]，Protective effects of paeonol on cultured rat hippocampal neurons against oxygen-glucose deprivation-induced injury[J]，**Journal of the Neurological Sciences** 2008，264（1-2）：50-55.

[134] Xuan ShiYing，Xin YongNing，Chen AnJin，Dong QuanJiang，Qiang Xin，Li Ning，Zheng MH，Guan HS，Association between the presence of H pylori in the liver and hepatocellular carcinoma：A meta-analysis[J]，**World Journal of Gastroenterology**，2008，14（2）：307-312.

[135] 王亚楠，傅秀梅，刘海燕，管华诗，王长云．生物制氢最新研究进展与发展趋势［J］.应用与环境生物学报，2007，13（6）：895-900.

[136] 林长征，管华诗，裴渭静，丁钰，李海花，于广利．藻酸双酯钠的超滤分级及分级产物抗凝血活性的比较研究［J］.中国药学杂志，2007（22）：1689-1692.

[137] 王斌，李国强，管华诗．蒙古鸦葱挥发油成分及无机元素的GC-MS和ICP-MS分析［J］.时珍国医国药，2007（10）：2364-2365.

[138] 武继彪，隋在云，管华诗．丹皮酚对大鼠离体海马神经元NMDA受体的影响［J］.中药药理与临床，2007，23（5）：71-73.

[139] 林长征，管华诗，于广利，李海花，谷彩霞．藻酸双酯钠及其分级产物免疫调节作用比较研究［J］.中国海洋药物，2007，26（5）：13-16.

[140] 徐静，管华诗，林强．木奶果根中的新倍半萜内酯［J］.中草药，2007，38（10）：1450-1452.

[141] 卢圳域，朱伟明，顾谦群，刘培培，刘茂新，郭健，管华诗．海洋微藻的体外抗肿瘤活性初筛［J］.海洋与湖沼，2007，38（5）：464-467.

[142] 王斌，李国强，管华诗．柽柳挥发油成分及无机元素的GC/MS和ICP-MS分析［J］.质谱学报，2007，28（3）：161-164.

[143] 王淑民，管华诗，方翼，马萍，孙健姿，刘丽宏．二氢吡啶类钙拮抗剂拉西地平对5-HT诱导的细胞内钙释放的影响［J］.中国科学（B辑：化学），2007，37（4）：397-401.

[144] 张吉德，管华诗，关美君，王长云．回顾海洋药物专业委员会的创建与海药学科的发展——纪念中国药学会成立百周年［J］.中国海洋药物，2007，

26（4）：50-56.

[145] 王斌,甘纯玑,管华诗,谢苗. 九孔鲍褐藻酸酶降解褐藻胶的反应条件与酶解产物的分析 [J]. **中国水产科学**,2007,14（4）：659-666.

[146] 李国强,王斌,管华诗. 海洋糖苷类成分生物活性研究进展 [J]. **中国海洋大学学报**（自然科学版）,2007,26（4）：541-549.

[147] 张样柏,李国强,管华诗. HPLC 法同时测定北沙参中法卡林二醇和人参炔醇的含量 [J]. **中国海洋大学学报**（自然科学版）,2007,37（S1）：127-130.

[148] 王静雪,江晓路,牟海津,管华诗. 海洋弧菌 QJH-12 发酵产琼胶酶条件的优化 [J]. **海洋科学**,2007,31（7）：8-14.

[149] 傅秀梅,宋婷婷,戴桂林,王亚楠,鹿守本,管华诗,王长云. 山东海洋渔业资源问题分析及其可持续发展策略 [J]. **海洋湖沼通报**,2007（2）：164-170.

[150] 凌沛学,管华诗. 透明质酸钠粉雾剂预防术后硬膜粘连的研究 [J]. **中国药学杂志**,2007,42（9）：713-714.

[151] 任舒文,管华诗. 海洋生物活性提取物在化妆品中的应用 [J]. **中国海洋药物**,2007,26（2）：47-51.

[152] 孙兴权,李静,耿美玉,管华诗. 乳腺癌相关糖复合物糖链研究进展 [J]. **中国药理学通报**,2007,23（4）：425-427.

[153] 孙兴权,李静,耿美玉,管华诗. 糖组学研究中糖蛋白糖链结构分析技术 [J]. **化学进展**,2007,19（1）：130-135.

[154] 于广利,王莹,赵峡,高昊东,管华诗. 一种碱溶性灰树花菌丝体多糖 GFM2A 的制备和结构表征 [J]. **高等学校化学学报**,2007,29（1）：87-91.

[155] Lin Chang-Zheng, Guan Hua-Shi, Li Hai-Hua, Yu Guang-Li, Gu Cai-Xia Li Guo-Qlang, The influence of molecular mass of sulfated propylene glycol ester of low-molecular-weight alginate on anticoagulant activities [J], **European polymer journal**,2007,43（7）：3009-3015.

[156] Wang Bin, Li GuoQiang, Qiu PeiJu, Guan HuaShi, Two new olean-type triterpene fatty esters from Scorzonera mongolica [J], **Chinese Chemical Letters**,2007,18（6）：708-710.

[157] Sun Xing-quan, Li Jing, Geng Mei-yu, Guan Hua-shi, Glycoconjugate glycan and its association with breast cancer [J], **Zhong guo Yao li xue Tong bao**,2007,

23（4）：425-427.

[158] Xuan ShiYing, Xin YongNing, Chen Hua, Shi GuangJun, Guan HuaShi, Li Yang, Significance of hepatitis B virus surface antigen, hepatitis C virus expression in hepatocellular carcinoma and pericarcinomatous tissues[J], **World Journal of Gastroenterology**, 2007, 13（12）:1870-1874.

[159] 王淑民,管华诗. 海洋药物的研究进展 [J]. 中国海洋药物,2006,25（6）: 56-61.

[160] 王洪媛,江晓路,任虹,梁晓婷,管华诗. 抗 UV-B 辐射菌紫外吸收代谢产物分析及其抗紫外辐射活性研究 [J]. 中国海洋药物,2006,25（4）:1-5.

[161] 段琳,方玉春,朱伟明,顾谦群,管华诗. 海仙人掌 Cavernulariasp. 的化学成分研究 [J]. 中国海洋药物,2006,25（4）:22-25.

[162] 傅秀梅,王长云,王亚楠,鹿守本,管华诗. 海洋生物资源与可持续利用对策研究 [J]. 中国生物工程杂志,2006,26（7）:105-111.

[163] 林长征,裴渭静,曹永孝,管华诗. 平溃散对胃酸分泌的抑制作用 [J]. 中成药,2006,28（7）:1041-1042.

[164] 张洪荣,王长云,刘斌,魏玉西,王斌贵,耿美玉,管华诗. 一种饱和褐藻胶寡糖的制备方法 [J]. 中国海洋药物,2006,25（3）:1-6.

[165] 王睿,方翼,柴栋,裴斐,李桂玲,耿美玉,谭兰,陈升杰,管华诗. 单次静滴 D-聚甘酯注射液在中国男性健康志愿者的药代动力学 [J]. 中国临床药理学杂志,2006,22（3）:192-194.

[166] 冯晓梅,韩玉谦,李钐,管华诗. 高 DHA 含量营养保健鸡蛋的研究 [J]. 食品科学,2006,27（4）:167-170.

[167] 刘斌,王长云,张洪荣,王斌贵,魏玉西,康凯,李亮,于广利,耿美玉,管华诗. 系列甘露糖醛酸寡糖的制备与鉴定 [J]. 高等学校化学学报,2006,27（3）: 485-487.

[168] 林艳,管华诗,樊伟,董建军,于文功. RAPD 和 STS 分子标记技术鉴定酒花品种和纯度 [J]. 食品与发酵工业,2006,32（12）:86-89.

[169] 凌沛学,管华诗,员象敏,荣晓花. 透明质酸钠散剂的制备及其质量控制 [J]. 中国医药工业杂志,2006,37（2）:89-91.

[170] 管华诗. 坚持科学发展观建设和谐的海洋强国 [N]. 中国海洋报,2006-2-7.

[171] 管华诗. 我国海洋创新药物的研究和开发 [J]. **中国天然药物**, 2006, 4(1): 1-1.

[172] 张真庆, 于广利, 赵峡, 王远红, 吕志华, 管华诗. 一种海洋弧菌(Vibrio sp. WYA)褐藻胶裂合酶降解特性研究 [J]. **高等学校化学学报**, 2006, 27(1): 71-74.

[173] 凌沛学, 管华诗, 贠晓花, 张天民. 眼科药物传递系统的研究进展 [J]. **中国药学杂志**, 2006, 41(1): 7-9.

[174] Liu, HongBin, Cao Bing, Cui ChengBin, Gu QunQian, Zhao QingChun, Guan HuaShi, Pterocaryquinone: a novel naphthoquinone derivative from Pterocar tonkinesis[J]. **Chinese Journal of Chemistry**, 2006, 24(12): 1683-1686.

[175] Li Chun-Xia, Guo Tian-Tian, Wang Peng, Guan HuaShi, Li YingXia, Semi-synthesis of several stigmasterol saponins[J]. **Chinese Journal of Chemistry**, 2006, 24(7): 917-922.

[176] Li ChunXia; Zang Jing; Wang Peng; Zhang XiuLi; Guan HuaShi; Li YingXia, Synthesis of two natural oleanolic acid saponins[J]. Chinese Journal of Chemistry, APR, 2010, 24(4): 509-517.

[177] 张真庆, 于广利, 赵峡, 李信, 管华诗. 几种糖醛酸及其寡糖的薄层层析分析 [J]. **分析化学**, 2005, 33(12): 1750-1752.

[178] 王骏, 李英霞, 宋妮, 管华诗. 壳寡糖及其全乙酰化衍生物的制备及结构表征 [J]. **中国海洋大学学报**(自然科学版), 2005, 35(6): 994-1000.

[179] 王鹏, 江晓路, 江艳华, 管华诗. 细菌胞外多糖构效关系及特性的研究 [J]. **食品科学**, 2005, 26(11): 257-26.

[180] 商红强, 朱天骄, 顾谦群, 朱伟明, 管华诗. 一株抗小鼠乳腺癌和一株有抑菌活性的北极细菌的初步研究 [J]. **微生物学通报**, 2005, 32(5): 5-9.

[181] 韩玉谦, 冯晓梅, 管华诗. 海参皂甙的研究进展 [J]. **天然产物研究与开发**, 2005, 17(5): 669-672.

[182] 凌沛学, 管华诗. 透明质酸及其衍生物防粘连的研究与应用 [J]. **中国药学杂志**, 2005, 39(20): 1527-1530.

[183] 张炜, 江涛, 任素梅, 张忠伟, 管华诗. 金属-糖胺配合物的合成、光谱表征及催化酯类水解的动力学研究 [J]. **光谱学与光谱分析**, 2005, 25(6): 975-978.

[184] 陈海霞,高文远,李静,耿美玉,管华诗．肿瘤与正常细胞表面糖链结构的流式细胞术分析 [J]．**中国生物工程杂志**,2005,25（6）：80-83.

[185] 王尚资,尹长城,林正红,王祥斌,刘晶,管华诗,黄华樑．全合成人源单骨架抗体库的构建及初步筛选 [J]．**细胞与分子免疫学杂志**,2005,21（3）：347-348.

[186] 张辉,管华诗,赵志强．长牡蛎中天然牛磺酸的提取 [J]．**海洋科学**,2005,29（4）：1-4.

[187] 王长云,耿美玉,管华诗．海洋药物研究进展与发展趋势 [J]．**中国新药杂志**,2005,14（3）：278-282.

[188] 张炜,江涛,任素梅,管华诗,杨光弟．Ni（Ⅱ）- 糖胺金属配合物的合成、晶体结构及催化 PNPP 水解的活性研究 [J]．**化学学报**,2005,63（6）：555-558.

[189] 张炜,江涛,任素梅,管华诗．环糊精金属配合物模拟金属蛋白酶的研究进展 [J]．**化学试剂**,2005,27（3）：145-152.

[190] 刘红兵,崔承彬,顾谦群,蔡兵,赵庆春,管华诗．东京枫杨的甾体等化学成分及其体外抗肿瘤活性 [J]．**中国药学杂志**,2005,39（6）：414-416.

[191] 王莹,于广利,赵峡,管华诗,杜宇国．几种寡聚古罗糖醛酸的制备和结构表征 [J]．**高等学校化学学报**,2005,26（1）：179-183.

[192] Liu Rui, Gu QianQun, Cui ChengBin, Cai Bing, Liu HongBing, Wang Lei, Guan HuaShi, 12α,13-Dihydroxyolean-3-oxo-28-oic acid, a New Triterpene, and the Known Oleanonic Acid as a New Cell Cycle Inhibitor from Schefflera venulosa[J]. **Chinese Journal of Chemistry**,2005,23（3）：242-244.

[193] HongBing Liu, ChengBin Cui, Bing Cai, QianQun Gu, DongYun Zhang, QingChun Zhao, HuaShi Guan, Pterocarine, a New Diarylheptanoid from Pterocarya tonkinesis, Its Cell Cycle Inhibition at G0/G1 Phase and Induction of Apoptosis in HCT-15 and K562 Cells[J]. **Chinese Chemical Letters**;2005,16（4）：215-218.

[194] Yi-Chun Zhang, Ying-Xia Li, Hua-Shi Guan, Synthesis of Indomethacin Conjugates with D-Glucosamine[J]. **Chinese Chemical Letters**;2005,16（2）：179-182.

[195] Zhang YiChun, Chen PingTao, Guan HuaShi, Li YingXia, Synthesis and pharmacological evaluation of novel conjugates of indomethacin with antioxidant activity[J]. **Chinese Journal of Chemistry**, 2005, 23(11): 1523-1529.

[196] Kong DeXin, Jiang Tao, Guan HuaShi, Potential of Eigen Value method to the study on structure-anti oxidant activity relationship[J]. **Chinese Journal of Chemistry**, 2005, 23(7): 816-822.

[197] 王洪媛, 江晓路, 管华诗, 牟海津. 微生物生态学一种新研究方法 -T-RFLP 技术 [J]. 微生物学通报, 2004, 31(6): 90-94.

[198] 韩玉谦, 蒋新, 李钐, 冯晓梅, 管华诗. 鱼油多膜微胶囊制备工艺的研究 [J]. 食品科学, 2004, 25(12): 128-131.

[199] 刘斌, 王长云, 张洪荣, 耿美玉, 管华诗. 海藻多糖褐藻胶生物活性及其应用研究新进展 [J]. 中国海洋药物, 2004, 23(6): 36-41.

[200] 姬胜利, 陈亮珍, 石峰, 管华诗. 过氧化氢降解肝素制备肝素寡糖的工艺研究 [J]. 中国医药工业杂志, 2004, 35(10): 590-591.

[201] 管华诗. 高水平特色大学建设的探索与思考 [J]. 中国高等教育, 2004(20): 18-20.

[202] 管华诗, 韩玉谦, 冯晓梅. 海洋活性多肽的研究进展 [J]. 中国海洋大学学报(自然科学版), 2004, 34(5): 761-766.

[203] 王洪媛, 管华诗, 江晓路. 微生物生态学中分子生物学方法及 T-RFLP 技术研究 [J]. 中国生物工程杂志, 2004, 24(8): 42-47.

[204] 刘睿, 顾谦群, 崔承彬, 韩冰, 蔡兵, 刘红兵, 管华诗. 长叶水麻的三个酚酸类化学成分及其扩肿瘤活性 [J]. 中国药物化学杂志, 2004, 14(4): 193-196.

[205] 杨钊, 张真庆, 管华诗. 一种新的褐藻胶寡糖制备方法——氧化降解法 [J]. 海洋科学, 2004, 28(7): 19-22.

[206] 刘红兵, 崔承彬, 蔡兵, 顾谦群, 张冬云, 温江妮, 管华诗. 东京枫杨中三萜类化合物的分离鉴定与抗肿瘤活性 [J]. 中国药物化学杂志, 2004, 14(3): 165-168.

[207] 张真庆, 赵峡, 于广利, 管华诗. 中性糖对古糖酯含量测定的影响 [J]. 中国海洋大学学报(自然科学版), 2004, 34(3): 377-380.

[208] 张晓茹,李英霞,褚世栋,丁宁,李春霞,管华诗. Synthesis of Glutamic Acid-based Cluster Galactosides and Their Binding Affinities with Liver Cells[J]. **Chinese Journal of Chemistry**,2004,22(5):482-486.

[209] 李玉文,李英霞,张伟,管华诗. 一锅法制备全乙酰吡喃溴代糖[J]. **有机化学**,2004,24(4):438-439.

[210] 孔德信,江涛,阎作伟,管华诗. 使用本征值方法研究抗氧化剂的构效关系[J]. **高等学校化学学报**,2004,25(4):713-716.

[211] 韩玉谦,隋晓,管华诗. 海参活素抗疲劳作用的初步研究[J]. **中国海洋药物**,2004,24(2):9-12.

[212] 王尚资,尹长城,于文功,管华诗,黄华樑. 噬菌体抗体库技术与高通量筛选抗体[J]. **中国生物工程杂志**,2004,23(2):57-58.

[213] 陈海霞,耿美玉,管华诗. 癌相关N-乙酰氨基葡萄糖转移酶研究进展[J]. **中国生物工程杂志**,2004,24(2):22-25.

[214] 张晓茹,李英霞,褚世栋,李春霞,管华诗. 糖簇分子和糖树状分子的合成进展[J]. **有机化学**,2004,24(2):119-126.

[215] 江晓路,刘岩,胡晓珂,管华诗. Vibrio sp. 510产褐藻胶裂合酶的底物专一性分析[J]. **中国海洋大学学报**(自然科学版),2004,34(1):55-59.

[216] 姬胜利,张琳,迟延青,崔慧斐,曹吉超,管华诗. 不同来源的硫酸乙酰肝素的制备及理化性质研究[J]. **中国生化药物杂志**,2004,25(1):13-16.

[217] 李国强,邓志威,管华诗,果得安,林文翰. 中国南海软珊瑚 Dendronephthya gigantea 中的多羟基甾醇成分[J]. **中国海洋药物**,2004,23(1):1-5.

[218] 管华诗. 高水平特色大学建设的重要保证—党委领导下的校长负责制的认识与实践[J]. **中国高等教育**,2004(1):21-22.

[219] Wang Shang zi, Yin Chang cheng, Yu Wen gong, Guan Hua shi, Huang Hua liang, The progress on Phage Display Antibody Library Technology and high—Throughput Isolation of Antibodies[J], **Journal of Chinese Biotechnology**, 2004,24(2):9-12.

[220] Ji ShengLi, Du HaiYan, Chi YanQing, Cui HuiFei, Cao JiChao, Geng MeiYu, Guan HuaShi, Effects of dermatan sulfate derivatives on platelet surface P-selectin expression and protein C activity in blood of inflammatory bowel

disease patients[J]，**World Journal of Gastroenterology**，2004，10（23）：3485-3489.

[221] Ji ShengLi，Cui HuiFei，Shi Feng，Chi YanQing，Cao JiChao，Geng MeiYu，Guan HuaShi，Inhibitory effect of heparin-derived oligosaccharides on secretion of interleukin-4 and interleukin-5 from human peripheral blood T lymphocytes，**World Journal of Gastroenterology**[J]，2004，10（23）：3490-3494.

[222] Yang Zhao，Li JinPing，Guan HuaShi，Preparation and characterization of oligomannuronates from alginate degraded by hydrogen peroxide[J]，**Carbohydrate Polymers**，2004，58（2）：115-121.

[223] Li YanTuan，Yan CuiWei，Lou JiangFang，Guan HuaShi，Synthesis and magnetic studies of mu-oxalato-bridged copper（Ⅱ）-M（Ⅲ）-copper（Ⅱ）（M = Cr and Fe）heterotrinuclear complexes[J]，**Journal of magnetism and magnetic Materials**，2004，281（1）：68-76.

[224] Zhang XiaoRu，Li YingXia，Chu ShiDong，Ding Ning，Li ChunXia，Guan HuaShi，Synthesis of glutamic acid-based cluster galactosides and their binding affinities with liver cells[J]，**Chinese Journal of Chemistry**，2004，22（5）：482-486.

[225] Kong DeXin，Jiang Tao，Yan ZuoWei，Guan HuaShi，Studies on relationship between structure and antioxidant activity using eigen value method[J]，**Chemical Research In Chinese Universities**，2004，25（4）：713-716.

[226] Li YuWen，Li YingXia，Wei Z，Guan HS，An alternative method for anomeric deacetylation of per-acetylated carbohydrates[J]，**Chinese Journal of Chemistry**，2004，22（1）：117-118.

[227] 冯晓梅，韩玉谦，隋晓，管华诗. 番茄红素稳定性的研究 [J]. **青岛海洋大学学报**（自然科学版），2003，33（6）：875-880.

[228] 董晓莉，耿美玉，管华诗，谢俊霞. 褐藻酸性寡糖对帕金森病大鼠纹状体、杏仁核多巴胺释放的影响 [J]. **中国海洋药物**，2003，22（5）：9-12.

[229] 朱媛媛，李桂玲，王菊英，袁玮，管华诗. 海力特抗肿瘤作用及其对免疫功能的影响 [J]. **中国海洋药物**，2003，22（5）：41-44.

[230] 韩玉谦，隋晓，蒋新，冯晓梅，管华诗. 超临界 CO_2 萃取甲鱼油的研究 [J].

中国油脂,2003,28(10):33-35.

[231] 张真庆,赵峡,管华诗. 古糖酯的稳定性研究 [J]. **药学学报**,2003,22(4):
711-714.

[232] 王淑民,耿美玉,王睿,管华诗,李桂玲,戚欣. 生物分析法测定人血浆 D-聚甘酯 [J]. **中国海洋药物**,2003,22(4):42-44.

[233] 高焱,于文功,韩峰,路新枝,宫倩红,管华诗. 甘糖酯对高脂血症大鼠主动脉中 MCP-1 表达的抑制作用 [J]. **药学学报**,2003,38(8):582-585.

[234] 王睿,方翼,耿美玉,李桂玲,辛现良,戚欣,柴栋,裴斐,郎森阳,秦筱梅,陈升杰,王乃东,管华诗. 中国健康志愿者连续口服 D-聚甘酯片药动学研究 [J]. **中国药学杂志**,2003,38(8):53-56.

[235] 韩玉谦,隋晓,冯晓梅,管华诗. 超临界 CO_2 萃取蜂胶有效成分的研究 [J]. **精细化工**,2003,22(7):422-424.

[236] 张运涛,顾谦群,方玉春,吕元萌,管华诗. 分光光度法测定海洋河弧菌 510 脂多糖 [J]. **青岛海洋大学学报**(自然科学版),2003,33(3):355-360.

[237] 苗本春,李静,耿美玉,管华诗. 海洋硫酸多糖聚古罗糖酯(912)抗肿瘤作用机理探讨 [J]. **中国海洋药物**,2003,22(3):11-15.

[238] 方翼,王睿,耿美玉,李桂玲,戚欣,管华诗. D-聚甘酯片延长人体 aPTT 时间药效动力学研究 [J]. **中国海洋药物**,2003,22(3):48-50.

[239] 张真庆,江晓路,管华诗. 寡糖的生物活性及海洋性寡糖的潜在应用价值 [J]. **中国海洋药物**,2003,22(3):51-56.

[240] 李雪梅,郎森阳,王睿,方翼,蒲传强,吴卫平,于生元,黄旭升,郭晓鹏,耿美玉,辛现良,戚欣,管华诗. 连续口服 D-聚甘酯片的 I 期临床安全性、耐受性研究 [J]. 中国临床药理学杂志,2003,19(3):178-180.

[241] 张晓茹,李英霞,丁宁,管华诗. 二、三分枝甘露糖簇衍生物的合成 [J]. **有机化学**,2003,23(6):559-562.

[242] 郎森阳,李雪梅,王睿,方翼,蒲传强,吴卫平,于生元,黄旭升,郭晓鹏,耿美玉,辛现良,戚欣,管华诗. 单次口服 D-聚甘酯片的 I 期临床安全性及耐受性研究 [J]. **中国新药杂志**,2003,12(4):288-291.

[243] 王长云,顾谦群,周鹏,赵晓燕,刘小鸣,管华诗. 红藻多糖卡拉胶分子修饰研究 I. 酸降解 [J]. **中国海洋药物**,2003,22(2):24-27.

[244] 李春霞,李英霞,管华诗.甘油糖脂生物活性研究进展[J].中国海洋药物,2003,22(2):47-52.

[245] 于淼,管华诗,郭华荣,张士璀.鱼类细胞培养及其应用[J].海洋科学,2003,27(3):4-8.

[246] 陈海霞,耿美玉,管华诗.细胞膜糖蛋白及其寡糖链分析方法的研究进展[J].中国生物工程杂志,2003,23(3):20-24.

[247] 李春霞,李英霞,于凌波,褚世栋,管华诗.甘油糖脂的合成Ⅰ.1,2-二-O-脂酰基-3-O-(α-D-吡喃半乳糖基)-sn-甘油的合成[J].有机化学,2003,23(1):66-71+3.

[248] Hua-Shi Guan, The Journal Marine Drugs and the First International Symposium on Marine Drugs(2004)[J], **Marine Drugs**,2003,1(4):3-4

[249] Li YanTuan, Yan CuiWei, Guan HuaShi, Synthesis and magnetic studies of oxalato-bridged copper(Ⅱ)chromium(Ⅲ)-copper(Ⅱ)and copper(Ⅱ)-iron(Ⅲ)-copper(Ⅱ)heterotrinuclear complexes[J], **Polyhedron**,2003,22(24):3223-3230.

[250] Zuo DaiShu, Jiang Tao, Guan HuaShi, Wang KuiQi, Qi Xi, Shi Zhan, Synthesis, structure and antitumor activity of dibutyltin oxide complexes with 5-fluorouracil derivatives. Crystal structure of[(5-fluorouracil)-1-CH_2CH_2COOSn(n-Bu)(2)](4)O-2[J], **Molecules**,2003,8(7):520-520.

[251] Wang ChangYun, Wang BinGui, Wiryowidagdo, S, Wray V, van Soest R, Steube KG, Guan HuaShi, Proksch P, Ebel R, Melophlins C-O, thirteen novel tetramic acids from the marine sponge Melophlus sarassinorum[J], **Journal of natural Products**,2003,66(1):51-56.

[252] 张亚萍,于文功,戴继勋,管华诗.植物激素在条斑紫菜原生质体固体培养中的作用[J].海洋湖沼通报,2002(4):56-62.

[253] 苗本春,耿美玉,李静,李福川,夏威,管华诗.海洋硫酸多糖911免疫增强作用的探讨[J].中国海洋药物,2002,21(5):1-4.

[254] 王睿,方翼,李雪梅,王中孝,耿美玉,李桂玲,辛现良,戚欣,管华诗,秦筱梅,陈升杰,王乃东.D-聚甘酯片在中国健康志愿者药代动力学研究[J].中国临床药理学杂志,2002,13(5):363-367.

[255] 李福川,耿美玉,李英霞,李静,苗本春,管华诗.海洋硫酸多糖911的荧光

标记研究[J].**高等学校化学学报**,2002,23(9):1704-1708.

[256] 高焱,于文功,韩峰,路新枝,宫倩红,胡晓珂,管华诗.甘糖酯对高脂血症大鼠血脂及脂蛋白脂酶的调节作用[J].**药学学报**,2002,37(9):687-690.

[257] 牟海津,江晓路,蒋萱,管华诗.卡拉胶降解菌M-2的筛选与产酶性质[J].**中国水产科学**,2002,9(3):251-254.

[258] 张运涛,方玉春,顾谦群,江晓路,管华诗.气质联用技术分析鉴定海洋琼胶液化弧菌脂多糖的脂肪酸[J].**青岛海洋大学学报**(自然科学版),2002,32(4):562-566.

[259] 赵锐,纪建国,袁洪生,管华诗,茹炳根.兔肝金属硫蛋白亚型异构体的高效液相色谱分离与ESI-MS,MALDI-TOF-MS鉴定[J].**高等学校化学学报**,2002,23(6):1086-1090.

[260] 朱海波,耿美玉,管华诗.海洋硫酸多糖DPS对大鼠主动脉平滑肌细胞膜电压依赖性Ca(2+)通道和受体活化性Ca(2+)通道的影响[J].**中国海洋药物**,2002,21(3):8-9+14.

[261] 迟连利,于广利,任玮娜,管华诗,RJ. Linhardt. κ-卡拉胶五糖的制备及结构研究[J].**中国海洋药物**,2002,21(3):21-24.

[262] 王秀冬,张兆旺,孙秀梅,吕青涛,管华诗,徐家敏.HPLC法测定华海乙肝泡腾颗粒剂中虎杖苷的含量[J].**实用医药杂志**,2002,19(6):460-461.

[263] 王秀冬,张兆旺,孙秀梅,吕青涛,管华诗,徐家敏.HPLC法测定华海乙肝泡腾颗粒剂中五味子乙素的含量[J].**实用医药杂志**,2002,19(5):369-370.

[264] 于广利,王群,管华诗,徐家敏,RJ. Linhardt.牛肺肝素寡糖的制备[J].**青岛海洋大学学报**(自然科学版),2002,32(2):231-235.

[265] 张芳,岳旺,管华诗,李桂玲.藻酸双酯钠和阿莫地平对狗肾血流动力学影响的对比研究[J].**中国海洋药物**,2002,21(2):39-41.

[266] 王秀冬,张兆旺,孙秀梅,吕青涛,管华诗,徐家敏.华海乙肝泡腾颗粒剂质量标准的初步研究[J].**中成药**,2002,42(4):262-265.

[267] 胡晓珂,于文功,路新枝,韩峰,宫倩红,高焱,管华诗.甘糖酯对大鼠肝脏CuZn-SOD mRNA表达和酶活的诱导作用[J].**药学学报**,2002,37(1):23-26.

[268] Chang-Yun Wang, Bin-Gui Wang, Gernot Brauers, Hua-Shi Guan, Peter

Proksch, Rainer Ebel, Microsphaerones A and B, Two Novel γ-Pyrone Derivatives from the Sponge-Derived Fungus Microsphaeropsis sp[J], **Journal of natural Products**. 2002,65(5):772-775.

[269] Liu Yan, Jiang XiaoLu, Liao Wei, Guan HuaShi, Analysis of oligoguluronic acids with NMR, electrospray ionization-mass spectrometry and high-performance anion-exchange chromatography[J], **Journal of Chromatography A**, 2002:968(1-2):71-78.

[270] 于广利, 管华诗, RJ. Linhardt, Wang Qun, Hyun OK Yang, Toshihiko Toida. 硫酸皮肤素寡糖的分离与制备 [J]. **青岛海洋大学学报**（自然科学版）, 2001, 31(6):849-854.

[271] 毛文君, 林洪, 管华诗. 琼胶寡糖的制备及其(13)C-NMR 研究 [J]. **水产学报**, 2001, 25(6):582-584.

[272] 左代姝, 江涛, 管华诗, 戚欣, 田泉, 刘福龙. 五氟脲嘧啶氨基葡萄糖轭合物的制备及抗癌活性研究（英文）[J]. **中国医学**, 2001, 10(4):193-195.

[273] 赵锐, 纪建国, 郝守进, 陈倩, 袁洪生, 管华诗, 茹炳根. 正常与重金属铅注射的兔脑蛋白质双向电泳图谱比较与鉴定 [J]. **生物化学与生物物理进展**, 2001, 28(6):874-879.

[274] 胡晓珂, 江晓路, 管华诗. 海藻多糖降解酶的性质和作用机理 [J]. **微生物学报**, 2001, 41(6):762-766.

[275] 于广利, 管华诗, 徐家敏, 王群, Robert J. Linhardt. 低分子量肝素的制备及其结构与活性差异（英文）[J]. **青岛海洋大学学报**（自然科学版）, 2001, 31(5):673-680.

[276] 李英霞, 宋妮, 褚世栋, 管华诗. N-吡啶乙酰基-β-D-葡萄糖胺的合成 [J]. **中国海洋药物**, 2001, 20(5):9-10.

[277] 朱海波, 耿美玉, 管华诗. 硫酸多糖抗血管平滑肌细胞增殖作用机理的研究进展 [J]. **中国海洋药物**, 2001, 20(5):35-40.

[278] 王秀冬, 张兆旺, 孙秀梅, 吕青涛, 管华诗, 徐家敏. HPLC 法测定华海乙肝泡腾颗粒剂中柴胡皂苷 C 的含量 [J]. **药学实践杂志**, 2001, 19(5):298-300.

[279] 毛文君, 林洪, 管华诗. 琼胶寡糖的 ESI-MS 分析研究 [J]. **中国水产科学**, 2001, 8(3):69-72.

[280] 于广利，管华诗，RJ Linhardt, Jawed Fareed. 肝素酶 I 对合成的肝素五糖的酶解作用及对其抗 Xa 因子活性的影响（英文）[J]. **青岛海洋大学学报**（自然科学版），2001，31（4）：529-535.

[281] 辛现良，耿美玉，戚欣，管华诗. 新型抗脑缺血海洋新药 989 作用机理的初步探讨 [J]. **青岛海洋大学学报**（自然科学版），2001，31（4）：536-540.

[282] 付新梅，江涛，王奎旗，左代姝，管华诗. 糖类对先导化合物的化学修饰及其在药学中的应用 [J]. **中国海洋药物**，2001，3（4）：54-62.

[283] 朱海波，耿美玉，李静，管华诗，张均田. D-硫酸多糖抗血管平滑肌细胞增殖作用及其机制（英文）[J]. **中国药理学报**，2001，22（8）：38-42.

[284] 王秀冬，张兆旺，孙秀梅，吕青涛，管华诗，徐家敏. 薄层扫描法测定华海乙肝泡腾颗粒剂中黄芪甲苷的含量 [J]. **药学实践杂志**，2001，19（4）：226-228.

[285] 董志峰，马荣才，彭于发，管华诗. 转基因植物中外源非目的基因片段的生物安全研究进展 [J]. **植物学报**，2001，43（7）：661-672.

[286] 戚欣，耿美玉，辛现良，管华诗. 新型抗脑缺血海洋新药 989 对血栓性大鼠脑缺血的保护作用 [J]. **青岛海洋大学学报**（自然科学版），2001，31（3）：356-360.

[287] 于广利，迟连利，管华诗，李桂玲，陈娥功，蒋新. PAGE 在海洋酸性寡糖分析中的应用 [J]. **中国海洋药物**，2001，20（3）：7-11.

[288] 朱海波，耿美玉，管华诗. 海洋硫酸多糖 DPS 对肾血管性高血压大鼠血清 NO 和血浆 Ang II 及 ET-1 含量的影响（英文）[J]. **青岛海洋大学学报**（自然科学版），2001，31（2）：179-184.

[289] 姚子昂，马洪明，姜招峰，管华诗. 甘糖酯对大鼠尿激酶型纤溶酶原激活物活性的诱导作用 [J]. **青岛海洋大学学报**（自然科学版），2001，31（2）：215-219.

[290] 王礼春，耿美玉，曲新颜，管华诗. 海洋硫酸多糖 AHD 的降压作用及其机制的初步探讨 [J]. **中国海洋药物**，2001，20（2）：23-26.

[291] 褚世栋，李英霞，耿美玉，宋妮，管华诗. 基于 Internet 的海洋药物虚拟研究 [J]. **中国海洋药物**，2001，20（2）：54-56.

[292] 刘岩，江晓路，管华诗. 卡拉胶酶的研究进展 [J]. **微生物学通报**，2001，

28（2）：89-93.

[293] 左代姝,江涛,刘福龙,傅新梅,王奎旗,管华诗．锡类化合物在糖化学反应中的应用［J］．**化学世界**,2001,42（4）：210-215.

[294] 管华诗．建立海洋药物开发创新体系［J］．**中国高校技术市场**,2001（4）：9.

[295] 耿美玉,辛现良,李静,邓岗,徐家敏,管华诗．新型海洋硫酸多糖 DPS 对大鼠脑缺血的保护作用［J］．**海洋与湖沼**,2001,32（2）：192-197.

[296] 姚子昂,马洪明,姜招峰,刘万顺,戴继勋,管华诗．甘糖酯对大鼠尿激酶的诱导作用［J］．**中国药理学通报**,2001,17（1）：79-82.

[297] 李静,耿美玉,梁平方,李英霞,管华诗．海洋硫酸多糖 911 抗氧化性及其作用机理的初步探讨—911 的抗氧化与抗艾滋病的关系［J］．**中国海洋药物**,2001,20（1）：17-19.

[298] 陈骦,耿美玉,管华诗,梁平方．褐藻多糖 GS201 对脑神经细胞生存的影响［J］．**中国海洋药物**,2001,20（1）：20-22+11.

[299] 李英霞,宋妮,褚世栋,张晓宁,管华诗．一种新型水溶性甲壳胺衍生物的制备及结构确证［J］．**中国海洋药物**,2001,20（1）：23-24+51.

[300] 宋妮,李英霞,褚世栋,李春霞,张晓宁,管华诗．N-烷基,O-羧甲基甲壳胺衍生物的制备及结构分析［J］．**中国海洋药物**,2001,20（1）：32-33+41.

[301] 管华诗．适应时代要求建设高水平特色大学［J］．**中国高等教育**,2001（Z1）：19-20.

[302] 朱海波,耿美玉,管华诗,张均田．海洋硫酸多糖 DPS 对大鼠血管平滑肌细胞增殖的影响及其机制的探讨［J］．**药学学报**,2001,36（1）：19-24.

[303] Zuo DaiShu, Jiang Tao, Guan HuaShi, Qi Xin, Wang KuiQi, Shi Zhan, Synthesis, structure and antitumor activity of dibutyltin oxide complex with 5-fluorouracil derivatives[J], **Chinese Journal of Chemistry**, 2001, 19（11）：1141-1145.

[304] Zuo DaiShu, Jiang Tao, Guan HuaShi, Wang KuiQi; Qi Xin, Shi Zhan, Synthesis, structure and antitumor activity of dibutyltin oxide complexes with 5-fluorouracil derivatives. Crystal structure of［（5-fluorouracil）-1-CH_2CH_2COOSn（n-Bu）（2）］（4）O-2[J], **Molecules**, 2001, 6（8）：647-654.

[305] Mao Wenjun, Lin Hong, Guan Hua-shi, ESI-MS spectroscopy investigation of

agarose oligosaccharides[J]. **J Fishery Sciences of China**, 2001, 8(3): 69-72.

[306] 刘岩, 汪晓路, 吕青, 管华诗. 聚甘露糖醛酸对中国对虾免疫相关酶活性和溶菌溶血活性的影响[J]. **水产学报**, 2000, 24(6): 549-553.

[307] 辛现良, 丁华, 耿美玉, 梁平方, 李英霞, 管华诗. 海洋硫酸多糖 911 抗艾滋病毒作用及其机理研究—体内对猴免疫缺陷病毒(SIV)增殖的影响[J]. **中国海洋药物**, 2000, 19(6): 4-8.

[308] 李英霞, 褚世栋, 宋妮, 张晓宁, 管华诗. 羧甲基壳聚糖碱式铝盐的制备[J]. **中国海洋药物**, 2000, 19(6): 16-17.

[309] 管华诗, 吴强明. 科技创新——经济社会持续发展的不竭动力[J]. **青岛海洋大学学报**(社会科学版), 2000(4): 7-12.

[310] 邓岗, 张岩, 耿美玉, 辛现良, 李静, 管华诗. 高浓度草酸对古糖酯(G872)与晶体黏附作用的影响[J]. **中国海洋药物**, 2000, 19(5): 16-19.

[311] 李春霞, 刘红兵, 管华诗. 苦荬菜属植物化学研究进展[J]. **天然产物研究与开发**, 2000, 12(5): 95-100.

[312] 王秀冬, 张兆旺, 孙秀梅, 吕青涛, 管华诗, 徐家敏. 华海乙肝方半仿生提取法提取药材组合方式的优选[J]. **中国中药杂志**, 2000, 25(10): 25-29.

[313] 赵锐, 张源潮, 管华诗, 李华. 糖胺聚糖类的氯化十六烷基吡啶鎓法测定[J]. **中国医药工业杂志**, 2000, 31(10): 15-18.

[314] 王奎旗, 管华诗. 5-氟尿嘧啶壳聚糖缓释微囊制备工艺研究[J]. **青岛海洋大学学报**(自然科学版), 2000, 30(4): 614-618.

[315] 王远红, 邓岗, 李梅, 徐家敏, 管华诗. 排铅奶粉对实验性铅中毒的治疗作用[J]. **青岛海洋大学学报**(自然科学版), 2000, 30(4): 619-622.

[316] 赵峡, 苗辉, 范慧红, 管华诗. 用 GPC 法测定硫酸多糖 911 的分子量和分子量分布[J]. **青岛海洋大学学报**(自然科学版), 2000, 30(4): 623-626.

[317] 刘岩, 江晓路, 管华诗. 褐藻胶裂解酶研究进展[J]. **中国水产科学**, 2000, 7(4): 99-103.

[318] 耿美玉, 辛现良, 戚欣, 李静, 管华诗. 海洋硫酸多糖药物"989"对大鼠脑缺血再灌注的影响[J]. **中国海洋药物**, 2000, 19(4): 6-9.

[319] 辛现良, 耿美玉, 管华诗, 李泽琳. 海洋硫酸多糖 911 抗 AIDs 作用机制的初步探讨[J]. **中国海洋药物**, 2000, 19(4): 15-18.

[320] 王远红,徐家敏,耿美玉,邓岗,管华诗.海洋硫酸多糖916对实验性高脂血症大鼠血浆中含硫氨基酸的影响[J].中国海洋药物,2000,19(4):23-24.

[321] 朱海波,耿美玉,戚欣,管华诗.海洋硫酸多糖DPS抑制血管平滑肌细胞释放血管紧张素Ⅱ和内皮素-1作用机理的探讨[J].中国海洋药物,2000,19(4):31-34.

[322] 管华诗,耿美玉,王长云.21世纪,中国的海洋药物[J].中国海洋药物,2000,19(4):44-47.

[323] 赵锐,顾谦群,管华诗.天然活性多肽的研究进展[J].天然产物研究与开发,2000,12(4):84-91.

[324] 朱海波,耿美玉,管华诗,张均田.硫酸多糖DPS对肾血管性高血压大鼠的降压作用及其相关机制(英文)[J].Acta Pharmacologica Sinica,2000,21(8):58-63.

[325] 邓岗,耿美玉,辛现良,李静,管华诗,张岩.分步电泳法检测古糖酯[J].青岛海洋大学学报(自然科学版),2000,30(3):459-462.

[326] 朱海波,耿美玉,管华诗.海洋硫酸多糖DPS对肾血管性高血压大鼠的降压作用(英文)[J].青岛海洋大学学报(自然科学版),2000,30(3):463-469.

[327] 李静,耿美玉,管华诗.东海三豪口服液对大鼠心肌缺血的保护作用及其机理的探讨[J].青岛海洋大学学报(自然科学版),2000,30(3):470-476.

[328] 辛现良,耿美玉,李桂玲,管华诗,李泽琳.海洋硫酸多糖911体外对HIV-1作用的研究[J].中国海洋药物,2000,19(3):8-11.

[329] 宋晓梅,刘栋,管华诗.D-聚甘酯对原代培养胎大鼠皮层神经元细胞外液NO的影响[J].中国海洋药物,2000,19(3):15-17.

[330] 胡金凤,耿美玉,陈昆,冉忠梅,徐家敏,管华诗.甲壳质衍生物916对家兔实验性动脉粥样硬化的预防作用[J].中国海洋药物,2000,19(3):18-21.

[331] 赵锐,顾谦群,管华诗.多肽物质分离与分析方法研究进展[J].中国海洋药物,2000,19(3):48-53.

[332] 赵锐,顾谦群,管华诗.海洋活性肽的研究进展[J].海洋科学,2000,24(6):14-17.

[333] 王长云,管华诗.多糖抗病毒作用研究进展Ⅲ.卡拉胶及其抗病毒作用[J].生物工程进展,2000,20(3):39-42.

[334] 朱海波,耿美玉,管华诗.海洋硫酸多糖DPS对大鼠血管平滑肌细胞增殖的影响[J].中国海洋药物,2000,19(2):18-20.

[335] 傅余强,顾谦群,方玉春,管华诗.海洋生物中蛋白质、肽类毒素的研究新进展[J].中国海洋药物,2000,19(2):45-50.

[336] 王长云,管华诗.多糖抗病毒作用研究进展Ⅱ.硫酸多糖抗病毒作用[J].生物工程进展,2000,20(2):3-8.

[337] 耿美玉,李静,辛现良,邓岗,徐家敏,管华诗.磷酸吡哆醛对培养的海马神经细胞形态学的影响(英文)[J].青岛海洋大学学报(自然科学版),2000,30(2):249-254.

[338] 俎成立,顾谦群,方玉春,管华诗.柄海鞘 Styela clava 化学成分的研究(Ⅱ)[J].青岛海洋大学学报(自然科学版),2000,30(2):255-258.

[339] 顾谦群,俎成立,方玉春,刘红兵,管华诗.柄海鞘(Styela clava)化学成分的研究[J].中国海洋药物,2000,19(1):4-6.

[340] 王长云,管华诗.多糖抗病毒作用研究进展Ⅰ.多糖抗病毒作用[J].生物工程进展,2000,20(1):17-20.

[341] 邓岗,单俊伟,耿美玉,管华诗,张岩.Tamm-Horsfall Protein(THP)与尿路结石症[J].医学综述,2000,6(2):58-59.

[342] Zhu HaiBo, Geng MeiYu, Guan HuaShi; Zhang JunTian, Antihypertensive effects of D-polymannuronic sulfate and its related mechanisms in renovascular hypertensive rats[J]. **Acta Pharmacologyca Sinica**,2000,21(8):727-732.

[343] Liu Yan, Jiang XiaoLu, Cui He, Guan HuaShi, Analysis of oligomannuronic acids and oligoguluronic acids by high-performance anion-exchange chromatography and electrospray ionization mass spectrometry[J]. **Journal of Chromatography A**,2000,884(1-2):105-111.

[344] 刘红兵,展翔天,顾谦群,管华诗.近三年我国海洋中药研究进展[J].中国海洋药物,1999,18(4):29-32.

[345] 赵锐,管华诗,张源潮,李华.硫酸软骨素膜剂制备及对口腔粘膜损伤防治作用研究[J].中国生化药物杂志,1999,20(6):283-286.

[346] 马洪明,姚子昂,姜招峰,管华诗.甘糖酯对大鼠尿激酶型纤溶酶原激活物(uPA)mRNA水平的影响[J].青岛海洋大学学报(自然科学版),1999,

29（4）：595-598.

[347] 邓岗,耿美玉,管华诗,曹履诚. 大鼠口服古糖酯后尿液中糖胺聚糖的变化及其对一水草酸钙晶体抑制活性的影响［J］. **青岛海洋大学学报**（自然科学版），1999,29（4）：627-632.

[348] 牟海津,江晓路,刘树青,王慧谧,管华诗. 中国对虾血细胞凝集素的性能研究［J］. **中国水产科学**,1999,6（3）：33-36.

[349] 刘晓,江晓,牟海,管华诗. 免疫多糖对日本对虾血清酶活性的影响［J］. **中国水产科学**,1999,6（3）：108-109.

[350] 管华诗. 新药藻酸双酯钠（PSS）的研究［J］. **医学研究通讯**,1999,28（9）：8.

[351] 管华诗. 海洋开发：21 世纪的新热点［J］. **宏观经济管理**,1999（9）：14-16.

[352] 牟海津,江晓路,刘树青,管华诗. 日本对虾溶血素的活性测定及性能研究［J］. **海洋与湖沼**,1999,30（4）：362-367.

[353] 牟海津,江晓路,刘树青,管华诗. 免疫多糖对栉孔扇贝酸性磷酸酶、碱性磷酸酶和超氧化物歧化酶活性的影响［J］. **青岛海洋大学学报**（自然科学版），1999,29（3）：124-129.

[354] 牟海津,江晓路,王慧谧,刘树青,管华诗. 栉孔扇贝血清中的免疫因子的研究［J］. **中国水产科学**,1999,6（2）：33-36.

[355] 刘栋,管华诗. D-聚甘酯在各脏器的分布特点及其透过血脑屏障机制的研究［J］. **中国海洋药物**,1999,2（10）：35-38+23.

[356] 刘树青,江晓路,牟海津,王慧谧,管华诗. 免疫多糖对中国对虾血清溶菌酶、磷酸酶和过氧化物酶的作用［J］. **海洋与湖沼**,1999,30（3）：278-283.

[357] 董志峰,程云,欧阳藩,管华诗. 海鞘中的抗肿瘤生物活性物质［J］. **生物工程进展**,1999,19（2）：32-36+47.

[358] 李英霞,管华诗,前崎直容,长桥伸. 一种手性辅助试剂 C2- 对称二亚砜的合成方法研究［J］. **青岛海洋大学学报**（自然科学版），1999,29（2）：56-60.

[359] 牟海津,江晓路,刘树青,管华诗. 双壳贝类血清中凝集素凝集性能初步研究——对脊椎动物血细胞的凝集作用［J］. **青岛海洋大学学报**（自然科学版），1999,29（2）：249-254.

[360] 管华诗. 知识经济的新思考［J］. **科学与管理**,1999,19（2）：20.

[361] 江晓路,刘树青,张朝晖,管华诗. 多糖对中国对虾免疫功能的影响［J］. 中

国水产科学,1999,6(1):66-68.

[362] 管华诗. 我国水产品加工业的现状与展望 [J]. **中国食物与营养**,1999(1):28-30.

[363] 江晓路,刘树青,牟海津,王慧谧,管华诗. 真菌多糖对中国对虾血清及淋巴细胞免疫活性的影响 [J]. **动物学研究**,1999,20(1):41-45.

[364] 周德庆,路新枝,管华诗. 新生大鼠海马神经元体外分散培养技术研究 [J]. **青岛海洋大学学报**(自然科学版),1999,29(1):47-52.

[365] 邓岗,耿美玉,辛现良,管华诗,张岩. 古糖酯的分光光度法测定 [J]. **青岛海洋大学学报**(自然科学版),1999,29(1):57-59.

[366] 管华诗. 我国海洋生物技术的发展与展望 [J]. **世界科技研究与发展**,1998(4):12-14.

[367] 管华诗. 海洋药物开发及其产业 [J]. **海洋开发与管理**,1998,15(3):35-36.

[368] 管华诗. 迎接海洋世纪 [J]. **学位与研究生教育**,1998(4):33-35.

[369] 周德庆,姜桥,路新枝,管华诗. 锌对体外培养海马神经元生长发育与抗氧化作用的研究 [J]. **莱阳农学院学报**,1998,15(2):79-83.

[370] 周德庆,管华诗. Vc 对体外培养的大鼠海马神经元生长发育的影响 [J]. **莱阳农学院学报**,1998,15(1):1-5.

[371] 卢良恕,蒋建平,管华诗,顾晓君,尹宗伦,刘效北. 台湾食品工业的新发展 [J]. **中国食物与营养**,1997(2):17-20.

[372] 王长云,傅秀梅,管华诗. 海洋功能食品研究现状和展望 [J]. **海洋科学**,1997,21(2):20-23.

[373] 于广利,管华诗,李桂玲,李辉,陈娥功,周斌,梁强. 排铅奶粉对在岗交警体内粪铅排除作用 [J]. **青岛海洋大学学报**,1997,27(2):181-186.

[374] 陈真如,赵杏华,杨山钟,刘歧山,管华诗,李桂玲. 甘糖酯对肺心病患者抗氧化作用机制的探讨 [J]. **中国海洋药物**,1997(61):50-52.

[375] 薛长湖,管华诗,于宜法. 现代生物工程分离提取技术在海洋生物资源开发上的应用 [J]. **生物工程进展**,1996,16(6):49-53.

[376] 王长云,管华诗,薛长湖. 气相色谱法鉴别扇贝糖胺聚糖的中性糖基 [J]. **中国海洋药物**,1996,(4):29-31.

[377] 王长云,管华诗,刘树青.扇贝糖胺聚糖的琼脂糖凝胶电脉分析[J].**中国海洋药物**,1996,15(2):12-14.

[378] 王远红,徐家敏,耿美玉,管华诗.应用氨基酸分析仪测定血浆中同型胱氨酸含量的研究[J].**青岛海洋大学学报**,1996,26(2):189-196.

[379] 毛文君,管华诗.紫贻贝和海湾扇贝生化成分中硒的分布特点[J].**中国海洋药物**,1996(57):16-18.

[380] 王长云,管华诗.氨基多糖的提取、分离和分析测定方法及其研究进展[J].**中国海洋药物**,1996(57):24-32.

[381] 王长云,管华诗,林洪.海湾扇贝肝素样多糖分离方法的研究[J].海洋与湖沼,1995,26(5):66-69.

[382] 徐强,管华诗.卡拉胶研究的发展及现状[J].**青岛海洋大学学报**,1995(S1):117-124.

[383] 周德庆,管华诗.藻类功能食品的物质基础与研究开发现状[J].**青岛海洋大学学报**,1995(S1):145-150.

[384] 王远红,耿美玉,徐家敏,胡京滨,于笑波,管华诗.血浆中同型胱氨酸的含量与高脂血症的关系[J].**中国海洋大学学报**(自然科学版),1995,(S1):161-165.

[385] 毛文君,管华诗,李八方.几种海洋生物中硒存在形式初探[J].**中国海洋大学学报**,1995(S1):191-196.

[386] 毛文君,管华诗,李八方 贻贝外套膜富硒液的研究[J].**中国海洋大学学报**,1995(S1):197-202.

[387] 王长云,管华诗.扇贝糖胺聚糖提取和纯化方法研究——Ⅰ.提取方法研究[J].**中国海洋大学学报**,1995(S1):203-208.

[388] 王长云,管华诗.扇贝糖胺聚糖提取和纯化方法研究——Ⅱ.纯化方法研究[J].**中国海洋大学学报**,1995(S1):209-214.

[389] 毛文君,管华诗,李八方.几种海洋生物体内硒含量的测定[J].**海洋湖沼通报**,1995(4):28-32.

[390] 王长云,管华诗,李八方.氨基多糖研究概况与展望[J].**中国生物工程杂志**,1995,15(6):2-10.

[391] 赵峡,周鲁宁,仲娜,王宏霞,管华诗.海蒿子海带混合提取褐藻胶的研究

[J]．中国海洋药物，1995（56）：37-41．

[392] 陈真如，赵杏华，杨山钟，张季平，管华诗，李桂玲．甘糖酯对慢性阻塞性肺疾病病人血中脂质过氧化物及抗氧化酶的影响［J］．**中国新药与临床杂志**，1995，14（2）：95-96．

[393] 毛文君，管华诗．12 种海藻硒含量及其分布特点的研究［J］．**中国海洋药物**，1995，14（1）：27-30．

[394] 管华诗．海洋天然产物与海洋生物技术［J］．**中国生物工程杂志**，1994，（6）：25-29．

[395] 管华诗．团结起来，为创办国内一流、国际知名的青岛海洋大学而奋斗——在庆祝青岛海洋大学建校 70 周年大会上的讲话［J］．**中国海洋大学学报**（社会科学版），1994，（4）：11-16．

[396] 管华诗．继往开来，团结奋进，争创一流——庆祝青岛海洋大学建校 70 周年［J］．**青岛海洋大学学报**，1994，（4）：617-626．

[397] 王长云，管华诗，李八方．扇贝氨基多糖的红外光谱分析［J］．**海洋湖沼通报**，1994，（3）：39-44．

[398] 王长云，管华诗．海湾扇贝边中氨基多糖的研究［J］．**中国水产科学**，1994，69（2）：32-39．

[399] 王文涛，周金黄，邢善田，管华诗．海藻硫酸多糖对正常及免疫低下小鼠的免疫调节作用［J］．**中国药理学与毒理学杂志**，1994，8（3）：199-202．

[400] 耿美玉，邓岗，陈敏，于笑波，管华诗．类肝素新药"916"对高脂血症大鼠血清脂蛋白及过氧化脂质产物含量的影响（英文）［J］．**青岛海洋大学学报**，1992（S1）：1-5．

[401] 邓岗，耿美玉，陈敏，于笑波，管华诗．"916"对鹌鹑实验性动脉粥样硬化的预防作用［J］．**青岛海洋大学学报**，1992（S1）：6-15．

[402] 王文涛，张永祥，周金黄，管华诗．海藻硫酸多糖 911 对小鼠脾淋巴细胞增殖反应及对细胞产生 IL—2 作用的影响［J］．**青岛海洋大学学报**，1992（S1）：16-20．

[403] 王文涛，李钟铎，邢善田，周金黄，管华诗．海藻硫酸多糖 911 抗乙脑病毒作用的观察［J］．**青岛海洋大学学报**，1992（S1）：36-42．

[404] 范慧红，管华诗，周如真．海藻多糖分子量及其分布测定 I —"872"样品分子量的测定和 K•α 常数的标定［J］．**青岛海洋大学学报**，1992（S1）：43-51．

[405] 范慧红,管华诗,周如真.海藻多糖分子量及其分布测定Ⅱ——GPC/LALLS 联机测定四种海藻多糖分子量分布[J].青岛海洋大学学报,1992(S1):52-58.

[406] 李八方,管华诗,王长云.贻贝保健食品的研究[J].青岛海洋大学学报,1992(S1):59-70.

[407] 王长云,管华诗.扇贝边中酸性粘多糖的提取[J].青岛海洋大学学报,1992(S1):71-77.

[408] 梁平方,管华诗.多孔忭止血海绵配方研究[J].青岛海洋大学学报,1992(S1):83-93.

[409] 李静,周曾昊,康继韬,管华诗.海参中微量元素的分析[J].海洋科学,1989(3):38-42.

[410] 陈登勤,管华诗.藻酸双酯钠(PSS)遗传毒理学效应的初步研究[J].青岛海洋大学学报,1988(3):48-51.

[411] 管华诗,兰进,田学琳,孙守田.褐藻酸钠在人体健康中的作用[J].山东海洋学院学报,1986(4):99-106.

[412] 田学琳,管华诗,楼伟风.褐藻酸丙二酯的试制[J].山东海洋学院学报,1986(4):138-144.

[413] 田学琳,陈正霖,管华诗.吴新彦,毛建昌,徐素新,陈善军.双重造影用PS型硫酸钡制剂的理化性能与造影效果[J].山东海洋学院学报,1986(1):187-193.

[414] 翁维权,唐保禄,田树堂.马秀云,于竹英,陈兵,蓝进,管华诗,夏根全.PSS配合免疫抑制剂治疗流行性出血热临床疗效观察[J].青岛医学院学报,1983(2):10-14.

[415] 田学琳,陈正霖,管华诗.吴新彦,毛建昌,徐素新,陈善军.双重造影用PS型硫酸钡制剂的理化性能与造影效果[J].山东海洋学院学报,1983(1):82-88.

[416] 翁维权,于竹英,陈兵,蓝进,管华诗.PSS的临床抗凝作用研究[J].青岛医学院学报,1983(1):29-32.

[417] 牛祺衡,宋苇青,刘善廉,孙翠竹,梁彩薇,李金城,管华诗,蓝进,崔英林,田学琳,陈正林,李爱杰.降糖素制剂治疗糖尿病疗效初步观察[J].青岛医学院学报,1981(2):6-15.

年 表
CHRONOLOGY

1939 年

8 月 23 日　出生在山东夏津管辛庄。

1953 年

6 月　山东夏津县太平庄小学毕业。

1956 年

7 月　山东武城县运河中学初中毕业。

8 月　以优异成绩考入省重点中学山东德州二中高中部。

1959 年

9 月　参加高考，录取到山东海洋学院水产系水产品加工与贮藏专业，任班级团支部书记。

1964 年

9 月　大学毕业留校工作，在山东海洋学院水产系担任助教。

1965 年

10 月　光荣加入中国共产党。

1967 年

全程参与"国家海带提碘产业化"项目的组织与研究工作。

1971 年

3 月　随山东海洋学院水产系迁至烟台水产学校。

1972 年

首次主持化工部课题"海带提碘联产品褐藻酸、甘露醇再利用研究"。

1978 年

1 月　"制碘联产品褐藻胶甘露醇再利用：农业乳化剂"和"制碘联产品褐藻胶甘露醇再利用：食用乳化增稠剂—藻酸丙二酯"双双获得全国科技大会奖。获得"烟台市劳动模范"称号。

10 月　随水产系从烟台水产学院回迁而回到山东海洋学院。

1979 年

11 月　专业技术职务晋升为讲师。

1980 年

4 月　成立国内首个海洋药物研究室并任研究室主任。

1982 年

"PSS（藻酸双酯纳）"获准在山东省科委立项。

1984 年

5 月　任山东海洋学院水产系副主任。

10 月　"降糖素"和"PS 型胃肠双重造影硫酸钡制剂"研制成功当年投产，并双双获得农牧渔业部技术改进二等奖。

1985 年

8 月　"PSS（藻酸双酯纳）"通过山东省科委和卫生厅组织的专家鉴定，并作为省重点科技推广项目。

1986 年

3 月　参加山东海洋学院第五届党代会,当选为党委委员。

9 月　山东海洋学院水产系改为水产学部,任水产学部副主任兼食品工程系主任、海洋药物与食品研究所所长。

12 月　"新药 PSS 及其制备"获山东省科技进步一等奖。

12 月　专业技术职务晋升为副教授。

1987 年

4 月　荣获"山东省优秀教育工作者"和"富民兴鲁劳动奖章"。

1988 年

3 月　教育部批准山东海洋学院更名为青岛海洋大学;水产学部改为水产学院,任水产学院副院长兼食品工程系主任、海洋药物与食品研究所所长。

海洋药物"藻酸双酯钠片"获得卫生部新药证书和生产批件。

11 月　荣获"山东省专业技术拔尖人才"称号。

1989 年

2 月　专业技术职务晋升为教授。

10 月　荣获"山东省劳动模范"称号。

1990 年

12 月　荣获"全国高等学校先进科技工作者"称号。

1991 年

1 月　荣获"全国五一劳动奖章"和享受国务院政府特殊津贴。

4 月　任青岛海洋大学校办产业管理委员会主任。

7 月　被国务院学位评定委员会评为博士生导师。

7 月　教育部任命为青岛海洋大学副校长。

1992 年

2 月　荣获"国家有突出贡献中青年专家"称号。

7 月　荣获"山东省科技重奖"。

1993 年

3 月　当选第八届全国人大代表。

5 月　筹建青岛华海制药厂。

7 月　由教育部任命为青岛海洋大学校长。

1994 年

2 月　组建我国首个以海洋药物为特色的药学本科专业并获教育部批准。

10 月　海洋药物"甘糖酯片"获得卫生部新药证书和生产批件。

6 月　担任青岛海洋大学党委副书记、代理党委书记。

1995 年

5 月　当选中国工程院院士,担任主席团成员。

6 月　当选青岛海洋大学第六届党委委员、常委、党委书记。

1996 年

1 月　创办国家海洋药物工程技术研究中心,担任中心主任。

1 月　青岛海洋大学首批通过"211 工程"部门预审。

1997 年

7 月　连任青岛海洋大学校长。

12 月　青岛海洋大学第二批进入"211 工程"。

12 月　"新药藻酸双酯纳"获山东省科技进步二等奖。

12 月　"新药甘糖酯的研究"获国家科技进步三等奖。

12 月　在第五次山东省科协代表大会上当选为山东省科协主席。

1998 年

3 月　当选第九届全国人大代表。

4 月　任山东省政协第八届副主席。

1999 年

1 月　在第二次"崂山会议"上率先提出"高水平特色大学"建设构想，为今后学校快速发展奠定了基础。

9 月　参加青岛海洋大学第七届党代会，当选为党委委员、常委。

2000 年

8 月　国家海洋药物工程技术研究中心正式通过科技部验收。

6 月　与几位院士共同向科技部提出建设"青岛国家海洋科学中心"的建议。

2001 年

2 月　教育部、国家海洋局、山东省、青岛市四家正式签署协议，共建青岛海洋大学，"985 工程"一期建设正式启动。

7 月　连任青岛海洋大学校长。

2002 年

4 月　聘请国家文化部原部长、当代著名作家王蒙先生担任中国海洋大学顾问、教授、文学院院长。

7 月　海洋药物"海麒舒肝胶囊"获得卫生部新药证书和生产批件。

8 月　海洋药物"健脾消渴散"获得卫生部新药证书和生产批件。

10 月　教育部批准，青岛海洋大学正式更名为中国海洋大学。

12 月　在第六次山东省科协代表大会上当选为山东省科协主席。

2003 年

3 月　当选为第十届全国人大代表。

9 月　参加青岛海洋大学第八届党代会，当选为党委委员、常委。

9 月　经国务院学位委员会批准设置药物化学博士点。

12 月　中国海洋大学入围教育部第一批"985 工程"重点建设高校名单。

2004 年

6 月　主持国家海洋局 908 专项"海洋药用生物资源调查与研究"。

6 月　科技部、山东省、青岛市和五个涉海单位主管部委形成统一意见，签署省部共建青岛海洋科学与技术国家实验室协议。

10 月　主持召开首届"科学·人文·未来"科学家与文学家论坛。

11 月　科技部的国家实验室评估专家到青岛，对海洋国家实验室建设工作进行现场评估。

2005 年

9 月　国务院学位委员会批准，设置生药学博士点。

4 月　成立中国海洋大学医药学院，任医药学院院长。

6 月　荣获"山东省科学技术最高奖"。

7 月　不再担任中国海洋大学校长，继续担任校务委员会主任、学术委员会主任和医药学院院长。

2006 年

6 月　中国工程院增设农业学部，首任农业学部主任。

12 月　科技部召开国家实验室建设工作通气会，决定正式启动青岛海洋科学与技术国家实验室的筹建工作。

2007 年

2 月　获准设立药学学科博士后流动站。

5 月　青岛海洋科学与技术国家实验室正式开始筹建，任国家实验室（筹）理事长。

2008 年

1 月　"海洋生物糖库的构建及其开发"获教育部技术发明一等奖。

2009 年

3 月 "抗老年痴呆海洋新药 HS971" 以 8100 万美元的价格转让给美国 Sinova 公司。

5 月 "教学科研互动发展,培养药学创新人才"获山东省高等教育教学成果一等奖。

6 月 被授予山东省科协名誉主席。

9 月 在北京京西宾馆隆重举行海洋药物领域首部大型志书《中华海洋本草》首发仪式。

12 月 "海洋特征寡糖的制备技术(糖库构建)与应用开发"获得国家技术发明奖一等奖。时任国家主席胡锦涛亲自颁奖。

2010 年

10 月 荣获"何梁何利基金科学与技术进步奖"。

2011 年

2 月 荣获"'十一五'国家科技计划执行突出贡献奖"。

9 月 药学博士学位授权一级学科获国务院学位委员会批准。

10 月 隆重举办第二届"科学•人文•未来"论坛,担任论坛主席。

2013 年

7 月 成立青岛海洋生物医药研究院股份有限公司并任董事长。

12 月 科技部正式批复青岛海洋科学与技术国家实验室建设。

2015 年

7 月 被科技部任命为海洋科学与技术国家实验室第一届学术委员会主任,任期三年。

2016 年

3 月 成立青岛海洋生物医药研究院并任院长。

2017 年

11 月　荣获"中国药学会突出贡献奖"。

11 月　入选"共和国老一辈教育家",《管华诗传略》被收入《共和国老一辈教育家传略(第三辑)》由高等教育出版社出版。

2018 年

6 月　在海洋国家实验室接受习近平总书记接见。

7 月　治疗阿尔茨海默症新药"甘露寡糖二酸(GV-971)"顺利完成临床 3 期试验。

编后记
AFTERWORD

今年是管华诗院士八十大寿。八十大寿是一个人生命中重要的时间节点。管院士的许多亲友、同事、同学和学生感慨万分，产生了用文字向管院士表达敬意和祝福的愿望。于是，我们决定编辑这本书，共同讲述有关管院士的故事，表达大家从管院士身上所感受到的事业雄心、科学智慧与人文情怀，留下一份珍贵的精神纪念。

由于时间紧，编委会很快就开始了工作，学校党委宣传部部长陈鹭同志首先提议并经讨论确定了书名"诗意华章"。全书由"传略篇/行笃""华章篇/情深""媒体篇/誉满"和"成果篇/果硕"四个部分组成。

第一部分"传略篇/行笃"，作为对管院士辉煌经历的介绍，我们收录了由中国高等教育学会推选、高等教育出版社出版的《共和国老一辈教育家（第三辑）》中，学校宣传部秘书梁纯生同志执笔撰写的《管华诗传略》，4万多字。

第二部分"华章篇/情深"，通过约稿的方式，由管院士的家人、朋友、同事、同学和学生以不同形式，从不同视角，讲述管院士在教育管理、学术成就、人才培养和做人做事等方面的智慧、抱负、毅力、成就、贡献和功德，全方位地展示大家心目中的管校长、管院士、管老师等形象；共收录76篇文稿，其中诗11首、文64篇、画1幅，近13万字。

第三部分"媒体篇/誉满"，通过收集各大新闻媒体近十多年对管院士的采访报道，更多地反映管院士的知名度和崇高威望；收录了21家媒体共33篇新闻稿，12万多字。

第四部分"成果篇/果硕"，作为管院士从教55年来所取得的成果，只是管院士为国家、为学校和为生物医药事业所做出的贡献的一部分，包含各类奖励、在国内外报刊公开发表的论文和已经申请及授权的发明专利；共收集了27项奖励（其中省部以上科技奖13项、教学成果奖3项、个人大奖5项以及省级以上称号6项）、发明专利141项（其中授权发明专利64项、申请发明专利77项）、论文共计417篇

（其中外刊 64 篇），计 5 万多字。

此外，我们还精选了 157 张照片，作为前置部分，题为"华年光影"，用生动的影像展示管院士的科教报国、社会活动和生活掠影。另外，华章篇中还穿插编排了 74 张能够反映文稿内容的照片以及作者与管院士的合影。

仅用五个月的时间，大家尽心尽力，倾注极大的热情参与本书的编辑工作。经过编委会成员和中国海洋大学出版社的共同努力，《诗意华章》终于呈现在大家的面前。首先要感谢于志刚校长劳神作序，并对管华诗院士给予高度评价；感谢书法家启笛先生题写书名，为本书的出版增添了华丽的光彩；感谢为华章篇提供文稿的 76 位作者，他们文稿的字里行间充满了对管院士的情谊、尊崇和感恩，他们的故事足以让我们能更进一步地了解管院士、学习管院士、追随管院士；感谢梁纯生、李春霞、夏萱及时准确提供有关材料以及王昊、杨文哲协助做的工作；还要感谢中国海洋大学出版社在时间紧、任务重的情况下给予的大力支持；最要感谢的是我们敬爱的管华诗院士，感谢他允许我们做这项工作，给了大家一个难得的表达机会。

《诗意华章》是管华诗院士的人生写照，是中国海洋大学因管院士而再度辉煌的历史展现，是我们这一代海大人共同的精神念想。我们为能参与这本书的策划、编辑而感到荣幸！

有些遗憾的是，由于时间原因，我们来不及分享管院士历经二十多年的研究成果，海洋新药 HS971 三期临床即将公布结果、上市，跻身全球海洋药物行列的好消息；来不及收录和总书记拥有"共同梦想"的管院士打造的中国"蓝色药库"，实现海洋药物聚集开发，通过自主创新形成梯次产出的精品成果；也来不及等待因工作太忙等原因还没写完的高质量的华章篇文稿。为此，我们期待着本书第二版的修订出版。

本书由李建平、陈鹫、于广利、薛长湖、王曙光等负责收集、提供文稿，李建平、胡斌等提供照片，魏世江、王宣民、陈鹫负责审稿，李建平进行整理。在编辑过程中，在不违背原意的前提下，编者对文稿略做修改。

由于限于水平，加上时间仓促，不足之处在所难免，敬望谅解。

《诗意华章》编委会
2018 年 6 月 18 日

图书在版编目（CIP）数据

诗意华章/《诗意华章》编委会编. —青岛：中
国海洋大学出版社，2018.7

ISBN 978-7-5670-1868-6

Ⅰ.①诗… Ⅱ.①诗… Ⅲ.①管华诗—文集 Ⅳ.
①K826.1-53

中国版本图书馆CIP数据核字（2017）第150695号

诗意华章

出版发行	中国海洋大学出版社	**出版人**	杨立敏
社　　址	青岛市香港东路23号	**邮政编码**	266071
网　　址	http://www.ouc-press.com	**订购电话**	0532-82032573（传真）
责任编辑	王　晓	**电子信箱**	oucpublishwx@163.com
特约审稿	刘宗寅		
装帧设计	王谦妮		
排　　版	青岛友一广告传媒有限公司		
印　　制	青岛海蓝印刷有限公司		
版　　次	2018年8月第1版		
印　　次	2018年8月第1次印刷		
成品尺寸	185 mm × 260 mm		
印　　张	37.5		
字　　数	632千		
定　　价	268.00元		

发现印装质量问题，请致电 0532-88786633，由印刷厂负责调换。